DESCORTESIA
e CORTESIA
expressão de CULTURAS

Comitê Editorial de Linguagem
Anna Christina Bentes
Edwiges Maria Morato
Maria Cecilia P. Souza e Silva
Sandoval Nonato Gomes-Santos
Sebastião Carlos Leite Gonçalves

Conselho Editorial de Linguagem
Adair Bonini (UFSC)
Arnaldo Cortina (UNESP – Araraquara)
Fernanda Mussalim (UFU)
Heronides Melo Moura (UFSC)
Ingedore Grunfeld Villaça Koch (UNICAMP)
Leonor Lopes Fávero (USP/PUC-SP)
Luiz Carlos Travaglia (UFU)
Maria das Graças Soares Rodrigues (UFRN)
Maria Helena Moura Neves (UPM/UNESP)
Maria Luiza Braga (UFRJ)
Mariângela Rios de Oliveira (UFF)
Marli Quadros Leite (USP)
Mônica Magalhães Cavalcante (UFC)
Regina Célia Fernandes Cruz (UFPA)
Ronald Beline (USP)

Dados Internacionais de Catalogação na Publicação (CIP)
(Câmara Brasileira do Livro, SP, Brasil)

Descortesia e cortesia : expressão de culturas / organização Ana Lúcia Tinoco Cabral, Isabel Roboredo Seara, Manoel Francisco Guaranha. — São Paulo : Cortez, 2017.

ISBN: 978-85-249-2568-9

1. Ciências da comunicação 2. Comportamento social 3. Fala 4. Língua e linguagem 5. Linguagem e cultura 6. Sociolinguística - Estudo e ensino I. Cabral, Ana Lúcia Tinoco. II. Seara, Isabel Roboredo. III. Guaranha, Manoel Francisco.

17-07697   CDD-410

Índices para catálogo sistemático:

1. Linguagem como comportamento social : Sociolinguística : Linguística   410

Ana Lúcia Tinoco Cabral • André Valente • Carlos F. Clamote Carreto •
Catherine Kerbrat-Orecchioni • Cibele Brandão • Dale A. Koike •
Diana Luz Pessoa de Barros • Elisabetta Santoro • Gustavo Ximenes Cunha •
Isabel Roboredo Seara • Kazue Saito M. de Barros • Luiz Antonio Silva •
Manoel Francisco Guaranha • Maria Zulma M. Kulikowski •
Micheline Mattedi Tomazi • Rodrigo Albuquerque • Silvia Augusta de Barros Albert •
Silvia Kaul de Marlangeon • Sonia Sueli Berti-Pinto

Ana Lúcia Tinoco Cabral
Isabel Roboredo Seara
Manoel Francisco Guaranha
(Orgs.)

DESCORTESIA e CORTESIA
expressão de CULTURAS

CORTEZ EDITORA

DESCORTESIA E CORTESIA: expressão de culturas
Ana Lúcia Tinoco Cabral, Isabel Roboredo Seara, Manoel Francisco Guaranha (Orgs.)

Capa: de Sign Arte Visual
Revisão de originais: Davi Bagnatori Tavares
Revisão: Maria de Lourdes de Almeida, Nair Hitomi Kayo, Amália Ursi
Projeto gráfico e diagramação: Linea Editora
Coordenação editorial: Danilo A. Q. Morales

Nenhuma parte desta obra pode ser reproduzida ou duplicada sem autorização expressa dos autores e do editor.

© 2017 by Organizadores

Direitos para esta edição
CORTEZ EDITORA
R. Monte Alegre, 1074 — Perdizes
05014-001 — São Paulo-SP
Tels. +55 11 3864-0111 / 3611-9616
cortez@cortezeditora.com.br
www.cortezeditora.com.br

Impresso no Brasil — setembro de 2017

Sumário

Apresentação 7

1. Abordagem intercultural da polidez linguística: problemas teóricos e estudo de caso
   Catherine Kerbrat-Orecchioni 17

2. Os *frames* culturais na fala: expectativas para a (des)cortesia
   Dale A. Koike 57

3. Contribuições para o estudo da descortesia verbal
   Silvia Kaul de Marlangeon 93

4. A última fronteira. Cortesia e rituais de hospitalidade na literatura medieval
   Carlos F. Clamote Carreto 109

5. Cortesia e descortesia em diferentes modos de interação e risco
   Diana Luz Pessoa de Barros 151

6. A cortesia no contexto da violência contra a mulher: o papel da linguagem na (des)construção da face agredida
   Micheline Mattedi Tomazi • Gustavo Ximenes Cunha 175

7. Estratégias de (im)polidez: o (des)alinhamento de frames entre ações potencialmente invasivas no contexto de ensino de português brasileiro como língua adicional (PBLA)
   Rodrigo Albuquerque • Cibele Brandão 209

8. Contributo para o estudo da (des)cortesia verbal: estratégias de atenuação e de intensificação nas interações
   Isabel Roboredo Seara 233

9. Quebra de polidez na interação: das redes sociais para os ambientes virtuais de aprendizagem
   Ana Lúcia Tinoco Cabral • Silvia Augusta de Barros Albert 267

10. A descortesia como estratégia discursiva na linguagem midiática
    André Valente 295

11. Debate eleitoral, um gênero polêmico: cortesia e descortesia como estratégias argumentativas
    Sonia Sueli Berti-Pinto • Manoel Francisco Guaranha 311

12. Pragmática sociocultural: a elaboração de um *corpus*
    Elisabetta Santoro • Maria Zulma M. Kulikowski • Luiz Antonio Silva 327

13. Perspectivas no estudo da polidez
    Kazue Saito M. de Barros 359

Sobre os autores 375

Apresentação

Descortesia e cortesia:
expressão de culturas

> La politesse s'exerce avant tout envers autrui, c'est
> "l'altruisme au quotidien".
>
> Christiane Kerbrat-Orecchioni.
> *Le discours en interaction*

A concepção comum, trivial da cortesia a reduz vulgarmente ao respeito e ao estrito cumprimento das normas de civilidade. Dado o seu caráter mecânico, ordenado, repetitivo, é, muitas vezes, circunscrita a um simples ritual.

A abordagem sociológica, inspirada nos trabalhos goffmanianos que defendem a dimensão de "face" e "território", subscreve-a como uma forma de preservação do caráter sagrado da "face", na medida em que privilegia a relação e a consideração pelo outro.

Paralelamente, é entendida como uma norma social, assente numa ética e numa deontologia, aprovando ou condenando determinadas formas de conduta, contudo mais do que um ritual, uma forma de conduta, uma norma coletiva, a cortesia deve ser considerada uma competência social.

Por outro lado, mesmo sendo um fenômeno universal, há diferentes modos de conceber tanto a descortesia quanto a cortesia e múltiplas estratégias verbais para expressá-las que decorrem, naturalmente, da multiplicidade de fatores socioculturais subjacentes ao comportamento verbal.

Nesta obra, considera-se a abrangência dos estudos sobre a polidez/cortesia que envolvem tanto a sua ocorrência como a sua ausência, a descortesia.

Além disso, conscientes de que a descortesia e a cortesia não podem ser fenômenos que se restringem a abordagens linguístico-discursivas, *Descortesia e cortesia: expressão de culturas* convida o leitor à reflexão sobre as diferentes manifestações que decorrem das idiossincrasias culturais, evidenciando as similitudes e dicotomias que podem emergir de uma abordagem intercultural.

Assim, Catherine Kerbrat-Orecchioni, professora emérita da *École Normale Supérieure de Lyon*, França, abre a obra com seu texto **Abordagem intercultural da polidez linguística: problemas teóricos e estudo de caso**, em que aponta problemas teóricos e realiza um estudo de caso do fenômeno no sentido de mostrar que, não obstante a polidez conserve certos princípios universais, as vias de realização dela são infinitamente diversas, haja vista ser uma manifestação intercultural e, portanto, suscetível de variar de acordo com a visão do mundo de sujeitos de diferentes culturas que participam das diversas situações de comunicação. Escolhemos este texto para abrir os estudos justamente pelo fato de ele problematizar a complexidade do tema da obra, que compreende a descortesia e a cortesia, materializadas linguisticamente como expressão de culturas.

O segundo texto, de Dale A. Koike, da *Universidade do Texas*, Estados Unidos, aborda a questão da cortesia e da descortesia e sua relação com os *frames*. A autora argumenta a favor de uma abordagem da descortesia segundo o Modelo de Gestão de Relacionamento de Spencer-Oatey e faz isso utilizando dados tirados de um questionário sobre as situações de comunicação que envolvem cumprimentar uma pessoa desconhecida na faculdade e sobre dividir a conta depois de comer com um colega. Segundo a autora, embora o modelo de Spencer-Oatey forneça explicações gerais para os resultados da pesquisa, há necessidade de se construir um modelo capaz de fornecer explicações ao nível dos indivíduos, já que estes não apresentam comportamentos uniformes. Como se percebe, mais uma vez o fenômeno abordado apresenta-se de modo complexo, tanto no nível macroculturual, na esfera das diferentes sociedades, quanto no nível microcultural, na esfera das relações interpessoais.

Em seguida, Silvia Kaul de Marlangeon, da *Universidad de Río Cuarto*, Argentina, apresenta **Contribuições para o estudo da descortesia verbal** por meio da perspectiva da pragmática sociocultural, fundamentada na análise de textos reais oriundos da comunicação concreta e extraídos de uma variedade de gêneros discursivos da cultura hispânica. O estudo também investiga a relação entre o uso da linguagem e os contextos socioculturais. O percurso metodológico da autora consiste em: a) partir da premissa de que a força de cortesia-descortesia é uma propriedade permanente dos atos de fala e inerente a eles, que se manifesta e organiza um paradigma em que a cortesia e a descortesia são elementos opostos e, simultaneamente, correspondentes, conectados por um setor neutro composto por uma infinidade de atos de fala nos quais a imagem dos interlocutores não corre nenhum risco; b) expor as convergências e as divergências entre cortesia e descortesia, bem como apresentar uma tipologia de onze possibilidades de ocorrência da descortesia verbal que dão origem a sete tipos básicos de atos descorteses; e c) tratar da prática descortês concebida do ponto de vista topológico como um espaço multidimensional e adotá-lo como a unidade de análise social e extralinguística de mais alto nível no discurso de descortesia.

No quarto capítulo, Carlos F. Clamote Carreto, da *Universidade Nova de Lisboa*, Portugal, trata da cortesia e dos rituais de hospitalidade na literatura medieval. Sua abordagem nos remete ao final do século XI e início do século XII, quando a cortesia começava a configurar uma nova visão do mundo que se irradiava a partir de um espaço-tempo concreto: o espaço linguístico e cultural da lírica occitânica. Afirma o pesquisador que a cortesia apresenta-se como um complexo, ambivalente e paradoxal fenômeno literário e discursivo que funda e dissemina um modelo de civilização. Ao afirmar que não foi um simples código de polidez, nem reflexo direto de uma realidade quotidiana, nem construção ideológica, nem modelo teórico longamente premeditado, nem puro e simples reflexo mimético da sensibilidade oriunda de outros horizontes culturais que confluem na Idade Média ocidental, nem uma categoria estética e muito menos uma escola literária, Carlos Carreto defende a cortesia como um dos casos em que a vida imita a literatura e em que o real acaba por dar corpo a um desejo que emerge e se expande num discurso ficcional em que a língua materna se insinua como terreno privilegiado para a afirmação de uma nova identidade e sensibilidade culturais, as quais criam os seus próprios códigos de sociabilidade e a sua própria visão do homem e do mundo. Aqui, a reflexão recai sobre a cortesia como expressão de cultura centrada no discurso literário.

Diana Luz Pessoa de Barros, da *Universidade de São Paulo* e da *Universidade Presbiteriana Mackenzie*, por sua vez, em **Cortesia e descortesia em diferentes modos de interação e risco**, analisa o fenômeno sob a perspectiva da semiótica discursiva francesa, centrando-se nos procedimentos de cortesia e descortesia usados nos discursos em língua falada, o que nos remete à cortesia e à descortesia tratadas como procedimentos de produção dos sentidos do texto e, principalmente, de construção e de manutenção das relações sociais interativas entre sujeitos. O trabalho apresenta os quatro regimes de sentido e de interação propostos por Landowski e, em seguida, examina os usos da cortesia e da descortesia nesses regimes. Ainda que os sentidos construídos pela cortesia e pela descortesia sejam diferentes nas interações, trata-se de procedimentos cujo papel é fundamental no estabelecimento das relações entre os sujeitos e dos riscos por eles vividos nessas interações. As estratégias de equilibrar a comunicação e de garantir a interação e o sentido nos diferentes regimes diminuem os riscos das comunicações muito polêmicas e que beiram a perda de sentido, e as estratégias de descortesia tornam a comunicação menos enfadonha, evitam, também, a falta de sentido e garantem a interação social. O trabalho mostra, portanto, o delicado equilíbrio entre as duas faces do fenômeno e as apresenta como complementares no complexo processo de produção de sentidos que envolve as interações verbais.

No sexto capítulo, Micheline Mattedi Tomazi e Gustavo Ximenes Cunha, da *Universidade Federal do Espírito Santo* e da *Universidade Federal Minas Gerais*, respectivamente, estudam a cortesia no contexto da violência contra a mulher, inserindo a abordagem das estratégias de polidez num domínio mais amplo da pesquisa linguística e partindo da hipótese de que os recursos verbais que sinalizam a polidez estão profundamente atrelados às relações de poder que, de um ponto de vista macrossocial, estruturam a sociedade. O uso que os agentes fazem no desenvolvimento de uma interação que envolve estratégias de polidez se explica, em grande medida, pelo ambiente social e institucional em que estão inseridos. Os pesquisadores tratam, inicialmente, do conceito de poder e do modo como as relações de poder se materializam no discurso. Em seguida, propõem hipóteses que levam em conta o poder de que dispõem os interlocutores em situações fortemente hierarquizadas e verificam como as estratégias envolvidas no trabalho de face se articulam à noção de poder por meio da análise de um trecho de uma audiência de instrução e julgamento de que participam uma juíza, uma vítima de agressão praticada pelo companheiro e o acusado. O estudo estende a observação do fenômeno à esfera judicial.

Cibele Brandão e Rodrigo Albuquerque, ambos da *Universidade de Brasília*, ocupam o sétimo capítulo com o trabalho sobre **Estratégias de (im)polidez: o (des)alinhamento de *frames* entre ações potencialmente invasivas no contexto de ensino de português brasileiro como língua adicional (PBLA)**. Neste trabalho, avaliam o grau de imposição gerado pela oferta excessiva e pelo emprego de metáfora como estratégias de (im)polidez no contexto de ensino de português brasileiro para falantes de espanhol. A base teórica da pesquisa é formada pela sociolinguística interacional em combinação com a pragmática, com a sociocognição e com os estudos (inter)culturais. A metodologia adotada é a da microanálise etnográfica em combinação com a da análise da conversação, considerando ainda o caráter sociodiscursivo da linguagem. Os excertos interacionais analisados revelaram, de modo geral, o desalinhamento de *frames* pelos interagentes na avaliação de ações potencialmente impositivas, resultando no não reconhecimento pragmático de práticas socioculturais distintas. Os autores comprovam a importância de incluir o tópico "polidez" no contexto de ensino de português brasileiro como língua adicional para ampliar as competências interacional e intercultural dos estudantes. Em certo sentido, este trabalho aplicado ao campo pedagógico dialoga diretamente com as ideias de Kerbrat-Orecchioni sobre as diferentes percepções das expressões de (des)cortesia em diferentes contextos culturais.

O oitavo capítulo é dedicado ao texto de Isabel Roboredo Seara, da *Universidade Aberta*, de Lisboa. Nele a pesquisadora dedica-se às estratégias de atenuação e de intensificação nas interações e ao modo como elas contribuem para a compreensão da (des)cortesia verbal. A autora parte de um inventário sobre as principais contribuições para o estudo da (des)cortesia verbal compreendida como uma dimensão essencialmente pragmática que percorre toda a atividade discursivo-textual. Esse rico inventário inclui diversos autores estudiosos da temática e constitui instrumental teórico colocado a serviço da análise de um estudo de caso que envolve o uso das novas tecnologias digitais, notadamente o *Facebook*.

O nono capítulo integra-se a essa mesma linha do estudo do fenômeno (des)cortesia, agora voltado, mais especificamente, aos ambientes virtuais de educação a distância. Ana Lúcia Tinoco Cabral e Silvia Augusta de Barros Albert, ambas da *Universidade Cruzeiro do Sul*, investigam a quebra de polidez na interação em ambientes virtuais de aprendizagem como uma influência das redes sociais. O caso concreto que as pesquisadoras analisam é composto por um *post* extraído de um *blog* de jornalismo esportivo e uma troca de mensagens entre uma tutora e um estudante em ambiente virtual de aprendizagem. O trabalho mostra que, embora as pessoas mantenham a preocupação em conservar a harmonia na interação, não são raras as situações de desentendimento, de ofensas e até de violência verbal, acontecimentos que se acentuam nas interações virtuais, pois os espaços virtuais possibilitam que os mal-entendidos se tornem mais frequentes e que sejam maiores os constrangimentos gerados por ameaças às faces dos interlocutores.

A descortesia como estratégia discursiva na linguagem midiática, de André Valente, da *Universidade do Estado do Rio de Janeiro*, décimo capítulo, parte do princípio de que a visão positiva da cortesia vincula-se à busca da harmonia no processo civilizatório e que atitudes ou comportamentos que ferem normas estabelecidas nunca são bem-vistos ou aceitos. Desse modo, fica mais difícil reconhecer a validade ou a importância da descortesia. Se o emprego dela como estratégia discursiva não for bem elaborado, corre-se o risco de ser confundida com agressão ou desrespeito. O trabalho defende que, na área de Comunicação, a descortesia pode ser aceita como virtude por se tratar de requisito necessário ao desempenho da função de jornalista do entrevistador quando os entrevistados são políticos, artistas e atletas. O desprezo consciente da polidez pelo entrevistador, fato que gera a descortesia, pode ser investigado em perspectiva semântico-discursiva como estratégia argumentativa em situações comunicativas midiáticas.

O décimo primeiro capítulo traz as contribuições de Sonia Sueli Berti-Pinto, *Universidade Cruzeiro do Sul*, e Manoel Francisco Guaranha, *Universidade Cruzeiro do Sul* e *Faculdade de Tecnologia do Estado de São Paulo*. O trabalho **Debate eleitoral, um gênero polêmico: cortesia e descortesia como estratégias argumentativas** analisa a manutenção e as quebras das regras de cortesia sob o aspecto da sua dimensão argumentativa em um debate eleitoral para o cargo de presidente do Brasil nas eleições de 2014. São estudadas as estratégias linguísticas que constroem ou desconstroem as imagens positiva e negativa dos interlocutores; a análise do custo-benefício que cada sujeito faz quando procura ferir a face do outro; e, finalmente, a análise das relações entre as máximas conversacionais e as estratégias linguísticas ligadas à cortesia. Esse estudo ressalta que, na modalidade de argumentação em que se insere o debate, que é a modalidade polêmica, as estratégias usadas pelos locutores para construir a imagem positiva de si ou revelar a imagem negativa do interlocutor perante o público, considerado, neste caso, como o interlocutor mais importante na situação de comunicação, são baseadas no cálculo do custo-benefício delas no embate discursivo em que a vitória irá depender tanto de atos corteses como descorteses, desde que rigorosamente calculados pelos interlocutores.

O décimo segundo capítulo, **Pragmática sociocultural: a elaboração de um** *corpus*, de Elisabetta Santoro, Maria Zulma M. Kulikowski e Luiz Antonio Silva, todos os autores da *Universidade de São Paulo*, apresenta resultados preliminares do grupo de pesquisa "Pragmática (inter)linguística, cross-cultural e intercultural" da mesma USP, surgido em 2013 e que conta com colaborações da *Universidade Federal de Minas Gerais* e da *Università degli Studi di Roma Tre*. Algumas pesquisas do grupo partem da perspectiva da Pragmática intercultural, que focaliza a interação entre nativos e não nativos em uma determinada língua e cultura. Os estudos interlinguísticos pertencem à área da Pragmática que se concentra no estudo do ensino e da aprendizagem das normas pragmáticas de uma língua e de uma cultura por parte de não nativos. No capítulo, dividido em três partes, há uma apresentação mais geral sobre as diferentes metodologias de coleta de dados que podem ser utilizadas na elaboração de *corpora* para estudos no âmbito da Pragmática linguística sociocultural; a descrição do processo de seleção das metodologias de coleta de dados e das bases teóricas que levaram à elaboração do instrumento escolhido pelo grupo para sua pesquisa atual; e uma análise preliminar dos primeiros dados que se referem ao português brasileiro.

O décimo terceiro capítulo é dedicado ao texto de Kazue Saito M. de Barros, da *Universidade Federal de Pernambuco*, **Perspectivas no estudo da polidez** que é parte de um projeto maior sobre (im)polidez na interação em gêneros da esfera acadêmica e concentra-se na investigação dos processos de (im)polidez e preservação das faces em interações sociais em ambientes universitários. Por conta disso, prioriza gêneros como artigos científicos e resenhas em que o sujeito aciona estratégias de autopreservação e de heteropreservação das faces.

Como se percebe por esta apresentação, os estudos sobre descortesia e cortesia aqui reunidos vão do geral para o particular, abrangem *corpora* literários e não literários, são relativos ao plano da fala e da escrita, englobam situações de comunicação tradicionais e aquelas advindas das novas tecnologias e são produzidos a partir de uma perspectiva intercultural que se manifesta no âmbito da linguagem verbal em diferentes esferas da sociedade, de modo que compõem um significativo quadro do ponto em que se encontram as pesquisas sobre o fenômeno no Ocidente, por isso temos certeza de que será de grande valor para a comunidade acadêmica e demais interessados no tema.

Os organizadores.

1

Abordagem intercultural da polidez linguística:
problemas teóricos e estudo de caso*

Catherine Kerbrat-Orecchioni
Université Lumière Lyon 2

1. Apresentação do problema

A polidez é universal: em todas as sociedades humanas, quer se trate de "tribos selvagens" quer de "salões europeus" (MALINOWSKI apud BENVENISTE, 1974, p. 87), constata-se a existência de procedimentos de polidez (ou técnicas de "polimento") que permitem manter entre os interactantes um mínimo de harmonia, apesar dos riscos e conflitos inerentes a toda interação. Vale lembrar também, na esteira de Goffman[1], que a noção de polidez é logicamente indissociável da ideia de

---

* Tradução de Ana Lúcia Tinoco Cabral (Universidade Cruzeiro do Sul — UNICSUL) e Silvia Augusta de Barros Albert (Universidade Cruzeiro do Sul — UNICSUL).

1. "Não há interação em que os participantes não correm um sério risco de se encontrar ligeiramente embaraçados, ou ao contrário, um pequeno risco de serem gravemente humilhados"

uma fragilidade intrínseca das interações e de uma vulnerabilidade constitutiva dos interactantes: é na medida em que se admite que todo encontro social é "arriscado" para os atores que estão engajados nele (risco para eles de se sentirem ameaçados, embaraçados ou humilhados) que se deve, correlativamente, admitir a universal necessidade desses mecanismos compensatórios que constituem os rituais de polidez.

Mas, ao mesmo tempo, *a polidez não é universal*, na medida em que suas formas e suas condições de aplicação (quem deve ser polido, para com quem e de que maneira, em tal ou tal circunstância e situação comunicativa?) variam sensivelmente de uma sociedade para outra.

1.2 A afirmação de que o *fenômeno* é universal (mesmo que suas manifestações não o sejam) nos remete com certeza à questão da sua definição.

Todos parecem concordar com a definição geral da polidez tal como ela foi traçada no item anterior: a polidez intervém no nível da relação interpessoal e visa a manter essa relação em um estado de relativa estabilidade e harmonia. Todas as conceptualizações do fenômeno repousam sobre essa ideia, formuladas de diversas formas, mas sempre muito próximas, tanto pelos linguistas quanto pelos filósofos. Camille Pernot, por exemplo: "Ainsi la politesse est, à tous égards, un art de communiquer qui [...] rapproche les hommes et donne à leurs relations extérieures la forme d'un commerce harmonieux" (PERNOT, 1996, p. 263)[2]; "La politesse étant définie comme [...] un ensemble de pratiques destinées, à l'occasion des rencontres quotidiennes, à établir le contact et à faciliter les échanges entre les individus [...]" (PERNOT, 1996, p. 342)[3].

(GOFFMAN, 1973, p. 230). Ideia tomada nesses termos por Brown e Levinson: "Em geral, as pessoas cooperam na manutenção da face na interação, sendo *essa cooperação baseada na vulnerabilidade mútua das faces*" (1987, p. 61).

2. "Assim a polidez é, em todos os sentidos, uma arte de comunicar que [...] aproxima os homens e dá a suas relações externas a forma de um comércio harmonioso [...]" (PERNOT, 1996, p. 263, versão das tradutoras).

3. "A polidez sendo definida como [...] um conjunto de práticas destinadas, nos encontros cotidianos, a estabelecer o contato e a facilitar as trocas entre os indivíduos [...]" (PERNOT, 1996, p. 342, versão das tradutoras).

Mas, se essa definição tem o mérito de ser consensual, esse consenso só ocorre devido a seu caráter excessivamente geral. Para ser descritivamente operatória, ela deve tornar-se ainda mais precisa, pois é nesse caso que surgem importantes divergências entre os teóricos: a polidez deve ser tratada como uma linguagem de conotação (Pernot), ou então em termos de "trabalho de face" (Goffman, Brown e Levinson), de custo/beneficio (Leech), ou de respeito do "contrato conversacional" (Fraser)? Como *avaliar* essas diferentes propostas teóricas?

Primeiramente, uma lembrança extremamente essencial (apesar de seus ares de brincadeira): *a polidez, isso não existe*, no sentido que o conceito de polidez não é dotado de nenhuma existência "natural". As únicas realidades na matéria (como em qualquer outra) são:

(1) De um lado (nível lexical), a *palavra* "polidez", tal como ela existe na língua francesa. Assim, pode-se apreender a questão da polidez através do seu vocabulário: tratar-se-á, então, de um estudo lexicográfico/lexicológico, muito interessante, aliás, no qual se comparará, por exemplo, os sentidos e empregos dessa palavra aos termos aparentados, como "etiqueta", "tato", "cortesia", "urbanidade", "*savoir-vivre*", etc.; constatar-se-á o caráter mais ou menos nebuloso da definição "ordinária" desses diferentes termos; e também eventualmente se comparará a organização desse campo lexical à de grupos lexicais mais ou menos equivalentes em outras línguas.

(2) De outro lado (nível referencial), uma infinidade de *comportamentos* conhecidos e observáveis, entre os quais alguns são comumente reagrupados, em função da definição usual desses termos, sob o rótulo de "polido" ou "impolido".

(3) Quanto ao *conceito* de que se trata geralmente nos estudos sobre a polidez, qualquer que seja sua obediência disciplinar, ele só existe como entidade *construída* pelo teórico sobre a base de um decreto de definição, tomando a forma de um enunciado performativo

(que faz propriamente *advir* o conceito): *"Eu chamarei polidez isso ou aquilo"*.

Mas, de fato, os enunciados definicionais que fundam qualquer discurso teórico se apresentam quase sempre, no discurso filosófico em particular, sob a forma simplificada: *"A polidez é isso ou aquilo"*, o que permite fundar como objeto concreto essas construções relativamente arbitrárias, concedendo-lhes uma espécie de estatuto ontológico universal. Pernot não escapa a esse viés, quando julga "equivocados" (PERNOT, 1996, p. 3) os conceitos propostos por seus antecessores, os quais "desconhecem" unanimemente a verdadeira natureza da polidez e enganam-se a respeito do fenômeno, do qual dão uma ideia "rica demais" ou, ao contrário, "pobre demais" (PERNOT, 1996, p. 20), passando assim ao largo de sua "essência". Ora, repitamos, a polidez como conceito não é uma espécie natural, é apenas o que se decide que ela é; não há, portanto, mais conceituações "falsas" da polidez do que verdadeiras.

Isso não quer dizer que se deva renunciar a avaliar comparativamente as diferentes propostas teóricas, mas que elas devem ser avaliadas não como verdadeiras ou falsas, mas como mais ou menos aceitáveis, em virtude de certo número de critérios, dos quais tomarei como objeto de estudo esses dois que seguem:

(1) a proximidade da definição proposta com o uso habitual da palavra, ao qual é impossível não dar importância, pois é ele que funda nossa intuição do fenômeno examinado: mesmo que seu uso deva, a princípio, ser mais coerente e rigoroso, os "termos" manipulados pelos linguistas assemelham-se fortemente, e às vezes até se confundem, com as "palavras" utilizadas pelos locutores nativos e ingênuos;

(2) a rentabilidade do conceito, quer dizer, sua capacidade de dar conta dos dados empíricos e de explicar por que tal ou tal comportamento é geralmente considerado polido ou impolido.

É à luz dessas considerações que vou agora examinar o modelo que se encontra incontestavelmente, há trinta anos, no lugar de destaque em matéria de polidez linguística; o modelo mais famoso, o mais explorado (ele inspirou um número considerável de estudos que tratam de línguas e de situações comunicativas as mais diversas) e, de cara, o mais criticado: aquele que se deve a S. Brown e P. Levinson (1978, 1987).

2. O modelo brown-levinsoniano da polidez linguística

2.1 Sabe-se que esse modelo (doravante "BL") repousa inteiramente sobre as noções de "território" e de "face", rebatizadas por Brown e Levinson de "face negativa" e "face positiva", o que lhes permite construir a noção genérica de "ato ameaçador para a(s) face(s)" (*Face-threatening act* ou *FTA*). Nessa perspectiva, de fato, a maioria dos atos de fala que realizamos ao longo de nossa vida cotidiana é potencialmente "ameaçadora" para tal ou tal face presente, o que vem contrariar o "desejo" universal ou "necessidade da face" (*face-want*), e gera um risco sério para o desenvolvimento da interação. É então que intervém o "trabalho de face" (*face-work*), expressão goffmaniana que designa: "tout ce qu'entreprend une personne pour que ses actions ne fassent perdre la face à personne (y compris elle-même)" (GOFFMAN, 1974, p. 15)[4].

Ora, é exatamente esse "trabalho de face" que Brown e Levinson designam sob o nome de "polidez" — só lhes resta, então, descrever o conjunto das diferentes estratégias e os diferentes procedimentos que podem ser postos a serviço da polidez assim concebida.

Ocorre, portanto, que a originalidade de Brown e Levinson consiste, sobretudo, em cruzar Searle e Goffman, quer dizer, "reciclar" a noção de ato de fala, examinando esses atos segundo os efeitos que eles podem ter sobre as faces das partes presentes, tornando essa

---

4. "tudo aquilo que uma pessoa empreende para que suas ações não façam com que ninguém perca sua face (incluindo ela própria)" (GOFFMAN, 1974, p. 15, versão das tradutoras).

noção ao mesmo tempo apta a servir de base para uma teoria nova da polidez. O principal fruto desse cruzamento é a noção de "FTA", mas também todas as espécies de noções e categorias descritivas anexas, como aquelas que compõem a panóplia desses "atenuadores" (*softeners* ou *mitigators*) que a língua coloca generosamente à nossa disposição, a fim de que possamos "polir" as arestas demasiadamente afiadas dos FTAs que somos levados a cometer, tornando-os menos agressivos para as faces delicadas de nossos parceiros de interação.

2.2 Se tentarmos aplicar os critérios de avaliação anteriormente propostos, forçosamente constataremos que o modelo BL é bastante satisfatório em relação a eles.

(1) parece que a identificação da polidez com o "trabalho de face" corresponde, de maneira geral, ao uso espontâneo da palavra, isto é, que a maioria dos comportamentos "polidos" no sentido BL o são também no sentido usual, e inversamente — isso até segunda ordem, ou seja, até a descoberta de um número significativo de contraexemplos.

Assim, pode-se considerar como contraexemplos os casos de "polidez em relação a si próprio", que são dificilmente admitidos pelo uso comum, ao passo que, para os teóricos do *face-work*, a polidez se exerce não apenas em relação ao outro, mas também em relação a si próprio (cf. a distinção introduzida por Leech (1983) entre princípios *other-centred versus self-centred*). Deixemos claro, entretanto, que esses dois corpos de regras não devem ser postos no mesmo plano no modelo teórico: apenas os princípios "autocentrados" concernem à polidez *stricto sensu*, mas eles implicam secundariamente certas regras "autocentradas", como as máximas de "modéstia" ou de "dignidade", que pertencem de fato ao "sistema da polidez", mas de alguma forma indiretamente (ver KERBRAT-ORECCHIONI, 1992, p. 185-186, 2005, p. 201-204).

(2) Além disso, esse sistema se revela extremamente produtivo ao uso, permitindo explicar bem fatos cuja existência, não fossem eles, ficaria misteriosa (como a dos atos de fala indiretos). Mas

o sistema brown-levinsoniano apresenta também certo número de fragilidades que restringem gravemente suas capacidades descritivas.

Criticou-se essa teoria, a justo título, de refletir uma concepção excessivamente pessimista, e até "paranoica", da interação (KASPER, 1990, p. 194) (concebida como uma espécie de terreno repleto de todos os tipos de ameaças, as quais devemos, permanentemente, buscar neutralizar) e dos interactantes (apresentados como gastando seu tempo a proteger seu território e sua face). Ora, se um bom número de comportamentos "polidos" corresponde bem a esta definição, a polidez consiste também, mais positivamente, em produzir "antiameaças"; se a maioria dos atos de fala que se é levado a realizar na vida cotidiana é potencialmente ameaçadora para as faces dos interlocutores, há também aqueles que são mais valorizadores para essas mesmas faces, como o agradecimento, o voto ou a felicitação (tratada por Brown e Levinson como um puro FTA — para a face negativa do destinatário —, enquanto ele é, em primeiro lugar e sobretudo, um ato "enaltecedor" para a face positiva desse mesmo destinatário); se as faces pedem antes de tudo para serem preservadas, elas imploram também, às vezes, gratificações mais positivas... É, portanto, indispensável prever no modelo teórico um lugar para esses atos que são de alguma forma o pêndulo positivo dos FTAs, atos valorizadores para a face de outrem, que propomos chamar de FFAs (*Face Flattering Acts*)[5].

Todo ato de fala pode, portanto, ser descrito como um FTA, um FFA ou um complexo desses dois componentes. Correlativamente, duas formas de polidez podem ser distinguidas sobre essa base: a *polidez negativa*, que consiste em evitar produzir um FTA ou em suavizar, por qualquer procedimento, a sua realização (ela equivale, por assim dizer, a "eu não desejo lhe fazer nenhum mal" ["*je ne te veux pas de mal*"]); e a *polidez positiva*, que consiste em realizar algum FFA, de

---

5. Outros falam em um sentido similar a *Face enhancing act* ou a *Face giving act*.

preferência reforçado (ela equivale a "eu lhe desejo o bem" [*"je te veux du bien"*])[6]. E o desenvolvimento de uma interação surge então como um incessante e sutil jogo gangorra entre FTAs e FFAs, por exemplo:

- Polidez negativa: A comete contra B alguma ofensa (FTA) e tenta tão logo quanto possível reparar com uma desculpa (FFA). Quanto maior for a gravidade do FTA (esse peso só se avalia dentro do contexto comunicativo no qual se inscreve o ato em questão), mais intenso deve ser o trabalho reparador.
- Polidez positiva: A presta a B algum serviço (FFA), cabendo a B produzir em troca um FFA (agradecimento ou outra gentileza). Trata-se de restabelecer o equilíbrio ritual entre os interactantes (é o sistema do "receber/ retribuir" ou "troca de bons procedimentos"). Quanto mais importante for o FFA, mais deve sê-lo igualmente o contraFA.

Graças a tais arranjos, o modelo BL se torna ao mesmo tempo mais poderoso e mais coerente (pois, no modelo *standard*, as noções de "polidez negativa" *versus* "positiva" estão bastante confusas, e a classificação geral das estratégias de polidez, extremamente contestável). A partir de algumas oposições elementares (face positiva *versus* negativa, FTA *versus* FFA, polidez negativa *versus* positiva), torna-se possível reconstruir o "sistema da polidez", conjunto coerente de regras e princípios que não descreverei aqui[7], mas sobre o qual direi simplesmente que permite dar conta de uma massa considerável de fatos; por exemplo, e entre outros:

- Os *atos de fala indiretos*, tratando-se de formulações não convencionais ou convencionais. Num café, por exemplo, o garçom pode muito naturalmente perguntar ao cliente o que ele deseja por meio da fórmula "o senhor vai tomar alguma coisa?" (pergunta

---

6. Notemos que a maneira como encaramos a oposição entre polidez negativa e positiva (de maneira totalmente desconectada da oposição face negativa e positiva) está bastante distante da concepção brown-levinsoniana dessa oposição.

7. Ver Kerbrat-Orecchioni (1992), segunda parte, e em particular o quadro apresentado na p. 184.

total com valor de fato de uma pergunta parcial), enquanto o cliente dificilmente poderá perguntar quanto ele deve por meio da fórmula "Eu lhe devo alguma coisa?": é polido para o garçom não parecer forçar o cliente a consumir, enquanto não seria nunca polido para o cliente parecer não estar obrigado a pagar pelo seu consumo.

Mais geralmente, essa teoria permite dar conta da *formulação mais ou menos brutal ou suavizada dos atos de fala*, formulação que depende essencialmente do estatuto do ato analisado de acordo o sistema de faces (assim como, claro, de todas as considerações situacionais). Sendo assim, acontece que, excluindo-se as situações conflituosas (que se pode considerar como "marcadas"), os FTAs têm forte tendência a ser atenuados, enquanto os FFAs tendem, ao contrário, a ser reforçados; quanto aos atos "mistos", tais como a oferta, constata-se que eles são espontâneos e atenuados e reforçados. Exemplo: *"Mas sirva-se então um pouco!"* [*"Mais* reprenez-en *donc un peu!"*] (os elementos atenuadores recaindo sobre o componente FTA, e os de reforço sobre o componente FFA, do ato de fala).

- Essa teoria da polidez permite, ainda, explicar de forma eficaz os fenômenos de encadeamento de atos de fala e, mais particularmente, do sistema de *organização preferencial das trocas*[8], sobre o qual poder-se-ia mostrar que se apoia no sistema da polidez: os encadeamentos "preferidos" correspondendo aos encadeamentos polidos (asserção → concordância, pedido → aceitação, mas também autocrítica → desacordo ou elogio/felicitação → rejeição ao menos parcial: a reação mais polida não é sempre uma reação positiva); e os encadeamentos "não preferidos" correspondendo aos encadeamentos "impolidos" (asserção → refutação, pedido → recusa, mas também autocrítica → concordância ou elogio/felicitação → aceitação pura e simples).

---

8. Sobre essa noção, ver Kerbrat-Orecchioni (2005, p. 216-220).

2.3 Para dar um breve resumo da forma como esse sistema funciona nas interações autênticas, retomemos o exemplo de uma situação tão banal como uma troca entre cliente e vendedora numa padaria de Lyon[9]:

1   B: *madame bonjour?*
     P: madame, bom dia?
2   Cl: *je **voudrais** un pain aux céréales*   [*s'il vous plaît*
     C1: eu queria um pão de cerais [por favor
3   B: [*oui*
     P: [sim
4   Cl: *et une baguette à l'ancienne*
     C1: e uma baguete tradicional
5   B: *et une baguette (5 sec.) (bruit de sac en papier et de caisse enregistreuse) treize soixante-dix **s'il vous plaît** (.) **merci** (5 sec.) vous voulez me donner d'la monnaie?*
     P: e uma baguete (5 *seg.*) (*barulho de saco de papel e de caixa registradora*) treze e setenta por favor (.) **obrigada** (5 *seg.*) a senhora quer me dar trocado?
6   Cl: **heu::** *vingt centimes **c'est tout c'que j'ai***
     C1: **hum::** vinte centavos é tudo o que tenho
7   B: *heu non ça va pas m'arranger **merci** (sourire)*
     P: hum não isso não resolve para mim obrigada (sorriso)
8   Cl: *excusez-moi*
     C1: desculpe-me
9   B: *oh mais c'est rien j'vais me **débrouiller** alors sur deux cents francs ça fait cent quatre-vingt-six trente (5 sec.) cent cinquante soixante soixante-dix hum quatre-vingt-cinq quatre-vingt-six vingt et trente **voilà on y arrive***
     P: ah não é nada eu me viro ah sobre duzentos francos são cento e oitenta e seis e trinta (5 seg.) cinquenta sessenta setenta hum oitenta e cinco oitenta e seis vinte e trinta aí está conseguimos.

---

9. Exemplo extraído do relatório de Mestrado de Bárbara Sitbon, de 1997, data que explica que a transação ocorra ainda em francos (SITBON, 1997).

10 Cl: *je vous r'mercie*
    C1: eu lhe agradeço
11 B: *c'est moi (5 sec.) merci madame bon week-end au r'voir*
    P: eu quem agradece (5 seg.) obrigada senhora bom fim de semana e até logo
12 Cl: *merci au r'voir*
    C1: obrigada até logo

Notemos, em primeiro lugar, porque ela salta aos olhos (os segmentos correspondentes estão em negrito), a importância do material linguístico posto a serviço da polidez: longe de ser um fenômeno marginal confinado em algumas "fórmulas" bem circunscritas, a polidez é, na realidade, *difusa* e *profusa*, nesse tipo de discurso assim como em muitos outros (nesse exemplo, quase a metade do conjunto do material produzido tem uma função menos transacional do que ritual). E apontemos rapidamente dois fatos representativos do funcionamento dessa maquinaria sutil (polidez negativa para o primeiro, polidez positiva para o segundo):

(1) *A formulação por parte da cliente do pedido desejado*: o fato mais notável a esse respeito é seu caráter sistematicamente atenuado (aqui duplamente, pelo imperfeito do indicativo e por "por favor"[10]: se esse morfema não é constante, nenhum "eu quero" aparece no nosso *corpus* francês de interações comerciais). Ora, embora o pedido seja, de forma bastante geral, considerado como um FTA (ato constrangedor para o território de seu destinatário), em contexto comercial, seu caráter "ameaçador" desaparece: o pedido é imposto pelo "*script*" da interação (é a ausência de pedido que seria ameaçadora nesse contexto), e o destinatário tem ainda mais a ganhar, no nosso sistema de livre concorrência, do que o emissor; poderíamos, portanto, supor que, nesse contexto muito particular, o pedido seja tratado mais como um FFA do que

---

10. Notemos que o pedido de pagamento, efetuado um pouco mais tarde pelo comerciante, é também acompanhado de um "por favor".

como um FTA. Mas os fatos estão aí, insistentes: eles obrigam a admitir que, mesmo num contexto como esse, o pedido conserva alguma traço do seu caráter "constrangedor", uma vez que o locutor experimenta a necessidade de atenuar a formulação.

Incômodo leve, no entanto, uma vez que compensado, em grande parte, pelo benefício que esse pedido deixa entrever para o vendedor: um simples futuro do pretérito é suficiente para torná-lo polido, enquanto um atenuador mais forte, que é um pedido de desculpas (que serve para "reparar" "ofensas" verdadeiras), seria, nesse caso, deslocado (só mesmo por ironia poderíamos ser levados a dizer a um vendedor que manifesta verdadeiramente pouquíssima diligência em nos servir: "Desculpe-me por incomodá-lo, o senhor teria pão?", a "hiperpolidez" interpondo-se na impolidez). Mas basta que se reforce o peso do FTA para que vejamos aparecer o pedido de desculpas, por exemplo em 8: a cliente (C1), tendo apenas uma nota de 200 francos para pagar a módica quantia de 13,70 francos, tenta então de qualquer forma ("hum") uma proposta de solução que ela sabe que será pouco satisfatória para a padeira (P) ("vinte centavos é tudo o que tenho"), na qual podemos ver uma espécie de pedido de desculpas implícito; proposta recusada por P; ora, sendo a recusa de oferta um encadeamento "não preferível" (FTA), essa recusa é, como se deve, atenuada ("humm", agradecimento e sorriso); quanto à C1, ela se encontra fadada à derrota de sua tentativa de prestar serviço a P fornecendo-lhe um troco, "ofensa" que ela precisa, por sua vez, atenuar com um pedido de desculpas, desta vez explícito ("desculpe-me"), o qual é, como se deve sempre, acolhido por uma atenuação da ofensa ("ah não é nada eu me viro").

Assim, esse episódio nos mostra C1 e P fazendo "investidas de polidez", numa tentativa de neutralizar os mini-FTA que elas se infligem mutuamente.

(2) *O agradecimento*: em todo o conjunto do *corpus* coletado em padaria, o número de agradecimentos é de 3,6 por interação, valor considerável, dada a brevidade das trocas. Eles também são

recíprocos (embora com uma ligeira vantagem para P): o cliente agradece ao receber o produto e, possivelmente, o dinheiro; o vendedor agradece por ter recebido o dinheiro; e eles ainda se agradecem mutuamente no fechamento da interação para sancionar a conclusão bem-sucedida da transação (e possivelmente em resposta a uma saudação). Assim, em lojas francesas, a relação de comprador/vendedor é concebida como uma relação de responsabilidade mútua.

Notemos também que o agradecimento nesse contexto geralmente toma a forma mínima de um simples "obrigado" (no máximo, por vezes reforçado por "bem" ou "muito"): é que ele apenas confirma uma boa ação esperada, portanto de pouco "peso". Mas, por pouco que ocorra durante a troca de um "favor" qualquer, veremos o agradecimento tomar as mais variadas formas, inventivas e intensivas (assim testemunhamos, no dia em que a padeira dá para suas clientes experimentarem o "bolinho", que ela confeccionou para o Dia de Reis, um rompante de êxtase: "é delicioso!").

Mas nunca encontramos "um pouco obrigado": a sequência é "agramatical". Essa agramaticalidade de um tipo especial (porque é puramente pragmática) só encontra explicação no contexto de uma teoria adequada da polidez linguística (contradição entre a natureza do FFA do agradecimento e esse tipo de atenuador que constituiria o advérbio restritivo).

2.4 Esse pequeno exemplo nos permitiu ver em ação o sistema de polidez, cuja lógica o modelo "BL *revisitado*" permite de forma muito eficaz reconstruir: sem dúvida, ele funciona — pelo menos na França. Mas isso funciona em todos os lugares? Especifiquemos a pergunta: poderíamos citar muitas sociedades nas quais as trocas de comércio acontecem de uma maneira completamente diferente; por exemplo, o agradecimento é quase inconcebível nas lojinhas vietnamitas. Mas essa observação não questiona o modelo proposto: a sua aplicação varia, obviamente, de uma cultura para outra, e podemos dizer simplesmente que, no caso de empresas no Vietnã, onde tudo é baseado no princípio da "barganha", a troca verbal é concebida como uma pequena guerra em que cada um deve ser o mais astuto possível, e na qual, como uma troca de procedimentos adequados, a polidez simplesmente não é apropriada[11]. Mas a questão é saber se, em todo lugar, a polidez, quando é exercida, se restringe basicamente a um conjunto de estratégias de gerenciamento e de valorização da face e do território de outrem; se, portanto, esse quadro teórico e descritivo é ou não adequado a seu objetivo, que é o de dar conta, da melhor forma possível, do funcionamento da polidez debaixo de todos os céus.

- Para Brown e Levinson, sim; a perspectiva é abertamente universalista, como indica o título do seu livro: *A polidez. Alguns universais no uso da língua*. Especifiquemos, ainda, acerca desse tema duas coisas: de um lado, que esse universalismo, longe de ser, como para alguns, "transcendental", repousa sobre a observação de dados empíricos (o modelo está construído a partir de exemplos tomados do inglês, mas também do Tâmil e Tzeltal, duas línguas familiares para Penelope Brown, com o recurso um pouco mais pontual a outras línguas, como malgaxe[12] ou japonês, e foi só depois de uma abordagem comparativa que foram extraídos alguns universais pragmáticos); de outro lado, que são principalmente os princípios gerais constitutivos do sistema da polidez que são universais para eles — porque todos os sujeitos falantes têm em comum certas propriedades (como o sentido do território e o impulso narcisista). É preciso ainda considerar que as interações estão em todo lugar sujeitas a coerções comuns —, mas Brown e Levinson não param de repetir que a aplicação desses princípios difere, consideravelmente, de uma cultura para outra: "The application of the principles differ systematically across cultures and within cultures across subcultures, categories and groups" (1978,

---

11. De acordo com Trinh Duc (2002).

12. Língua do grupo indonésio da família malaio-polinésia, idioma oficial da República Democrática de Madagascar, além do francês.

p. 288)[13]; "This core concept is subject to cultural specifications of many sorts — what kinds of acts threaten face, what sorts of persons have special rights to face-protection, and what kinds of personal style [...] are specially appreciated" (1987, p. 61)[14]; "This framework puts into perspective the ways in which societies are not the same interactionally, and the innumerable possibilities for cross-cultural misunderstanding that arise" (1978, p. 258)[15].

No entanto, esta pretensão do modelo BL de nos fornecer de mão beijada uma espécie de teoria universal do uso polido da linguagem não é aceita por todos. Algumas vozes se elevaram para acusá-lo de "etnocentrismo", vozes abundantemente retomadas mais tarde na forma de afirmações como: "Assim o têm mostrado muitos autores (MATSUMOTO, 1988; MAO, 1994 etc.), a teoria de Brown e Levinson é totalmente inadequada para a descrição da polidez em outras sociedades que não sejam as nossas sociedades ocidentais...". Mas é verdade que essa inadequação tenha sido demonstrada? Nada é menos certo. Tomemos o exemplo de Mao (1994), uma das referências favoritas dos críticos implacáveis da teoria BL. O que exatamente lemos nesse artigo? O autor começa com uma declaração sensacionalista sobre a inadequação dessa teoria à realidade chinesa. Ele prossegue afirmando que, na China, a polidez se identifica com a preservação da "face" (positiva). Em seguida dedica-se ao exame cuidadoso de dois termos em chinês que se referem a essa noção de face (um mais correspondente à noção de prestígio, e o outro à ideia de afiliação ao grupo). Depois insiste no fato de que os chineses atribuem mais importância ao grupo que ao indivíduo. Para ilustrar tudo isso, ele

---

13. "A aplicação dos princípios difere sistematicamente entre culturas e dentro de culturas em subculturas, categorias e grupos" (1978, p. 288, versão das tradutoras).

14. "Este conceito central está sujeito a especificações culturais de vários tipos — que tipos de atos ameaçam enfrentar, que tipos de pessoas têm direitos especiais para proteger a face, e que tipos de estilo pessoal [...] são especialmente apreciados" (1987, p. 61, versão das tradutoras).

15. "Este quadro coloca em perspectiva as formas pelas quais as sociedades não são iguais interagindo e as inúmeras possibilidades de incompreensão transcultural que surgem" (1978, p. 258, versão das tradutoras).

estuda finalmente algumas sequências de oferta e de convite, cujo funcionamento não difere em nada da forma como sequências similares são realizadas em inglês ou francês (exceto pelo fato de serem talvez, mas isso é a conferir, mais extensas em chinês, deixando ainda mais espaço para o trabalho da "face"). É certo que as noções de "face" e de "território" não são conceituadas em todos os lugares da mesma maneira[16] (em particular, elas podem ser concebidas como atributos estritamente individuais, ou, ao contrário, mais ou menos extensivos ao grupo). Mas é possível avaliar que o estudo de Mao mais *confirma* do que destrói a pertinência do *face-work*, inclusive esta conclusão, com ecos muito goffmanianos sobre "our faith in the importance of face as a public image that we wish to claim for ourselves in interaction" (MAO, 1994, p. 484)[17].

Não podemos, portanto, tão facilmente aceitar como consumada a inadequação do modelo BL para aplicar-se a sociedades não ocidentais: todas essas críticas, em vez de serem consideradas certezas definitivas, merecem um exame cuidadoso.

3. Revisão crítica das críticas ao modelo BL

3.1 Para Antoine Auchlin, a teoria de Brown e Levinson refletiria uma concepção *reducionista* da interação, na medida em que ela reduz tudo a essa "etologia primitiva" que é a face; ora, trata-se aí de um "nível da competência relacional da pessoa que podemos qualificar de superficial" (AUCHLIN, 1990, p. 315).

---

16. Para outros estudos sobre o conceito de face em chinês, consulte Hu (1944) e Ho (1975); para uma descrição de muitas expressões que se referem ao conceito de face em Nwoye (1992); e para uma perspectiva cross-cultural mais ampla sobre esse conceito, Nwoye (1992); Strecker (1993); Ting-Toomey (1994); e Ervin-Tripp, Nakamura e Guo (1994), em que o problema é abordado de uma exploração lexical (em termos relacionados com a face em inglês, francês, chinês, japonês e coreano).

17. "Nossa fé na importância do rosto como uma imagem pública que desejamos reivindicar para nós mesmos em interação" (MAO, 1994, p. 484, versão das tradutoras).

Certamente: a polidez é, como todos sabem, "a virtude das aparências"[18], e pode-se facilmente admitir que nada do que acontece na interação pode ser descrito em termos de confronto ou de gerenciamento de faces, de lesões ou satisfações narcisistas, de disputas ou gratificações territoriais. Mas, ao construir sua teoria da polidez, Brown e Levinson não têm a pretensão de elaborar uma teoria global da interação. A sua única ambição é nos oferecer os meios para responder a estas perguntas: por que uma construção é percebida como mais ou menos polida ou impolida? Sobre quais mecanismos repousa o efeito de polidez? Ora, as ferramentas que eles conceberam para este fim são de uma eficácia descritiva e explicativa incontestável.

Polidez é uma questão de faces: isso não significa que tudo na interação tem a ver com polidez. A apreciação do lugar que essa questão ocupa no funcionamento global da interação varia consideravelmente segundo as perspectivas, e é certo que os nossos "politessologues" contemporâneos naturalmente tendem a conceder a seu objeto uma importância que outros consideram excessiva; assim, para Goffman, o estudo do trabalho das faces é quase coincidente com o do funcionamento das interações, nenhum aspecto desse funcionamento escapa completamente das considerações sobre "face" e a esta pergunta crucial: "Será que fazendo ou não fazendo isso, eu poderia perder a face ou fazer com que o outro perca sua face?" (GOFFMAN, 1974, p. 34). Em relação a Auchlin, é em nome dos afetos (componente menos "superficial", sem dúvida) que ele fustiga a polidez. Não vou tomar partido sobre a questão de saber, entre os diferentes ingredientes (informacionais, relacionais, emocionais) de que se compõe a interação, quais devem ser considerados como os mais importantes e, portanto, dignos de interesse. Para mim, o essencial é reconhecer a existência de todos esses componentes e poder dispor de ferramentas apropriadas para a descrição de cada um deles.

---

18. *La politesse. Vertu des apparences*: esse é o título do n° 2 da revista *Autrement* (Série "Morales"), fev. 1991, para aproximar desse outro título, de um artigo sobre o conceito de face em todo o mundo de Confúcio: "O império das faces ou a ética da aparência" (KHOA, 1993).

3.2 Mas vamos às críticas em relação ao caráter "ocidentalcêntrico" do modelo BL. Na verdade, é por essa razão que geralmente o modelo é questionado por especialistas da área asiática, como Matsumoto, cujo texto de 1988[19] é um dos mais representativos dessas críticas vindas do leste. Eis o que ele disse em substância: no Japão, o conceito de território está longe de ter a importância que tem nas sociedades ocidentais; o que prima, em contrapartida, o que é verdadeiramente determinante para o comportamento de interactantes, é o desejo de marcar: (1) seu pertencimento ao grupo (família, universidade, empresa…); (2) seu respeito pelas hierarquias: comportar-se corretamente (ou "polidamente") na interação é expressar seu "lugar" certo no meio social.

Mas não vemos como essas observações, independentemente da sua precisão, questionam radicalmente o modelo BL:

(1) no que diz respeito ao território, basta pegar o metrô em Tóquio e observar como, quando a densidade de viajantes volta ao normal, eles recuperam, por uma série de mudanças, sua "bolha" individual, até estabelecer entre eles distância tão igual e "respeitosa" quanto de andorinhas sobre o seu fio, para se compreender que o sentido de território individual e o princípio correlato de "não imposição" (o qual não se limita ao modelo BL) não são completamente estranhos para os japoneses. Simplesmente admitiremos:

- Que esse sentido de território é provavelmente mais desenvolvido ainda no Ocidente, onde o princípio da não imposição desempenha um papel mais importante;
- Que as condições de aplicação desse princípio são diferentes no Japão e mais restritas; em particular e *grosso modo*: se na relação *out-group* convém evitar ao máximo o contato com os outros (o estrangeiro deve ser mantido a distância), na relação com o grupo (*in-group*), ao contrário, convém aumentar os contatos e expressar por vários meios seu pertencimento a ele e a sua solidariedade para com ele — segundo uma

---

19. Intitulado *Reexamination of the Universality of Face: Politeness Phenomena in Japanese.*

regra, aliás, prevista por Brown e Levinson (estratégia n° 4 da polidez positiva: "reivindicação de filiação *in-group* com interlocutor") que coexiste dentro do sistema com o princípio oposto (relativo este à polidez negativa) de manutenção da autonomia individual.

Esses dois princípios de interação (compromisso e independência, contato e evitação) coexistem em toda sociedade. Eles frequentemente entram em conflito[20], obrigando os interactantes a encontrar soluções de compromisso, que irão variar de acordo com sua própria cultura de pertencimento (e, claro, de acordo com a situação comunicativa e o tipo de relação existente entre as pessoas envolvidas). É assim que um jornal de Kyoto descreve esses jovens casais apaixonados que todas as noites podemos observar alinhados nas margens do rio Kamo: de oitenta a cem casais encontram-se neste lugar, separados por uma distância muito regular de dois metros, uma distância que lhes permite ao mesmo tempo preservar uma intimidade relativa e desfrutar da presença tranquilizadora do "rebanho". Para um jovem japonês é aparentemente essa distância que constitui, nesse caso, o compromisso ideal entre os desejos contrários de isolamento e de sociabilidade, distância que pode parecer um pouco curta para membros de sociedades menos gregárias, nas quais os amantes valorizam mais a sensação de estar "sozinho no mundo".

Num exemplo como esse, em todo caso, o território a preservar (a "bolha" inviolável sobre a qual nos falam os especialistas em proxêmica) é o do casal, a ser considerado aqui como uma entidade única, porque o conceito de "território" pode referir-se ao território do indivíduo, mas também ao de um grupo de indivíduos de natureza e de dimensão variadas. O mesmo é verdade para o conceito de "face (positiva)": pode tratar-se de uma face individual ou coletiva (*group face — face do grupo*) e, nesse último caso, a valorização ou desvalorização da face de um dos membros do grupo (casal, família, clã, grupo étnico, etc.) vai

---

20. Sobre esse tipo particular de "dupla coerção", ver Kerbrat-Orecchioni (1992, p. 272-273).

refletir em toda a comunidade; por exemplo, como acontece com os Aka do Oeste Africano, sobre os quais Obeng nos afirma que: "Any face-threatening act affecting a member of the social group affects all other members of the group at varying degree" (OBENG, 1999, p. 205)[21].

Mas, novamente, um funcionamento como esse não é totalmente estranho ao que se observa na França: um elogio ou um insulto podem muito bem ricochetear de X (seu alvo oficial) para Y (uma pessoa que se encontra em relação a X em uma estreita relação de solidariedade), mesmo que as redes de solidariedade interacionais sejam entre nós menos extensas e mais flexíveis do que elas o são nas culturas de *ethos* fortemente "Comunitário"[22] — mas a diferença é mais de grau que de espécie.

(2) quanto ao respeito às hierarquias, pode-se facilmente fazer uma aplicação particular para o caso dessas sociedades de *"ethos* não igualitário", que são as sociedades japonesas e coreanas, do princípio de respeito/valorização da face positiva dos participantes: usar formas honoríficas apropriadas (e essas formas correlativas "autocentradas" que são "humilhantes"), quando nos dirigimos a um superior, é adular seu amor-próprio, enquanto abster-se de recorrer a essas fórmulas é cometer o pior dos FTAs (em termos mais comuns: uma afronta irreparável).

Dito isso, essa questão merece que nos detenhamos um pouco nela, porque a maioria dos especialistas das línguas concernentes, como Hwang (1990), enfatizam a necessidade de distinguir dois aspectos importantes, e fundamentalmente distintos, da gestão da relação interpessoal:

(1) O sistema de deferência tem como características dizer respeito a um código social rígido (sua observação é absolutamente

---

21. "Qualquer ato ameaçador de face que afete um membro do grupo social afeta todos os outros membros do grupo em grau variável" (1999, p. 205, versão das tradutoras).

22. Como o é também, por exemplo, a sociedade Igbo da Nigéria (em que o interesse do grupo prevalece sobre os interesses individuais), de acordo com Nwoye (1992).

obrigatória) e manifestar-se sob a forma de unidades gramaticalizadas, de natureza que se mantém diversa (lexical, morfossintática e prosódica). Além disso, ele reflete o *status* hierárquico relativo dos interlocutores, estatuto que vai impor a escolha de um "nível de linguagem" apropriado.

(2) Mas esse primeiro sistema (ao qual se dedicaram principalmente linguistas das culturas em questão[23]) se multiplica num segundo sistema em todos os pontos semelhante ao da polidez à moda ocidental, constituído dessas estratégias da "face" amplamente descritas pelos especialistas atuais da polidez linguística (atos de fala indiretos, atenuadores diversos, etc.); estratégias cujas características, ao contrário, dizem respeito mais às escolhas discursivas que a uma codificação rígida, e ao fato de não serem sistematicamente correlacionadas a uma relação de tipo hierárquica (mesmo que o fator de "poder" desempenhe um papel não negligenciável).

Para Hwang (1990), apenas o segundo tipo de fenômenos diz respeito à "polidez", que se opõe, portanto, à "deferência" (Hwang acrescenta que se pode muito bem ser deferente sem ser polido e polido sem ser deferente).

Mas de seu lado, Ide (1989) reúne os dois fenômenos sob o arquilexema "polidez": o problema parece ser na verdade puramente terminológico — a polidez "deferente" ou "protocolar" é ou não polidez? é segundo: O que existe, em qualquer caso, de certo é que a "face" está implicada tanto no sistema deferencial como no sistema não deferencial, Ho indo até a ponto de definir a face chinesa como: "the respectability and/or deference which a person can claim for himself from others, by virtue of the relative position he occupies in his social network" (Ho, 1975, p. 883)[24].

---

23. Ver, para alguns exemplos de sistemas de honoríficos, Kerbrat-Orecchioni (1992, p. 25-35).

24. "A respeitabilidade e/ou a deferência que uma pessoa pode reivindicar para si mesma dos outros, em virtude da posição relativa que ocupa em sua rede social" (1975, p. 883, versão das tradutoras).

Não é, portanto, ilegítimo fazer de "polidez" um termo genérico, equivalente a *face-work*, e que abrange dois grandes tipos de manifestações, aquelas da polidez não deferente e aquelas da polidez respeitosa — a qual, aliás, constituía, na França, no período clássico, a principal forma de etiqueta e, em seguida, não parou de declinar em favor de uma polidez menos formal[25], da mesma forma que está atualmente em declínio em países asiáticos sob a ação conjunta da democratização e da ocidentalização.

Para concluir sobre este ponto: o modelo BL permite integrar sem artifícios excessivos as observações de Matsumoto, que conclui (1988, p. 424), de maneira menos inesperada do que se poderia pensar, que tudo o que ele disse não exclui em nada a existência de um "quadro universal para os fenômenos de polidez", admitindo considerar "o desejo de preservação da face" como um "princípio dinâmico" fundamental para a desenvolvimento de qualquer interação social.

3.3 Assim, parece que não existe, atualmente, no campo da pragmática interacional e na área específica dos fenômenos de polidez, um concorrente sério ao modelo BL.

(1) A proposta que consiste em substituir a noção de "face" pela noção de "lugar" (perspectiva de tipo "Matsumoto") não é uma alternativa satisfatória: a gestão da relação interpessoal não se refere sempre a um problema de respeito dos lugares interacionais, enquanto, inversamente, o respeito pelos lugares (especialmente em sociedades nas quais é importante que cada um "permaneça no seu lugar") é uma das formas assumidas pelo trabalho de face — *face-work* (assim como o seu desrespeito pode ser gravemente prejudicial à face).

---

25. Ver Lacroix (1990, cap. 5), que opõe também "duas formas de polidez": a polidez "protocolar", fundada na desigualdade de "camadas", e a polidez "democrática", nascida no século XVIII, que se impôs no XIX como a "verdadeira polidez"; e Lacroix ao citar certo P.F. Pécaud, que, em suas *Entretiens et lectures de morale personnelle* ("Entrevistas e leituras de moral pessoal") proclama: "Não nos preocupamos tanto com camada" e convida a preferir uma polidez "baseada na reciprocidade e na ideia de que os direitos e deveres são os mesmos para todos".

(2) Pode-se dizer o mesmo do conceito de "discernimento" (IDE, 1989): a autora enfatiza, com razão, o caráter eminentemente "adaptativo" da polidez, que exige que o seu utilizador avalie corretamente o conjunto do contexto para se comportar adequadamente. No entanto, se é verdade que o bom uso da polidez *implica* o discernimento, nem todo comportamento de discernimento diz respeito à polidez: de acordo com essa noção, não estamos lidando com uma propriedade definitória da polidez, mas simplesmente com uma de suas condições de sucesso.

(3) Na mesma linha, Fraser (1990) propõe identificar a polidez com o respeito às normas em vigor na situação comunicativa concernente: deve ser considerado como polido todo enunciado que esteja em conformidade com essas normas, e como rude qualquer enunciado que esteja fora delas, o que se resume assim: "Acting politely is virtually the same as using language appropriately"[26].

Para essa teoria, chamada de "contrato conversacional" (*conversational contract*), a polidez não é uma propriedade de frases (*sentences*), mas é uma propriedade dos enunciados (*utterances*): fora de contexto, nenhuma sequência pode ser qualificada como "polida" nem como "impolida".

Parece, no entanto, difícil de admitir que, em si mesmos, uma ordem e um agradecimento, um insulto e uma desculpa, sejam, com relação a essa questão, colocados no mesmo plano. O enunciado "Será que você poderia fechar a porta, por favor?" não é *intrinsecamente* mais polido do que "Feche então a porta por Deus, seu merda!", que também é difícil de considerar como "polido", só porque está conforme o contrato conversacional em vigor: no caso, uma ordem gritada durante um treinamento militar. Da mesma forma é difícil considerar como "impolida" a produção de agradecimentos excessivos ou de desculpas supérfluas. A intuição se rebela diante de um uso terminológico como

---

26. "Agir polidamente é praticamente o mesmo que usar a linguagem apropriadamente" (versão das tradutoras).

esse: mais comumente, na verdade, diremos que estamos lidando, no segundo caso, com a "hiperpolidez" e, no primeiro caso, na melhor das hipóteses, com a "não polidez" (veja a seguir).

Certamente, o contexto desempenha nessa questão um papel crucial (como é aliás o caso de todos os valores pragmáticos, que são altamente sensíveis ao contexto): pode sempre acontecer de o ambiente situacional[27] assim como o acompanhamento prosódico e mímico virem alterar, ou mesmo inverter, o valor base do enunciado. É verdade que essas variáveis contextuais não são suficientemente levadas em conta por Brown e Levinson; não por negarem a sua importância, mas porque o seu principal objetivo é, antes de tudo, identificar os fundamentos e os princípios do sistema universal da polidez, em vez de detalhar suas aplicações em tal ou tal contexto situacional e cultural específicos. Que os outros completem o trabalho. Alguns já se lançaram nele, mas a tarefa é imensa: tentar descrever o funcionamento da polidez em todas as situações da vida diária e em todas as culturas...

4. Balanço

4.1 Projetado para destacar certos "princípios universais do uso da linguagem", a saber, aqueles que permitem uma gestão harmoniosa

---

27. E, em particular a natureza do canal. Por exemplo, o princípio segundo o qual devemos evitar gritar porque "estoura os ouvidos" do receptor (isto é uma violação de seu território corporal) é retomado textualmente na "netiqueta" (etiqueta na internet), mas, nesse contexto, em que o canal de comunicação é a escrita, a regra "não grite" significa (por uma espécie de metáfora sinestésica) que não se deve abusar das letras maiúsculas. Outro exemplo: a etiqueta da linguagem de sinais, cujos princípios gerais não diferem daqueles de Brown e Levinson, mas cuja realização vai necessariamente assumir formas muito específicas: "a etiqueta dos sinais inclui muitas outras regras algumas entre as quais parecem bastante estranhas aos ouvintes. É importante, por exemplo, sempre prestar atenção à direção de seu olhar e seus contatos visuais, como não se deve também nunca interromper por inadvertência uma troca entre dois sinalizantes; somos livres, além disso, para tocar no ombro do vizinho e apontar alguém — isso é pouco recomendado na comunidade ouvinte" (SACKS, 1996, p. 215).

da relação interpessoal, o modelo BL também permite, às custas de alguns ajustes, esclarecer algumas diferenças no funcionamento da polidez de uma cultura para outra; diferenças "superficiais", sem dúvida, mas que são apenas a ponta desse *iceberg* que constitui o conjunto das representações e dos valores de determinada sociedade. Por exemplo:

(1) Vimos que, em algumas sociedades (Japão, Coreia, Índia, Indonésia, etc.), a polidez se identifica em grande parte com a "deferência": é que se trata de sociedades de "ethos *hierárquico*" (distância vertical)[28], que valorizam sobretudo o respeito aos "lugares" e dispõem de uma abundante panóplia de marcadores destinados para este fim (formas de cumprimento, honoríficos e humilhosos diversos, e outros "taxemas" gramaticalizados ou não), marcadores que estabelecem distinções extremamente finas e cujo manejo desempenha um papel determinante na construção social da "imagem" do locutor.

Em sociedades com "ethos *igualitário*", ao contrário, temos a tendência a valorizar sobretudo os comportamentos de tipo não hierárquico (formas simétricas de saudação e de dirigir-se ao outro, ausência de precedência para tomadas de turno de fala ou tomadas de lugar em filas de espera, etc.) e procura-se evitar o emprego de marcas muito vistosas de desigualdade de *status* entre os interlocutores.

Em consequência: nas sociedades de "ethos *hierárquico*", o esquecimento de uma forma honorífica ao dirigir-se a um superior é um insulto a ele; mas também: comportar-se como igual perante um inferior é para este último uma fonte de terrível desconforto, enquanto em nossa sociedade a coisa será mais facilmente admitida e até mesmo apreciada pelo inferior.

É à segunda categoria que dizem respeito as sociedades ocidentais inteiras, e especialmente as sociedades anglo-saxônicas, o que explica sem dúvida a baixa importância dada ao sistema de deferência no

---

28. Sobre a noção de *ethos* tal como ela é aplicada em Pragmática intercultural, ver Kerbrat-Oricchioni (1994, cap. 2).

modelo BL (ela só é considerada sob a forma de uma regra "Dê deferência", ligada, aliás, de maneira altamente questionável às estratégias de polidez negativa): se há etnocentrismo em Brown e Levinson, ele consiste, sobretudo, no fato de que esses autores tendem a privilegiar certos tipos de fatos em detrimento de outros fenômenos, menos bem representados em sua própria cultura.

(2) É assim que o modelo BL também dá preferência à polidez negativa em relação à polidez positiva, estas duas formas de polidez sendo em certa medida opostas, um vez que a primeira implica a não ingerência (trata-se principalmente de deixar o outro em paz), enquanto a segunda envolve incursões sistemáticas no território de outrem (trata-se de lhe fornecer diversas manifestações de simpatia e de interesse — perguntas, elogios, presentes, ofertas, convites etc.).

Admite-se geralmente que, nas sociedades ocidentais, é a polidez negativa que prevalece, ao inverso do que se observa nas culturas eslavas, mediterrâneas ou latino-americanas. Para ilustrar: a fórmula "Sirva-se", considerada polida nos Estados Unidos porque enfatiza a autonomia do destinatário ("você é capaz de se virar sozinho como um adulto, então eu o deixo livre, e acima de tudo sirva-se bem!"), será, ao contrário, percebida como rude pelos defensores de uma concepção de polidez que consiste, principalmente, em fornecer ajuda e assistência ao seu parceiro de interação.

Outra manifestação dessa importância atribuída em nossa sociedade ao princípio de não imposição: enquanto na China, dizem-nos Ervin-Tripp, Nakamura e Guo (1994, p. 64), alguns pedidos podem ser percebidas como FFAs (na medida em que "honram" seu destinatário, dando-lhe a oportunidade de desempenhar o papel gratificante de benfeitor), parece que, na França, qualquer pedido retém algo de seu caráter "impositivo" e, portanto, só pode ser considerado "polido" com a condição de ser atenuado — e mesmo em circunstâncias em que o destinatário pode tirar vantagem, como vimos sobre os pedidos feitos em lojas por potenciais compradores.

Poderia, aliás, fazer objeção a esse fato o uso frequente da fórmula elíptica de pedido "uma baguete!" ou "um Marlboro", mas, além de essas fórmulas serem acompanhadas bem sistematicamente do atenuador ritual "por favor", não é certo que a elipse seja interpretada como "rudeza", portanto impolidez: o enunciado responde a uma pergunta (formulada, explicitamente ou não, pelo comerciante: "Você deseja?"), sendo a elipse, portanto, gramaticalmente justificada; além disso, pode-se perguntar o que convém "catalisar" como forma verbal elidida (pode ser "eu quero" ou "eu queria"); e acima de tudo, a forma elíptica é usada apenas em lojas onde "a fila tem de andar" e onde as trocas obedecem antes de tudo ao princípio da "celeridade" (ou "economia de tempo"): nessa perspectiva, a elipse aparece mais como uma forma de respeito do território de outrem, portanto de polidez (para com o comerciante e com os demais clientes).

Ressaltamos, finalmente, para encerrar a análise desse tipo de tipo de situação comunicativa (pequenos comércios franceses), que as formas de polidez positiva estão também bem representadas (abundância de agradecimentos e fórmulas votivas) — isso para alertar contra generalizações do tipo "a sociedade X (francesa, neste caso) é uma sociedade com característica Y (no caso, polidez negativa)", declarações que devem ser sempre nuançadas e modalizadas, sob pena de cairem na caricatura.

(3) Da mesma forma, não podemos declarar, sem precaução, que a nossa sociedade é uma sociedade "sem contato" (distância horizontal): o uso generalizado do beijinho (é verdade que o contato físico é muito local: nada a ver com os abraços prolongados dos encontros à brasileira!), mas também outras considerações convidam a moderar a afirmação. Dito isso, não assumimos riscos dizendo que a nossa sociedade (a francesa) tem mais a ver com um "ethos *de distância*" (porque tudo é relativo nesta área) que uma sociedade como a sociedade brasileira, ou indonésia, se cremos no que disse o antropólogo Nigel Barley, neste relato encantador de uma viagem noturna num ônibus velho, da qual fazem parte, além de um grupo de nativos, o nosso narrador (inglês) e um viajante perdido (francês):

Dès leur plus jeune âge, on console les enfants avec un gros polochon surnommé "la femme du Hollandais". S'ils pleurnichent ou s'ils sont grognons, on les couche avec leur polochon, qu'ils serrent jusqu'au moment où ils trouvent le sommeil. On attend des jeunes gens qu'ils se pelotonnent contre ces chastes compagnons de lit jusqu'à leur mariage. Plus tard, les mariés doivent sans doute dormir étroitement enlacés pour compenser la perte du polochon de leur enfance. Du coup, les Indonésiens qui n'ont rien à serrer dans leurs bras ressemblent à ces fumeurs de pipe sans rien dans la bouche, perpétuellement agités et distraits. Dans les rues, on les voit qui se mettent, tout en discutant, à enlacer les lampadaires, les angles des murs de brique, les ailes de leur voiture, ou leur interlocuteur. Ils sont marqués par ce besoin impérieux d'étreinte.

Dès que l'autocar eut démarré, des passagers commencèrent à se serrer les uns les autres et à s'endormir. Comme un panier de chiots, ils entrelacèrent leurs jambes et appuyèrent mutuellement leurs têtes sur leurs poitrines. Des étrangers négociaient des droits d'étreinte pour trouver le sommeil. Le Français et moi, nous restions soigneusement éloignés l'un de l'autre, évitant même les frôlements de genoux.

[Après un bref arrêt:]

Les passagers remontèrent à bord et se réemmêlèrent, tandis que le Français et moi reprenions nos postures de soldats au garde-à-vous. Nous avons traversé dans une obscurité totale quelques-uns des plus beaux paysages du monde (BARLEY, 1997, p. 49-50)[29].

---

29. "Desde tenra idade, as crianças são acalmadas com um travesseiro apelidado de 'a mulher do holandês'. Se elas choramingam ou estão mal-humoradas, as deitamos com seu travesseiro, elas apertam até que caírem no sono. Esperamos dos jovens que eles se aconcheguem contra esses companheiros castos até o seu casamento. Mais tarde, os recém-casados devem sem dúvida dormir intimamente entrelaçados para compensar a perda do travesseiro de sua infância. Em consequência, os indonésios, que não têm nada a apertar os braços, parecem esses fumantes de cachimbo sem nada na boca, perpetuamente agitados e distraídos. Nas ruas, os vemos meter-se, enquanto discutem, a abraçar os postes, os ângulos das paredes de tijolo, as asas de seu carro, ou seu interlocutor. Eles são marcados pela necessidade imperiosa de abraçar. Logo que o ônibus deu a partida, os passageiros começaram se ajuntar um ao outro e a adormecer. Como uma cesta de cachorrinhos, eles entrelaçavam suas pernas e apoiavam mutuamente suas cabeças em seus peitos. Estrangeiros negociavam direitos de abraçar para encontrar o sono. O francês e eu ficamos cuidadosamente longe um do outro, evitando até que os joelhos se esfregassem.

[depois de uma breve parada:]

Consequência dessas diferenças na valorização do "contato": exatamente na mesma situação, um gesto de tocar, um olhar insistente ou um apelativo íntimo serão percebidos como rudes, ao menos a serem "consertados" com um pedido de desculpas, numa sociedade com um "ethos *de distância*"; mas como neutros ou mesmo polidos, numa sociedade com "ethos *de proximidade*". Isso não impede que o princípio do respeito territorial seja bastante universal, embora as normas variem nesse tema, normas contra as quais qualquer desvio será julgado como impolidez: comportamento muito perto = ameaça para a face negativa de outrem; mas também: comportamento muito distante = ameaça para a sua face positiva (pode ser humilhante manter distância excessiva).

"Agradecimento, desculpa e senso da "dívida":

O pedido de desculpas e o agradecimento são para nós atos de fala bem distintos: um responde a um delito cometido por nós, o outro a um "presente" que recebemos. Mas a fronteira entre esses dois atos, que parece clara, se mistura rapidamente, quando se considera o seu funcionamento em alguns idiomas diferentes do francês. Em japonês, por exemplo, se constata que, para expressar sua gratidão com mais força do que teria um simples "obrigado" (*arigato*), locutores não hesitam em usar uma expressão que literalmente expressa um sentimento de culpa e serve, por isso, em princípio, para realizar um pedido de desculpas: *sumimasen, ki no doku* ou *kansha suru* (BENEDICT, 1995, p. 126; WIERZBICKA, 1991, p. 157)[30].

Esses *agradecimentos com pedido de desculpas* têm de fato um valor intermediário entre o de um agradecimento e um pedido de desculpas,

---

Os passageiros subiram de volta a bordo e voltaram a se juntar, enquanto o francês e eu retomamos nossas posturas de soldados em guarda. Atravessamos na escuridão total algumas das mais belas paisagens do mundo" (BARLEY, 1997, p. 49-50, versão das tradutoras).

30. O risco é de que, quando falam francês ou inglês, os japoneses usem para agradecer "Sinto muito" ou "I'am sorry", fórmulas que são simplesmente "decalques".

porque há realmente continuidade e não ruptura entre estes dois atos: o agradecimento reage a um presente recebido, enquanto a desculpa é dada em resposta a uma ofensa realizada; mas, em certo sentido, aceitar um presente ou favor é cometer algum tipo de ofensa, pois significa aceitar agredir o território do outro; é colocar-se em posição devedora, logo, de culpado, até que se pague a dívida[31]. Nesta situação, na qual os sentimentos de gratidão e de culpa se misturam intimamente, tudo é uma questão de dosagem: se o sentimento de gratidão prevalece muito, produzir-se-á um agradecimento (enfatizando o FFA, de que o sujeito é apenas o beneficiário); mas, se o sentimento de culpa é previsto implicitamente, como é a mentalidade japonesa particularmente "sensível à dívida", produzir-se-á uma desculpa (ênfase no FTA que a própria pessoa acaba de cometer, mesmo que tenha sido mais ou menos forçada a fazê-lo, uma vez que não se pode recusar um presente![32]).

4.2 Das considerações precedentes decorre que um mesmo comportamento, exatamente, pode muito bem não receber em todos os lugares o mesmo valor nos sistemas de faces (ou seja, ele não comporta em todo lugar a mesma dosagem de FFA e de FTA). Correlativamente, um mesmo comportamento pode ser visto aqui como polido e ali como impolido — ou mesmo como "apolido", se admitirmos com Tolmach Lakoff a necessidade de reconhecer, para além das duas categorias graduais de polidez e da impolidez, uma categoria neutra, de acordo com as seguintes definições:

> Let us call *polite* those utterances that adhere to the rules of politeness whether or not they are expected in a particular discourse type; *non-polite*, behavior that does not conform to politeness rules, used where the latter is not expected; and *rude*, behavior that does not utilize politeness

---

31. Lembremos a existência de frases em francês e inglês, como "Eu sou devedor a você pela atenção que você teve em relação a mim", "Eu sou muito grato por sua bondade"; e uma frase como "Estou envergonhado" pode ser usada também para agradecer e pedir desculpas.

32. Belo exemplo de situação de "dupla coerção".

strategies where they would be expected, in such a way that the utterance can only or most plausibly be interpreted as intentionally and negatively confrontational (LAKOFF, 1989, p. 103)[33].

Assim:

(1) Impolido = não produção de um marcador de polidez num contexto em que ele seria esperado;

(2) Não polido ou "apolido" = não produção de um marcador de polidez num contexto em que ele não é esperado;

(3) Polido = produção de um marcador de polidez obrigatório ou facultativo no contexto considerado (o efeito produzido não é exatamente o mesmo em ambos os casos).

A essas categorias eu acrescentaria:

(4) Hiperpolido = produção de um marcador de polidez num contexto em que ele é avaliado como completamente fora de contexto, ou de um marcador que se mostra excessivo[34].

Um mesmo comportamento pode se enquadrar em diferentes categorias, de acordo com as normas em vigor na sociedade em que é produzido. Alguns exemplos desses desvios categoriais:

- Impolido aqui (na França), apolido em outros lugares: a falta de desculpas quando se é esbarrado por alguém; a ausência de saudações e agradecimentos em lojas.

---

33. "Chamemos de *polidas* essas expressões que aderem às regras da polidez, sejam *elas esperadas ou não* em um determinado tipo de discurso; de não *polido*, comportamento que não está de acordo com regras de polidez, usado quando o último não é esperado; e de *rude*, comportamento que não utiliza estratégias de polidez onde eles seriam esperados, de tal forma que o enunciado pode somente ou mais plausivelmente ser interpretado como intencionalmente e negativamente de confronto" (LAKOFF, 1989, p. 103, versão das tradutoras).

34. Além das categorias negativa, positiva (ver "hiperpositivo") e neutra, parece útil considerar uma categoria mista que batizamos de *polirudeza*, a qual é particularmente bem representada nos debates políticos. Ver Kerbrat-Orecchioni (2011, 2013).

- Polido aqui (na França), hiperpolido em outros lugares: agradecimento em lojas[35].

Mais perturbadores, porque correspondem a interpretações francamente opostas, são os seguintes casos:
- Impolido/rude aqui (na França), polido em outros lugares: parece possível admitir que, em alguns grupos de adolescentes, algumas formas de brutalidade verbal ou não verbal (apelativos depreciativos, insultos, trote etc.) devam ser consideradas, na realidade, como uma espécie de FFA, na medida em que servem para integrar a "vítima" no grupo de pares.
- Polido aqui (na França), rude em outro lugar: ver o que foi dito anteriormente a respeito de "Sirva-se"; outro exemplo: agradecer numa loja vietnamita implica que seu parceiro de transação lhe "fez um agrado", ou, mais precisamente, nesse contexto de "pequena guerra", que ele "levou a pior"; o agradecimento só pode, portanto, ser concebido como irônico.

4.3 Essas considerações também convidam a ter mais cautela com a questão de saber se algumas sociedades são mais polidas do que outras. Não parece razoável, à primeira vista, admiti-lo, fazendo a comparação do número e da frequência das formas e fórmulas de polidez em vigor nas sociedades consideradas. Polidez, entretanto, não se deixa tão facilmente quantificar:
- Em primeiro lugar, porque uma sociedade nunca é homogênea: os comportamentos de seus membros variam de acordo com o "subgrupo" a que eles pertencem (problema da variação "interna"), mas também de acordo com as situações comunicativas. Por exemplo: na Rússia, os comportamentos mudam significativamente dependendo se a troca ocorre na esfera pública ou em um

---

35. Sobre as variações culturais concernentes ao funcionamento da polidez em estabelecimentos comerciais, ver algumas contribuições no volume dirigido por Kerbrat-Orecchioni e Traverso (2008).

espaço privado (RATHMAYR, 1999). Na China, a rudeza extrema nos encontros comerciais ou de serviço contrasta com a afabilidade que se demonstra em outros tipos de situações (KONG, 1998). Em outras sociedades, ainda, é a oposição "relação in-grupo" *versus* "relação out-grupo" que desencadeia diferenças drásticas de comportamento, por exemplo no Japão: "À la politesse qui régit les relations au sein du groupe s'oppose une indifférence totale vis-à-vis des êtres situés à l'extérieur du groupe" (CAILLET, 1991, p. 1015)[36].

Ou na Coreia:

Koreans tend to be indifferent toward outgroups or strangers. [...] When they interact within ingroups, they are friendly and courteous, but you get a completely different impression of those you meet in the street. [...] The old-age cliche, "Koreans are the most courteous people in the East", is rather rightly applied only to interpersonal interaction among ingroups or hierarchical groups. Koreans tend to be impolite or even rude when they interact with outgroups like outsiders or strangers. (PARK, 1979, p. 81-82)[37].

When there is no relationship, it is as the other person does not exist, or exists not as a person but as something much less. [...] Although we are polite and affectionate to people we know well, to the general public we are completely cold and discourteous (SMART, 1977, p. 25-26)[38].

---

36. "À polidez que rege as relações no seio do grupo se opõe uma indiferença total em relação a pessoas que estão fora do grupo" (CAILLET, 1991, p. 1015, versão das tradutoras).

37. "Os coreanos tendem a ser indiferentes em relação a pessoas fora do grupo ou estranhos. [...] Quando eles interagem dentro de grupos, eles são amigáveis e corteses, mas você tem uma impressão completamente diferente daqueles que você encontra na rua. [...] O velho clichê, 'Os coreanos são os mais corteses no Oriente', é justamente aplicado apenas à interação interpessoal entre grupos ou grupos hierárquicos. Coreanos tendem a ser descorteses ou até mesmo rudes quando interagem com pessoas fora do grupo como forasteiros ou estranhos" (PARK, 1979, p. 81-82, versão das tradutoras).

38. "Quando não há relacionamento, é como se a outra pessoa não existesse, ou não existesse como uma pessoa, mas como algo muito menos. [...] Apesar de sermos polidos e afetuosos com

Concepção oposta à nossa, em que e espera que a polidez seja exercida para com todos, seja uma pessoa próxima, seja um estranho; seja uma pessoa conhecida, seja anônima (no corredor do metrô, seguramos a porta para quem vem atrás, seja quem for) — mas aí, novamente, trata-se de uma concepção relativamente recente, se acreditamos, por exemplo, no testemunho de Robert Stevenson, visitando as Cévennes em 1978:

> Dès que vous franchissez le seuil, vous cessez d'être un inconnu ; et bien que les paysans soient grossiers et rébarbatifs sur les routes, ils montrent un vernis d'éducation quand vous vous asseyez à leur foyer (*Voyage avec un âne dans les Cévennes*, Œuvres I, Gallimard, Bibliothèque de la Pléiade, p. 127)[39].

Em consequência, a primeira pergunta que convém fazer quando se trabalha em uma perspectiva comparativa, anterior a *como* se exerce a polidez, é esta: *para com quem* se deve ser polido nas diferentes sociedades consideradas?

- A segunda dificuldade reside nas diferenças de concepções sobre as quais acabamos de mencionar alguns aspectos, o que torna ainda mais delicada a interpretação dos observáveis: polidez aquém dos Pirineus, impolidez além...

Vejamos o exemplo desse casal que Blum-Kulka evoca (BLUM-KULKA; HOUSE; KASPER, 1989): Dina (que foi criada na França) critica o marido Yoel (que passou a infância em Israel) por ser muito franco ao expressar seus pedidos, mas este protesta:

> I think that showing consideration for the other means to speak directly and sincerely with people, I think that going round and round shows

---

as pessoas que conhecemos bem, ao público em geral somos completamente frios e descorteses" (SMART, 1977, p. 25-26, versão das tradutoras).

39. "Assim que você cruza o limiar, você deixa de ser um estranho; e embora os camponeses sejam grosseiros e rudes nas estradas, eles mostram um verniz de educação quando você se senta na casa deles" (*Viagem com um asno nas Cévennes*, Obras I, Gallimard, Bibliothèque de la Pléiade, p. 127, versão das tradutoras).

lack of consideration. I feel hurt and cheated when I feel that somebody close is trying to tell me something but does not say it, I think that to talk sincerely, directly, is most civilized, more true. For example, I'm always slightly annoyed with Dina when, as she always does, she asks me "whether I would mind picking up Yanir [the baby]" (BLUM-KULKA; HOUSE; KASPER, 1989, p. 66)[40].

E Dina responde, por sua vez: "But that's a nice way to ask; I do not force him, I soften the request, I leave him the choice to agree or disagree"[41].

Resumamos as posições opostas:

Dina: ao suavizar a expressão de meus pedidos, eu me mostro polida (negativamente), uma vez que eu atenuo a imposição.

Yoel: a formulação indireta é para mim "falta de consideração"; a formulação direta é mais polida, porque encontra-se na sua sinceridade uma espécie de voto de confiança[42].

A sinceridade se opõe à polidez ou ela é uma forma de polidez? Depende. Sobre esta questão os credos variam: pode-se considerar que ser polido é poupar o outro, mas o contrário também pode ser considerado como válido, que ser polido é lhe falar sem papas na língua, isto é, sem poupá-lo.

Este exemplo ilustra apenas umas das muitas dificuldades que essas diferenças na maneira de conceber a polidez acarretam quando se trata de comunicação intercultural. Na literatura sobre o assunto,

---

40. "Penso que mostrar consideração pelos outros significa falar diretamente e sinceramente com as pessoas, acho que ficar dando voltas mostra falta de consideração. Eu me sinto machucado e enganado quando sinto que alguém próximo está tentando me dizer algo, mas não diz, eu acho que falar sinceramente, diretamente, é mais civilizado, mais verdadeiro. Por exemplo, fico sempre um pouco irritado com Dina quando, como sempre, ela me pergunta "se eu me importaria de pegar Yanir [o bebê]" (BLUM-KULKA; HOUSE; KASPER, 1989, p. 66, versão das tradutoras).

41. "Mas essa é uma ótima maneira de perguntar; eu não o forço, eu suavizo o pedido, deixo-lhe a escolha de concordar ou discordar" (versão das tradutoras).

42. Tratando-se desta vez de crítica, a formulação direta é defendida mais ou menos nos mesmos termos por Nwoye (1992, p. 325) falando da concepção da face nos Igbos da Nigéria.

há muitos exemplos desses "mal-entendidos", cuja "lógica cultural" que lhes subjaz é preciso tentar reconstruir.

Para finalizar, mencionarei dois testemunhos perfeitamente simétricos relatados por Jang (1993):

- Testemunho de um estudante coreano chegando na França:

> Meu orientador de pesquisa francês me reservou uma acolhida mais para fria. Ele nem me perguntou se eu era casado, quantos anos eu tinha, onde eu morava, etc. Ele simplesmente me explicou as diretrizes gerais do estabelecimento e as formalidades de inscrição...

- Testemunho de um professor francês trabalhando há um ano na Coreia:

> Quando um coreano conhece um estrangeiro, ele pergunta logo sua idade, se ele é casado e tem filhos. É quase um interrogatório civil. Para o estrangeiro, é sempre um pouco surpreendente à primeira vista.

Mesmo que a polidez obedeça em todos os lugares a grandes princípios comuns, as vias pelas quais ela está suscetível de realizar-se são infinitamente diversas — mas, graças aos numerosos trabalhos recentes nessa área, elas não são completamente impenetráveis.

Referências

AUCHLIN, Antoine. Analyse du discours et bonheur conversationnel. *Cahiers de linguistique française*, v. 11, p. 311-328, 1990.

BARLEY, Nigel. *L'anthropologie n'est pas un sport dangereux*. Paris: Payot & Rivages, 1997.

BENEDICT, Ruth. [1946]. *Le Chrysanthème et le sabre*. Arles: Picquier poche, 1995.

BENVENISTE, Émile. *Problèmes de linguistique générale II*. Paris: Gallimard, 1974.

BLUM-KULKA, Shoshana; HOUSE, Juliane; KASPER, Gabriele. (Ed.). *Cross-Cultural Pragmatics*: Requests and Apologies. Norwood: Ablex, 1989.

BROWN, Penelope; LEVINSON, Stephen. Universals in language use: Politeness phenomena. In: GOODY, Esther (Ed.). *Questions and politeness*. Strategies in social interaction. Cambridge: CUP, 1978. p. 256-289.

_____. *Politeness*. Some universals in language use. Cambridge: CUP, 1987.

CAILLET, Laurence. La civilisation japonaise. In: POIRER, Jean (Éd.). *Histoire des moeurs III*. Paris: Gallimard (Pléiade), 1991. p. 978-1038.

ERVIN-TRIPP, Susan; NAKAMURA, Kei; GUO, Jiansheng. Shifting face from Asia to Europe. In: SHIBATANI, Masayoshi; THOMPSON, Sandra. (Ed.). *Essays in Semantics and Pragmatics*. Amsterdam: John Benjamins, 1994. p. 43-71.

FRASER, Bruce. Perspectives on politeness. *Journal of Pragmatics*, v. 14, n. 2, p. 219-236, 1990.

GOFFMAN, Erving. *Les rites d'interaction*. Paris: Minuit, 1974.

_____. *La Mise en scène de la vie quotidienne*. La présentation de Soi. 1973.

HO, David Yau-fai. On the concept of face. *American Journal of Sociology*, v. 81, n. 4, p. 867-884, 1975.

HU, Hsien Chin. The Chinese concept of 'face'. *American Anthropologist*, v. 46, p. 45-64, 1944.

HWANG, Juck-Ryoon. 'Deference' versus 'Politeness' in Korean Speech. *International Journal of the Sociology of Language*, v. 82, p. 41-55, 1990.

IDE, Sachiko. Formal forms and discernment: two neglected aspects of linguistic politeness. *Multilingua*, v. 8, n. 2-3, p. 223-248, 1989.

JANG, Han-Up. *La politesse verbale en coréen, en français et dans les interactions exolingues ; applications didactiques*. 1993. Thèse (Doctorat) — Université de Rouen, 1993.

KERBRAT-ORECCHIONI, Catherine. *Les interactions verbales*. Paris: Armand Colin, 1992. t. II.

KERBRAT-ORECCHIONI, Catherine. *Les interactions verbales*. Paris: Armand Colin, 1994. t. III.

_____. *Le discours en interaction*. Paris: Armand Colin, 2005.

_____. Politesse, impolitesse, 'non-politesse', 'polirudesse': aperçus théoriques et application aux débats politiques. In: HELD, Gudrun; HELFRICH, Uta (Éd.). *La politesse verbale dans une perspective romaniste*. Frankfurt: Peter Lang, 2011. p. 93-116.

_____. Politeness, impoliteness, non-politeness, 'polirudeness': the case of political TV debates. In: JAMET, Denis; JOBERT, Manuel. (Ed.). *Aspects of Linguistic Impoliteness*. Cambridge: Cambridge Scholars Publishing, 2013. p. 16-45.

KERBRAT-ORECCHIONI, Catherine; TRAVERSO, Véronique. *Les interactions en site commercial*: invariants et variations. Lyon: ENS Éditions, 2008.

KHOA, Le Huu. L'empire des faces ou l'éthique de l'apparence. In: ZAGNOLI, Nello; ROUX, Marcel. (Éd.). *Ne pas perdre la face*. Vaucresson: Centre National de Formation et d'Etudes de la Protection Judiciaire de la Jeunesse, 1993. p. 141-155.

KONG, Kenneth C. C. Politeness of service encounters in Hong-Kong. *Pragmatics*, v. 8, n. 4, p. 555-575, 1998.

LACROIX, Michel. *De la politesse*. Essai sur la littérature du savoir-vivre. Paris: Commentaire/ Julliard, 1990.

LAKOFF, Robin Tolmach. The limits of politeness: therapeutic and courtroom discourse. *Multilingua*, v. 8, n. 2-3, p. 101-129, 1989.

LEECH, Geoffrey. N. *Principles of Pragmatics*. London: Longman, 1983.

MAO, Lu Ming. Beyond politeness theory; 'Face' revisited and renewed. *Journal of Pragmatics*, v. 21, n. 5, p. 451-486, 1994.

MATSUMOTO, Yoshiko. Reexamination of the Universality of Face: Politeness Phenomena in Japanese. *Journal of Pragmatics*, v. 12, n. 4, p. 403-426, 1988.

NWOYE, Onuigbo. G. Linguistic politeness and socio-cultural variations of the notion of face. *Journal of Pragmatics*, v. 18, n. 4, p. 309-328, 1992.

OBENG, Samuel. Gyasi. Grammatical Pragmatics: Power in Akan judicial discourse. *Pragmatics*, v. 9, n. 2, p. 199-229, 1999.

PARK, Myung-Seok. *Communicative styles in two different cultures*: Korean and American. Séoul: Han Shin Publishing Co., 1979.

PERNOT, Camille. *La politesse et sa philosophie*. Paris: PUF, 1996.

RATHMAYR, Renate. Métadiscours et réalité linguistique: l'exemple de la politesse russe. *Pragmatics*, v. 9, n. 1, p. 75-95, 1999.

SACKS, Oliver. *Des yeux pour entendre*. Voyage au pays des sourds. Paris: Seuil, 1996. (Points Essais).

SITBON, Bárbara. *As interações verbais em situações de serviço*. O exemplo da padaria. Lyon, 1997.

SMART, Clifford. Manners in Private and Public. *Korea Journal*, v. 17, n. 12, p. 25-27, 1977.

STRECKER, Ivo. Cultural variations in the concept of *face*. *Multilingua*, v. 12, n. 2, p. 119-141, 1993.

TING-TOOMEY, Stella. (Ed.). *The challenge of facework*: cross-cultural and interpersonal issues. Albany: State University of New York Press, 1994.

TRINH DUC, Thai. *Étude comparative du fonctionnement des interactions dans les petits commerces en France et au Vietnam*. 2002. Thèse (doctorat en Sciences du langage) — Université Lumière Lyon 2, 2002.

WIERZBICKA, Anna. *Cross-Cultural Pragmatics*. The Semantics of Human Interaction. Berlin: Mouton de Gruyter, 1991.

2

Os *frames* culturais na fala:
expectativas para a (des)cortesia

Dale A. Koike
University of Texas at Austin

1. Introdução

A cortesia é a maneira não marcada e básica por meio da qual as pessoas lidam com outras (FRASER, 1990; KASPER, 1990; TERKOURAFI, 2005a, 2005b). Se pensarmos em como todos nós precisamos de cooperação para com toda pessoa com quem lidamos para podermos conviver juntos em harmonia (como propõe o Princípio de Cooperação de Grice [1975]), então é relativamente fácil conceber a cortesia da maneira referida. Entretanto, como vou discutir, há uma série de comportamentos corteses e não só um. Terkourafi (2005a) afirma que a cortesia é um "comportamento racional" e necessário porque somos seres racionais. Muito mais infrequente é o comportamento descortês que viola algumas regras de comportamento social esperado em uma sociedade. Terkourafi (2005a, p. 109) diz também que a descortesia não ocorre com muita frequência porque é "menos custoso para se conseguir os objetivos desejados quando não há hostilidade e desconfiança"[1]. O enfoque deste capítulo é a descortesia, e proponho a sua conexão com os *frames* ("marcos") e as expectativas dos falantes. Para tanto, faço ajustes ao marco que propõe Culpeper (2011) para a descortesia, a fim de apresentar uma visão mais ampla do tema.

Quando as pessoas falam com outras, o diálogo delas reflete orientações aos *frames* na fala. Quero dizer, a interação dialógica demostra como os participantes, na fala, se orientam às contribuições e à compreensão delas no diálogo pelos *frames*, referindo-se a, por exemplo, contextos e tipos de discurso, tais como uma entrevista ou uma discussão dentro de uma aula. Esta orientação permite que eles utilizem experiências do passado, conhecimento e expectativas que eles têm desenvolvido desses contextos (SCHANK; ABELSON, 1977; MINSKY, 1980), o que, por sua vez, os guia a saber como a conversa normalmente procede nesse tipo de circunstâncias. Então um sentido compartilhado de *frames* culturais e expectativas é necessário para que os interlocutores participem com sucesso e de forma "fluida" do discurso numa situação social dada. A cortesia é também parte do discurso "fluido".

Este estudo assume que uma orientação a tipos de comunicação, como são expressados nos *frames* que os motivam segundo o indivíduo, é uma parte essencial de uma interação dialógica de sucesso (BLACKWELL, 2009; TANNEN; WALLAT, 1993; WEIGAND, 2010), particularmente no que diz respeito à descortesia (CULPEPER, 2010, 2011; LOCHER; WATTS, 2005). A diferença na orientação a um marco ou uma falta de comportamento esperado nesse marco podem provocar dificuldades de comunicação e uma possível interpretação de descortesia encontrada na fala FN-FN (falante nativo-falante nativo) e também nos diálogos entre FN-AL2 (falante nativo-aprendiz de segunda língua). Especificamente, este estudo examina a noção de que um desalinhamento de *frames* culturais e expectativas pode ser a causa de pelo menos parte

---

[1]. "It is less costly to achieve one's goals in situations where hostility and distrust are uncalled for" (TERKOURAFI, 2005, p. 109).

dessa interpretação de descortesia. Defendo que essa interpretação pode se originar nas diferenças de *frames* culturais relacionados à cortesia.

Em primeiro lugar, o conceito de *"frames"* e como eles podem ser percebidos é discutido brevemente. Em seguida, apresento uma exposição do marco teórico que proponho aqui para um entendimento da descortesia, seguido de uma explicação do questionário cultural que foi usado para recolher dados de parte de alunos brasileiros de graduação (BP) e americanos dos Estados Unidos do mesmo nível (AE) em várias universidades. Finalmente, examino os dados de manifestações culturais, e as conclusões a que o estudo conduziu.

2. Os *frames*

A reflexão em torno da noção geral de *frames* tem evoluído ao longo dos anos no sentido de reconhecer vários tipos de *frames*. O conceito de *"frames"* foi usado em investigações anteriores principalmente para representar a maneira como a informação é organizada e guardada. Tais estudos se veem em Minsky (1980), que aborda o conceito de *"frames"*, e em Schank e Abelson (1977), que propõem a ideia de "roteiros" (*"scripts"*, em inglês); os dois discutem a maneira como o conhecimento é organizado no cérebro. Esses estudos orientados à cognição propõem que o conjunto de conhecimentos e experiências anteriores de cada indivíduo influenciam a maneira como ele interpreta, guarda e acessa informação. Quando uma situação nova surge, ou quando alguém deve confrontar uma situação conhecida de uma maneira nova, a pessoa se reporta a um *frame*, uma situação mental estereotipada que representa um conjunto de situações relevantes a essa atual. A informação relevante fornece expectativas de como as pessoas normalmente lidam com a situação e de como as coisas vão acontecer (MINSKY, 1977). Essa visão de representações mentais sugere que os eventos sejam entendidos sob a forma de roteiros e outras estruturas cognitivas baseadas em experiências prévias.

Em uma perspectiva multidimensional de como os *frames* são percebidos por outros, Ensink e Sauer (2003) defenderam que o conceito de *"frame"* invoca ideias relacionadas ao espaço; assim, um *frame* de um quadro de arte apresenta uma estrutura para o objeto (o quadro) e a maneira como é percebido. O *frame* relaciona o objeto a uma outra coisa; nesse caso, a parede e talvez outros objetos ao redor dele. Essa representação de *"frame"* se alinha com o modo como os seres humanos podem, com base numa pequena quantidade de *input*, construir uma compreensão maior além das palavras. As pessoas estabelecem conexões entre o *input* que recebem de fontes externas e seus conhecimentos e experiências anteriores para criar um todo coerente, facilitar a compreensão e antecipar meios de como lidar com a situação que enfrentam recorrendo a lembranças de como situações similares foram confrontadas no passado enquanto ocorreram (BADDELEY, 1990; BOBROW; NORMAN, 1975; KUIPERS, 1975).

Bednarek (2005, p. 691) menciona uma questão importante concernente aos *frames*, que é o fato de eles variarem muito em "complexidade e especificidade"; ou seja, alguns são mais gerais, enquanto outros são mais específicos. Essa autora ressalta que os *frames* devem ser vistos como complexos e como conceitos de camadas múltiplas, o que é importante para entender como eles são dinâmicos e, portanto, podem se modificar facilmente.

Assim, as investigações anteriores indicam que os *frames*, além de complexos, são de muitos tipos. Por exemplo, Bednarek (2006) cita um *"frame* de quarto de dormir" para evocar imagens de objetos que se associam com esse *frame* (por exemplo, uma cama, uma mesa de cabeceira, um abajur de mesa). Ela se refere rapidamente a um outro tipo de marco relacionado a situações ou conceitos mais fluidos (por exemplo, *frames* relacionados a papéis que se assume), que são mais propensos a mudanças[2]. Como representações mentais, conforme já

---

2. Pela razão de que ela não deu um exemplo de um *frame* "relacionado a um papel", podemos imaginar como exemplo uma mulher que assume o papel temporário de anfitriã de uma grande festa e as expectativas relacionadas a esse papel.

indicaram Minsky (1977) e Bednarek (2005), existe certa ambiguidade ou falta de clareza nas descrições de *frames*, devido, em parte, ao fato de que as representações mentais variam demais na maneira como são conceituadas e expressas (por exemplo, por meio de linguagem). Há também *frames* incorporados dentro de outros *frames* (por exemplo, dentro do *frame* de um quarto de dormir, podemos pensar no quarto de uma pessoa doente, que evoca determinadas expectativas do discurso e dos eventos que ocorreriam lá), tornando a descrição deles mais complicada.

Para interpretar os enunciados de acordo com as intenções, o ouvinte deve saber com que *"frame(s)"* o falante está operando; quero dizer, precisa saber identificar se a interação do momento representa uma piada, imitação, conversa, palestra ou um drama, para mencionar só algumas possibilidades (TANNEN, 1993, p. 141-142).

Nessa visão de *frames*, Tannen (1993), assim como Goffman (1974) e Frake (1977), propõe uma perspectiva "ativa" de *frames*, na qual estes são construídos enquanto as pessoas interagem, ao invés de uma visão "estática" em que de alguma forma são estabelecidos e fixos pela interação inteira. Também invocando o aspecto de expectativas culturais, Tannen (1993) discute "estruturas subjacentes de expectativas", as quais ela ilustra nas narrativas orais de participantes que fizeram o resumo de um filme mudo que viram (*The Pear Films*; CHAFE, 1980). Ela comparou as narrativas produzidas por mulheres gregas e americanas, mostrando evidências que as expectativas influenciadas pela cultura delas sobre como as narrativas devem ser estruturadas também guiaram a produção narrativa dessas mulheres.

Levinson (1992) e Bednarek (2005) ressaltam que a cultura tem muita importância em tipos de atividades (*"activity types"* [LEVINSON, 1992]) e de *frames*, já que a cultura influi sobre como os dois são compreendidos e compartilhados. Levinson afirma que as diferenças nas experiências de diferentes grupos culturais, ou até de indivíduos diversos, vão levá-los a diferenças de conhecimento sobre tipo de atividade/*frame* (LEVINSON, 1992, p. 80). Essas diferenças culturais são de interesse para nós neste estudo.

Para os nossos fins, utilizamos o modelo geral de *frames* interativos de Tannen e Wallat (1993). Vemos aqui "esquemas de conhecimento" (*"knowledge schemas"*), ou representações mentais, e tipos de atividades que representam os *frames* por meio dos quais os interlocutores se orientam em um dado momento da conversa.

2.1 (Co)-construindo um *frame*

Alguns pesquisadores enfatizam o processo co-construtivo entre o falante e o ouvinte na criação de um *frame*. Hymes (1974) se referiu aos *frames* como "maneiras de falar" que um falante utiliza, como usos de linguagem (por exemplo, fazer piadas, conversar), para que o ouvinte saiba como interpretar os enunciados; essas maneiras de falar ressaltam a dependência cultural dos *frames*. Frake (1977), também tomando uma abordagem dinâmica ao conceito, apresentou o *"frame"* como um *evento* que as pessoas produzem enquanto falam com outros.

Referindo-se à inferência conversacional, Gumperz (1982, p. 153, tradução nossa) disse que ela envolve o "processo de interpretação ligado à situação ou ao contexto, por meio do qual os participantes numa interação avaliam as intenções dos outros, e nas quais eles baseiam as respostas deles"[3]. Tais interpretações são muito facilitadas pela referência aos *frames*. Este processo forma a base das sequências de turnos que compõem a conversação. Ele também identifica as associações de estilos de fala com pressupostos contextuais como "expectativas co-ocorrentes" (*"co-occurrence expectations"*), as quais permitem às pessoas relacionar o que ouvem na conversa com experiências anteriores. Esta associação facilita a interação porque uma pessoa pode processar a informação mais rápido ao compará-la com um conhecimento prévio e construir hipóteses sobre como responder de forma adequada à situação.

---

3. "The situated or context-bound process of interpretation, by means of which participants in an exchange assess others' intentions, and on which they base their responses" (GUMPERZ, 1982, p. 153).

Com esta pequena revisão da literatura sobre os *frames* linguísticos, se vê que o conceito de *"frames"* tem evoluído muito ao longo dos anos, mostrando que tem sido visto cada vez mais como um conceito complexo e multifacetado. Esses estudos indicam que os *frames* representam muitos elementos diferentes e complexos, o que faz com que uma definição única e clara do termo seja muito difícil de se conseguir.

2.2 Co-construindo a (des)cortesia

Em estudo anterior defendi a importância de expectativas e *frames* (KOIKE, 2010) como subjacentes ao comportamento pragmático, sobretudo em relação à cortesia. Ao fazer isso, ressaltei a conexão entre aspectos cognitivos, sociais e culturais da expressão e interpretação pragmáticas, como fazem outros investigadores também. O trabalho de Arundale (1999, 2006) sobre a cortesia e as expectativas representa uma contribuição importante ao estudo da cortesia, e uma abordagem à cortesia é também apresentada por Terkourafi (2005a, 2005b) e Culpeper (2010, 2011). Faço uma revisão curta sobre as contribuições desses autores antes de apresentar as perguntas de pesquisa às quais me dedico neste capítulo.

Primeiro me dirijo às contribuições importantes de Arundale a respeito da co-construção e também da cortesia. Em seu trabalho, Arundale (1999) defende a ideia de que o desenvolvimento do ato da fala depende da reação do ouvinte, num processo co-construtivo. Isto é, o significado comunicado pelo falante A deve ser construído pelo ouvinte B para que o significado intencionado por A seja o mesmo entendido por B. Então um exemplo pode ser:

(1) Co-construindo significado:

A: Cadê o bolo? Eu deixei um pedaço aqui na mesa. (Quer localizar o bolo)

B: Por que você não disse que era seu? Você nunca me diz o que você quer comer. (Pensando que A estivesse acusando ele de ter comido o bolo)

A: Não, eu não queria comê-lo, era só para saber onde estava. (Explicando que só queria informação)

B: Estou mal porque achei que você ia jogar no lixo, então, comi. (Quer explicar que se sente mal por ter comido o bolo)

Então, em (1), o falante A está fazendo uma pergunta para conseguir informação sobre onde está o bolo, caso ele tenha esquecido de colocá-lo no lugar adequado. O falante B não entendeu esse significado intencionado; em vez disso, entendeu a intenção da pergunta como uma acusação de ter comido o bolo. Apesar da explicação de A na segunda troca, B continuou a pensar que ele estava sendo questionado indiretamente sobre o caso de comer o bolo, pelo que pede desculpas na segunda troca. Então o significado original intencionado do A nunca foi co-construído pelo ouvinte B.

É fácil ver como esta noção de co-construção permanece no fundo das interpretações de cortesia. Um enunciado intencionado como cortês ou descortês só leva esse significado se for co-construído como tal pelo ouvinte. No exemplo (1), o ouvinte não entendeu o significado intencionado pelo falante. Vamos tomar um outro exemplo mais dirigido à questão da cortesia, no que uma aluna americana, recém-chegada a Bogotá, Colômbia, foi levada em uma excursão pela família com que ia ficar durante a sua estada no país. Contudo, ao voltar da excursão, o que ela falou para a família não correspondeu às expectativas deles, como se vê em (2), em que a dona de casa descreveu por que ela estava um pouco insultada:

(2) Uma falta de co-construir a cortesia:

A: "...y la llevamos a un picnic en Zipaquirá, fuimos a la Catedral de Sal, la llevamos al mercado para sacar fotos y luego fuimos a mostrarle la Villa de Leiva, que es un viaje largo y por eso nos quedamos la noche en Villa. Cuando volvimos a casa, lo único que dijo era 'gracias'" (GORDEN, 1974).

Aparentemente, a aluna considerava que estava sendo cortês quando agradeceu a família por meio dessa simples expressão de agradecimento. Ela provavelmente sentiu-se constrangida devido à falta de habilidades linguísticas para expressar a cortesia em uma língua estrangeira que não sabia bem. A família, de qualquer forma, esperava uma expressão mais elaborada de agradecimento e aparentemente ficou decepcionada com a aluna. A gratidão dela não foi co-construída pela família, especialmente porque o que a aluna disse não se encaixava no *frame* de cortesia deles para mostrar cortesmente a gratidão por um favor.

2.3 Os *frames* e a (des)cortesia

Este ponto sobre as expectativas nos leva ao papel das expectativas para os *frames* e, em particular, para os *frames* de comportamento cortês e descortês. A diferença dos *frames* que talvez possam ser identificados pelas ações que os representam — por exemplo, depositar ou tirar dinheiro como uma ilustração de um *frame* transacional que ocorre num banco (ver Culpeper [2010] para uma discussão sobre a distinção "ambígua" ("*fuzzy*") entre *frames* e tipos de atividades) — os *frames* para a (des)cortesia não são dependentes diretamente de um contexto dado. Como discute Culpeper (2011), há muitos diferentes tipos de descortesia (por exemplo, a "cortesia convencional", como se vê em muitas profanações; a "descortesia afetiva", em que uma pessoa está abertamente hostil; a "descortesia coerciva", como no treinamento militar em que o objetivo é obrigar os soldados a serem fortes e, ao mesmo tempo, a obedecerem às ordens). E, como Culpeper ressalta, um enunciado não é descortês por si próprio (por exemplo, alguém pode chamar um amigo de "safado" para indicar a solidariedade e a intimidade). Ele enfatiza que não é tão importante o que você fala; é *como* você fala que é importante para a cortesia. E você não é descortês até que seja ouvido ou interpretado dessa maneira. Esse aspecto também é muito importante para qualquer interpretação de descortesia.

Terkourafi (2005a, 2005b) examina os *frames* do ponto de vista da cortesia, encontrando uma relação com a racionalidade, uma vez que as pessoas são seres humanos racionais e se comportam conforme o que consideram ser um comportamento racional. A autora diz que "avaliar (o apropriado de um meio linguístico) envolve saber o que é normal ou esperado em uma determinada situação dentro de uma comunidade. Uma maneira de formalizar isto é usando a noção de *frame*"[4]. Deste modo, em vez de definir a cortesia como a autoimagem da pessoa, seguindo Brown e Levinson (1987), Terkourafi (2005a) sugere que os *frames* da cortesia para a comunidade devem ser orientados para as "normas interacionais da comunidade em que determinada pessoa está agindo"[5] e o que for "apropriado relevante ao que for normal ou esperado em uma determinada situação dentro de uma comunidade"[6] (TERKOURAFI, 2005a, p. 110). Em outras palavras, os *frames* são completamente apropriados e necessários para examinar assuntos da cortesia porque "atuam como um indicador do que se pode considerar como 'circunstâncias normais' em diferentes situações para diferentes comunidades"[7] (TERKOURAFI, 2005a, p. 111). Concordo que a descortesia pode e deve ser aproximada do conceito de *frames*. Mas não concordo com Terkourafi e com outros que reviso adiante na noção de que as comunidades sejam entidades homogêneas e que é possível generalizar os comportamentos de uma comunidade. Embora seja verdade que é possível identificar comportamentos gerais e comuns de grupos e comunidades, esses comportamentos não são homogêneos e não devem ser representados como tal. Defendo que é importante olhar os dados discrepantes, os que não se comportam como os outros, porque também são parte de um grupo.

---

4. "Assessing (the appropriateness of a linguistic means) involves knowing what is usual or expected in a certain situation within a community. One way of formalizing this is by appealing to the notion of a frame" (TERKOURAFI, 2005a, p. 110).

5. "Interactional norms of the community within which one is operating" (TERKOURAFI, 2005a, p. 110).

6. "Appropriate relevant to what is usual or expected in a certain situation within a community" (TERKOURAFI, 2005a, p. 110).

7. "Act as a pointer as to what 'normal circumstances' are in different situations for different communities" (TERKOURAFI, 2005a, p. 111).

Culpeper (2010, 2011) examina a descortesia aplicando o modelo de Spencer-Oatey (2008), construído com base no conceito de *"rapport management"*, o que Spencer-Oatey define por dizer que "(a gestão de (des)harmonia entre pessoas) ocasiona três componentes principais interconectados: a gestão de autoimagem, a gestão de diretos e obrigações sociais e a gestão de objetivos interacionais" (2008, p. 13)[8].

Culpeper oferece uma descrição mais detalhada do modelo de Spencer-Oatey e como funcionaria, encontrando que as noções principais no modelo que trabalham em função de percepções da descortesia são: imagem de qualidade, direitos de igualdade e direitos de associação (*quality face, equity rights*, and *association rights*). Faço aqui uma revisão muito curta desses conceitos. Culpepper os sintetiza assim:

Face ("autoimagem"): seguindo Goffman (1967): o valor positivo social afirmado pelas pessoas por meio de como elas percebem que os outros as olham.

a. *Autoimagem de qualidade*: o valor que as pessoas afirmam efetivamente para elas mesmas em termos de qualidades pessoais (por exemplo, a competência, habilidades, aparência), associadas com a autoestima.

b. *Autoimagem relacional*: um entendimento que tem uma conexão com os outros, individualmente ou coletivamente (distância/ intimidade) e a maneira que essa relação é gerida.

c. *Autoimagem de identidade social*: a consciência e respeito das identidades sociais e das funções da pessoa dentro de um grupo ou em uma comunidade.

Direitos de ser sociável: os direitos básicos que as pessoas afirmam nas interações com outros.

---

8. "(the management of harmony/ disharmony among people) entails three main interconnected components: the management of face, the management of sociality rights and obligations, and the management of interactional goals" (SPENCER-OATEY, 2008, p. 13).

a. *Direitos à igualdade*: a convicção de que as pessoas têm direito a uma consideração pessoal dos outros e um tratamento justo, incluindo o direito de não serem exploradas, de gozarem de imparcialidade e reciprocidade, e de serem livres das imposições dos outros (SPENCER-OATEY, 2005).
b. *Direitos de associação*: a convicção de que as pessoas têm direito a um tipo de relação com os outros que reflita seu envolvimento (SPENCER-OATEY, 2002, p. 540).

Culpeper (2010, 2011) fez um estudo baseado em 500 "eventos de descortesia" reportados por 100 alunos universitários na Inglaterra, China, Finlândia, Alemanha e Turquia, nos quais eles lembravam de cinco "experiências desagradáveis" que passaram com pessoas dos próprios países deles. Ele aplicou o modelo de *Rapport Management* de Spencer-Oatey a esses dados para explicar como as opiniões dos alunos perante essas experiências se consideravam de alguma forma desagradáveis. Como disse antes, ele encontrou que os princípios/ elementos do modelo mais adequados para apresentar uma explicação satisfatória da maioria dos exemplos de todos os países eram os da imagem de qualidade, sobretudo, e também os de direitos de igualdade e os de associação. Ele encontrou diferenças muito grandes, por exemplo, nos dados chineses, o que ele atribuiu a possíveis diferenças culturais, maiormente devido à influência de Confúcio na sociedade chinesa. Embora as conclusões de Culpeper (2010, 2011) tenham sido dirigidas a descobrir diferenças interculturais, este pesquisador levanta algumas questões interessantes, incluindo se um modelo que estiver orientado ao Ocidente, como o de Spencer-Oatey, realmente pode ser aplicado a linguagens e culturas do Oriente. De fato, é o mesmo assunto discutido por Hill et al. (1986), o que fez que linguistas pensassem que o modelo da cortesia de Brown e Levinson (1987) não funcionaria bem nas culturas do Oriente. Mesmo assim, embora Culpeper (2010, 2011) ofereça algumas hipóteses a respeito de que culturas ficam por trás das percepções de descortesia mencionadas nos dados reportados pelos alunos, as conclusões dele talvez teriam ficado mais fortes se ele tivesse examinado práticas verdadeiras. Vamos tentar enfrentar esse assunto aqui. E, embora Culpeper tenha usado depoimentos pessoais de eventos descorteses, baseio as minhas asseverações num questionário cultural completado por alunos universitários.

Antes de continuar, vou dizer que concordo com Culpeper (2010) que ambas, a cultura e a descortesia, são conceitos difíceis de trabalhar e de definir. Apesar desse problema, para os nossos fins, uso as seguintes definições aqui:

> **Culture**: "... a fuzzy set of attitudes, beliefs, behavioral conventions and basic assumptions, and values and beliefs that are shared by a group of people, and that influence each member's behavior and each member's interpretations of the 'meaning' of other people's behavior" (SPENCER-OATEY, 2000, p. 4).[9]
> **Descortesia ('Impoliteness')**: "... a negative attitude towards specific behaviors in specific contexts... sustained by expectations, desires and/or beliefs about social organization... Situated behaviors are viewed negatively — considered 'impolite' — when they conflict with how one expects them to be, how one wants them to be and/or how one thinks they ought to be. Such behaviors always have or are presumed to have emotional consequences for at least one participant, that is, they cause or are presumed to cause offense. Various factors can exacerbate how offensive an impolite behavior is taken to be, including for example whether one understands a behavior to be strongly intentional or not" (CULPEPER, 2011, p. 23).[10]

---

9. Cultura: "...Um conjunto difuso de atitudes, crenças, convenções comportamentais e suposições básicas, e valores e crenças que são compartilhados por um grupo de pessoas e que influenciam o comportamento de cada membro e as interpretações de cada membro sobre o "significado" do comportamento de outras pessoas" (SPENCER-OATEY, 2000, p. 4, tradução nossa).

10. ('Impolidez'): "... Uma atitude negativa em relação a comportamentos específicos em contextos específicos... sustentados por expectativas, desejos e/ou crenças sobre a organização social... Os comportamentos situados são vistos negativamente — considerados "não polidos" — quando eles conflituam com a forma esperada, de como alguém quer que eles sejam e/ou como pensam que deveriam ser. Tais comportamentos sempre têm ou presume-se que tenham consequências emocionais para pelo menos um participante, ou seja, eles causam ou são presumíveis de causar ofensa. Vários fatores podem agravar o quão ofensivo um comportamento

O que elaboro aqui é a noção de que, em primeiro lugar, uma interpretação de cortesia em um enunciado vai variar de acordo com os participantes individuais. Segundo, a cortesia é melhor representada como um contínuo de comportamentos corteses, que pode ser representado como se mostra na Figura 1.

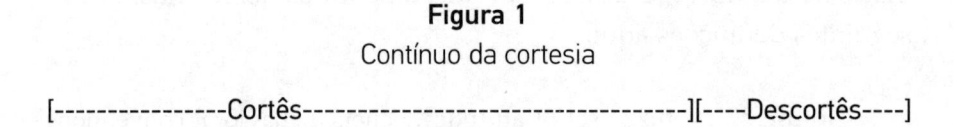

Figura 1
Contínuo da cortesia

[----------------Cortês------------------------------------][----Descortês----]

Por outro lado, a descortesia, um comportamento muito mais marcado, também é representada no contínuo, mas de forma muito menor, como se vê na Figura 1. Está no outro extremo dos comportamentos corteses, e o ponto em que um comportamento ou um enunciado pode ser considerado descortês também varia de indivíduo para indivíduo. Esta ideia se vê na teoria da Relevância (SPERBER; WILSON, 1986) assim como se aplica à cortesia (HAUGH, 2015). Cada pessoa tem um nível diferente de tolerância para o comportamento cortês e sobretudo o descortês.

A segunda noção, inspirada no trabalho de Arundale (1999, 2006), é a de que os comportamentos devem se encaixar em um *frame* de um indivíduo para o comportamento dentro de determinado contexto relacionado a esse *frame*. Se olharmos os comportamentos mais pela perspectiva do indivíduo do que de uma "comunidade", a questão de assumir um comportamento heterogêneo de indivíduos na comunidade some. Um exemplo que ouvi recentemente aqui no Texas: vamos supor que estou me despedindo dos meus convidados depois de um jantar na minha casa, quando de repente a minha filha vem dizendo, "Mãe, vem cá, que a tia Jenny está tirando comida da

---

não polido é considerado, incluindo, por exemplo, se alguém entende que um comportamento seja fortemente intencional ou não (CULPEPER, 2011, p. 23, tradução nossa).

geladeira e a colocando numa caixa para levar". Então reajo negativamente porque essa imagem de alguém tirando comida da minha geladeira para levar para casa sem me avisar, comida que eu tinha guardado depois do jantar, não se encaixa nas minhas expectativas para o *frame* do que fazem convidados agradecidos que foram entretidos e que comeram na casa de uma anfitriã graciosa. Mas, porque normalmente seguimos o Princípio de Cooperação de Grice (1975) e tentamos achar uma explicação lógica para tal comportamento inesperado (e ameaçador à autoimagem), eu falaria com a parente para tentar achar uma explicação razoável. Caso não haja, e se eu considerar esse comportamento indesculpável, provavelmente categorizarei isto como "comportamento descortês" e reagirei com raiva ou qualquer emoção similar.

Mas o segundo ponto é que sou uma pessoa bastante flexível, que procura ver o lado bom de todo mundo, então talvez eu atribua o comportamento da minha parente a que ela estava em um dia ruim. Ela teria que fazer mais algumas ações indesculpáveis e talvez de maior gravidade, para que eu a considerasse como uma pessoa descortês, capaz de fazer algumas ações muito descorteses. Talvez, depois disso, eu sempre a olhasse pela lente de ser uma pessoa descortês. Por essa razão, acredito que a (des)cortesia deve ser caracterizada como um contínuo, em vez de atos ou comportamentos discretos. E, com a noção de contínuo, também temos os *frames* que nos ajudam a decidir o que se "encaixa" ou não em nossas expectativas, o que nos ajuda a determinar a caracterização de "cortês" ou "descortês". Não é de tanta importância o ato ou o ato de fala em si, mas é como se encaixa em nossas expectativas individuais para esse contexto situacional.

Devo adicionar que uma mulher na minha aula de ginástica no Texas me deu este exemplo: ela é uma texana tradicional, que me contou essa história quando eu pedi para ela me contar do acontecimento mais descortês que ela tivesse experimentado. Isto é até mais compreensível quando penso no estereótipo do texano: uma pessoa que protege a propriedade dele(a) a todo custo, no sentido de "cortesia negativa". Este exemplo mostra como alguém pode considerar a propriedade dele(a) como uma extensão dele(a) e representativa da sua autoimagem. Para essa texana, esse ato foi tão ofensivo que ela falou para o irmão dela não levar mais a mulher dele a qualquer jantar na casa dela, e não voltaram por muitos anos depois disso.

Também temos que considerar o nível de tolerância para diferentes tipos inesperados de comportamentos, e que não podemos assumir um comportamento homogêneo para uma comunidade inteira.

Estudo com o questionário cultural

Dados os estudos apresentados e os assuntos que acabo de revisar, incorporo aqui um estudo que realizo com a professora Vivian Flanzer, da minha universidade (Universidade do Texas em Austin), baseado num questionário cultural *online*. As perguntas da pesquisa são as seguintes:

1. Como operam os *frames* culturais para determinar certos comportamentos esperados em dadas situações, como se vê em um questionário *online*?
2. Como se pode caracterizar os resultados de (des)cortesia em termos de *frames* culturais e expectativas para comportamentos?
3. Pode-se aplicar o modelo de Rapport Management de Spencer-Oatey (2000) para explicar os dados deste estudo?

Utilizando os dados do nosso questionário *online*, tiro evidência de alguns *frames* culturais que parecem funcionar em um certo setor da sociedade brasileira — alunos universitários que estudam uma segunda língua — em três partes diferentes do país. Logo depois, argumento a favor da ideia de que esses *frames* podem ser usados não para determinar o que for comportamento cortês ou descortês (linguístico ou algum outro tipo de comportamento), mas o que for esperado ou não dentro do conjunto de comportamentos que podem ser relevantes para uma determinada situação. Dessa maneira, nós mudamos de uma visão binária deste fenômeno "língua-cultural" a uma que pode ser considerada mais próxima a um contínuo, aberta à variação segundo os *frames* dos indivíduos.

Métodos

Para examinar as expectativas culturais no Brasil desses alunos em particular, me baseio em um questionário *online* que a Vivian Flanzer e eu administramos na primavera de 2014. Alunos brasileiros de graduação de várias universidades no Brasil que estudavam uma segunda língua estrangeira foram contatados por meio dos professores deles para que respondessem de forma anônima a um questionário *online* que nós lhes enviamos. Embora tivéssemos respostas de alunos da Universidade da Bahia, Universidade de Minas Gerais, Universidade Estadual de Campinas e Universidade Federal do Rio de Janeiro, a participação mais significativa em termos de quantidade foi a dos alunos da Universidade da Bahia e da Universidade de Minas Gerais. Para os meus propósitos neste capítulo, uso somente os dados dos 30 alunos da Universidade de Minas Gerais (UFMG) e dos 9 alunos da Bahia (UFBA). Um teste para ver se tínhamos significância em termos estatísticos revelou nenhuma diferença entre os resultados da UFMG e da UFBA[11]. Também conseguimos respostas de 30 alunos da Universidade do Texas em Austin (UT) (ver Flanzer, 2014). As perguntas abrangeram temas como o que os alunos dizem quando se encontram pela primeira vez com uma pessoa na faculdade, quem paga a conta quando saem para comer com amigos e em que tipo de alojamento moram enquanto estudam (ver Koike; Lacorte, 2014 para uma versão original do questionário em espanhol). Esses dados eram de interesse especial para nós porque abordam temas de cultura e linguagem que normalmente se incluem na maior parte

---

11. Nem todos os alunos de cada Universidade que participaram eram do estado da Universidade.

dos livros de texto para ensinar espanhol e português de primeiro ano a alunos iniciantes.

Para ilustrar só uma pequena parte deste questionário, o qual incluiu 33 perguntas sobre linguagem e cultura, concentro-me primeiro em uma série de perguntas que se relacionavam aos atos de fala de saudações e despedidas. As perguntas que os alunos viram foram as seguintes:

- Pergunta 1: O que você diria para iniciar uma conversa na faculdade com uma pessoa que você não conhece, mas que gostaria de conhecer?
- Pergunta 24: É importante se despedir do anfitrião/anfitriã quando se sai de uma festa grande? O que você faz/diz para ele(a)?
- Pergunta 25: É importante cumprimentar o anfitrião/anfitriã quando se chega numa festa grande? O que você faz/diz para ele(a)?

Os alunos gravaram as respostas diretamente no Qualtrix, um modelo de questionários usado pela nossa universidade. Algumas das perguntas eram de múltipla escolha, enquanto outras eram de resposta aberta. Em todos os casos, os alunos podiam fazer mais comentários, se quisessem. Eles responderam aos questionários fora da aula e não receberam créditos nas aulas pela sua participação.

Como mencionei antes, todos os alunos que queríamos que participassem eram alunos de graduação que estudavam uma segunda língua durante o tempo que administramos o questionário. Para a nossa surpresa, encontramos uma diferença etária entre os alunos americanos de graduação, que em sua maioria estavam entre 18-24 anos de idade, e os alunos brasileiros de graduação, muitos dos quais já tinham mais de 30 anos de idade. Alguns eram pessoas que buscavam uma nova carreira, outros eram pessoas aposentadas que queriam algum tipo de estímulo mental. Em razão dessa diferença tão grande de idade, esses alunos foram divididos em dois grupos: os que tinham menos de 30 e os que tinham mais de 30 de idade. Os resultados apresentados só se referem aos grupos de menos de 30 anos no Brasil.

Resultados do questionário sobre saudações e despedidas

Os resultados do questionário para as três perguntas sobre saudações e despedidas forneceram os seguintes dados (ver FLANZER, 2014 para um estudo mais completo). Primeiro, para a primeira pergunta (O que você diria para iniciar uma conversa na faculdade com uma pessoa que você não conhece, mas que gostaria de conhecer?), os achados na Tabela 1 mostram que a saudação mais usada nesta situação pelos alunos participantes da UFMG é "Oi" e, um pouco menos, "Olá".

Tabela 1
Resultados sobre iniciar uma conversação
pela primeira vez (UT, UFBA, UFMG)

	UT (n: 34)	UFBA (n: 14)	UFMG (n: 34)
Cumprimentos	82%	71%	59%
Nome	50%	7%	17%
Curso	2%	64%	44%
Como está?	44%	14%	38%
Onde fica...?	8%	7%	15%

Mas, além disso, muitos alunos da UFMG falaram que perguntam que curso a pessoa estuda para iniciar a conversa. Em contraste, no mesmo questionário que foi administrado a um grupo parecido na UT, a maioria dos participantes pediu o nome da pessoa. Nos grupos brasileiros da UFMG e da UFBA, ninguém perguntou o nome da outra pessoa. De fato, as estatísticas relacionadas à diferença nas saudações entre os americanos e os dois grupos brasileiros revelaram que a diferença foi significante (p=.037, degree of freedom=81). Mas, em um contexto intercultural, a diferença provavelmente seria entendida do ponto de vista do *frame* de "aluno estrangeiro novo", e daí as expectativas talvez seriam mais flexíveis a respeito do comportamento desse aluno novo. Acredito que poucas pessoas achariam que um aluno americano recém-chegado em Belo Horizonte estaria sendo descortês por não perguntar o que o aluno brasileiro estudava.

Por outro lado, se o aluno brasileiro de graduação "Fábio", de menos de 30 anos de idade, conhecesse um outro brasileiro pela primeira vez na faculdade e desse início a uma primeira conversa com alguém desconhecido perguntando seu nome ou não perguntando o que o outro estudava, talvez parecesse estranho. Isto é, para muitos, aparentemente o *frame* de "conhecidos pela primeira vez", na faculdade no Brasil, inclui dizer uma saudação e perguntar sobre o que o outro estuda. Não esperamos que todo brasileiro atue exatamente da mesma maneira e também não quero que esteja implicada essa sobregeneralização. Mas, se Fábio continuar a se comportar e a dizer coisas que não forem esperadas pela maioria dos alunos nesse contexto e nesse lugar, talvez ele seja categorizado como "esquisito" por algumas pessoas nesse grupo que não tenham muita tolerância pelo comportamento inesperado e talvez seja considerado como descortês. Tudo que ele precisaria fazer seria algum tipo de comportamento que alguém pudesse considerar "estranho demais" ou "inaceitável" para cair na categoria "descortês". Então aqui a série de interpretações de um comportamento determinado ilustra, também, que um grupo de sócios em uma "comunidade", neste caso os alunos universitários destes dois lugares no Brasil, não mostra respostas uniformes e unânimes.

Agora vamos olhar os resultados segundo o modelo de Spencer-Oatey (2000) de "gestão de relacionamento", comparando os três casos em que vemos as maiores diferenças entre os resultados de alunos americanos e brasileiros. São discutidos a seguir:

a. **Ao conhecer alguém pela primeira vez, você fala o seu nome ou pede o nome da outra pessoa** (americanos: 50%; brasileiros: 17%). Segundo os resultados, é mais comum para a metade desses alunos americanos saudar uma pessoa nova dizendo seu nome ou pedindo o nome da outra pessoa. Seguindo o modelo de Spencer-Oatey (2000), esses americanos podem estar obedecendo à imagem relacional, com a qual o falante intenta se relacionar com outros por meio da identidade dele(a) e direitos de associação, com os que se assume que o falante tem o direito de buscar um envolvimento com outros.

O comportamento também pode se relacionar à imagem de identidade social que permite a um americano, por exemplo, que reconheça apenas pelo sotaque e pelo nome, se o interlocutor é americano quando este diz o seu nome. Parece que esses princípios não são tão importantes na cultura brasileira para esses alunos desta faixa etária.

b. **Ao conhecer alguém pela primeira vez, você pergunta sobre a especialização da outra pessoa** (americanos: 2%; brasileiros: 44%). Os resultados mostram que muito mais alunos brasileiros perguntaram sobre a especialização do interlocutor. Uma explicação pode ser que fazem essa pergunta devido à imagem relacional para encontrar o "terreno comum" entre os dois interlocutores. Uma segunda explicação, seguindo o modelo, é que o interlocutor procura a imagem de identidade social em relação a um grupo; isto é, a turma de alunos estudando uma área em particular. Mas, só por fazer a pergunta, o falante pode estar se orientando em direção a direitos de associação, com os quais os falantes acreditam que têm o direito de se associar com outros. Se estas são explicações plausíveis, aparentemente todos os princípios possíveis são válidos mais para os alunos brasileiros do que para os americanos.

c. **Ao conhecer alguém pela primeira vez, você pede para a outra pessoa ajudar com alguma coisa** (americanos: 8%; brasileiros: 15%). Esta série de perguntas mostrou só uma porção pequena de respostas dos participantes porque nem todos responderam, mas a diferença entre estes alunos americanos e os alunos brasileiros que responderam é interessante. Mais alunos brasileiros inventaram uma "desculpa" para falar com o aluno novo por meio de pedir ajuda com alguma coisa. Seguindo o modelo, interpreto este comportamento como uma maneira de seguir os direitos de associação, com os quais os falantes acreditam que eles têm o direito de se associar com outros.

Vamos olhar um outro cenário, relacionado com práticas culturais em vez de linguísticas. Uma pergunta no questionário que se relacionava com práticas culturais foi a seguinte: Pergunta 7 — Qual a sua opinião sobre dividir a conta do restaurante depois de comer com um(a) colega?

Vemos as respostas dos alunos brasileiros das duas universidades UFMG (10 alunos) e UFBA (10 alunos) na Tabela 2.

Tabela 2
Respostas sobre dividir a conta (UFMG/ UFBA)

	UFMG	UFBA
Justo e normal	8	6
Depende da situação econômica do amigo	1	1
Só se os dois tiverem comido o mesmo	1	2
Para mim tanto faz		1

A Tabela 2 mostra que a maioria dos alunos dos dois lugares achou que dividir a conta depois de uma refeição é uma prática normal e justa. Isto indica que há uma norma cultural parecida que opera nos dois lugares. Contudo, repare-se que dois alunos na Bahia e um em Minas Gerais complementaram a resposta deles para dizer que as duas pessoas precisavam ter comido quase a mesma quantia, e um aluno em cada lugar fez uma estipulação extra, dizendo que tudo dependeria das condições financeiras do amigo. Isto provavelmente implica que, se o amigo não tivesse condições (ou se o amigo tivesse muito dinheiro), isto determinaria se o aluno esperaria que o amigo pagasse ou não ou pagasse parte ou tudo da conta.

Estes resultados podem ser considerados também à luz do modelo de Spencer-Oatey (2000). A resposta mais popular dos dois grupos brasileiros, refletindo que é justo e normal dividir a conta, é relacionada aos direitos de igualdade, de acordo com os quais as pessoas desejam ser tratadas justamente e não ser exploradas. Ao mesmo tempo, é relacionada aos direitos de associação, de acordo com os direitos a serem envolvidos socialmente com outros. Também é relacionado a todos os três tipos de imagem — de qualidade, relacional e de identidade social, o que pode explicar por que a maioria desses participantes respondeu dessa maneira. A terceira resposta concernente, "só se os dois tiverem comido a mesma quantidade", também é relacionada à igualdade.

A segunda resposta, "depende das condições econômicas do amigo", indica uma preocupação pelo amigo e o desejo de prestar atenção à autoimagem dos outros. Esta é uma mostra da imagem de qualidade, refletindo o desejo que os outros os vejam positivamente.

Mas podemos imaginar que, se a Pessoa A tivesse comido duas vezes mais do que a Pessoa B, e depois a Pessoa A tivesse pedido para dividir a conta, essa ação poderia ser vista como descortês ou, até certo ponto, como ofensiva porque os direitos à igualdade foram violados para eles que tinham um *frame* para esse tipo de contexto no qual esperavam igualdade, assim como os outros princípios possíveis como discuti antes. Também há uma possível violação de todos os tipos de autoimagem no modelo. Seguindo o que tenho proposto concernente às expectativas e aos *frames*, se as expectativas da Pessoa B não incluem a divisão da conta quando a outra pessoa comeu muito mais, ou se para ela tal ação seria inaceitável, então o pedido poderia parecer descortês para a Pessoa B. De novo, muito dependeria das expectativas idiossincráticas da Pessoa B para este *frame*, incluindo a história das experiências e expectativas da B para este contexto e com esta Pessoa A, o nível de tolerância pelo comportamento inesperado e um outro elemento que ainda não mencionei até este ponto: o estado mental da Pessoa B nesse momento.

Olhando só estes dois cenários, parece que:

(1) Os comportamentos das duas populações de estudantes não se explicam sempre por meio de um princípio só, mas, em alguns casos, por dois ou talvez mais, nada parecido ao estudo de Culpeper (2010), em que cada evento foi atribuído a um princípio;

(2) Por mais que um comportamento possa ser explicado por meio de mais de um princípio, parece que é mais provável que o

comportamento seja expressado por mais membros do grupo ou "comunidade";

(3) Os comportamentos não são 100% consistentes dentro das comunidades, isto é, tem muita variação, mesmo dentro do mesmo país;

(4) O modelo amplo de Spencer-Oatey (2000) parece explicar os comportamentos, embora pareça que tem que deixar espaço para a variação individual, ou pelo menos a variação dentro das comunidades.

Então, como é que tudo isto nos ajuda a chegar a um entendimento da cortesia em uma comunidade? Antes de responder a esta questão, é importante prestar atenção a todas as respostas a estes questionários, não só às da maioria. Nenhuma sociedade é totalmente homogênea, especialmente quando consideramos as práticas culturais e as crenças, e essa mistura de opiniões se reflete em nossos resultados. Mas as sociedades são formadas pelas culturas nas quais elas operam. Ao mesmo tempo, se existe tal variação nos comportamentos e respostas, é difícil definir uma cultura, ou dizer exatamente de onde se origina uma prática cultural. Não vamos intentar definir a origem das perspectivas e normas culturais, simplesmente porque cada indivíduo dentro da cultura pode ter diferentes perspectivas e normas culturais. Só vamos ressaltar que algumas perspectivas generalizadas parecem ser mostradas nos dados.

Segundo, essas conclusões derivadas de uma aplicação do modelo de Spencer-Oatey (2000) carecem de qualquer referência à emoção, embora, como olhamos os dados para dividir a conta depois do almoço, haja algum elemento de emoção envolvido (por exemplo, considerando os sentimentos de amigo caso ele(a) não tenha o dinheiro para pagar). Isto parece faltar no modelo de Spencer-Oatey, a quem Culpeper (2011) critica por nominar a emoção como a parte abrangente da descortesia, referindo-se a como alguém está motivado a ser descortês pelas emoções negativas. As emoções são uma parte importante dos *frames*; as nossas expectativas sobre como as coisas acontecem dentro desses *frames* são conectadas às nossas emoções. Quando algo não acontece segundo as nossas expectativas, podemos reagir de muitas maneiras. Culpeper (2011) faz uma lista de palavras que as pessoas no estudo dele usaram para classificar os eventos que as fizeram se sentir "muito mal". Dessa forma, eles descrevem como um evento poderia invocar sentimentos nas pessoas. Os termos em inglês incluem: *patronize, inconsiderate, rude, aggressive, inappropriate, hurtful, joking, childish* e *taboo* (apadrinhar, inconsiderado, grosseiro, agressivo, inadequado, prejudicial, brincalhão, infantil e tabu), entre outros, listados em ordem dos mais até os menos frequentes no estudo dele (Culpeper, 2011, p. 94). Eles ilustram não só a série de emoções que se encaixam na etiqueta de "descortês", ou talvez até o *"frame"*, mas também a variação na seriedade ou na gravidade considerada pelos indivíduos para os eventos que eram "descorteses". E, claro, a parte emocional da descortesia ocorre quando determinado umbral é atravessado e as emoções negativas surgem, ou na expressão de um enunciado ou algum outro tipo de comunicação (como um gesto), ou ao antecipar a comunicação de uma outra pessoa.

É curioso que Spencer-Oatey (2000) não menciona nada sobre a emoção em seu modelo, embora o objetivo dela tenha sido o de definir a cortesia, e fazê-lo em termos de relacionamento. O que esta representação da autora sobre a descortesia parece não considerar é como esta interage com os componentes psicológicos e emocionais do cérebro. Acho que a emoção também deve ser reconhecida como uma base para toda comunicação, e é particularmente relevante para uma discussão da descortesia.

A descortesia e a aquisição de segundas línguas

Aqui vou dar um pequeno salto para aplicar o conceito de descortesia à área da aquisição de segundas línguas (L2). Na aprendizagem L2, os aprendizes devem adquirir a competência na comunicação nas modalidades oral e escrita como as de falantes nativos (FN). Para fazer isto com sucesso, devem experimentar e aprender como os FN se comunicam com outros e também cumprir com as expectativas dos FN que formam a base de um "repertório compartilhado" ("*shared repertoire*"; WENGER, 1998) do discurso nativo. Muito desse repertório e conhecimento de um *frame* novo se consegue por meio de interações com FN da língua a ser aprendida, o que não é sempre possível na aula em que se ensina a língua como uma língua estrangeira, e que não se fala na comunidade do entorno. O ideal é que se aprenda o repertório por meio da participação nas comunidades dos FN. Às vezes, os *frames* da L1 e da L2 não correspondem e têm uma dificuldade de comunicação (KOIKE, 2012).

Tenho aqui um exemplo breve de *frames* em conflito que recolhi dos dados dos meus alunos (KOIKE, 2015). Pedi aos meus alunos em uma aula de conversação avançada em espanhol que encontrassem um FN de espanhol para conversar com essa pessoa em uma "entrevista" que duraria mais ou menos 15 minutos. As entrevistas foram gravadas em áudio nos computadores deles. Uma das perguntas que fizeram foi a seguinte:

- Pregunta: ¿Cree Ud. que los hijos de los ancianos tienen la obligación de cuidar a sus padres en su vejez?

Neste caso, este aluno em particular (S) resolveu entrevistar o vizinho dele em Austin, um homem FN de espanhol de mais ou menos 80 anos de idade. A resposta para esta pergunta foi como se vê no Exemplo (1).

Exemplo (1): O *frame* do aprendiz é rejeitado

01 S: Y: la segunda pregunta que vamos a hablar sobre es uh, u-, uh si Ud. cree que los hijos de los ancianos tienen uh que uh tienen la obligación de cuidar a sus padres uh en su vejez. Y: yo sé que este es importante para Ud. porque Ud. uh, ((risa)) está llegando uh un poquito ((risa)) a la vejez [((risa))]

02 NS: [Sí.] Bueno no, es, esta es una realidad, por supuesto, sí. Uh, vamos uh, a entender bien, que, los, los ancianos, deberán ser protegidos, deberían ser protegidos por los hijos. (.02) Los padres deberían ser protegidos por los hijos más que todo. Pero: (continua)

O aluno faz a pergunta ao entrevistado no primeiro turno e depois resolve acrescentar um pequeno comentário que devia ser bem-humorado em referência à idade avançada do FN de espanhol. Mas o FN não reage no turno dele à piada, decidindo deixá-la passar rápido e dizer as próprias ideias dele sobre a pergunta. A falta de reação dele à tentativa de humor causa uma violação da autoimagem do aluno e este não faz mais tentativas desse tipo durante a entrevista; ele simplesmente termina a entrevista. Então os *frames* dos dois, do aluno e do FN, não coincidiram aqui. O aluno tentou uma mudança de *frame* de entrevista a uma conversa pessoal/piada, a qual o FN rejeitou; isto provocou a violação da autoimagem do aluno. O *frame* da entrevista por parte do FN foi interrompido temporariamente por uma piada que aparentemente violou a autoimagem dele.

Para algumas pessoas que escutam esta interação, a reação do aluno foi descortês, como uma interpretação confirmou. Seguindo o modelo de Spencer-Oatey (2010), houve uma violação da imagem de qualidade, ou um desejo de ser bem-visto do ponto de vista das qualidades pessoais, que se referem a qualidade como a aparência; dos direitos de socialidade, que dizem respeito à forma como as pessoas devem se portar em dadas situações; e da imagem relacional, que tem a ver com o fato de ser amigo do aluno que faz a entrevista. Os direitos de associação também podem estar vinculados a este evento de fala. O entrevistado não esperava uma piada sobre a idade avançada dele para iniciar a entrevista; então foi simplesmente um comportamento que não seguia as expectativas dele. Se ele entendeu ou não esse comentário como descortês ou simplesmente como algo fora do *frame* que esperava, não posso dizer porque não falei com os FN depois da entrevista. Mas o intercâmbio da fala não seguia as expectativas de nenhum dos dois participantes para o *frame* da entrevista porque o FN não riu depois da piada. No entanto, dependendo do nível de tolerância e do estado psicológico/emocional (baseado em experiências) do indivíduo, podemos conjeturar que o enunciado do aluno se encaixa em algum ponto relacionado à descortesia no contínuo, segundo o ponto de vista do FN e a entonação da resposta do FN.

Pelos dados mostrados aqui dos alunos americanos concernentes às mesmas perguntas que foram feitas aos alunos brasileiros, podemos inferir que as diferenças nas práticas — vistas especialmente nas aberturas para a conversação — entre os alunos brasileiros e os americanos devem-se a diferenças culturais. Mas, de novo, dentro desses grupos, também há subdiferenças culturais que devem ser reconhecidas.

O gesto

Finalmente, há mais um componente que precisa ser reconhecido em uma descrição da descortesia: o gesto. Como vemos em trabalhos de Streeck (2009) e Gullberg e Bot (2010), a linguagem também é um sistema de signos, alguns dos quais são corporais, e a maioria acompanha enunciados falados. Alguns gestos em si geralmente são aceitáveis ou não aceitáveis segundo as normas sociais, mas a maior parte deles é usada para reforçar a intenção do falante ao comunicar uma mensagem em particular. Se a intenção da mensagem for de ser descortês, então o gesto geralmente serve para reforçar essa intenção.

Mas, em encontros interculturais em que um gesto pode ser visto como descortês no contexto em que ele ocorre relativamente à cultura em que ele acontece, mas não em outra cultura, o gesto pode ser entendido por engano como não apropriado ou até descortês.

No próximo exemplo, convidei ao meu escritório um aluno americano (E) e uma brasileira (D) que nunca tinham se encontrado para falarem em português e descobrirem cinco coisas que tinham em comum. O aluno E era um pouco mais jovem que a brasileira D, que era uma aluna de pós-graduação e professora de português no meu departamento. Ela estava acostumada a lidar com americanos que não sabiam muito de português. Devo dizer que o aluno americano, que falava espanhol e estava estudando português como iniciante, fez algumas coisas que impediram um pouco a aproximação relacional dos dois, como, por exemplo, não ter olhado nos olhos (talvez porque era tímido).

Exemplo (2): E (aluno americano) e D (a brasileira) falando sobre a importância da religião na vida:

D: (olhando para E) Você se considera religioso? Não?

E: (começa a olhar a D, mas de repente olha direto à câmera) Eu não. Uh, não sei. Eu sou da, da uma família, de uma família que: (faz círculos com as mãos) não é, (olha a D) religi[o-sa?

D: [m-hm, religiosa

E: (olha de novo à câmera) E: não sei. Nunca, nunca era algo importante na, na minha vida (olhando a D).

D: Mhm.

E: Uh, você? (faz um gesto em direção a D)

D: Eu fui criada católica apostólica romana? Mas é só o [rótulo=

                                            [E acena com a cabeça e diz 'mhm'

D: =porque na verdade eu sou mais espiritualista do que religiosa.

E: mhm.

D: O que eu acho mais importante.

E: (Acena com a cabeça) Sim.

D: Respeito em primeiro lugar todas as religiões (sim) E, no fundo eu acredito em um deus só (ela levanta um dedo)

E: Mhm.

D: Se todos os caminhos levam a Deus, então, por que não?

E: (Ele olha rapidamente a ela) Mhm. ((Ela ri um pouco))

E: (Ele acena, olha para a câmera) Mhm. Sim.

D: Isso penso, né? Mas (ele respira, cruza os braços, uma mão ainda agarra os papéis com as instruções para a entrevista) na minha parte do Brasil isso tem um peso grande, né?

E: (ele olha para ela, e depois no chão) Mhm.

D: Você não conhece Brasil ainda, mas somos muito católicos.

E: Sim. (ainda com os braços cruzados; olha brevemente no chão, depois para D)

D: Somos assim de modo geral não eu. (ela sorri)

E: Sim. (Ele olha brevemente a ela, depois no chão, mas os dois riem um pouco) ((Eles mudam de tema))

Vários professores de português que também viram o filme com este exemplo riram quando viram o gesto dos braços cruzados do aluno, considerando-o pouco esperado para este *frame* de uma conversa no formato de uma entrevista e as tentativas deles de encontrar pontos comuns entre eles. O gesto dele era quase descortês na opinião de alguns. Mesmo assim, a maioria deles disse que, porque ele não era um falante nativo, não o olhariam como descortês, atribuindo o comportamento dele ao fato de não saber as normas culturais brasileiras. Eu, sendo americana, não acho o gesto dele nem um pouco descortês. Esperaria isso de um americano que não soubesse mais o que fazer com o corpo nessa situação um pouco incômoda, sobretudo porque ele já não tinha nada mais que comentar sobre o tema. Este é um outro exemplo de diferenças entre *frames* culturais.

Então, depois de revisar os componentes do que vejo como descortesia, ofereço este esquema na Figura 1, que representa todos os componentes da descortesia e a relação entre eles.

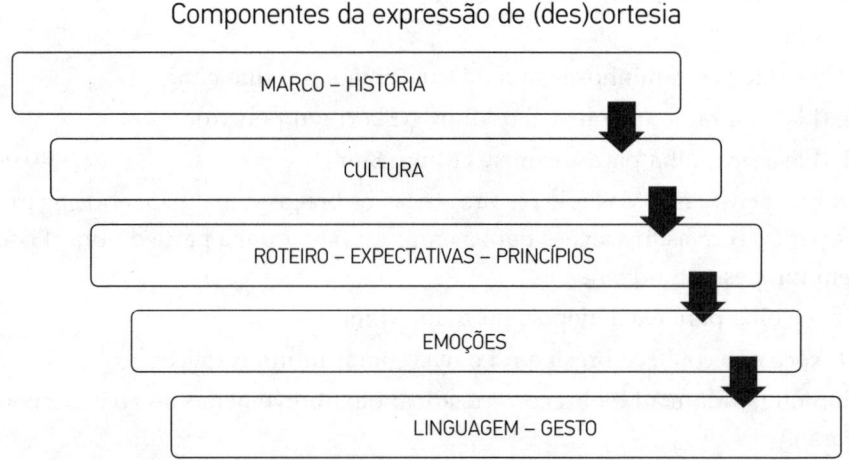

Figura 1
Componentes da expressão de (des)cortesia

MARCO – HISTÓRIA
↓
CULTURA
↓
ROTEIRO – EXPECTATIVAS – PRINCÍPIOS
↓
EMOÇÕES
↓
LINGUAGEM – GESTO

Na Figura 1, a ideia geral é que a cultura influi na expressão e na interpretação da descortesia. A noção de *frames* ajuda a situar uma representação mental de um contexto. O *frame* é formado por uma história na qual um indivíduo pode ter experimentado algo que conhece, da qual então brota um roteiro de como as atividades acontecem, e as expectativas são formadas. Estas, por sua vez, estão influenciadas pelas emoções da pessoa e pelos princípios descritos por Spencer-Oatey (2010). Então, se tiver algum tipo de expressão depois desses processos, podemos ouvir e ver a linguagem e o gesto. Uma interpretação pelo ouvinte presumivelmente poderia funcionar de forma oposta. O ouvinte escuta a linguagem e olha o gesto do interlocutor, do qual brota uma emoção. Isto é interpretado por meio de expectativas, roteiros e o conhecimento de princípios esperados para seguir para uma fala cortês. O ouvinte processa esta informação por meio de *frames* e roteiros, e a história de interações, as quais finalmente são colocadas no contexto de cultura, para obter algum tipo de entendimento de (des)cortesia.

Conclusões e implicações

Primeiro, voltamos às perguntas de pesquisa que motivaram este estudo:

1. Como operam os *frames* culturais para determinar certos comportamentos esperados em dadas situações, como se vê em um questionário *online*?

Os dados mostram algumas tendências nos dois cenários que estudamos com base nos dados do questionário, que indicavam como os alunos iniciariam uma conversação com alguém que estavam conhecendo, e o que fariam a respeito de pagar a conta depois de uma refeição com um(a) amigo(a). Alguns dados favorecem uma prática e uma perspectiva em particular, refletindo a cultura em geral do aluno universitário brasileiro de graduação. Mesmo assim, nem todas as respostas foram uniformes, o que indica variações culturais entre estes alunos.

2. Como se pode caracterizar os resultados de (des)cortesia em termos de *frames* culturais e expectativas para comportamentos?

Como Culpeper (2011), também propus um modelo que considera vários elementos que originam *frames* culturais (e os roteiros ou atividades que são vinculados a eles). São os roteiros ou atividades, expectativas conectadas com os *frames*, a história da fala atual e passada e os interlocutores mesmos, a linguagem usada para expressar a (des)cortesia, a emoção e os gestos, o uso e interpretação dos quais são todos derivados dos *frames* culturais. Uma visão mais ampla do evento da fala mesmo pode fornecer uma visão mais exata do que acontece durante as interpretações da descortesia.

3. Pode-se aplicar o modelo de Rapport Management de Spencer-Oatey (2000) para explicar os dados deste estudo?

O modelo de Spencer-Oatey (2000) de gestão de relacionamento parece adequado para uma análise dos dados, embora, em alguns casos, mais de um princípio possa ser aplicado para explicar as respostas. Tal fato pode indicar que dados podem ser interpretáveis com várias categorias, o que os tornaria difíceis de analisar. Foi interessante que, quanto mais um princípio pudesse ser aplicado a uma resposta em particular, mais a resposta poderia ser correlacionada à frequência de ocorrência. Mesmo assim, o Modelo de Gestão de Relacionamento carece do aspecto importante de emoção, tão importante na expressão e na interpretação da descortesia, o que é examinado por Culpeper (2011) e no presente estudo.

Neste capítulo, tentei argumentar a favor de uma visão mais compreensível da descortesia que a descrita por Culpeper (2010, 2011). Apliquei o Modelo de Gestão de Relacionamento de Spencer-Oatey (2000) aos dados do BP tirados de um questionário *online* sobre as situações de cumprimentar uma pessoa desconhecida na faculdade pela primeira vez e também a de dividir a conta depois de comer com um amigo. O modelo de Spencer-Oatey parece fornecer explicações para os resultados, embora tenha ficado óbvio que mais de uma razão pode explicar os resultados e que os comportamentos descritos pelos alunos não eram nem todos uniformes.

Argumentei a favor de um modelo que levaria as explicações ao nível dos indivíduos, assim explicando uma série de respostas mais heterogêneas dentro de uma comunidade em vez de assumir comportamentos uniformes. São necessários mais estudos para confirmar estas afirmações.

Referências

ARUNDALE, Robert. An alternative model and ideology of communication for an alternative to politeness theory. *Pragmatics*, v. 9, n. 1, p. 119-153, 1999.

_____. Face as relational and interactional: a communication framework for research on face, facework, and politeness. *Journal of Politeness Research*, v. 2, n. 2, p. 193-216, 2006.

BADDELEY, Alan. *Human Memory. Theory and Practice*. Hove/London: Lawrence Erlbaum, 1990.

BEDNAREK, Monika. Frames revisited: The coherence-inducing function of frames. *Journal of Pragmatics*, v. 37, n. 5, p. 685-705, 2005.

BLACKWELL, Sarah. Framing and the power of expectation in Spanish. *Spanish in Context*, v. 6, n. 2, p. 249-299, 2009.

BOBROW, Daniel; NORMAN, Donald. Some principles of memory schemata. Representation and understanding. In: BOBROW, Daniel; COLLINS, Allan (Ed.). *Representation and Understanding*: Studies in Cognitive Science. New York: Academic Press, 1975. p. 131-149.

BROWN, Penelope; LEVINSON, Stephen. *Politeness*: Some Universals in Language Use. Cambridge: Cambridge University Press, 1987.

CHAFE, Wallace. *The Pear Stories*: Cognitive, Cultural, and Linguistic Aspects of Narrative Production. Norwood: Ablex, 1980.

CULPEPER, Jonathan. Conventionalized impoliteness formulae. *Journal of Pragmatics*, v. 42, n. 12, p. 3232-3245, 2010.

_____. *Using Language to Cause Offense*. Cambridge: Cambridge University Press, 2011.

ENSINK, Titus; SAUER, Christoph. (Ed.). *Framing and Perspectivising in Discourse*. Amsterdam: John Benjamins, 2003.

FLANZER, Vivian. *Pragmatic questionnaires for teaching intercultural competence in the Portuguese as a foreign language classroom*. Austin: University of Texas at Austin, 2014. (Qualifying paper).

FRAKE, Charles. Plying frames can be dangerous: Some reflections on methodology in cognitive anthropology. *The Quarterly Newsletter for the Institute for Comparative Human Cognition*, v. 1, n. 3, p. 1-7, 1977.

FRASER, Bruce. Perspectives on politeness. *Journal of Pragmatics*, v. 14, n. 2, p. 219-236, 1990.

GOFFMAN, Erving. *Interaction Ritual*. Essays on Face-to-Face Behavior. New York: Pantheon, 1967.

_____. *Frame Analysis*: An Essay on the Organization of Experience. New York: Harper & Row, 1974.

GORDEN, Raymond. *Living in Latin America*. Lincolnwood: National Textbook Company, 1974.

GRICE, H. Paul. Logic and conversation. In: COLE, Peter; MORGAN, Jerry L. (Ed.). *Syntax and Semantics*, v. 3: Speech Acts. New York: Academic Press, 1975. p. 41-58.

GULLBERG, Marianne; BOT, Kees. de. *Gestures in Language Development*. Amsterdam: John Benjamins, 2010.

GUMPERZ, John. *Discourse Strategies*. Cambridge: Cambridge University Press, 1982.

HAUGH, Michael. *Im/Politeness implicatures*. Berlin: De Gruyter, 2015.

HILL, Beverly et al. Universals of linguistic politeness: quantitative evidence from Japanese and American English. *Journal of Pragmatics*, v. 10, n. 3, p. 347-371, 1986.

HYMES, Dell. Ways of speaking. In: BAUMAN, Richard; SHERZER, Joel. (Ed.). *Explorations in the Ethnography of Speaking*. Cambridge: Cambridge University Press, 1974. p. 433-451.

KASPER, Gabriele. Linguistic politeness: current research issues. *Journal of Pragmatics*, v. 14, n. 2, p. 193-218, 1990.

KOIKE, Dale. Behind L2 pragmatics: the role of expectations. In: KOIKE, Dale; RODRIGUEZ-ALFANO, Lidia. (Ed.). *Dialogue in Spanish*: Studies in Functions and Contexts. Amsterdam: John Benjamins, 2010. p. 257-282. (Dialogue Studies 7).

_____. Variation in NS-learner interactions: frames and expectations in pragmatic co-construction. In: FÉLIX-BRASDEFER, César; KOIKE, Dale (Ed.). *Pragmatic Variation in First and Second Language Contexts*: Methodological Issues. Amsterdam: John Benjamins, 2012. p. 175-208.

_____. Changing frames in native speaker and learner talk: moving toward a shared dialogue. In: KOIKE, Dale; BLYTH, Carl. (Ed.). *Dialogue in Multilingual and Multimodal Communities*. Amsterdam: John Benjamins, 2015. p. 253-285.

KOIKE, Dale; LACORTE, Manel. Toward intercultural competence: from questions to perspectives and practices of the target culture. *Journal of Spanish Language Teaching*, v. 1, n. 1, p. 15-30, 2014.

KUIPERS, Benjamin J. A frame for frames: representing knowledge for recognition. In: BOBROW, Daniel G; COLLINS, Allan. (Ed.). *Representation and Understanding*. Studies in Cognitive Science. New York: Academic Press, 1975. p. 151-184.

LEVINSON, Stephen. [1979]. Activity types and language. In: DREW, Paul; HERITAGE, John (Ed.). *Talk at Work*. Cambridge: Cambridge University Press, 1992. p. 66-100.

LOCHER, Miriam; WATTS, Richard. Politeness theory and relational work. *Journal of Politeness Research*, v. 1, n. 1, p. 9-33, 2005.

MINSKY, Marvin. A framework for representing knowledge. In: METZING, Dietes. (Ed.). *Frame Conceptions and Text Understanding*. Berlin: De Gruyter, 1980. p. 1-25.

SCHANK, Roger; ABELSON, Robert. *Scripts, Plans, Goals, and Understanding*: An Inquiry into Human Knowledge Structures. Hillsdale: Lawrence Erlbaum, 1977.

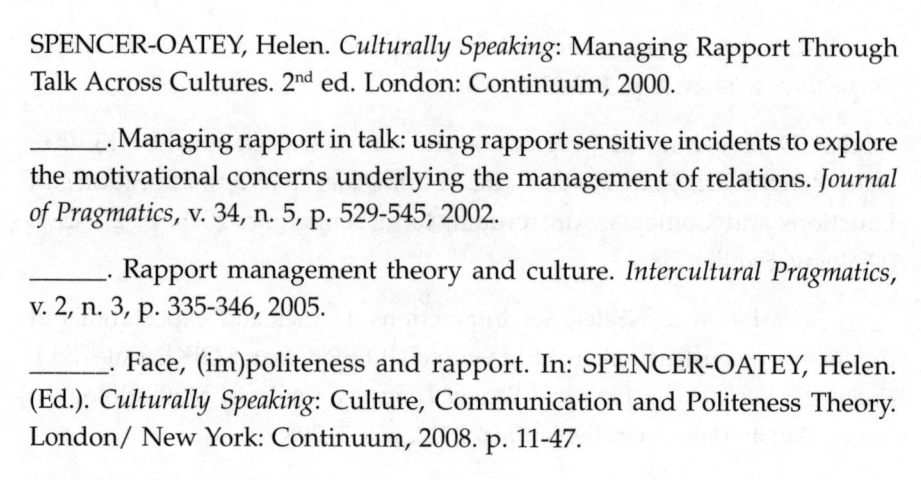

SPENCER-OATEY, Helen. *Culturally Speaking*: Managing Rapport Through Talk Across Cultures. 2nd ed. London: Continuum, 2000.

_____. Managing rapport in talk: using rapport sensitive incidents to explore the motivational concerns underlying the management of relations. *Journal of Pragmatics*, v. 34, n. 5, p. 529-545, 2002.

_____. Rapport management theory and culture. *Intercultural Pragmatics*, v. 2, n. 3, p. 335-346, 2005.

_____. Face, (im)politeness and rapport. In: SPENCER-OATEY, Helen. (Ed.). *Culturally Speaking*: Culture, Communication and Politeness Theory. London/ New York: Continuum, 2008. p. 11-47.

SPERBER, Dan; WILSON, Dierdre. *Relevance*: Communication and Cognition. Oxford: Oxford University Press, 1986.

STREECK, Jürgen. *Gesturecraft*: The Manu-Facture of Meaning. Amsterdam: John Benjamins, 2009.

TANNEN, Deborah A. [1979]. What's in a frame? Surface evidence for underlying expectations. In: TANNEN, Deborah. (Ed.). *Framing in Discourse*. New York: Oxford University Press, 1993. p. 14-56.

TANNEN, Deborah; WALLAT, Cynthia. Interactive frames and knowledge schemas in interaction: examples from a medical examination interview. In: TANNEN, Deborah. (Ed.). *Framing in Discourse*. New York: Oxford University Press, 1993. p. 57-113.

TERKOURAFI, Marina. An argument for a frame-based approach to politeness: evidence from the use of the imperative in Cypriot Greek. In: LAKOFF, Robin; IDE, Sachiko. (Ed.). *Broadening the Horizons of Linguistic Politeness*. Amsterdam: John Benjamins, 2005a. p. 99-116.

_____. Beyond the micro-level in politeness research. *Journal of Politeness Research*, v. 1, n. 2, p. 237-262, 2005b.

WEIGAND, Edda. *Dialogue*: The Mixed Game. Amsterdam: John Benjamins, 2010.

WENGER, Edda. *Communities of Practice*: Learning, Meaning, and Identity. Cambridge: Cambridge University Press, 1998.

3

Contribuições para o estudo da descortesia verbal*

Silvia Kaul de Marlangeon
Universidad Nacional de Río Cuarto, Argentina

1. Introdução

O objetivo deste trabalho é fornecer uma breve resenha da nossa contribuição teórica e metodológica sobre o estudo do fenômeno da descortesia verbal; contribuição esta realizada da perspectiva da pragmática sociocultural; fundamentada na análise de textos reais oriundos da comunicação concreta e extraídos de uma variedade de gêneros discursivos da cultura hispânica; e focada na relação entre o uso da linguagem e os contextos socioculturais.

Em consonância com as formulações de Fraser e Nolen (1981) e Lavandera (1988) sobre a cortesia, postulamos a existência do *continuum* cortesia-descortesia (KAUL DE MARLANGEON, 1995) e o desenvolvemos

---

* Tradução Geovana Gentili Santos (Universidade Cidade de São Paulo — UNICID) e Aila Maria Leite Figueiredo (Universidade Cidade de São Paulo — UNICID)

focalizando o campo da descortesia, em um *corpus* da poesia do tango, da década de 1920. Posteriormente, Kienpointner (1997) e Mills (2003), entre outros, também convergiram na ideia de considerar um *continuum* para tratar tais comportamentos.

Refletir a respeito do *continuum* da "cortesia-descortesia" tem a vantagem metodológica de abranger naturalmente o conceito dos fenômenos da cortesia e da descortesia, considerando-os mais do que simples pólos opostos, como setores próprios do *continuum* e constitutivos de sua gradação. Além disso, o *continuum* permite evidenciar com maior precisão conceitual tanto os aspectos convergentes quanto os divergentes entre a cortesia e a descortesia.

No setor da descortesia — que, por sua vez, também se constitui um *continuum* — e com base na nossa definição undecatômica de descortesia que, como o próprio nome indica, contempla onze casos desse tipo de comportamento, destacamos uma escala de sete tipos, nos quais, em cada um deles, há atos que compartilham a mesma intenção descortês ou a ausência dessa intenção que se manifesta na cultura a que pertence e é regulada por ela.

Outro benefício teórico e metodológico que obtemos é o de instituir o conceito de *comunidade de prática (des)cortês* como a unidade de análise de mais alto nível dentro do discurso da (des)cortesia; unidade esta concebida como um espaço multidimensional do ponto de vista topológico. O discurso de (des)cortesia considera também outras unidades, como o ato de fala, o turno de fala e, em geral, as estratégias de (des)cortesia presentes nos enunciados de uma interação (Kaul de Marlangeon, 2014).

2. O *continuum* cortesia-descortesia

Com a mesma atitude de Fraser e Nolen (1981) para a cortesia, emulada por Lavandera (1988), consideramos (Kaul de Marlangeon, 1995, 2008) que a força da *cortesia-descortesia* é uma propriedade permanente dos atos de fala e inerente a estes, complementária da força ilocutória e obrigatória como esta; e que organiza o *continuum*. A cortesia e a descortesia são dois aspectos opostos ou setores complementários em um continuum pragmático e constituem, cada um deles, um continuum.

O *setor do continuum correspondente à cortesia* está predominantemente formado por comportamentos que, na vida em comunidade, geralmente funcionam como automatismos inconscientes; mas que, em suas origens, configuravam estratégias. Quando recuperam a sua origem racional — porque o falante tem a consciência desses comportamentos, ou *a fortiori*, porque os utiliza com propósito —, resgatam sua índole estratégica, posto que estão a serviço de uma manipulação racional da linguagem com desígnio reparador ou bajulador, como é o caso dos *atos lisonjeadores de imagem* (KERBRAT-ORECCHIONI, 2004).

A *zona neutra do continuum* está composta pelos atos em que a imagem não corre risco algum, como, por exemplo, as expressões de natureza científica ou atos representativos com a única intenção de informar.

O *setor do continuum correspondente à descortesia* está constituído por sete subsetores ou segmentos adjacentes que não se sobrepõem. Cada um deles representa um *tipo básico de descortesia* e configura um *continuum potencial* de atos descorteses de mesma natureza. Os critérios para a semelhança na natureza são inerentes a cada cultura e são regulados por ela. Em um mesmo subsetor, os atos são apenas distinguíveis pelo maior ou menor grau de danos (intencional ou involuntário) ocasionados à imagem do ouvinte, grau medido pelo analista de acordo com as convenções linguísticas e socioculturais pertecentes ao contexto do discurso.

Estas questões nos levam a deixar de avaliar a descortesia simplesmente como a outra face da cortesia ou de considerá-la como ausência de cortesia, haja vista o fenômeno da descortesia ser muito mais complexo porque que é parte do *continuum* cortesia-descortesia.

Em particular, por considerar a gradação natural em cada um dos setores integrantes do *continuum*, este permite focá-los conjuntamente e trazer à luz a estreita relação entre cortesia e descortesia no que tange às suas naturezas pragmáticas.

3. Convergências e divergências entre cortesia e descortesia

Consideramos as convergências e as divergências entre os fenômenos de cortesia e descortesia da perspectiva da pragmática sociocultural, que — sem desconhecer a universalidade da (des)cortesia — centraliza sua atenção no âmbito de uma determinada sociedade e em seus comportamentos verbais, e fundamenta as suas análises em condutas plasmadas em textos reais de comunicação concreta e em textos originários de um amplo espectro de gêneros do discurso pertencentes à cultura em estudo.

Dessa forma, podemos comparar seus aspectos convergentes e divergentes, seja de uma *perspectiva êmica* (daqueles inerentes à cultura em estudo e regulados por ela), seja de uma *perspectiva ética* (daqueles de outras culturas, a fim de analisá-los comparativamente).

Entre as convergências, encontramos em ambos os fenômenos:

- Situam-se na intersecção da linguagem com a realidade social;
- Sua manifestação é própria de cada cultura e variável;
- Utilizam de estratégias que, por dar-se no domínio do implícito, conferem um sentido a mais ao expressado;
- Dependem do conceito de imagem social que se organiza em relação à cultura pertencente.

Entre os aspectos divergentes, destacamos que:

- Enquanto a cortesia — como princípio regulador da conduta — facilita o equilíbrio social na convivência, a descortesia causa o efeito oposto, ou seja, o de quebra desse equilíbrio;
- Enquanto a cortesia tem sido caracterizada como a parte *não marcada* do comportamento (Fraser; Nolen, 1981), dado que permanece dentro dos termos e condições do contrato conversacional, Watts (2003, p. 18) propõe que a descortesia é a *parte marcada* do comportamento social, no sentido de ir contra os padrões de comportamento aceitável, apropriado e pertinente para a interação em andamento.

Porém, para nós, a descortesia pode constituir a parte *não marcada* do comportamento social em certas comunidades de práticas, como demonstrou Blas Arroyo (2001, p. 16) no contexto do debate político, cara a cara, em que a descortesia é a norma, o traço não marcado.

- Enquanto a cortesia, como defende Bravo (2005, p. 27-28), exibe padrões, isto é, parâmetros fornecidos pela sociedade ao ponto de que certas normas ou convenções sociais prescrevem os comportamentos sociais, a descortesia representa uma ruptura consciente e voluntária de tais parâmetros, rompimento que é diferente de um falante a outro, de uma circunstância a outra e entre as comunidades de prática. Portanto, a descortesia reconhece a individualidade (de um falante ou de um comportamento de um grupo) e, assim, exibe criatividade diante da regularidade normativa de cortesia. Isso não significa que a cortesia não possui criatividade, mas sim que esta nunca infringe o normativo, o apropriado — ela permanece nos seus limites;

- Enquanto o exercício de cortesia é permanente e massivo na sociedade, isto é, por todos, para todos e em todo lugar, o exercício da descortesia é ocasional, pessoal e *ad hoc*;

- Enquanto a cortesia é intencional, das onze possíveis ocorrências de descortesia que expomos na próxima seção, as três primeiras não são intencionais, ou seja, não obedecem a uma estratégia;

- Enquanto a persistência na cortesia é um ato natural e positivo para as expectativas do ouvinte e do analista, a persistência na descortesia resulta em um ato singular e negativo para ambos e contrário a suas expectativas. A conotação negativa dessa persistência levou-nos oportunamente a denominar de *crônica* (KAUL DE MARLANGEON, 2005a, 2006) a descortesia que é contínua em uma comunidade de prática.

- Enquanto, na cortesia, a presença de compromisso mútuo — tácito ou expresso — para a proteção das imagens públicas dos interlocutores é um traço constitutivo e simétrico, na descortesia, ao contrário, o atributo manifesta-se como ausência de compromisso mútuo. Na descortesia, o conflito pode constituir o núcleo essencial da prática compartilhada.

O que apresentamos anteriormente está resumido no Quadro 1:

Quadro 1
Convergências e divergências entre cortesia e descortesia

Cortesia	Descortesia
Facilita o equilíbrio social na convivência.	Rompe o equilíbrio social.
Parte não marcada do comportamento.	Conforme as circunstâncias, marcada ou não.
Exibe modelos dos parâmetros dados pela sociedade.	Revela a individualidade de um falante ou do comportamento de um grupo.
Habitual e massivo.	Ocasional, individual e *ad hoc*.
Intencional. Estratégica.	Intencional/ não intencional. Estratégica/ não estratégica.
Persistência da cortesia: fato positivo.	Persistência da descortesia: fato negativo.
Presença de compromisso mútuo.	Ausência de compromisso mútuo: prevenção mútua ou expectativa de causar ou receber descortesia.

4. Onze possibilidades de ocorrência da descortesia verbal

Nossa definição undecatômica da descortesia verbal (KAUL DE MARLANGEON, 2008) inclui onze possibilidades, motivadas pelo(a):

1. Modo expressivo do falante com reminiscência de linguagem imprópria ou indecorosa;
2. Ofensa involuntária para com o ouvinte por dizer uma gafe;
3. Falta involuntária da cortesia esperada pelo ouvinte;
4. Renúncia das normas de cortesia;
5. Emprego de uma linguagem ofensiva consigo por diferentes motivações;
6. Excesso de cortesia para com o ouvinte a fim de feri-lo ou zombar dele;
7. Falta voluntária da cortesia esperada pelo ouvinte;

8. Ofensa voluntária para com o ouvinte a fim de denegrir a sua imagem;
9. Ofensa voluntária para com o ouvinte a fim de defender a imagem do falante;
10. Interpretação do ouvinte como um ataque intencional à sua imagem;
11. Silêncio esmagador do ouvinte para indicar desacordo com a emissão do falante.
12. Destas onze premissas básicas, as nove primeiras são possíveis atitudes do falante, e as opções 10 e 11, dedicadas ao ouvinte ou receptor, permitem considerar *sete tipos fundamentais de atos descorteses*, intencionais ou não intencionais.

5. Tipologia da descortesia verbal

O primeiro segmento ou tipo, correspondente aos *atos formalmente descorteses com o propósito cortês*, está ordenado conforme o acréscimo das formas superficiais da descortesia empregadas. Os outros seis segmentos ou tipos estão organizados de acordo com o aumento da força de descortesia: *atos descorteses involuntários, atos de autodescortesia, atos formalmente corteses motivados por um propósito descortês, atos de falta deliberada da cortesia esperada pelo ouvinte, atos do silêncio esmagador* e *atos de descortesia de repreensão*.

A visão apresentada ultrapassa a simples concepção da descortesia como um oposto da cortesia e a ideia inicial de um *continuum* que excluía a possibilidade de polos opostos, pois, por exemplo, um *ato lisonjeador de imagem* (KERBRAT-ORECCHIONI, 2004) e um *ato de descortesia de repreensão* (KAUL DE MARLANGEON, 2005b) são um par correspondente às extremidades opostas da gradação que opera o *continuum* em sua totalidade.

Embasamos nossa tipologia da descortesia no espanhol (KAUL DE MARLANGEON, 2008) e a sua aplicação para o inglês (KAUL DE

MARLANGEON; ALBA-JUEZ, 2012) nos tipos de atos descorteses que têm em comum a semelhança na intenção descortês ou coincidem na ausência dela. O conceito de semelhança fica plasmado condicionalmente à cultura pertencente e está regulado por ela. Com o ajuste a este critério metodológico, nossa tipologia revela-se finita ante a infinidade dos tipos determinados por estratégias ou mecanismos linguísticos particulares com que os atos descorteses se realizam.

Nossa tipologia demonstra-se no Quadro 2:

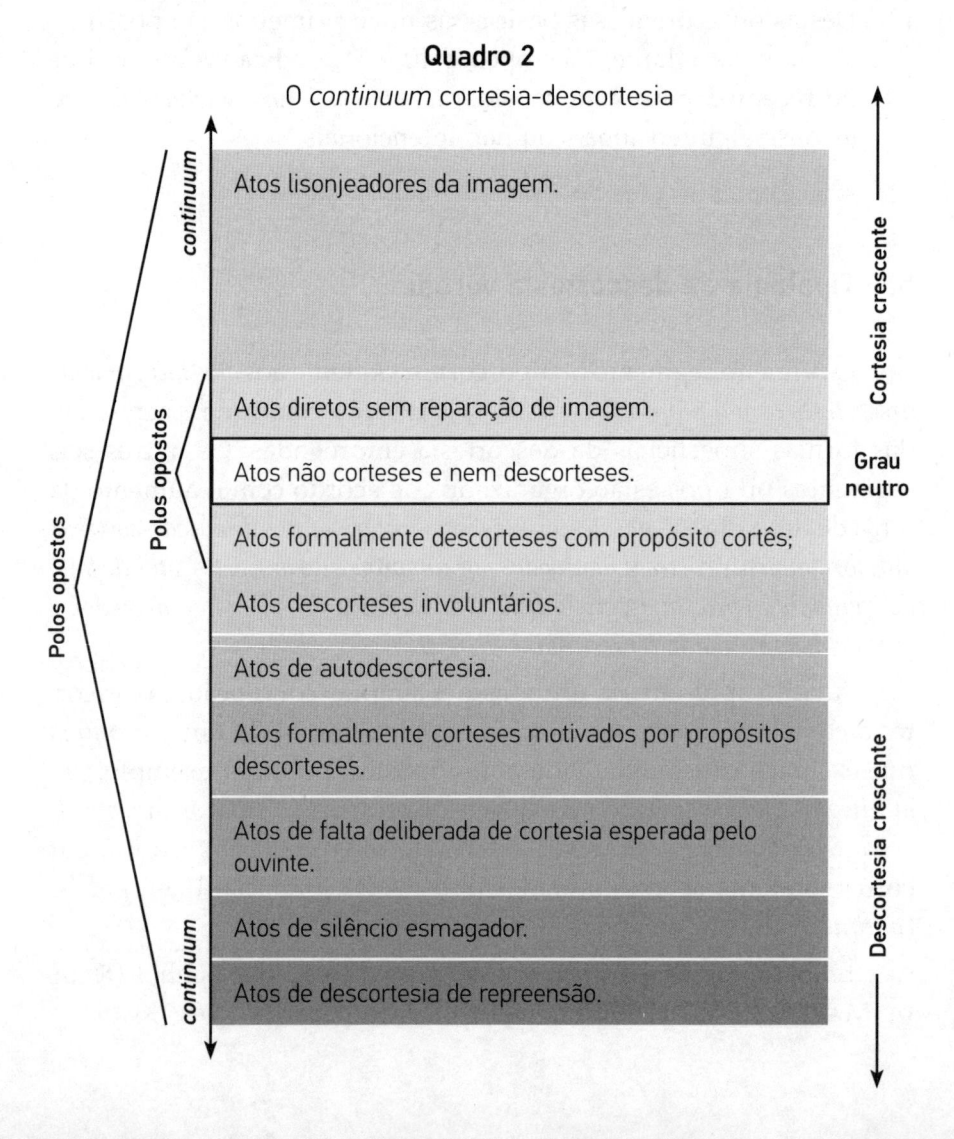

Quadro 2
O *continuum* cortesia-descortesia

Atos lisonjeadores da imagem.	Cortesia crescente
Atos diretos sem reparação de imagem.	
Atos não corteses e nem descorteses.	Grau neutro
Atos formalmente descorteses com propósito cortês;	
Atos descorteses involuntários.	
Atos de autodescortesia.	
Atos formalmente corteses motivados por propósitos descorteses.	Descortesia crescente
Atos de falta deliberada de cortesia esperada pelo ouvinte.	
Atos de silêncio esmagador.	
Atos de descortesia de repreensão.	

(Polos opostos / continuum)

Síntese

- O setor do *continuum* que corresponde à descortesia constitui, por sua vez, um *continuum* que conta com sete segmentos não sobrepostos que se distinguem pelo grau de lesão, intencional ou voluntária, com que seus atos atingem o destinatário;
- Cada segmento representa um tipo básico de descortesia e representa um potencial *continuum* de atos descorteses de mesma categoria;
- O critério de semelhança é inerente à cultura em questão e está regulado por ela;
- Os graus de lesão à imagem são medidos pelo analista de acordo com as premissas socioculturais pertencentes ao contexto discursivo em estudo.

5.1 Alguns exemplos

— de descortesia involuntária (gafe):

Quando estudava o mestrado, organizávamos jantares entre nós. Em uma dessas noites, ficamos em um bar com uma das professoras. Eu nunca me dei especialmente bem com ela, nem bem, nem mal. O fato é que estávamos em um bar dançando e, de repente, vi um homem aproximando-se sem parar de falar com ela. Então, me ocorreu a feliz ideia de dizer:

— "Fique esperta com esse esquisito, ele quer algo com você".
— "Ele é meu marido".

— de descortesia de repreensão:

Numa entrevista de 22 de maio de 2014, pediu-se ao político argentino Reutemann[1] que opinasse a respeito do conselho dado

---

1. Carlos Alberto Reutemann foi piloto de Fórmula 1 e, após deixar as pistas, entrou na política e exerceu o cargo de governador da Província de Santa Fé (Argentina), com dois mandatos (1993-1995/1999-2003). Desde 2003, é senador pela mesma província. [N. T.]

publicamente pelo político Duhalde[2] sobre a sua aposentaria da política, ao que Reutemann disse:

— "Ele está gagá ou é filho da puta que está trabalhando para Scioli[3]".

6. A comunidade de prática descortês[4]

A segmentação do discurso em unidades de análise responde à perspectiva teórica adotada para a análise em questão e, também, a certas decisões empíricas que procuram a coerência do pesquisador com o *corpus* que emprega.

A análise do discurso de (des)cortesia da perspectiva da pragmática sociocultural considera diferentes unidades, como o ato de fala, o turno de fala e, em geral, as estratégias de (des)cortesia presentes ora nos enunciados de uma interação, ora nos enunciados de uma ação unilateral, sendo esta mais comum no discurso escrito; da mesma maneira que tem em conta as atividades comunicativas realizadas no texto em relação ao contexto em que se insere a situação e à cultura.

Tudo isto é uma reiteração do princípio de que as unidades dependem da abordagem teórica e de que o pesquisador pode operar simultaneamente com diferentes tipos de unidades.

Como aplicação do conceito de comunidade de prática de Wenger (1998), depreendemos de Kaul de Marlangeon (2010, 2014) a nossa

---

2. Eduardo Alberto Duhalde Maldonado é advogado e, na política, além de ter sido vice-presidente (1989-1991), governou a Província de Buenos Aires (1991-1999) e foi o 53º presidente da Argentina (2002-2003). [N. T.]

3. Daniel Osvaldo Scioli foi esportista, político e empresário. Foi deputado federal (1997) e, durante o governo de Eduardo Duhalde, foi nomeado Secretário do Turismo. Também foi vice-presidente (2003), governador da Província de Buenos Aires (2007-2011) e, apesar da aparente vitória para a presidência (2015), Scioli perdeu em segundo turno para Mauricio Macri, atual presidente da Argentina. [N. T.]

4. Uma resenha desta teoria pode ser consultada em português, na obra de Feitosa e Paiva, Geórgia Maria; Moreira, Reginaldo G.; dos Santos, Leticia Adriana. *Introdução aos estudos de (im)polidez linguística*. Fortaleza: Centro Universitário Estácio do Ceará, 2016. p. 97-146.

ideia de *comunidade de prática descortês*, assimilada como a unidade de análise de maior escalão no discurso de descortesia e que, como já dissemos, fica concebida do ponto de vista topológico como um espaço multidimensional. Tal comunidade de prática também é *uma unidade social básica* que inclui, necessariamente, o gênero discursivo de que dispõe como um recurso social.

No Quadro 3, relacionam-se as unidades tanto linguísticas quanto extralinguísticas e as suas principais características:

Quadro 3
Unidades de análise

Unidades Linguísticas O texto ou segmentos textuais	Unidades Extralinguísticas Comunidades	
Macroato.	Comunidade de fala.	
Ato. Estratégias (des)corteses.	Comunidades de prática cortês.	Comunidades de prática descortês.
Características: • São unidades discretas, de extensão variável; • Identificam e interpretam ações dos interatuantes.	Características: • São unidades amplas, multidimensionais; • As de prática (des)cortês manifestam propósitos (des)corteses por meio de gêneros específicos; • O texto permite deduzir do contexto a respectiva unidade/comunidade: de fala, de prática cortês ou de prática descortês.	

Em uma *comunidade de prática cujos membros são descorteses de forma bilateral ou bidirecional*, ou seja, propensos à réplica da descortesia, o compromisso mútuo da cortesia transmuta-se em *prevenção mútua* ou consciência sobre a possível hostilidade que cada membro pode utilizar para alcançar seus objetivos ou fazer prevalecer sua cosmovisão; tal como se nota no debate político e nas torcidas de futebol.

Em uma *comunidade de prática em que alguns de seus membros são descorteses de forma unilateral ou unidirecional*, isto é, exercem descortesia sem réplica, o compromisso mútuo da cortesia transmuta-se no fato de que o sujeito de menor poder tem *expectativa de receber descortesia* da parte do de maior poder. Em outras palavras, o sujeito de menor poder tem consciência da possibilidade de ser vítima da hostilidade do de maior poder, e este, por sua vez, tem *expectativa de causar descortesia*, ou seja, tem consciência de sua capacidade de vulnerabilizar a imagem do de menor poder, tal como ocorre na comunidade de prática do serviço militar ou na das audiências judiciais.

A prevenção mútua e as expectativas de receber ou de causar descortesia, há pouco mencionadas, excluem a ideia de que a homogeneidade, a paz, a harmonia e a felicidade sejam propriedades distintivas das respectivas comunidades de prática. Pelo contrário, o conflito pode constituir o núcleo essencial da prática compartilhada. Desacordos, desafios e competição podem ser suas formas de participação em uma espécie de ação conjunta cujo *repertório compartilhado* seja as formas de produzir descortesia: palavras, símbolos, gestos, gêneros discursivos, ações e premissas culturais envolvidas.

As comunidades de interação bilateral recorrem à descortesia pela ausência de um compromisso mútuo; cada uma corre atrás de sua realização pessoal; o sucesso ou, até mesmo, o prestígio do outro vão em detrimento dos próprios, como no caso dos candidatos políticos. Essas comunidades têm um conhecimento compartilhado do repertório de recursos acumulados no tempo, e cada membro pode lançar mão dele para prevalecer sobre os demais. Quando esses recursos são, eventualmente, negociáveis, o acordo pode deslocar-se para a descortesia potencial; e, se assim ocorre, se está na presença de uma ação conjunta dos que negociam na comunidade de prática cortês.

Nas comunidades em que ocorre a descortesia unilateral, há um conhecimento compartilhado do repertório de recursos acumulados no tempo, do qual o sujeito de maior poder pode lançar mão para prevalecer sobre o de menor poder, como nos casos de suboficial militar sobre o soldado ou do juiz sobre a testemunha.

A cortesia e a descortesia devem, portanto, sua essência, respectivamente, à *presença* ou à *ausência* de compromisso mútuo.

6.1 Características distintivas da comunidade de prática descortês

Uma comunidade de prática descortês é um espaço multidimensional formado pelas seguintes características distintivas ou dimensões:

- Os indivíduos, os grupos e seus tipos de relações: a) indivíduo *versus* grupo; b) indivíduo *versus* indivíduo em um mesmo grupo; c) grupo *versus* grupo;
- As práticas ou ações recorrentes que caracterizam uma determinada comunidade e que são veiculadas por diversos gêneros discursivos;
- A natureza da organização, institucional ou não institucional;
- O modo de exercer descortesia: unilateral, bilateral, sincrônica, ritual, crônica aparente, ideológica ou em coro;
- As estratégias empregadas;
- O tipo predominante de descortesia.

6.2 Exemplo de comunidade de prática de torcida de futebol

Fragmento de uma letra de torcedores do Boca Juniors, da Argentina, contra outros clubes locais:

"Esta é a doze, sim senhores,
este é o time que vai à frente,
o que corre a Independiente (Clube da cidade de Avellaneda) e o putos Ciclón (Clube da cidade de Villa Martelli)
eu não me importo onde você joga,
nem toda a Federal (polícia), se prepara milionário (River Plate),
que vamos lhe matar"

Colocamos no fragmento da letra parênteses esclarecedores e identificadores. Esta comunidade apresenta-se como uma daquelas que exerce sua descortesia de forma grupal, bilateral, ritual, crônica e em coro.

Considerações finais

Oferecemos uma resenha de uma de nossas principais contribuições teóricas ao tema da descortesia verbal. Abordamos o fenômeno da descortesia como um aspecto do todo na vertente interpessoal da prática social, porque a nossa abordagem é discursiva e sociocultural desde o início (KAUL DE MARLANGEON (1995).

Partimos da premissa de que a força de cortesia-descortesia é uma propriedade permanente dos atos de fala e inerente a estes, complementária da força ilocucionária e obrigatória, que se manifesta e organiza um *continuum*. Dentro deste paradigma consideramos a cortesia e a descortesia como dois aspectos opostos, que, por sua vez, se instituem como constantes correspondentes. Entre uma e outra, encontra-se um setor neutro composto por uma infinidade de atos nos quais a imagem dos interlocutores não corre nenhum risco.

Expusemos as convergências e as principais divergências entre cortesia e descortesia, bem como as onzes possibilidades de ocorrência da descortesia verbal que dão origem aos sete tipos básicos de atos descorteses considerados em nossa tipologia.

Finalmente, tratamos da comunidade de prática descortês que concebemos do ponto de vista topológico como um espaço multidimensional e que adotamos como a unidade de análise social e extralinguística de mais alto nível no discurso de descortesia; discurso que também considera outras unidades, como o ato de fala, turno de fala, em geral, as estratégias de (des)cortesia presentes nos enunciados de uma interação.

Referências

BLAS ARROYO, José Luis. "No diga chorradas..." La descortesía en el debate político cara a cara. Una aproximación pragma-variacionista. *Oralia*, n. 4, p. 9-46, 2001.

BRAVO, Diana. Categorías, tipologías y aplicaciones. Hacia una redefinición de la "cortesía comunicativa". In: BRAVO, D. (Ed.). *Estudios de la (des)cortesía en español*. Categorías conceptuales y aplicaciones a *corpora* orales y escritos. Buenos Aires: Programa EDICE-Dunken, 2005. v. I. p. 21-52.

FRASER, Bruce; NOLEN, William. The association of deference with linguistic form. *International Journal of the Sociology of Language*, n. 27, p. 93-109, 1981.

KAUL DE MARLANGEON, Silvia. La fuerza de cortesía-descortesía y sus estrategias en el discurso tanguero de la década del '20. *RASAL*, año III, n. 3, p. 7-38, 1995. (Tesis de Especialista en Lingüística — Universidad Nacional de Córdoba, Argentina). Disponível em: <http://www.edice.org/descargas/SKaul.pdf>. Acesso em: 25 jun. 2017.

_____. Descortesía intragrupal-crónica en la interacción coloquial de clase media baja del español rioplatense. Łódz Papers in Pragmatics, v. 1, p. 121-138, 2005a. (Versión ampliada del artículo homónimo publicado en 2006: In: MEDRANO, J. Murillo (Ed.). *Actas del II Coloquio Internacional del Programa EDICE*. Actos de habla y cortesía en distintas variedades del español. Perspectivas teóricas y metodológicas. San José de Costa Rica: Universidad de Costa Rica-Programa EDICE).

_____. Descortesía de fustigación por afiliación exacerbada o refractariedad. In: BRAVO, D. (Ed.). *Estudios de la (des)cortesía en español*. Categorías conceptuales y aplicaciones a *corpora* orales y escritos. Buenos Aires: Programa EDICE-Dunken, 2005b. v. I. p. 299-318.

_____. Tipología del comportamiento verbal descortés en español. In: BRIZ-GÓMEZ, A. et al. (Ed.). *Cortesía y conversación*: de lo escrito a lo oral. Tercer Coloquio Internacional del Programa EDICE. Valencia/Estocolmo: Universidad de Valencia-Programa EDICE, 2008. v. 3. p. 254-266.

_____. Perspectiva topológica de la descortesía verbal. Comparación entre algunas comunidades de práctica de descortesía del mundo hispanohablante.

In: ORLETTI, F.; MARIOTTINI, L. (Ed.). *(Des)cortesía en español*. Espacios teóricos y metodológicos para su estudio. Roma: Universidad Roma Tre-Programa EDICE, 2010. p. 71-86.

KAUL DE MARLANGEON, Silvia. Delimitación de unidades extralingüísticas de análisis del discurso de (des)cortesía. *Signo y Seña*, n. 26, p. 7-22, 2014.

_____; ALBA-JUEZ, Laura. A typology of verbal impoliteness behaviour for the English and Spanish Cultures. *Revista Española de Lingüística Aplicada (RESLA)*, v. 25, dic. 2012, p. 69-92, 2012.

KERBRAT-ORECCHIONI, Catherine. ¿Es universal la cortesía? In: BRAVO, D.; BRIZ, A. (Ed.) *Pragmática sociocultural*: estudios sobre el discurso de cortesía en español. Barcelona: Ariel Linguística, 2004. p. 39-53.

KIENPOINTNER, Manfred. Varieties of rudeness: types and functions of impolite utterances. *Functions of Language*, v. 4, n. 2, p. 251-287, 1997.

LAVANDERA, Beatriz. The Social Pragmatics of Politeness Forms. In: AMMON, U. et al. (Ed.). *Sociolinguistics*. An International Handbook of the Science of Language and Society. Berlin/ New York: Walter de Gruyter, 1988. p. 1196-1205.

MILLS, Sara. *Gender and Politeness*. Cambridge: Cambridge University Press, 2003.

WATTS, Richard. *Politeness*. Cambridge: Cambridge University Press, 2003.

WENGER, Étienne. *Communities of Practice*. Cambridge: Cambridge University Press, 1998.

4

A última fronteira. Cortesia e rituais de hospitalidade na literatura medieval

Carlos F. Clamote Carreto
IELT — NOVA FCSH

> Clarimundo [...] chegou-se à Dona, dizendo: Certo, Senhora, mais cortesia, e verdade esperava eu em vosso castello; e com esta confiança folguei de aceitar vossos oferecimentos, parecendo-me que não havia nelles engano; porém vós, e vosso amigo ficaes daqui mais enganados, pois sereis conhecidos por desleaes, e sem verdade.
>
> João de Barros, *Chronica do emperador Clarimundo, donde os reys de Portugal descendem, tirada de linguagem ungara em a nossa Portuguesa*, tomo III, cap. XXII, p. 255-256, 1791.

Cortesia e hospitalidade: a dinâmica oblativa da comunicação

Antes de se transformar em arquilexema significando "maneiras delicadas, urbanidade, civilidade, polidez, afabilidade", de acordo com a maior parte dos dicionários de língua portuguesa; muito antes ainda de se tornar, a partir dos anos 1970 essencialmente, num terreno particularmente fértil para os estudos linguísticos atentos à sua qualidade de competência discursivo-textual e pragmática graças à qual medimos e reajustamos incansavelmente a distância que nos separa do Outro[1], reequilibrando e renegociando constantemente o nosso estatuto e o nosso lugar de sujeito no ato de comunicação e no tecido social que o estrutura, a cortesia começa por ser uma nova visão do mundo que irradia a partir de um espaço-tempo concreto, de um espaço linguístico e cultural (a Occitânia de finais do século XI e início do século XII) cujo prestígio destinou este termo a um futuro particularmente brilhante e influente. Formado a partir do adjetivo *corteis* ou *cortois* em língua de oïl (*cortes* em língua de òc), que deriva do substantivo *cort*, ele próprio fletido a partir do latim clássico *cohortem* que aponta para o lugar edificado adjacente ao jardim (o horto) ou para o espaço que reúne e abriga, num campo militar, os soldados e o seu chefe, o lexema começa assim por designar o círculo de pessoas que gravitam em torno do senhor feudal e o espaço no qual evoluem (ver TOURY, 2002). Muito rapidamente, o campo semântico da cortesia alarga-se para designar as virtudes, qualidades e valores que caracterizam este universo por oposição ao dos vilãos (*descorteses*, na acepção de *rudes*, mas não forçosamente rústicos): magnificência, justiça, beleza, lealdade, eterna juventude, respeito pela palavra dada, convivialidade entre pares, discrição, domínio de si, apologia do Amor e da Dama erguida em significante supremo do Desejo e da Lei num discurso inédito no Ocidente, que assiste, nessa mesma altura, à ascensão do *romance* (uma língua antes de ser uma forma poética) ao estatuto de

---

1. Ver, por exemplo, a tese de doutoramento de David Fernandes Rodrigues (2003).

língua escrita e à sua progressiva autonomização face ao sistema de representação neolatino.

Este aspecto é particularmente importante. Com efeito, do primeiro trovador conhecido no século XI (Guilherme IX da Aquitânia) ao vasto fresco poético-enciclopédico que denuncia as ilusões, os artifícios e os simulacros inerentes ao amor cortês (*Le Roman de la Rose*, de Jean de Meun — *circa* 1270), substituindo-os por uma visão pragmática e calculista da linguagem e das relações humanas assente na superioridade incontestável da Natureza, passando pelos romances arturianos da Távola Redonda que transformam a cortesia em ideal cavaleiresco, a canção de gesta e os inúmeros tratados enciclopédicos e didáticos compostos entre os séculos XII e XIII, a cortesia apresenta-se, antes de mais, como um complexo, ambivalente e paradoxal fenômeno literário e discursivo[2]. Podemos não saber muito bem que práticas sociais e culturais concretas procurou traduzir esse conceito que, nascido no Sul de França, irradiou, em menos de dois séculos, a toda a Europa, fundando e disseminando um modelo de civilização. Sabemos, no entanto, que a cortesia não foi mero código de polidez (para isso existiam os tratados de civilidade destinados aliás a um outro público que não o da corte); sabemos também que não foi nem reflexo direto de uma realidade quotidiana, nem construção ideológica, nem modelo teórico longamente premeditado, nem puro e simples reflexo mimético da sensibilidade oriunda de outros horizontes culturais que confluem, neste admirável sincretismo que define a Idade Média ocidental, com o paradigma cristológico (Antiguidade Clássica, literatura médio-latina, cultura árabe e celta, movimentos gnósticos, etc.); sabemos finalmente que não foi uma categoria estética e muito menos uma escola literária[3]. Talvez a cortesia seja assim daqueles casos (nãos raros, mas não menos importantes) em que a vida imita

---

2. Embora polêmico pela forma como coloca os primeiros trovadores occitânicos no sofá do psicanalista, veja-se o eloquente título de um ensaio já datado de J.-Ch. Huchet (1987) em que ecoa precisamente esta essência verbal da cortesia ou do seu espelho inverso expresso na dimensão mais carnal do desejo.

3. Sobre esta questão, veja-se a interessante síntese crítica de Michel Stanesco (2006).

a literatura e em que o Real acaba por dar corpo a um desejo que emerge e se expande num discurso ficcional em que a língua materna se insinua como terreno privilegiado para a afirmação de uma nova identidade e sensibilidade culturais que cria os seus próprios códigos de sociabilidade e a sua própria visão do homem e do mundo. Na esteira de George Steiner (1989, p. 181, apud STANESCO, 2006, p. 623), talvez seja preferível, nesta perspetiva, falar em "fenomenologia da cortesia", entendida como dinâmica que "procura organizar, ou seja codificar, o nosso encontro com o Outro", encarando-a assim como um "cerimonial do encontro" e manifestação privilegiada desses "ritos do reconhecimento" que presidem a todos os usos sociais, sejam eles linguísticos ou não.

Enquanto rito, ou seja, gesto e forma primordiais e fundadores, consubstanciais, na sua eficácia e pregnância social, aos mitos que os racionalizam e desdobram (ex-plicam), não é, por conseguinte, possível entender a cortesia medieval fora da esfera simbólica na qual emerge e dentro da qual significa, nem fora da esfera ontológica, uma vez que os rituais corteses (nas suas mais variadas configurações gestuais, oblativas e verbais) desenham uma delicada geometria dos limites entre identidade e alteridade, a passagem da fronteira representando sempre um vertiginoso salto para o abismo, para o desconhecido que implica a criação de uma série de mediações simbólicas que visam preencher, neutralizar, domesticar, habitar e culturalizar, através de signos, um hiato particularmente ameaçador cuja transposição não deixa ninguém (in)diferente. Ora, se existe um ritual de passagem que reúne e absorve, senão na sua totalidade pelo menos numa parte significativa, os fundamentos e desafios (tanto linguísticos como ontológicos) subjacentes à cortesia, esse ritual é o da hospitalidade.

Na Idade Média (embora não seja abusivo nem escandalosamente anacrônico, tanto do ponto de vista antropológico como na perspetiva da longa duração advogada por um historiador como Jacques Le Goff (2014), estender certas ilações ao imaginário simbólico que continua a reger muitas das nossas práticas do quotidiano), a hospitalidade participa desta utopia cortês de um mundo polido das suas arestas mais rugosas (a violência descontrolada, etc.) que apela a um constante aperfeiçoamento do indivíduo. Ontem como hoje (MONTANDON, 2004a), sabemos ser através dos ritos hospitaleiros que mais intensamente se manifestam e observam com rigor as regras da cortesia enquanto gesto oblativo[4], ritual verbal extremamente regulado (fórmulas de tratamento e de formas de cumprimentos; discrição nos limiares do interdito sobre questões do foro íntimo, etc.) e disciplina das emoções assente no equilíbrio e na mesura. Imergida nesse pensamento simbólico em que a relação entre o macrocosmos e o microcosmos, o universo, o homem, as práticas sociais e as formas do discurso se tece de múltiplas e invisíveis "correspondências" (Charles Baudelaire) que mantêm coesa e significante a Ordem, a cortesia expressa na hospitalidade participa assim do sagrado e do religioso[5] enquanto fenômenos visando à constante religação, metonímica ou metafórica (a analogia), das partes ao Todo transcendente e uno. Daí que qualquer rutura ou entorse (a descortesia) na gramática do universo assim desenhada possa trazer consequências nefastas e introduzir a confusão, o caos e a morte, como veremos mais adiante.

O risco de confusão — dos papéis sociais e da própria identidade — no momento em que está prestes a transpor-se o limiar entre os dois mundos (exterior/interior; conhecido/desconhecido; público/privado; eu/outro; aqui/além, etc.) está, de resto, gravado na própria memória semântica da palavra construída a partir de um étimo de raiz indo-europeia, *hospes*, que designa simultaneamente o que acolhe e o que é acolhido, sendo o radical latino *hos-* comum ao inimigo e

---

4. Oferece-se, por exemplo, a melhor comida, dormida e proteção, e recebem-se presentes que a linguagem do quotidiano apelida justamente de *simbólicos* para reforçar a antinomia patente na noção de valor apreendida na lógica transacional de uma economia utilitária ou, pelo contrário, na lógica relacional de uma economia do desejo (ver DESHOULIÈRES; PERROT, 2001).

5. "Sans doute y a-t-il dans le phénomène de l'hospitalité quelque chose qui relève du mana, qui renvoie à quelque chose de magique encore qu'indéterminé ou encore à un phénomène relevant du sacré [...]. Sacrée aussi, l'hospitalité l'est parce que fondatrice et surnaturelle: l'hôte est le symbole de la médiation entre deux sphères tout à fait différentes. Il est l'inconnu, il vient de loin, il est craint, c'est un être insaisissable qui pénètre dans un lieu délimité, un espace circonscrit, celui de la demeure. Tout étranger de par son altérité inquiétante possède cette dimension numineuse dans laquelle Rudolph Otto voyait l'essence du sacré" (MONTANDON, 1999, p. 11).

ao convidado (BENVENISTE, 1969, p. 65-79) [6]; ambivalência[7] através da qual a língua revela que a hospitalidade, bem como o sistema simbólico no qual se insere, se coloca sob o signo da reversibilidade total, tendo como objetivo último o de transformar o potencial inimigo ou aliado, fazendo do estrangeiro, do Outro, um semelhante que devemos respeitar, sob pena de tornar impuro o próprio espaço sagrado que configura o rito hospitaleiro. À porta de entrada, sob a égide protetora de expressões aparentemente cristalizadas na língua mas que conservam a memória vestigial do que outrora foram invocação aos deuses (*bem-vindo quem vier por bem*, etc.) visando afastar o medo ansiógeno do desconhecido e exorcizar a ameaça de um rosto enigmático, tudo pode acontecer, as identidades inverterem-se ou cindirem-se, cada um dos atores deste drama minimalista devendo aceitar abdicar de uma parte de si (para integrar a alteridade do outro), transformar-se, para que o rito hospitaleiro se consuma plenamente. Por outro lado, como sabemos desde os célebres estudos de Marcel Mauss (1923-1924, p. 41-45), o dom implica sempre o contra-dom, que, por sua vez, é convite a uma nova dádiva, numa espiral sem fim que o antropólogo Maurice Godelier (1996) designava precisamente de "espiral oblativa". O sentido último da hospitalidade e dos rituais de cortesia que a estruturam sem nela se esgotarem reside, assim, numa curiosa economia baseada numa assimetria sem fim das/nas transações, que consiste essencialmente em criar e em alimentar uma dívida simbólica. Graças a este diferencial oblativo, engendra-se uma comunicação infinitamente relançada com o Outro. Nesta perspectiva, se a hospitalidade está tão intimamente associada ao fenômeno religioso é precisamente porque pretende consolidar e alargar continuadamente os laços sociais e as

---

6. Esta questão já tinha sido notada por Claude Lévi-Strauss (1947) na sua análise dos sistemas familiares.

7. "L'hospitalité se situe toujours à la frontière entre l'appartenance et l'altérité. Elle porte sur la différence, même au sein de la parenté. Elle se situe là. Le lieu de l'hospitalité est un lieu qui n'est pas le sien, et où on ne doit pas rester, même en cas d'hébergement prolongé. Même dans une communauté aussi identitaire que la famille, l'hospitalité marque une différence et crée une frontière entre ceux qui reçoivent et ceux qui sont reçus. Sinon il n'y a pas hospitalité, il y a partage, personne n'est reçu et personne ne reçoit, ou il y a rencontre dans un espace neutre, sans hospitalité" (GODBOUT, 1997, p. 38).

redes de comunicação que formam uma comunidade, os ritos hospitaleiros constituindo, assim, porventura, senão o fim último, pelo menos um dos principais fundamentos antropológicos nos quais assenta a própria cortesia.

Plenamente integrado, como vemos, no imaginário simbólico do dom, o florescimento do motivo da hospitalidade na literatura medieval beneficia da convergência de, pelo menos, quatro tradições distintas: a tradição oral, a ideologia cortês, o paradigma cristão e a cultura clássica. Situando a sua gênese literária na *Regra* de São Bento, que, por sua vez, se inspirara noutros textos dos Padres da Igreja orientais (Pacómio, Basílio) e ocidentais (essencialmente Cassiano), Eduardo Esposito (1982) demonstrara, por exemplo, que os preceitos estabelecidos no capítulo 53 da *Regula* ("*De hospitibus suscipiendis*") coincidem com a estrutura do cerimonial de receção dos hóspedes do universo arturiano (e não só)[8]; influência plausível, tendo em conta a enorme influência, nos séculos XI-XII, das reformas de Cluny e de Cister para a restauração e a renovação do espírito beneditino. Como afirmava Gregório Magno em várias passagens das suas *Moralia in Job*, as Escrituras relembram-nos constantemente que o cristão não passa, no seu percurso pela terra, de uma viandante ou peregrino em busca da sua verdadeira pátria, a pátria celestial: é o célebre tema do *Homo Viator* que o motivo do cavaleiro errante continua, implícita ou explicitamente, a espelhar na literatura. Diante do exílio (a marginalidade de certo modo voluntária do cavaleiro, do peregrino ou até do jogral) ou da exclusão (do leproso, da prostituta, do pobre e, mais tarde, do Judeu), a hospitalidade acaba por se confundir com a virtude cristã da *caritas*[9].

---

8. "À l'annonce d'un hôte, l'abbé ou les frères se hâtent de venir l'accueillir et le saluent; on le mène à la prière, puis on lui tient compagnie, on lit un passage de l'Écriture en sa présence; l'abbé, assisté de ses frères, lui lave les mains et les pieds, il rompt aussi le jeûne en son honneur et le fait manger à sa table" (Esposito, 1982, p. 228).

9. Em pleno século XII, veja-se também, entre muitos outros exemplos possíveis, o capítulo 35 da *Summa de arte praedicatoria* ("*De hospitalite*") do doutor universal da Igreja Alanus de Insulis: "O homo, Christus in membris suis clamat ad ostium, petit hospitium. Suscipe peregrinum in

Esta influência, decerto privilegiada no contexto teológico da Idade Média, não poderá, contudo, ofuscar o papel decisivo exercido pela cultura clássica cuja *translatio* está, de resto, na origem do próprio romance em língua vernácula através de obras que, a partir de meados do século XII, adaptam para o universo feudal a matéria antiga (história de Alexandre, história troiana e tebana, etc.) em que a hospitalidade assume uma centralidade notável na esteira da tradição homérica, ou não fosse a *Odisseia*, segundo Alain Montandon (1999, p. 11), "o livro fundador da hospitalidade ocidental, na medida em que a epopeia se apresenta constantemente como o relato da prova da hospitalidade e da hospitalidade enquanto prova". Quem não se recorda das aventuras de Ulisses, o *polymétis* e herói das mil faces, que submete quem o recebe à constante prova do não reconhecimento? As visitas de Ulisses disfarçado de mendigo, por exemplo, assumem, por sua vez, os contornos de uma *theoxenia*, a descida dos deuses à casa dos mortais para testarem a sua hospitalidade. Este tema quase universal — que reencontramos tanto na mitologia greco-latina, nos contos populares como na Bíblia (recordemos que *Sodoma e Gomorra* são destruídas por Deus devido ao fato de os seus habitantes terem por hábito matar os seus hóspedes; hospitalidade exemplar da Samaritana). Umas das variantes porventura mais conhecidas deste mito reside na história de Filémon e Báucis, conhecida na Idade Média através das *Metamorfoses* (VIII, 611-726) de Ovídio, que relata a visita, sob forma humana (logo, incógnita), de Júpiter e de Mercúrio (deus da comunicação, por sinal) a um pobre casal de idosos[10] que habita as montanhas da Frígia e que os recebe e acolhe generosa e amavelmente quando todos os outros habitantes lhes fecham as portas. O resto da

---

terra, ut te recipiat exsultantem in pátria [...]. O homo, si scias te advenam et peregrinum in hoc saeculo, si recognoscios peregrinationis tuae statum, non negabis peregrino hospitum, Nam, si pauperem Christi excludis a tecto, ipsum Christum excludis a pectoris tui hospitio. Audi quid ipse dicat: Quod uni ex minimis meis fecistis, mihi fecistis (Matth. XXV). Debet autem ipsa hospitalitas esse laeta, munifica, humilitatem exhibens, largitatem amplectens".

10. Note-se que a oposição radical entre o estatuto — social ou ontológico — do hospedeiro e o do convidado é um elemento estruturante do mito que permite sublinhar, maximizando-a, a dimensão da alteridade subjacente aos ritos de hospitalidade.

história é sobejamente conhecido e alguns dos seus mitemas facilmente identificáveis: durante uma refeição simples, mas abundante, os deuses dão-se a conhecer através do prodígio da bilha cujo conteúdo nunca se esgota (verdadeira cornucópia ou graal de abundância e de fertilidade) e avisam o casal do dilúvio que irá destruir a região. A modesta habitação de Filémon e Báucis, que se tornam sacerdotes, é transformada num magnífico templo (dimensão fundacional que reencontraremos na canção de gesta *Le Moniage Guillaume* do século XII, à qual voltaremos). Na altura da morte, ambos se metamorfoseiam em árvores (um carvalho e uma tília) cujos ramos se entrelaçam, selando assim uma nova aliança entre o Céu e a Terra; desfecho particularmente significativo (além de poético), uma vez que confere à hospitalidade os contornos de um mito cosmogônico de refundação do mundo e da humanidade[11] (o dilúvio, a árvore sagrada como *axis mundi* e promessa de uma comunicação renovada entre o microcosmos e o macrocosmos) (ver SCHÉRER, 1993; MONTANDON, 2002), ao mesmo tempo que nos relembra que a transformação implicada na hospitalidade cortês resulta de uma inter-relação (imagem eloquente dos ramos entrelaçados) que não deve conduzir à anulação/destruição recíproca das identidades por fusão ou simbiose.

Esta acepção da hospitalidade sagrada e gratuita, característica do romance arturiano que celebra o ideal cortês e cavaleiresco, difere assim radicalmente da hospitalidade paga (a que encontraremos, por exemplo, ao longo do romance dito "realista" ou "gótico" dos séculos XIII e XIV) em que o objetivo é precisamente o de anular a dívida simbólica e libertar-se da relação social: na hospitalidade remunerada, nada mais liga o hóspede ao anfitrião, nem sequer, em última análise, a necessidade de tecer e fomentar uma comunicação verbal. Através da progressiva, embora irreversível, monetarização das relações sociais a partir do século XII, começa a esboçar-se um novo modelo de sociabilidade que altera profundamente a geometria das relações

---

11. Citando Jakob Grimm na sua *Deutsche Mythologie*, A. Montandon (1999, p. 19) evoca o mito norueguês de Askr e Embla, o freixo e o olmo, que deram origem ao primeiro casal humano.

humanas, a passagem de um imaginário predominantemente simbólico para o universo dominado por transações de tipo semiótico[12], implicando transformações na própria concepção da cortesia e dos rituais verbais que a acompanham[13].

Pelo contrário, a hospitalidade gratuita, oferecida, implica regras (implícitas, culturais) que geram, como temos vindo a observar, um delicado e subtil equilíbrio entre a semelhança e a diferença, o mesmo e a marca de uma alteridade irredutível e intransponível, no centro do qual os rituais linguísticos e em particular o ato de nomeação assumem um papel estruturante.

Uma passagem perigosa: cortesia e ato de nomeação

Esta dupla dimensão da identidade e da alteridade está bem patente no episódio fulcral do *Conto do Graal* de Chrétien de Troyes (*circa* 1180) em que Perceval pede a Gornemant de Gore para o hospedar ("Que vos me hebergiez hui mais", v. 1412[14]). Com efeito, apesar de esta personagem ser tio do herói, permitindo assim que se estabeleça uma identificação familiar, e ser antigo cavaleiro de Artur[15], é a criação de uma diferença que caracteriza esta etapa: através desta prova, Perceval aprende a não confundir o novo espaço que agora o acolhe com o espaço materno e a distinguir o discurso social do discurso das origens. Aprende, em suma, uma outra linguagem, mais complexa e modalizada, que o deveria preparar a decifrar e a

---

12. Ver o recente artigo do filósofo Jean-Jacques Wunenburger (2014).

13. Sobre esta questão, ver Carreto (2012, 2014).

14. "Que hoje mesmo me ofereça albergue". Todas as traduções são da responsabilidade do autor. A indicação "v." seguida de número remete para a numeração dos versos nas edições de referência utilizadas.

15. O hospedeiro é frequentemente um homem venerável que, por qualquer motivo, foi excluído ou se retirou da estrutura social que integrava, a dupla dimensão do exílio — de quem recebe como de quem é recebido — constituindo um traço fulcral da hospitalidade e dos ritos verbais que a acompanham.

interagir, de forma mais adequada, com o mundo que à sua frente se descobre; uma linguagem na qual se destaca precisamente, a par da arte de manejar as armas, a arte cortês de manejar as palavras. Mas Perceval também sabe que este espaço não lhe pertence; sabe que, mesmo se acaba por fazê-lo de uma forma prematura, tem de abandoná-lo. Noutros casos, a dimensão da alteridade é ainda mais fortemente marcada e, com ela, mais marcada também a própria dimensão do receber como gesto oblativo puro, na medida em que o cavaleiro errante é aquele que, por natureza, surge do nada, do desconhecido, do indiferenciado (físico e identitário) simbolizado pela floresta do romance medieval. Em *Fergus* (poema arturiano da primeira metade do século XIII da autoria de Guillaume le Clerc cujo início se apresenta como uma autêntica reescrita do *Conto do Graal*), o herói, depois de uma estadia breve na corte de Artur, parte para a sua primeira aventura à conquista do Cavaleiro Negro. Encontra então um castelo e pede a uma donzela para ser hospedado. Esta ri-se, apercebendo-se do total desconhecimento dos códigos corteses por parte do jovem cavaleiro. Lembra-lhe (ensina-lhe) então que cabe a seu pai (camareiro do rei e senhor do domínio), e não a ela, conceder-lhe ou não a hospitalidade. É interessante observarmos neste romance, o que é assaz raro, que caberá à donzela, e não a uma figura masculina, transmitir ao herói os ensinamentos corteses necessários à formação do verdadeiro cavaleiro. Fergus pode então (ostentando novas vestes) regressar à corte do rei e recomeçar a sua iniciação (GUILLAUME LE CLERC, 1983, v. 895-1264).

Como vemos, e voltaremos a insistir sobre esta questão, é precisamente através de uma delicada gestão das fronteiras entre a identidade e a diferença que a hospitalidade emerge como espaço iniciático por excelência e tempo privilegiado da iniciação. A hospitalidade não consiste assim simplesmente em dar um espaço, mas sim em receber o Outro no seu próprio espaço identitário[16]. Não

---

16. "Dans l'hospitalité, l'esprit du donneur — et même sa présence physique — est une partie du don" (GODBOUT, 1997, p. 41).

consiste, por conseguinte, numa mera transação (de espaços, de objetos e de palavras), sendo antes uma das formas mais elaboradas de reciprocidade total. Uma das suas características importantes reside precisamente no modo como subverte ou inverte as leis mercantis da oferta e da procura, o convite antecedendo por vezes o pedido de hospitalidade que nunca dá azo a qualquer tipo de negociação: ao pedido de Perceval, Gornemant responde simplesmente "molt volentiers" ("de bom grado", v. 1413). Veja-se também o caso de Gui de Warewic: depois de ter perdido os seus companheiros, erra por terras desconhecidas quando surge, no seu horizonte, o ponto de referência espacial por excelência, um castelo. Pede então hospitalidade ao senhor do domínio:

"Sire, fait Gui, entendez ça:
Deus, qui tut le mund furma,
Beneie vus a icest jur
E vus doinst mult grant honur;
Chevaler sui esgaré,
L'ostel demant par charité".
Li sire respunt mult dulcement:
"L'ostel avrez mult bonement"[17].

(*Gui de Warewic*, v. 6089-6096)

Na perseguição ao anão que agredira arrogantemente a rainha Guenièvre, Érec, no primeiro romance de Chrétien de Troyes (1981), encontra, também ele, um castelo no qual deseja hospedar-se. Repare-se, neste episódio, que, mesmo antes de o herói ter tempo de formular o pedido, já o anfitrião se antecipara para lhe oferecer abrigo:

---

17. "Senhor, diz Gui[lherme], ouça-me:/ Que Deus, que criou o mundo inteiro,/ Vos abençoe neste dia/ E vos conceda a maior honra;/ Sou um cavaleiro que anda perdido,/ Pedindo que me hospedem por caridade."/ O senhor respondeu com brandura:/ "Pois, muito boa casa tereis".

Erec pensa que il estoit
preudom: tost le hebergeroit;
par mi la porte antre an la cort.
Li vavasors contre lui cort;
einz qu'Erec li eüst dit mot[18],
li vavasors salüé l'ot:
"Biaz sire, fet il, bien vaingnier.
Se o moi herbergiez daingniez,
Vez l'ostel aparellié ci".

(Érec et Énide, v. 381-389)

O mesmo acontece quando Érec e Énide chegam ao universo do rei Évrain, espaço que encerra a "Joie de la Cort", a derradeira prova iniciática do herói:

Li roi Evrains en mi la rue
Vint ancontre ax, si les salue:
"Bien vaigne, fet il, ceste rote,
et li sires et la genz tote;
bien vaigniez, seignor! Descendez [...]".
Sanz folie et sans mal penser,
ot feite une chanbre ancenser
d'encens, de mire et d'aloé:
a l'antrer anz ont tuit loé
le biau sanblant au roi Evrain[19].

(v. 5499-5503, 5515-5519)

---

18. Itálico nosso.
19. O rei Evrain saiu para o meio da rua/ Para ir ao seu encontro; cumprimenta-os:/ "Bem-vindos sejais, disse ele, senhores e todos quantos integram este séquito;/ Sede bem-vindo, Senhor! Descei [...]". Sem segundas intenções nem maus pensamentos,/ mandou perfumar um quarto/ com incenso, mirra e aloé:/ ao entrarem, todos elogiaram/ a bela receção preparada pelo rei Evrain.

Apresentando os contornos de uma recepção modesta (pai de Énide, por exemplo) ou marcada, pelo contrário, por uma hiperbólica magnificência (Évrain), a poética da hospitalidade apresenta sensivelmente sempre a mesma estrutura formal e discursiva, a repetição contribuindo para reforçar a sua natureza profundamente ritual: fórmulas de boas-vindas acompanhadas de expressões em que o cavaleiro recomenda o hospedeiro a Deus; oferenda de vestes novas ao cavaleiro que descobre o seu rosto até então dissimulado pelo elmo; festividades durante as quais os textos dão particular ênfase aos ritos da mesa e à abundância alimentar; fórmulas de despedida em que o convidado deve pedir licença ("demander congié") ao anfitrião para abandonar o espaço[20]. Todas estas etapas, incluindo os próprios rituais de higiene, conferem à hospitalidade, de forma mais ou menos acentuada, o sentido de uma purificação, de uma regeneração. No meio das conturbadas aventuras que ameaçam a integridade e a identidade do herói, a hospitalidade emerge como uma espécie de pequeno renascimento. Depois da experiência da solidão e do desenraizamento, é também o espaço de uma regeneração dos laços sociais, um modo de evitar a loucura que pesa sobre a errância e a perda dos referentes espaciotemporais e identitários[21], uma possibilidade de reconstruir o tempo. Não será assim por acaso se é também neste espaço que o herói descobre, pela primeira vez, os caminhos do amor. É o caso exemplar de Érec fascinado pela imagem resplandecente de Énide (a filha do hospedeiro vestida de uma singela e gasta túnica branca) na qual vê a incarnação da própria Natureza. O fato de o herói vir a casar

---

20. Estrutura que já se encontra perfeitamente delineada no chamado romance antigo. Sobre esta questão, ver as considerações de Marie-Madeleine Castellani (2000). Sobre a hospitalidade como *topos*, ver M. T. Bruckner (1980).

21. Neste sentido, Charles Foulon (1981) chamava a atenção para um aspeto discreto, mas particularmente importante: por oposição ao cavaleiro, o hospedeiro do romance arturiano é quase sempre pai de família. Casado frequentemente com a irmã de um importante conde (caso de Lycorans em *Érec et Énide*, ou do *vavasseur* cunhado de Gauvain no *Chevalier au lion*), os seus filhos são exemplarmente belos e virtuosos, educados segundo os princípios tradicionais da cortesia e da largueza. Como vemos, a etapa fulcral da hospitalidade representa, para o cavaleiro errante, o reencontro com uma estrutura social e familiar estável e protetora, uma espécie de regresso regenerador às origens e uma projeção num futuro estável e promissor.

com a donzela, restabelecendo assim o prestígio social de hospedeiro espoliado na sequência das guerras arturianas (contra-dom), constitui um pormenor importante através do qual o romance parece reatar com as estruturas mítico-antropológicas que presidem ao ritual hospitaleiro enquanto etapa fulcral de um rito nupcial ligado à proibição do incesto e à prática da exogamia (ver LÉTOUBLON, 1999)[22].

Reforçando o seu caráter espontâneo e absolutamente gratuito (se é que tal existe), a maioria dos romances arturianos tende a eufemizar a ameaça inerente à hospitalidade, minimizando a distância que separa o Eu do Outro, o ser e o parecer, através de um reconhecimento quase intuitivo das virtudes e da natural nobreza que emanam do cavaleiro errante. Já o romance baseado na matéria antiga e a canção de gesta desenvolvem variantes menos utópicas (ou menos idealizadas) do tema, insistindo antes sobre o seu estatuto de etapa perigosa e potencialmente desestabilizadora que convém cuidadosa e atempadamente preparar e, tanto quanto possível, desambiguar. Independentemente das suas verdadeiras intenções e, sobretudo, independentemente do fato de qualquer discurso ou gesto poder vir a ser infinitamente reproduzido e imitado, o potencial hóspede tem de exibir os signos transparentes dos seus propósitos pacíficos e da sua identidade. Daí a função crucial dos mensageiros (dos embaixadores)[23] enquanto mediadores entre o universo desconhecido e o universo familiar, cujo discurso, ao declinar abertamente a identidade do visitante — geralmente inscrita numa

---

22. Convirá, neste sentido, não esquecer que o encontro com Énide se insere num curioso ritual que se comemora todos os anos e que será veementemente criticado, de resto, pelo sobrinho do próprio rei Arthur (Gauvain). Trata-se do costume do Veado Branco (animal psicopompo bem conhecido da tradição celta e hagiográfica), no qual participam todos os cavaleiros da Távora Redonda. Quem vence a prova ganha o direito a eleger e beijar a dama considerada a mais bela e formosa da corte. Para evitar os conflitos motivados pelo *desejo mimético* de que falara René Girard ou para reatar com um fundo mítico mais profundo, o fato é que a eterna vencedora é sempre a própria rainha Guenièvre, mulher de Artur, o que configura claramente a celebração de um ritual endogâmico. Graças à aventura de Érec por terras estranhas, quebra-se esse circula perigoso, sendo agora Énide eleita como a mais bela.

23. Veja-se o bem-conhecido exemplo de Enéas (*Le Roman d'Énéas*), que envia um mensageiro para a Líbia para garantir a Dido que os Troianos não têm qualquer intenção hostil (v. 570-571). Sobre esta questão, vejam-se também as considerações de Catherine Blons-Pierre (2000).

linhagem prestigiosa — e ao enunciar os seus propósitos pacíficos, ameniza a Diferença e neutraliza a ameaça, transformando o tempo da hospitalidade num tempo de pleno reconhecimento. As palavras do mensageiro vêm assim preparar, moldar, este delicado espaço da fronteira cuja transposição implicará ainda, por parte do visitante, reconhecer a superioridade do hospedeiro e o seu domínio absoluto sobre este espaço (o que implica uma submissão às regras, explícita ou implicitamente, ditadas) e selar o contrato (já que é sempre disso que se trata) através das mais variadas oferendas (vestes, joias, cavalos, feudos, etc.) — oferendas ambíguas por excelência, já que a sua natureza oscila constantemente entre a dádiva pura e a lisonja enganadora — que visam reificar a palavra ao mesmo tempo que permitem, através do seu valor marial e simbólico, restaurar o prestígio e a aura sociais que o hospedeiro perdera.

No seio de todos estes significantes (palavra, gestos e objetos) que circulam durante o ritual hospitaleiro, cimentando-o, destaca-se um elemento da maior importância (senão o mais importante), essencialmente no quadro epistemológico do realismo linguístico que domina grande parte de uma Idade Média de cariz predominantemente platônica, em que a palavra veicula sempre, na sua própria corporeidade, a presença vestigial ou relicária das coisas que designa num *continuum* temporal que remonta ao Verbo criador[24]. Este signo com um estatuto ontológico particular, já que nele se manifesta a essência do ser ("Pelo nome se conhece o homem", ensinava a mãe de Perceval a seu filho no início do *Conto do Graal*) e que é a partir dele que se estrutura todo o ato de comunicação, é o nome próprio. Daí assumir também uma função singular no ritual cortês que preside à hospitalidade. Tanto no romance antigo como na canção de gesta e em muitos romances de cavalaria, o ritual discursivo que preside à hospitalidade inicia-se invariavelmente pela pergunta direta referente à identidade do estrangeiro; questionamento através do qual o

---

24. Ver as reflexões de H. Bloch (1989, p. 113-145) sobre as diferenças entre a economia do romance e a economia realista da canção de gesta enraizada na concepção de gramática herdada da Alta Idade Média.

hospedeiro procura reconduzir o Outro a características conhecidas (logo menos ameaçadoras). No anônimo *Roman de Thèbes* (*circa* 1150), a filha do rei Licurgo interroga Tideu da seguinte forma:

> "Chevaliers, sire, estes vous rois?
> *Vous me senlés* gentix hon:
> Mais ne sai com avés non ;
> Quant jou esgart vostre visage,
> *Vos me sanlés* de haut parage"[25].

Num outro poema do início do século XIII, *Le Roman d'Athis et Prophilias*, Atis, vendo Profilias aproximar-se de Atenas, interpela-o em termos idênticos:

> "Amis, fet il, qui estes vous?
> Com aves non ? Dites le nos.
> Vos senblez de haut parenté
> Quant ci vos voi bien atornez"[26].
>
> (v. 182-185)

Em *Sone de Nansay*, romance em verso de ambições enciclopédicas de finais do século XIII, que procede a uma notável revisitação e simbiose de temas, motivos, tradições literárias e registos poéticos até então cultivados, transforma o ato de nomeação perante o anfitrião (o conde de Vaudémont) num ato fundador, de contornos quase epifânicos, que inaugura as promissoras aventuras do ainda jovem herói através de uma celebração pública da sua identidade linhagística:

---

25. "Cavaleiro, senhor, sois vós rei?/ Pareceis gentil-homem:/ Mas não sei como vos chamais;/ Quando olho para o vosso rosto,/ Pareceis-me de alta estirpe" (apud CASTELLANI, 2000, p. 113). Reparar-se-á, nesta passagem, na insistência sobre a forma verbal "sembler" através da qual se reforça a já sublinhada identificação entre o ser e o parecer no âmbito de uma biopolítica da linhagem e da linguagem.

26. "Amigo, disse ele, quem sois vós?/ Como vos chamais? Dizei-mo./ Pareceis ser de nobre linhagem,/ Vendo-vos eu tão bem trajado".

"Je ne sai nommer vostre non,
Mais vous iestes mout gentilz hons.
Si vous plaist, vous le nommerés
Et apriés mon respons orés.
— Non de Sone chil m'apielerent
Ki au batisier me leverent.
Che fus mes parins alemans,
Uns haus hons, gentieus et poissans".
[...] Li mestre valés comanda
Li quens qu'il ait quan qu'il vorra,
Car de si haut linage estoit,
Et si tres jone le veoit
C'au sierviche ne beoit mie,
Mais a bien faire courtoisie[27].

(v. 401-407, 417-422)

Momento primordial e estruturante da hospitalidade cortês, a declinação do nome permite, nos limiares entre a Identidade e a Alteridade, reinscrever o sujeito numa linhagem nobre e (re)conhecida (Eneias e o seu filho Brutus, Édipo, Carlos Magno, Artur, etc.), ou seja, numa vasta sintaxe genealógica que, por analogia, reflete a vasta sintaxe do mundo e do tempo na qual hospedeiro e visitante se reencontram. De resto, não serão as próprias fórmulas que acompanham o ato de nomeação (e o ritual hospitaleiro em geral) um verdadeiro *lugar-comum*, ou seja, um espaço discursivo de mútuo reconhecimento, o que explicaria aliás a sua notável estabilidade de texto para texto, e de época para época? Poder-se-iam multiplicar os exemplos oriundos

---

27. "Vosso nome não sei dizer,/ Mas sois muito gentil-homem./ Fazei o obséquio de me dizer o vosso nome,/ E depois dar-vos-ei a minha resposta./ — Chamam-me pelo nome de Sone/ Os que ao batismo me levaram./ O meu padrinho era alemão,/ Um homem nobre, bom e poderoso"./ [...] O conde pediu ao servidor-mor/ Que lhe dessem tudo quanto desejasse,/ Porque sendo ele de tão alta linhagem,/ E ainda tão jovem,/ Não iria certamente dormir em serviço,/ Mas antes agir com cortesia.

dos mais diversos gêneros narrativos. Face a uma exterioridade perturbadora e fonte potencial de desequilíbrio (que requer a máscara da armadura e do elmo, o anonimato, ou mesmo o assumir de uma identidade segunda), a casa dos hospedeiros pode tornar-se, enquanto espaço acolhedor e protetor, num lugar privilegiado em que o herói (ou heroína) pode reencontrar-se com a sua própria identidade, revelando abertamente o seu nome. Veja-se o caso de Gui perante Amis de Champagne:

"Sire chevaler, dit le seignur,
Requer vus, sire, par amur,
Que vostre nun me diez
E que a mei pas nel celez".
Gui respunt: "Ja l'orrez,
Quant vus saver le volez:
Gui de Warewic sui apele"[28].

(v. 6107-6112)

Apesar de inevitavelmente sentida como perigosa, a revelação do nome é essencial para o estabelecimento do pacto de confiança no qual se funda a hospitalidade. Recorde-se o caso de Berta, acolhida na modesta casa de Simão e Constança, espaço de uma verdadeira restauração da integridade física, psíquica e econômica, numa canção de gesta que comemora ficcionalmente as origens da realeza carolíngia:

"Bele", ce dist Constance, "ne soiez esperdue.
Conment avez non? Que bien soiez venue!
— Dame, j'ai non Berte, si soi m'ame assolue.
Ce soit a vostre joie, qui vous soit avenue!

---

28. "Senhor cavaleiro, disse o senhor,/ Peço-vos, senhor, por amor,/ Que me digais o vosso nome,/ E que não o escondais de mim"./ Gui responde: "Pois, dir-vo-lo-ei,/ Já que desejais sabê-lo:/ Chamam-me Gui de Warewic".

> Ainsi a non la dame qui a Pepin est drue,
> Fille au roi de Hongrie [...]".
> Forment se repent Berte que son non lor a dit;
> Ele amast assez mieus que ele eüst mentit[29].
>
> (ADENET LE ROI. *Berte aus grans piés*, v. 1299-1305, 1321-1322)

A questão central do nome pode, no entanto, como evidenciam as reticências manifestas por Berta no final deste excerto, ser matizada pela dupla exigência do respeito pelas regras da cortesia (perspetiva do hospedeiro) e do imperativo iniciático de manter o anonimato (perspetiva do visitante). No *Chevalier de la charrete* (Lancelot) de Chrétien de Troyes, o anfitrião sonda abertamente o herói sobre o seu estatuto e a sua terra de origem, coibindo-se, no entanto, de o questionar sobre o nome de modo a assim preservar o espaço inviolável da identidade encriptada no significante nominal:

> Premierement li vavasors
> começa son hoste a enquerre
> qui il estoit, et de quel terre,
> *mes son non ne li anquist pas*[30].
>
> (v. 2076-2079)

Mas nem sempre a ameaça funciona em sentido único, o cavaleiro podendo igualmente sentir o convite que lhe é dirigido como um tempo perigoso de estagnação (da aventura ou da identidade) e de potencial devoração. À semelhança de Lancelot, no romance referido, pode então simplesmente recusar a hospitalidade sem que tal atitude seja forçosamente considerada como descortês:

---

29. "Bela" [donzela], diz Constança, "não fiqueis confusa./ Como vos chamais? Sede bem-vinda!/ — Senhora! Chamo-me Berta, que minh' alma seja perdoada!/ E que a minha aventura vos encha de alegria!/ Eis o nome da dama que tem Pepino como amante,/ Filha do rei da Hungria [...]"./ Muito se arrepende Berta de ter revelado o seu nome,/ Preferindo ter mentido.

30. O vassalo começou/ por perguntar ao seu hóspede/ quem era e de que terra vinha,/ mas sobre o seu nome não o inquiriu.

> Vers none, un home trové ont,
> qui li demande qui il sont [...].
> Et li hom dit au chevalier:
> "Sire, or voldroie herbergier
> vos et voz conpaignons ansanble [...]".
> Et il li dit: "Ne porroit estre
> que je herberjasse a ceste ore;
> car malvés est qui se demore
> ne qui a eise se repose
> puis qu'il a enprise tel chose;
> et je ai tel afeire anpris
> qu'a piece n'iert mes ostex pris"[31].
>
> (v. 2257-2258, 2261-2263, 2266-2272)

A canção de gesta *Le Moniage Guillaume* (redação longa da segunda metade do século XII), que narra o retiro monástico do célebre herói épico Guilhaume d'Orange depois de uma vida inteira consagrada à defesa da Cristandade e da integridade do território carolíngio, introduz algumas variantes interessantes sobre o ritual de hospitalidade que põem em evidência a pregnância narrativa, formal e simbólica das estruturas míticas sobre a literatura de gesta. Repare-se, em primeiro lugar, no modo insistente como o poema se refere à ameaça relacionada com o não reconhecimento. A cidade de Paris estando cercada pelas hostes do gigante pagão Ysoré, Guillaume (que todos julgam morto) vê-se forçado a abandonar a vida eremítica para socorrer, uma última vez, o rei Luís. Chegando de noite montado num cavalo sarraceno, o porteiro recusa reiteradamente abrir-lhe as portas da cidade tomando-o por um espia do campo inimigo. Aconselha-o então a dirigir-se para a periferia e a hospedar-se na minúscula e humilde casa de um pobre

---

31. Perto da hora nona, encontraram um homem/ Que lhe perguntou quem eles eram [...]./ E o homem disse ao cavaleiro:/ "Senhor, ficai, vós e vosso séquito, hospedados em minha casa [...]"./ E o cavaleiro respondeu-lhe: "Está fora de questão hospedar-me a esta hora;/ Porque é cobarde aquele que se demora no caminho,/ ou que procura repouso e conforto/ depois de ter começado uma missão./ E a minha missão é de tal ordem/ Que nem perto estou de me hospedar".

viúvo cuja vida fora devastada pela guerra. A humildade suplicante com o herói se dirige ao anfitrião desconhecido ("Si a parle belement et seri", v. 5951) e o primado da voz na instauração de uma comunicação liminar que antecede o pedido de hospitalidade, constituem aspetos relevantes deste singular rito de passagem que opõe radicalmente o espaço interior (fechado a sete chaves) e o espaço exterior do indiferenciado, cuja negatividade é reforçada por uma atmosfera noturna que dissolve e apaga os contornos das formas:

> "Hom de *leanz*, por Deu, *parole a mi*.
> Por amor Deu qui onques ne menti,
> Herberge moi *la-dedenz* avec ti"[32].
>
> (v. 5952-5954)

Tomando-o sucessivamente por um ladrão, um Sarraceno e criatura fantasmagórica do Outro Mundo ("Estes vos sainz ou vos estes faé?" ["Sois vós um santo ou um ser fadado?"], v. 6017), o hospedeiro fica mudo, petrificado de medo perante este vulto gigantesco que vislumbra pela janela. Guillaume sossega-o afirmando tratar-se de um soldado vindo "de um país estrangeiro" (v. 5973) para combater ao lado do rei Luís, o Piedoso. O herói apercebe-se da imensa generosidade e nobreza (de coração e de linhagem) do seu anfitrião, inaugurando-se então, depois de estabelecida a comunicação, o diálogo, sempre assimétrico, em torno da identidade; assimétrico, na medida em que Guillaume manterá o seu anonimato até ao fim do episódio, nunca lhe sendo pedido o nome, enquanto o hospedeiro é convidado imediatamente a declinar a sua identidade perante o herói:

> Dist li quens: "Frere, comment estes nomez?"
> "— Sire, j'ai non Bernard cil del Fossé"[33].
>
> (v. 6076-6077)

---

32. "Homem da casa, por Deus, fala comigo!/ Por amor de Deus que nunca mentiu,/ Alberga-me aí dentro contigo".

33. Diz o conde: "Irmão, como vos chamais?" / "— Senhor, chamo-me Bernardo do Fosso".

Um nome assaz significativo, de resto, o cognome "do fosso" inscrevendo na identidade nominal de Bernard a trágica separação física entre o Centro (a cidade protegida pelas suas muralhas) e a periferia, as margens, ao mesmo tempo que incarna a ruptura ou a falha simbólica, social e ontológica entre a Identidade e a Alteridade, o Aqui e o Além, o Interior e o Exterior, etc. que a hospitalidade cortês virá reduzir ou colmatar.

A partir desta sequência, a micronarrativa da hospitalidade reproduz, o que é significativo, os mitemas constituintes da *theoxenia*, assumindo os contornos de um mito fundacional: à semelhança de Júpiter e Mercúrio em casa de Filémon e Báucis, Guillaume reconstrói, ampliando-a consideravelmente, a habitação de Bernard (v. 6008-6012) e entrega-lhe uma grande quantia de dinheiro para comprar, na cidade, comida em abundância. Passados oito dias, Guillaume derrota o gigante Ysoré e oferece a sua cabeça a Bernard, que a deverá apresentar ao rei Luís como signo tangível dos feitos do herói. Só então a sua identidade (o nome) é plenamente revelada através de uma narrativa (ficcional) que simultaneamente a sustenta e engrandece[34]. Bernard não se tornará santo ou sacerdote nem o seu corpo se transformará em árvore entrelaçada. Em contrapartida, para recompensar a forma como acolheu e ajudou Guillaume (que entretanto se retirou novamente para o seu eremitério), Louis fá-lo desposar uma dama nobre da qual terá uma ilustre prole, concedendo-lhe ainda, como feudo, uma rua principal em Paris (v. 6736-6739): dois elementos que não deixam de remeter para o simbolismo da fertilidade e do *axis mundi* através dos quais Bernard não somente recupera como transcende a sua identidade e estatutos originais, evidenciando-se aqui novamente a natureza profundamente transformadora do ritual de hospitalidade e dos imperativos de cortesia que o acompanham.

---

34. Processo que não deixa de relembrar os sete dias durante o qual Gauvain (ele que geralmente declina a sua identidade solar com toda a transparência) silenciará o seu nome aquando da sua visita ao Castelo das Rainhas Mortas no final do inacabado *Conte du Graal* de Chrétien de Troyes: "Dame, fait il, ne vos anuit;/ Je revenrai se j'onques puis./ Mais un don vos demande et ruis [...]./ Que vos mon non ne demandez/ Devant sert jors, si ne vos griet" (v. 8348-8353) ["Dama, diz ele, não vos preocupeis!/ Voltarei, se conseguir./ Mas quero pedir-vos encarecidamente um dom [...]./ Que não pergunteis pelo meu nome/ antes que tenham passado sete dias"].

A natureza sagrada de que se reveste a missão do anfitrião, reordenando um espaço exterior — e interior? — iminentemente caótico e desestruturador, a atmosfera de munificência, largueza, humildade e festividade que envolve o cerimonial, remetem-nos finalmente para a corte do rei Artur, modelo da hospitalidade que todos os cavaleiros anseiam conhecer e integrar; modelo também da ordem cósmica figurada pela Távola Redonda e a relação *inter pares* desses exemplares cavaleiros que à sua volta se sentam. Este aspecto é de tal forma marcante e marcado pelos poemas que a corte deste soberano lendário surge como o espaço de uma profunda conversão/ inversão semântica e simbólica dos valores associados a certas imagens. Esta ambivalência (inerente, como vimos, ao imaginário dos limiares característico dos ritos de hospitalidade) é bem visível na prisão arturiana para a qual são enviados os inimigos derrotados pelos heróis e que tem essa estranha particularidade de se situar nos antípodas de uma prisão convencional. No já referido primeiro romance de Chrétien de Troyes, Érec et Énide, Yder, derrotado pelo herói na prova do gavião, quando ganha o direito a Énide, dirige-se para a corte para se entregar a Guenièvre[35], que o recebe da seguinte maneira:

> Quant il ot conté son message,
> la reïne fu preuz et sage,
> cortoisement li dit: "Amis,
> des qu'an ma prison estes mis,
> molt iert vostre *prison legiere*;
> n'ai nul talant que mal vos quiere"[36].
>
> (v. 1200-1204)

Compreende-se então por que razão, no último poema do mesmo autor, o *Conte du Graal*, Clamadeu, derrotado por Perceval, que

---

35. Relembremos que fora o anão de Yder quem agredira, no início do romance, a donzela que acompanhava a rainha e o próprio herói.

36. Quando acabou de contar a sua mensagem,/ A rainha mostrou-se nobre e sábia,/ Dizendo-lhe com cortesia: "Amigo,/ Uma vez que fostes a mim entregue,/ Muito branda será a vossa prisão,/ Não tendo qualquer desejo que mal vos advenha".

põe assim fim ao cerco de Beaurepaire, prefere ser enviado para a "leal prisão" de Artur (v. 2521) do que ficar na "má prisão" de Banchefleur (v. 2284), cujo irmão ele matou. Em que é que consiste esta prisão metafórica? Qual o contra-dom exigido por esta hospitaleira prisão com laivos de hospitalidade aprisionadora? Verificamos que reside, pura e simplesmente, no dom da própria palavra. Com efeito, aquilo que é exigido dos cavaleiros vencidos é que contem o relato das suas desventuras; relato que, em contrapartida, engrandece (pela distância gerada) o Eu dos heróis. Este ato consiste, na verdade, em transformar a realidade abrupta da aventura em ficção estruturada e, de certo modo, consagrada, pela presença do rei e de outros elementos importantes da corte num dia geralmente solene e festivo (Páscoa, Pentecostes, Natal). Ora, é esta ficção que, por sua vez, servirá de alimento espiritual e regenerador para a corte, um alimento sem o qual, relembremo-lo, Artur não pode sequer viver[37]:

"Ke, fait li roi, laissiez me en pais;
Que ja par les oex de ma teste
Ne mengerai a si grant feste,
Que je cort esforchie tiegne,
Jusque novele a ma cort viegne"[38].
(*Le Conte du Graal*, v. 2822-2286)

Si li plaist [a Artur] tant sa compaignie [do *preudome*] que s'il ert tot jorz avec lui ne li prendroit il talent ne de boire ne de mengier, tant li sont ses paroles douces et plesanz[39].

(*La Queste del saint Graal*, p. 101, linhas 1-3)

---

37. Esta relação consubstancial e antagônica entre alimentação e narrativa ficcional é amplamente desenvolvida em contos latinos recolhidos no século XII editados por Philippe Walter (2007), nos quais se reflete provavelmente uma tradição mítica mais antiga de contornos iniciáticos. Veja-se, por exemplo, a história de Artur e do gigante Gorlagon em que o rei mítico recusa alimentar-se se não lhe for revelado o segredo a que aspira.

38. "Keu, diz o rei, deixai-me em paz!/ Por tudo o que há de mais sagrado/ Não comerei em que ocasião festiva for,/ Por mais solene que seja,/ Até que cheguem notícias à minha corte".

39. Artur apreciava tanto a sua companhia que, estando sempre a seu lado, nunca tinha vontade de beber ou de comer, de tal forma as suas palavras eram doces e agradáveis.

Paradigmática dos desafios inerentes à hospitalidade e à cortesia, a singularidade da prisão arturiana reside assim no fato de transformar em profundidade o estatuto e a identidade tanto do convidado como da própria palavra narrativa. De fato, ao mesmo tempo que os feitos realizados pelo herói se transmutam em ficção modelar pela voz de um cavaleiro que assume agora plenamente a função de narrator/ *auctor* do conto, este mesmo cavaleiro passa de prisioneiro a hóspede e de hóspede temporário a hóspede permanente, a sua natureza potencialmente ameaçadora sendo anulada, absorvida e convertida na mesma altura em que é integrado no universo arturiano, do qual passa a fazer parte integrante e do qual partirá para viver novas aventuras que, por sua vez, virão a ser contadas por outros "prisioneiros", num ciclo virtualmente sem fim de regenerações do *logos* (ou da Ordem simbólica) a que preside o rei Artur.

Hospitalidade e descortesia: da fratura simbólica à morte

O fim da hospitalidade gratuita, a monetarização das relações sociais aos mais diversos níveis, coincide com a multiplicação de discursos (sejam eles de cariz poético, didático, doutrinário ou moral; de registro mais sério ou predominantemente irônico, burlesco ou paródico) que começam a questionar e a distanciar-se do imaginário cortês, denunciando os seus artifícios, simulacros e perversões mortíferas. Mera coincidência?

Não cabe aqui fazermos a apresentação e demonstração de todos os fatores (alguns dos quais bastante complexos e ainda hoje polêmicos) que contribuíram, a partir de meados do século XI essencialmente, para a transformação de uma economia do dom numa economia monetária e mercantil. Durante esse período, surgem novos modelos de aprendizagem e de educação, reformam-se os códigos e a moral. Reivindicam-se novas liberdades e privilégios mais adequados às exigências da vida das novas comunidades urbanas. É, como lhe chamara pertinentemente o historiador Jacques Le Goff (1977, p. 46-79), o "tempo do mercador", que suplanta, progressiva mas inelutavelmente, o "tempo da Igreja". O século XII, que, através de uma aliança inédita entre a fé e a razão, elegeu a Teologia como rainha de todas as ciências, não é tão-somente o tempo da gramática e da lógica, da persuasão da pregação. É o tempo do cálculo e da aritmética cuja presença invade todos os domínios do quotidiano, preparando a emergência do pensamento científico: calcula-se o valor das mercadorias, avaliam-se lucros e perdas, calculam-se benefícios, medem-se investimentos. Mede-se o tempo em função das distâncias percorridas, mas também o tempo do Além, o tempo que se tem de passar no Purgatório — esse *terceiro lugar, como o designara Lutero* — para (a)*pagar* um pecado (LE GOFF, 1981). Contabilizam-se as orações no rosário como se contabilizam as missas necessárias para que o ente querido que faleceu possa alcançar as glórias do Paraíso. Calcula-se o valor do trabalho, do artesão, dos objetos, o valor do próprio tempo necessário ao seu fabrico. Mede-se o volume das transações, pesam-se as moedas de prata e de ouro como se medem e pesam, cada vez mais, as próprias palavras. O imaginário deste século aparece assim regido, em todos os domínios do saber, por uma singular e poderosa lógica da mediação da qual participam igualmente tanto o nascimento da literatura profana em língua vernacular como a criação e a difusão do conceito de cortesia. Todas estas mutações indiciam e precipitam, segundo vários autores, a emergência da modernidade cuja principal característica consiste numa objetivação do mundo[40]. De que forma então a hospitalidade remunerada afeta, ao monetarizar/objetivar a relação com o Outro, a expressão, verbal e ritualística, da cortesia?

---

40. Ou seja, uma "[...] rupture entre l'humanité et le cosmos, rupture par où pénètre le monde des objets, qui finit par envahir le monde tout court et par déferler sur les personnes: voilà ce qui explique l'ensemble des différences entre don moderne et don archaïque" (GODBOUT; CAILLÉ, 1992, p. 210-211).

Como vimos, à semelhança de toda e qualquer transação mercantil, esta forma de hospitalidade conduz a anular a dívida simbólica, a libertar o sujeito dos laços sociais, a transformar um espaço iniciático e cerimonial num espaço tendencialmente neutro[41]. A passagem para este registo é assinalada pela presença, cada vez mais numerosa, de hospedeiros burgueses nos romances e gestas dos séculos XII e XIII, sendo, contudo, manifesto o incômodo dos textos e a sua resistência a acolherem, aberta e pacificamente, uma modalidade de comunicação que perturba tão profundamente toda uma visão simbólica do mundo, o comportamento de muito anfitriões burgueses continuando a manter vivo o ideal cortês de munificência inerente ao imaginário oblativo da hospitalidade.

Num romance "realista" ou "gótico" do começo do século XIII[42], *L'Escoufle*, da autoria de Jean Renart, o recurso à hospitalidade mercantil denuncia uma falsa iniciação e uma harmonia amorosa vivida sob o signo da ilusão. Depois de verem a sua união impossibilitada por causa das manobras subterrâneas dos pérfidos conselheiros do imperador de Roma, Guillaume e Aélis (filha do imperador) são obrigados a fugir para viverem plenamente o seu amor. Filhos da alta e abastada aristocracia, a viagem coloca-se sob o signo da abundância e da felicidade que este maravilhoso *medium*, o dinheiro, permite agora comprar e alimentar. Os amantes fruem assim de todo o conforto que a hospitalidade lhes pode dar, vivendo, deste modo, no universo de uma satisfação imediata de todos os desejos:

---

41. "Le rapport marchand s'applique particulièrement bien aux rapports entre étrangers. Mais le marché crée un lieu neutre où se dissout la rencontre spécifique à l'hospitalité, où, à la limite, il n'y a plus quelqu'un qui reçoit et quelqu'un qui est reçu. Il permet aux protagonistes de se dispenser de l'épreuve de l'hospitalité [...]. On est reçu, mais on ne *doit* rien, car on paie. La valeur de lien se dissout dans la valeur marchande. Aucun déséquilibre, aucune dette: la personne reçue ne rencontre que des objets, pas des personnes. L'espace lui-même est dépersonnalisé" (Godbout, 1997, p. 46).

42. Entre muitas outras características que denunciam a crescente influência do pensamento naturalista aristotélico, estes romances refletem uma notável distanciação crítica em relação à ética e estéticas cortesas. Sobre esta questão, ver os trabalhos de L. Louison (2004) e de I. Arseneau (2012).

Il nes laist pas morir de fain,
Lui ne son oste ne s'amie;
Por deniers ne remaint il mi
K'il n'aient trop char et viande,
Bon vins et poissons qu'il commande
Ke *on akate* a grant largesce [...].
Por *la rikece* qu'il demaine
Ont tuit li oste *grant merveille* [...].
Aprés mangier, quant il aconte
A son oste de *sa despense*,
La pucele qui riens n'i pense,
Rent tos jors d'argent plus que mains [...].
Ml't ont soulas, ml't ont delis,
N'est deduis ne riens qui lor faille[43].

(v. 4258-4263, 4276-4277, 4288-4295)

A hospitalidade monetarizada surge aqui claramente como uma forma de apagar os obstáculos, de viver num mundo à parte que dispensa qualquer laço social, transformando o espaço-tempo da hospitalidade num verdadeiro *locus amoenus* paradisíaco que não tardará a revelar o seu verdadeiro e temível rosto de simulacro a partir do momento em que desaparece (furtado por uma águia) este poderoso mediador do desejo que o signo monetário representa.

A canção de gesta *Aiol* (composta entre os séculos XII e XIII) oferece-nos, no entanto, uma visão mais mitigada e assimétrica da hospitalidade ao introduzir a dimensão da descortesia verbal enquanto ruptura do pacto que preside ao ritual hospitaleiro; ruptura que fragmenta os vínculos sociais, ameaça a identidade e a progressão do

---

43. Nem ele, nem o anfitrião nem a sua amiga/ morrem à fome;/ Graças aos dinheiros que ainda possui,/ Não há caça nem carne,/ Bons vinhos e peixe encomendados/ Que não possam comprar em abundância [...]./ Graças à riqueza que ostentam/ Têm maravilhosa hospedagem [...]./ Depois de comer, quando pede/ Ao hospedeiro a conta,/ A donzela, que com nada se preocupa,/ Oferece sempre mais dinheiro do que menos [...]./ Não há conforto, nem divertimento,/ Nem prazer que lhes falte.

herói, pondo em causa a própria ordem simbólica. Na sua chegada a Poitiers, depois de um percurso marcado pelo sofrimento e a humilhação, o herói é recebido por um burguês "abastado e rico" (v. 1081) que o protege inclusivamente das agressões verbais lançadas pelos outros burgueses da cidade. Na realidade, Gautier fora senescal de Élie, o pai de Aiol, oferecendo-lhe hospitalidade "par carité" (v. 1106) e em honra do seu antigo senhor com o qual o herói (desconhecido) tanto se assemelha. Contrastando com esta personagem extremamente positiva, surge a sua mulher, incarnação da avareza e desconfiança mercantis, que nega violentamente a hospitalidade a Aiol, insultando-o de ladrão ao mesmo tempo que tece a apologia do lucro e da acumulação das riquezas. A fratura simbólica é tanto mais visível que o episódio decorre num Domingo de Páscoa, tempo de passagem propício à prática oblativa, Aiol evocando singularmente, pela miséria que ostenta e as humilhações de que é a vítima expiatória, a própria figura de Cristo:

"Sire", che dist la dame, "laisiés ester.
Diables! dont vient ore ités bontés?
Se tu as ton avoir grant amassé,
Par ta marcheandise l'as conquesté,
Et jou con sage feme l'ai bien gardé.
Ja est chou.i. ribaus escaitivés
Qui n'ot onques encore en son aé
Qui vausist un mantel de neuf foré:
Je cuic ches garnimens a il enblé
Qu'il a ensanble o lui chi aporté"[44].

(v. 1220-1230)

---

44. "Com os Diabos, Senhor!", diz a dama, "deixai estar!/ Donde vos vem agora tamanha bondade?/ Se conseguistes juntar tanta riqueza,/ Foi pelo negócio que a conquistastes,/ E fui eu, como mulher sábia, que a guardei./ Esse aí não passa de um pobre desgraçado/ Que nada conquistou na vida/ Que valha sequer o foro novo de um capa:/ Estou certa de que roubou as vestes/ que trazia vestidas quando chegou".

Apesar de tudo, Gautier acaba por lhe dar vestes novas e um anel que poderá penhorar em caso de necessidade. Mais tarde, já em Orléans, Aiol ficará hospedado em casa de Isabel, tia materna do herói que continua, no entanto, a esconder a sua origem, reforçando, como há pouco sublinhávamos, a natureza iniciática destas etapas relacionadas com a busca/ reconstrução da identidade (v. 1976-2345). Antes de partir, Aiol faz contas aos bens que ainda lhe restam para poder pagar a sua estadia. Numa clara inversão especular da situação anterior, é agora Isabel que reage violentamente à proposta descortês do herói, respondendo que não é nenhuma burguesa (antítese da mulher de Gautier) para aceitar dinheiro, signo ofensivo, impuro e particularmente insultuoso aos olhos da nobreza feudal:

> Et respont Ysabiaus: "Molt es gentis!
> Estoie tes deniers, biaus dous amis;
> Se Dieus m'ai de gloire qui ne menti,
> Je n'en prendroie nul devant avril:
> *Je ne sui pas borgoise de cheste chit*;
> Ainc ne vendi encore ne pain ne vin,
>Ançois sui gentieu feme, seur Loeys,
> L'empereor de Franche de Saint Denis,
> Qui toute cheste tere a a tenit"[45].

(v. 2257-2265)

A relação entre descortesia e assimetrias sociais, reflexo, como vimos, de uma profunda alteração epistemológica que começa a desenhar-se através da progressiva passagem do pensamento simbólico para um universo dominado pelo semiótico, é amplamente explorada em poemas de dominante burlesca, satírica e/ou paródica a exemplo da

---

45. E Isabel responde: "Sois muito amável!/ Mas guardai o vosso dinheiro, meu belo amigo;/ Pela glória de Deus que nunca mentiu,/ Não ficarei com um único tostão:/ Não sou nenhuma burguesa desta cidade;/ Ainda nunca vendi nem pão nem vinho./ Sou uma nobre dama, irmão de Luís,/ O imperador de França [...],/ Que tem todo este território sob seu domínio".

fábula ou do teatro profano cultivado nos séculos XIII e XIV. Os exemplos abundam. Ao analisar um *corpus* textual de cerca de 75 *fabliaux*, Corinne Pierreville (2000) observa que mais de metade recorrem ao tema da hospitalidade enquanto poderoso (porque facilmente identificável e reconhecível) mecanismo para subverter e deformar, através do riso e do grotesco, os ideais corteses sobejamente conhecidos do público medieval. Explorando caricaturalmente a hospitalidade aristocrática oferecida por camponeses, burgueses e clérigos, as fábulas[46] comprazem-se frequentemente numa sistemática e dessacralizadora inversão dos rituais linguísticos, gestuais e proxêmicos que acompanham e estruturam esta prática. Da hospitalidade grosseiramente recusada à violência verbal (insultos, escárnio) e física exercida contra o convidado ou o seu mensageiro, os *fabliaux* revisitam os rituais descritos pela narrativa épica ou cavaleiresca (mesmas palavras e gestos de abertura, por exemplo) para, através de um imaginário carnavalesco, desenvolverem uma moral alternativa em que "a inteligência e o engenho se impõem como as únicas armas possíveis face à ameaça representada pelo desconhecido que solicita guarida ou que oferece a sua habitação" (PIERREVILLE, 2000, p. 252) e cujas intenções (satisfação dos instintos sexuais ou alimentares, usurpação dos bens, exercício do poder sobre o mais fraco, etc.) são sempre pérfidas, obscuras e traiçoeiras.

Apesar de se inserir num registro diferente, de contornos mais didáticos, *Courtois d'Arras*, uma peça anônima composta no século XIII que transfere para o universo profano e mercantil da cidade a parábola evangélica do Filho Pródigo (Lucas 15:11-32), volta a explorar esta extrema ambiguidade inerente ao discurso da hospitalidade. Este drama conta o exílio voluntário do jovem *Courtois* (cujo nome é quase da ordem do oxímoro, como veremos), que decide reclamar a sua herança e abandonar a casa paterna (espaço rural) para descobrir as maravilhas de Arras, uma dinâmica e poderosa cidade mercantil do Norte de França. Graças à bolsa repleta de dinheiros que leva com ele, a realidade urbana à sua volta sofre uma notável metamorfose

---

46. Ver, por exemplo, as fábulas *Le vilain au buffet*, *Le pauvre clerc*, *Le prêtre et Alison* ou *La dame escoillee* editadas por Noomen e Boogaard (1983-1993).

(um pouco à semelhança do que acontecera com Guillaume e Aélis no romance de Jean Renart já mencionado): a taberna transforma-se, aos seus olhos, numa magnífica e deleitosa estalagem da qual jorra vinho novo em abundância e na qual é generosamente acolhido por um "hóspede" e duas eloquentes donzelas, perante as quais o herói assume o papel do perfeito amante cortês (o intertexto arturiano é particularmente pregnante na peça) que o seu nome próprio paradoxalmente ostenta, a cena reproduzindo na perfeição os ritos de abertura e as formas de tratamento característicos do cerimonial hospitaleiro:

POURETTE
Biaus dous amis, seez vous donques.
Dont estes vous ?

COURTOIS
Je suis d'Artois.

POURETTE
Comment avez-vous non ?

COURTOIS
Cortois m'apele l'en, ma douce amie.

POURETTE
Vilains voir ne sanblez vous mie ;
Dedenz mon cuer cuit je et pens
Qu'en vous ait cortoisie et sens[47].

(v. 158-163)

Despojado de todos os seus bens pelas hábeis cortesãs e os seus cúmplices, a utopia torna-se distopia, o paraíso artificial e ilusório da taberna ganhando rapidamente as tonalidades sombrias do inferno. Courtois vê-se então obrigado a reconstruir a sua identidade através

---

47. POURETTE — Sentais-vos, meu belo e doce amigo./ Donde sóis? COURTOIS — Sou originário da Artésia. POURETTE — Como vos chamais? COURTOIS — Chamam-me Cortês, minha doce amiga. POURETTE — Não pareceis, de fato, vilão;/ Estou intimamente convicta/ De que há em vós cortesia e sensatez.

do trabalho (torna-se guardador de porcos) antes de regressar à casa do pai, modelo de hospitalidade sagrada que restaura os laços e a comunicação interrompidos, assumindo-se como plenitude de sentido.

Estes exemplos revelam claramente que a infinita capacidade mimética tanto do discurso como dos gestos faz da hospitalidade um ritual extremamente paradoxal e ambíguo em que a fronteira entre a sinceridade e a traição é extremamente tênue. Recordemos o discurso retoricamente elaborado do lobo Ysengrin (*Le Roman d'Ysengrin*) que, sob pretexto de que o patamar da porta não é local propício para longas conversações e que recusar a hospitalidade representa uma ofensa grave às regras elementares da cortesia, tenta convencer a engenhosa raposa (Renart) a entrar em sua casa para a devorar. Recordemos também as consequências trágicas da hospitalidade traída na versão medieval da *Eneida*: convencida de que a forma como Eneias aceitara permanecer em sua casa e na sua terra significava uma anuência tácita do contrato amoroso e nupcial inerente à hospitalidade na tradição clássica[48], Dido sente-se violentada e escandalizada pela forma extremamente descortês como o Troiano abandona, como um ladrão e sem pedir expressamente permissão, o espaço no qual fora acolhido, transgredindo assim a regra verbal e simbólica que geralmente encerra o ritual hospitaleiro:

"Vous pensastes grant fellonie
Et merveilleuse traïson
Quant vous vousistes a larron
De moy partir et desevrer.
Com le peüstes porpenser ?
N'en queïssiez auan congié ?"[49].

(Énéas, v. 1775-1780)

---

48. Contrato, como vimos, geralmente selado, além do mais, por objetos simbolizando a promessa de soberania, tais como a taça de ouro, o cetro, o anel, a coroa e manto que Eneias oferecerá mais tarde ao pai de Lavínia.

49. "Agistes com grande deslealdade/ E incomensurável traição/ Quando pensastes separar-vos de mim/ E abandonar-me como um salteador./ Como conseguistes planear tal coisa?/ Partir sem sequer pedir licença?"

As consequências desta transgressão são bem conhecidas: a hospitalidade transforma-se em hostilidade, a paz em guerra devastadora e o potencial rei e esposo em inimigo que levará Dido ao suicídio.

Como vemos, da fratura simbólica implicada na inóspita descortesia à morte, vai apenas um passo. No seu *De nugis curialium* (contos destinados a gentes da corte), datado de finais do século XII, Gautier Map relata, com o distanciamento irônico que o caracteriza, um costume gaulês assaz interessante neste contexto. Por mais defeitos que este povo paradoxal tenha (desleal, pródigo e avarento, corajoso e feroz), ninguém poderá negar o seu sentido apurado de partilha e de solidariedade; virtudes que se manifestam exemplarmente através de um escrupuloso respeito pelas regras da hospitalidade:

> Para não serem acusados de parcimônia, respeitam com tanto escrúpulo as leis da generosidade e da hospitalidade que, antes do terceiro dia, ninguém perguntará a um hóspede em trânsito donde vem ou quem é, com medo de o ver enrubescer de vergonha ou de lhe fazer sentir que o seu anfitrião o suspeita de tomar liberdades a mais. Também não é obrigado a responder a uma solicitação e deve ficar ao abrigo de qualquer culpa. Ao terceiro dia, no entanto, é permitido dirigir-lhe perguntas com cortesia (GAUTIER MAP, II, 20; tradução nossa).

Baseada ou não numa realidade testemunhada, esta história é interessante na medida em que nos permite observar a cristalização de um rito primordialmente iniciático através de regras e preceitos concretos de civilidade que conservam, no entanto, a memória do simbolismo inerente à hospitalidade. Veja-se, por exemplo, a norma quase universal dos três dias que transparece igualmente em alguns provérbios medievais editador por Joseph Morawski (1925) — "Oste et pluie a tierce jour ennuie"[50] —, bem como a parcimônia ou respeito perante o hóspede que mais não são do que formas de "apagar o caráter intrusivo da chegada do estrangeiro" (MONTANDON, 2004b, p. 21) e de evitar que a experiência da hospitalidade se torne um tempo de

---

50. "Hóspede e chuva ao terceiro dia aborrecem".

desnudamento que poderá desestruturar a identidade do visitante, abolindo-se a fronteira mediadora entre o Eu e o Outro, o Mesmo e a Diferença. Gautier Map sublinha a natureza intransigente desta norma de conduta erguida ao estatuto de Lei, a sua transgressão implicando a morte. Não apenas uma morte simbólica, mas uma morte efetiva, como acontece com a gaulesa da história[51], morta pelo marido por ter tido a veleidade de acusar o seu hóspede de descortesia por passar os dias inteiros deitado na cama! (GAUTIER MAP, II, 21). Tendo em conta a complexidade do sistema transemiótico e transcultural implicado na hospitalidade, bem como as frágeis balizas que separam a cortesia da descortesia, os equívocos e a rutura espreitando por detrás de cada palavra, de cada gesto, de cada olhar, consistirá então, como sugeria Jacques Derrida (1997, p. 117)[52], "a hospitalidade absoluta, hiperbólica, incondicional" numa autêntica suspensão da linguagem?

De aporia em aporia, a ambiguidade desenha-se assim provavelmente como a única forma viável de apreender as relações cruzadas entre cortesia e hospitalidade. Entre o dom e a manipulação, o sagrado e o profano, o sacrifício utópico de si e o pragmatismo calculista, a regeneração e o perigo da morte, a transparência do pacto e a opacidade do não dito ou do interdito, a estagnação e a metamorfose identitária, a hospitalidade consiste, de fato, numa complexa e delicada gestão, corporal, simbólica e discursiva, dos limites onde a linha,

---

51. Num contexto histórico e cultural dominado por uma bem-conhecida misoginia (expressa, neste caso, através do motivo bíblico e popular da *mulier linguata*), não admira que, neste como noutros textos (nomeadamente nos *fabliaux* evocados há pouco), a descortesia verbal seja frequentemente encarnada por uma personagem feminina.

52. Sobre esta questão essencial e fundadora (já que diz respeito às relações entre a palavra e a hospitalidade), vejam-se as considerações de A. Montandon (2004b, p. 20): "Le non-dit peut recouvrir différents domaines et avoir des origines diverses: une complicité profonde, une animosité intense, ou bien les deux à la fois [...]. Il y a cependant dès l'origine un premier silence, le silence sur l'identité qui est lié à l'interdiction de questionner l'hôte sur son origine, son nom et la raison de sa présence — à son passé, son présent et son avenir — et également à sa représentation symbolique. Bien sûr, ce tabou du nom peut être aussi le symptôme d'une crise toujours sous-jacente afin d'éloigner de l'étranger tout soupçon, tout calcul, toute logique d'une 'hostilité' et d'une opposition inhérente à l'identification pour rendre ainsi possible l'élaboration de toute les formes d'échange imaginables qui prendraient leu essor dans la rencontre avec l'étranger".

simultaneamente ténue e incomensurável, que nos separa do Outro pode vir a ser, a cada momento, a primeira como a última fronteira que somos convidados a transpor.

Referência

Fontes

ADENET LE ROI. *Berte aus grans piés*. Éd. A. Henry. Genève: Droz, 1982.

BARROS, João de. *Chronica do Imperador Clarimundo donde os reys de Portugal descendem tirada de lingua ungara em a nossa Portuguesa*. Lisboa: Oficina de João António da Silva, 1791. Disponível em: <http://books.google.pt/books?id=S5ECAAAAQAAJ&pg=PA274&lpg=PA274&dq=Clarimundo#v=onepage&q=Clarimundo&f=false>. Acesso em: 23 abr. 2015.

AIOL. Éd. J. Normand e G. Raynaud. Paris: Didot, 1877.

CHRÉTIEN DE TROYES. *Érec et Énide*. Éd. M. Roques. Paris: Champion, 1981.

_____. *Le Chevalier de la charrette (Lancelot)*. Éd. M. Roques. Paris: Champion, 1983.

_____. *Le Chevalier au lion (Yvain)*. Éd. M. Roques. Paris: Champion, 1982.

_____. *Le Conte du Graal (Perceval)*. Éd. W. Roach. Genève/Paris: Droz/Minard, 1959.

COURTOIS D'ARRAS. Éd. J. Dufournet. Paris: Garnier-Flammarion, 1995.

GAUTIER MAP. *De Nugis curialium* [Contes pour les gens de cour]. Tradução e apresentação de A. Keith Bate. Turnhout: Brepols, 1993.

GUI DE WAREWIC. Éd. Alfred Ewert. Paris: Librairie Ancienne Édouard Champion Éditeur, 1933. 2 v.

GUILLAUME LE CLERC. *The Romance of Fergus*. Éd. Wilson Frescoln. Philadelphia: William H. Allen, 1983.

JEAN RENART. *L'Escoufle*. Roman d'aventure. Éd. F. Sweetser. Genève/Paris: Slatkine, 1974.

LA QUESTE DEL SAINT GRAAL. Éd. A. Pauphilet. Paris: Champion, 1984.

LE MONIAGE GUILLAUME. Éd. N. Andrieux-Reix. Paris: Champion, 2003.

LE ROMAN D'ÉNÉAS. Éd. J. J. Salverda de Grave. Paris: Champion, 1985. 2 v.

LE ROMAN D'YSENGRIN. Tradução e comentários de E. Charbonnier. Paris: Les Belles Lettres, 1991.

LE ROMAN DE THÈBES. Éd. F. Mora. Paris: Le Livre de Poche, 1995. (col. Lettres Gothiques).

LI ROMANZ D'ATHIS ET PROPHILIAS [L'Estoire d'Athenes]. Éd. A. Hilka. Halle, 1912. 2 v. Disponível em: <http://gallica.bnf.fr/ark:/12148/bpt6k6534674v.r=.langPT>. Acesso em: 23 abr. 2015.

NOOMEN, Willem; BOOGAARD, Nico van den (Éd.). *Nouveau recueil complet des fabliaux des XIIIe et XIVe siècles*. Assen, 1983-1993.

SONE DE NANSAY. Éd. Cl. Lachet. Paris: Champion, 2014.

WALTER, Philippe (Org.). *Arthur, Gauvain et Mériadoc*. Récits arthuriens latins du XIIe siècle. Grenoble: ELLUG, 2007.

Estudos

ARSENEAU, Isabelle. *Parodie et merveilleux dans le roman dit réaliste au XIIIe siècle*. Paris: Classiques Garnier, 2012.

BENVENISTE, Émile. *Vocabulaire des institutions indo-européennes*. Paris: Éditions de Minuit, 1969.

BLOCH, Howard. *Étymologie et généalogie*. Une Anthropologie littéraire du Moyen Âge français. Paris: Seuil, 1989.

BLONS-PIERRE, Catherine. Le messager et l'hôte dans les chansons de geste. In: BOUTED, D.; ROUSSEL, Cl. (Org.). *Représentation médiévales de l'hospitalité*. Paris: Université Paris X — Nanterre, 2000. p. 31-47. (Littérales, n° 27).

BOUTET, D.; ROUSSEL, Cl. (Org.). *Représentations médiévales de l'hospitalité*. Paris: Université Paris X — Nanterre, 2000. (Littérales, n° 27).

BRUCKNER, Matilda Tomaryn. *Narrative Invention in Twelfth-Century French Romance*: The Convention of Hospitality. Lexington: Kentuky, French Forum, 1980.

CARRETO, Carlos F. Clamote. *O mercador de palavras ou a rescrita do mundo*. Literatura e pensamento económico na Idade Média. Prefácio de José Mattoso. Lisboa: Chiado Editora, 2012.

_____. Clamote. *Contez vous qui savez de nombre*. Imaginaire marchand et économie du récit au Moyen Âge. Paris: Honoré Champion, 2014.

CASTELLANI, Marie-Madeleine. L'hospitalité dans les romans d'Antiquité. In: BOUTET, D.; ROUSSEL, Cl. (Org.). *Représentations médiévales de l'hospitalité*. Paris: Université Paris X — Nanterre, 2000. p. 111-123. (Littérales, n° 27).

DERRIDA, Jacques. *De l'hospitalité*. Paris: Calmann-Lévy, 1997.

DESHOULIÈRES, Valérie; PERROT, Danielle (Org.). *Le Don d'hospitalité*: de l'échange à l'oblation. Clermont-Ferrand: Université Blaise Pascal, 2001.

ESPOSITO, Edoardo. Les formes d'hospitalité dans le roman courtois (du Roman de Thèbes à Chrétien de Troyes). *Romania*, v. 103, n. 410, p. 197-234, 1982.

GODBOUT, Jacques. Recevoir, c'est donner. *Communications*, v. 65, n. 1, p. 35-48, 1997.

GODBOUT, Jacques; CAILLÉ, Alain. *L'Esprit du don*. Paris: Éditions La Découverte, 1992.

GODELIER, Maurice. *L'Énigme du don*. Paris: Fayard, 1996.

FOULON, Charles. Les vavasseurs dans les romans de Chrétien de Troyes. In: VARTY, K. (Org.). *An Arthurian Tapestry*: Essays in Memory of Lewis Thorpe. Glasgow: University of Glasgow, 1981. p. 101-113.

HUCHET, Jean-Charles. *L'Amour discourtois*. La "Fin'Amors" chez les premiers troubadours. Paris: Bibliothèque Historique Payot, 1987.

LE GOFF, Jacques. *Pour un autre Moyen Âge*: temps, travail et culture en Occident. Paris: Gallimard, 1977.

LE GOFF, Jacques. *La Naissance du Purgatoire*. Paris: Gallimard, 1981.

_____. *Faut-il vraiment découper l'histoire en tranches?* Paris: Seuil, 2014.

LÉTOUBLON, Françoise. Quand un roi reçoit un héros. In: MONTANDON, A. (Org.). *Mythes et représentations de l'hospitalité*. Clermont-Ferrand: Presses de l'Université Blaise Pascal, 1999. p. 43-55.

LEVI-STRAUSS, Claude. *Les Structures élémentaires de la parenté*. Paris: PUF, 1947.

LOUISON, Lydie. *De Jean Renart à Jean Maillart*. Les romans de style gothique. Paris: Champion, 2004.

MAUSS, Marcel. Essai sur le don. Forme et raison de l'échange dans les sociétés archaïques. *L'Année Sociologique*, Nouvelle Série, t. 1, p. 30-186, 1923-1924. Disponível em: <https://monoskop.org/images/b/ba/Mauss_Marcell_Essai_sur_le_don_Forme_et_raison_de_lechange_dans_les_societes_archaiques.pdf>. Acesso em: 8 jul. 2017.

MONTANDON, Alain (Org.). *Mythes et représentations de l'hospitalité*. Clermont-Ferrand: Presses de l'Université Blaise Pascal, 1999.

_____. *Hospitalités*: hier, aujourd'hui et ailleurs. Clermont-Ferrand: Presses Universitaires Blaise Pascal, 2004a.

_____. Les non-dits de l'hospitalité ou les silences de l'hôte. In: GAUVIN, L.; MONTANDON, A. (Org.). *Le dire de l'hospitalité*. Clermont-Ferrand: Presses Universitaires Blaise Pascal, 2004b. p. 19-32.

_____. *Désirs d'hospitalité*. De Homère à Kafka. Paris: PUF, 2002.

MORAWSKI, Joseph. *Proverbes français antérieurs au XVe siècle*. Paris: Champion, 1925.

PIERREVILLE, Corinne. L'hospitalité et son prix dans quelques fabliaux des XIIIe et XIVe siècles. In: BOUTET, D.; ROUSSEL, Cl. (Org.). *Représentations médiévales de l'hospitalité*. Paris: Université Paris X — Nanterre, 2000. p. 239-252. (Littérales, n° 27).

RODRIGUES, David Fernandes. *Cortesia Linguística*. Uma competência discursivo-textual (formas verbais cortes e descorteses em Português). 2003. Tese (Doutorado em Linguística) — Faculdade de Ciências Sociais e Humanas da Universidade Nova de Lisboa, Lisboa.

SCHÉRER, René. *Zeus hospitalier*. Paris: Armand Colin, 1993.

STANESCO, Michel. Courtoisie et société de cour au Moyen Âge. In: LESTRINGANT, F.; ZINK, M. *Histoire de la France littéraire. Naissances, Renaissances. Moyen âge — XVIe siècle*. Paris: PUF, 2006. p. 622-645.

TOURY, Marie-Noëlle. Courtoisie. In: GAUVARD, C.; LIBERA, A.; ZINK, M. (Org.). *Dictionnaire du Moyen Âge*. Paris: PUF, 2002. p. 360-363.

WUNENBURGER, Jean-Jacques. Imaginaire et représentation: de la sémiotique à la symbolique, *Iris*, v. 35, p. 35-48, 2014.

5

Cortesia e descortesia em diferentes modos de interação e risco

Diana Luz Pessoa de Barros
Universidade Presbiteriana Mackenzie-UPM
Universidade de São Paulo-USP

Introdução

Neste capítulo, apresentaremos, no quadro da semiótica discursiva francesa, algumas reflexões sobre as relações entre os regimes de sentido e de interação propostos por Eric Landowski (2005) e os procedimentos de cortesia e descortesia usados nos discursos em língua falada. Tendo em vista que, na perspectiva teórica da semiótica discursiva, a cortesia e a descortesia são tratadas como procedimentos de produção dos sentidos do texto e, principalmente, de construção e de manutenção das relações sociais interativas entre sujeitos, acreditamos que seu exame em diferentes regimes de interação contribuirá para que se saiba um pouco mais sobre elas.

O capítulo organiza-se em duas partes: na primeira, apresentamos, muito rapidamente, os quatro regimes de sentido e de interação propostos por Landowski (2005); na segunda, examinamos os usos da cortesia e da descortesia nesses regimes.

1. Regimes de sentido e de interação

Landowski (2005) propõe, no âmbito da semiótica discursiva, quatro regimes de interação: programação, manipulação, ajustamento e acidente ou acaso. A programação caracteriza-se pela regularidade que, acentuada, leva à repetição pura e à perda de sentido; a manipulação define-se pela intencionalidade e pelo fazer-crer, bastante bem desenvolvidos nos estudos semióticos da narratividade; o ajustamento explica-se pela sensibilidade, pelo fazer-sentir, nas interações emocionais e estésicas; a aleatoriedade ou o acaso caracteriza o regime do acidente.

Segundo Landowski (2005), os sujeitos envolvidos nas interações correm riscos, que variam conforme mudem os regimes. Para o autor, a prudência, a precaução e a segurança são valorizadas e incentivadas na nossa sociedade, o que significa dar preferência ao regime mais seguro, o da programação exacerbada, e não à ousadia ou à aventura "irresponsável", em que o sentido se perde no caos do regime do acidente. Entre os dois extremos, há o intervalo e o espaço de construção dos sentidos, em que o risco é socialmente aceitável. Em outras palavras, os seres humanos constroem o sentido no intervalo e no espaço entre a repetição pura e sem sentido da programação exacerbada, e a falta de senso do caos ou da ruptura do acidente. Dessa forma, a construção do sentido e da interação ocorre, sobretudo, nos regimes de manipulação e de ajustamento, que apresentam riscos toleráveis na nossa sociedade. Os regimes "aceitáveis" da manipulação e do ajustamento são aqueles que, sem dúvida, "humanizam" os sujeitos envolvidos na interação, mas o fazem de formas diferentes. O fazer-crer e o fazer-sentir diferenciam a manipulação do ajustamento, segundo Landowski (2005, p. 42), pela maneira como um sujeito influencia o outro: no ajustamento, não se trata mais do fazer persuasivo da manipulação, mas do contato sensorial e emocional, ou seja, de uma interação entre iguais que se ajustam um ao outro, que sentem um o outro.

Na comunicação em língua falada (Barros, 2013a), os sujeitos que participam dos diferentes tipos de conversação colocam-se, também e de preferência, no espaço do risco aceitável, com predominância do regime de manipulação, que se fundamenta nos conhecimentos e crenças dos sujeitos envolvidos e é mais "seguro" que o de ajustamento. Embora mais arriscado que o da manipulação, o regime de ajustamento, em que os sujeitos se "ajustam" de acordo com suas emoções, sentimentos e, sobretudo, sensações, tem também riscos toleráveis na sociedade e, assim, ocorre bastante na conversação. Há, ainda, na conversação, a forte presença do regime da programação, a mais garantida das formas de interação, mas aquela também que, devido ao excesso de segurança e previsibilidade, pode tornar-se mais cansativa e mesmo sem sentido.

2. Procedimentos de cortesia e de descortesia

2.1 Nas interações por programação

A comunicação em língua falada é sempre fortemente programada pelas regras e papéis conversacionais (por exemplo, os de entrevistador e entrevistado), e pelas convenções e papéis sociais e culturais (por exemplo, professor e aluno, patrão e empregado), o que torna a interação muito segura. Quando, na conversação, por definição já organizada pelas regras e convenções mencionadas, o regime predominante for o da programação, as estratégias de cortesia não são necessárias, ao contrário do que ocorre, como veremos mais tarde, na manipulação. A interação programada tem já a garantia e a tranquilidade da antecipação, da previsibilidade e das regularidades decorrentes do modo mecânico de ser e agir dos sujeitos e das injunções socioculturais, e não precisa da cortesia para lhe dar segurança. A cortesia, quando ocorre na interação programada, tem outras finalidades. As fórmulas prontas e estereotipadas de cortesia empregadas nesse regime de interação — Olá. Como vai? Bom dia. Parabéns. Tudo bem? — contribuem para o efeito de sentido que Deborah Tannen (1985, 1986) chama de coerência do mundo. Essas comunicações estereotipadas e sem novidades, em que a regularidade é levada ao extremo, tornam-se, sem dúvida, cansativas e sem sentido, mas podem contribuir para a coerência do mundo, justamente por causa dessa antecipação dos sentidos, que dá segurança à interação: ao utilizar os mecanismos convencionados da comunicação em língua falada, o discurso se torna familiar. A familiaridade possibilita a compreensão, pois remete a estruturas e roteiros conhecidos e faz o discurso soar como correto. Os procedimentos de cortesia, estereotipados e em fórmulas prontas contribuem, portanto, para dar a esse regime a coerência e a harmonia da segurança familiar. Chico Buarque constrói *Sinal fechado* a partir desse jogo entre a fórmula pronta e enfadonha e a harmonia familiar:

— Olá! Como vai?
— Eu vou indo. E você, tudo bem?
— Tudo bem! Eu vou indo, correndo pegar meu lugar no futuro... E você?
— Tudo bem! Eu vou indo, em busca de um sono tranquilo... Quem sabe?
— Quanto tempo!
— Pois é, quanto tempo!
— Me perdoe a pressa, é a alma dos nossos negócios!
— Qual, não tem de quê! Eu também só ando a cem!
— Quando é que você telefona? Precisamos nos ver por aí!
— Pra semana, prometo, talvez nos vejamos... Quem sabe?
— Quanto tempo!
— Pois é... Quanto tempo!
— Tanta coisa que eu tinha a dizer, mas eu sumi na poeira das ruas...
— Eu também tenho algo a dizer, mas me foge à lembrança!
— Por favor, telefone! Eu preciso beber alguma coisa, rapidamente...

— Pra semana...
— O sinal...
— Eu procuro você...
— Vai abrir, vai abrir...
— Eu prometo, não esqueço, não esqueço...
— Por favor, não esqueça, não esqueça...
— Adeus!
— Adeus!
— Adeus!

Nos exemplos que seguem, extraídos dos debates políticos promovidos na televisão durante a disputa para a última eleição presidencial, em 2014, os candidatos fazem, frequentemente, uso de estratégias de cortesia no regime de programação para reforçar a segurança e a confiança que pretendem passar aos eleitores, pois mostram conhecer as regras sociais de cortesia e, também, criam um clima de harmonia, familiaridade e estabilidade:

a) Luciana Genro: Dilma, primeiro, eu **queria dizer boa noite** a todos.
b) Marina Silva: [...] **Vossa Excelência** também esteve dentro de um partido que praticou o mensalão quando foi da votação da reeleição. Foi ali que começou o mensalão. No entanto, **Vossa Excelência** também permaneceu nesse partido, e nunca vi fazer crítica à origem do mensalão.
c) William Bonner: A quem o senhor dirige a pergunta, candidato?
Aécio Neves: Posso à candidata Dilma?
William Bonner: Não. Ela já respondeu a duas perguntas. É o máximo no bloco. Qualquer outro candidato, menos a candidata Dilma.
Aécio Neves: Que pena, candidata, está vendo? **Fica a minha homenagem.**

No primeiro exemplo, Luciana Genro emprega estratégias estereotipadas de cortesia, como o verbo "querer" no imperfeito e a fórmula pronta "boa noite". No segundo, Marina Silva, para se dirigir ao candidato-senador Aécio Neves, usa, reiteradas vezes, "Vossa

Excelência". No terceiro caso, Aécio Neves, em uma mistura de ironia e de boa educação de moço de tradição e família, apresenta seus cumprimentos a Dilma: "Fica a minha homenagem". São diferentes estratégias de cortesia, desnecessárias ou pouco usadas no regime da programação, mas que contribuem não só para reforçar a segurança dessa interação, como também para criar os efeitos de harmonia, familiaridade e confiabilidade, tão necessários aos políticos e que eles, portanto, procuram sempre produzir.

É preciso observar, ainda, que, além de criar efeitos de harmonia e familiaridade, a cortesia no regime da programação decorre, muitas vezes, do dever social de ser polido, que faz parte das regras e obrigações sociais de bom comportamento que devem ser conhecidas e cumpridas nos diferentes regimes de interação, ainda que neles varie sua necessidade.

2.2 Nas interações por manipulação

Os resultados da pesquisa que temos realizado sobre os procedimentos de cortesia e descortesia mostram que eles são mais necessários e frequentes nas interações por manipulação. O regime de manipulação faz parte, juntamente com o da programação, do que Landowski (2005) denomina de dêixis da prudência, e apresenta riscos socialmente aceitáveis, para o que contribuem as estratégias de cortesia. Em outras palavras, as estratégias de cortesia tornam as interações por manipulação ainda menos arriscadas e, portanto, mais bem aceitas na sociedade. Foi o que procuramos mostrar em estudos anteriores sobre a sedução e a provocação na conversação (BARROS, 2005a, 2005b, 2008) e sobre as investigações e comunicações de risco (BARROS, 2013a, 2013b), de que retomamos algumas reflexões.

O regime de interação por manipulação é o que predomina na comunicação, em geral, e na comunicação em língua falada, em particular. Por essa razão, para a Semiótica, toda comunicação é uma forma de manipulação, em sentido lato, e de interação entre os sujeitos nela envolvidos. O destinador, na interação por manipulação, propõe ao destinatário um contrato, com o objetivo de levá-lo a acreditar em certos valores e a fazer alguma coisa, segundo esses valores. Dessa forma, o destinador realiza um fazer persuasivo, que tem dois fins: convencer o destinatário de que ele, destinador, é confiável, ou seja, vai cumprir a sua parte do acordo, e de que os valores que põe em jogo e oferece no contrato interessam ao destinatário são valores também para ele. O destinatário, por sua vez, exerce, além do fazer receptivo da comunicação, o fazer interpretativo, em que julga a confiabilidade do destinador e o interesse dos valores em jogo, e acredita ou não no que lhe é proposto, aceita ou recusa o contrato e age ou não conforme o esperado pelo destinador. Os diferentes procedimentos de persuasão definem quatro grandes tipos de manipulação: tentação, intimidação, provocação e sedução. Interessam-nos aqui, principalmente, os procedimentos de sedução e de provocação, mais diretamente relacionados com a cortesia e a descortesia. Na sedução, são apresentadas imagens positivas do destinatário e de sua competência, e que o destinador considera que o destinatário queira confirmar e manter: "Meu bem, ninguém passa as minhas camisas como você". No exemplo, o marido, para manipular a mulher, faz dela uma dupla imagem positiva: seu *bem* e boa passadora de camisas. Se a mulher interpretar que o marido é confiável (gosta mesmo dela) e lhe interessa confirmar e conservar a imagem positiva que ele dela apresenta, vai querer passar suas camisas. Na provocação, ao contrário, são apresentadas imagens negativas do destinatário, e que o destinador julga que seu destinatário gostaria de evitar: "Tudo bem, você não precisa fazer esse pudim de laranja, você não é mesmo capaz de prepará-lo como minha mãe". Nesse caso, o marido, para provocar a mulher, faz dela uma imagem negativa (menos capaz do que a mãe dele). Se a mulher não quiser confirmar e manter essa imagem negativa, fará o pudim.

Nos diferentes estudos sobre a comunicação em língua falada já mencionados, em que tratamos do regime de interação por manipulação (BARROS, 2005a, 2005b, 2008), examinamos os procedimentos de cortesia e de descortesia como estratégias de sedução e de provocação, ou seja, estratégias discursivas que cada interlocutor emprega para seduzir e para provocar o outro, e levá-lo a acreditar em certos valores e a fazer o que o "sedutor" ou o "provocador" espera que ele faça. Na sedução, além de mostrar uma imagem positiva do destinatário, o destinador pode usar a estratégia de apresentar-se com uma imagem negativa para ressaltar, por oposição a seus próprios "defeitos", as qualidades do outro. Já na provocação, além de atribuir ao destinatário uma imagem negativa, o destinador poderá empregar o recurso de mostrar-se com uma imagem positiva para acentuar, por oposição a suas próprias "qualidades" (ou às de sua mãe, como no exemplo), os defeitos do outro.

No material do projeto NURC-SP (CASTILHO; PRETI, 1987; PRETI; URBANO, 1988), são usadas, para a sedução, sobretudo, as estratégias: de elogiar o destinatário; de concordar com ele; de pedir sua opinião; de produzir efeito de aproximação (com o emprego, entre outros, de "você", em lugar da 3ª pessoa indeterminada [FIORIN, 1996]); de atenuar pedidos, ordens, afirmações impositivas, discordâncias (com o uso dos verbos "gostar", "poder" e "querer", em geral no futuro do pretérito, com o uso da forma de tratamento "o senhor" e do pronome "nós", em lugar de "eu", com o emprego de "por favor" ou ainda com o uso de diferentes modalizadores de dúvida ou incerteza, como "parece", "acho", "que eu saiba não", "talvez", e dos tempos verbais do futuro do pretérito ou do subjuntivo, como "poderia", "seria", "se tivesse", "venha a preferir"). Seguem alguns exemplos extraídos do material desse projeto (CASTILHO; PRETI, 1987):

a) L_1 (...) se pretende ou se faz do rádio um veículo **como o R. salientou muito bem**... de aculturação e de elevação do padrão cultural... (INQ 255, p. 117, L 737-739).

b) L_2 H. você escreveu qualquer coisa muito interessante **sobre a a Marília Medalha** e eu perdi essa sua::... o que foi que você disse sobre Marília Medalha o ( ) me disse que era... que estava muito interessante este seu::... esta sua crônica (INQ 333, p. 247, L 534-538).

c) Doc. **gostaríamos** que vocês falassem (INQ 343, p. 17, L 1).

No primeiro e no segundo exemplos, o locutor elogia o fazer de seu destinatário ("o R. salientou muito bem"; "H. você escreveu qualquer coisa muito interessante sobre a a Marília Medalha"); no terceiro, ele atenua o pedido com o verbo "gostar" no futuro do pretérito, o que, indiretamente, corresponde a fazer uma imagem positiva, de "respeito", de seu destinatário.

Para a provocação, em que a manipulação acontece pela apresentação da imagem negativa do destinatário, são empregados, principalmente, os recursos: de atenuar a competência do destinatário; de desmerecê-lo; de a ele se contrapor; de dele discordar ou corrigi-lo (com adversativas, modalizadores epistêmicos ["não... eu acho que não"], negação enfática [com a repetição do "não" ou de "não e nada", "não é sempre"] e sobreposições de voz); de intensificar pedidos, ordens e afirmações impositivas (com diferentes modalizadores de certeza e verdade e com verbos no presente do indicativo). Seguem alguns exemplos retirados do material do NURC (CASTILHO; PRETI, 1987) e do debate político na televisão realizado durante a disputa para as eleições presidenciais de 2014 (debate na Rede Globo, em 2 de outubro de 2014):

a) L2 que vai ( )... **você não enxerga isso não** (INQ 343, p. 53, L 1465).

b) L1 **não você não entendeu** digamos (INQ 343, p. 59, L 1728).

c) **Luciana Genro:** Acontece, Dilma, que é o tesoureiro do PT que está envolvido nesse escândalo; a delação premiada só foi aceita, e o Paulo Roberto foi para casa, porque a história dele é verdadeira; o mensalão foi o primeiro episódio que mostrou aonde levam essas alianças que vocês estão fazendo com a direita. O Aécio, que muito te acusa, não tem autoridade para falar, porque esse é o mesmo método do PSDB, mas o PSOL tem autoridade, porque nós não aceitamos governar com a direita, e também não aceitamos implementar políticas que só beneficiem os bancos e as grandes empreiteiras, como vocês têm feito.

Nos dois primeiros exemplos, há desqualificação do destinatário com o emprego de negação enfática; no terceiro, Luciana Genro provoca seus destinatários ao fazer deles imagens negativas (fazem alianças com a direita, só beneficiam bancos e empreiteiras, são igualmente ruins, não têm "autoridade") e ao apresentar de seu partido a imagem positiva contrária, que lhe dá "autoridade para falar". Usa, para a desqualificação, o presente do indicativo, incisivo, e o "tu" informal e menos respeitoso que "o senhor" ou "a senhora", empregados, em geral, pelos demais candidatos. Deve-se observar, porém, que o uso do "tu" reforça, também, a identidade de Luciana (gaúcha) e sua juventude e inovação na política.

As estratégias de sedução ou de cortesia, graças à construção da imagem positiva do destinatário, produzem, em geral, os efeitos de sentido de aproximação e de concordância entre destinador e destinatário, e vão, portanto, ocorrer, sobretudo, nas conversações menos polêmicas e mais cooperativas. Já as estratégias de provocação, devido ao uso da imagem negativa do destinatário, constroem efeitos de distanciamento e discordância e são mais comuns em comunicações mais polêmicas. Tanto nas comunicações mais cooperativas, quanto nas mais polêmicas, é preciso, na manipulação, equilibrar os riscos, torná-los aceitáveis. As estratégias de cortesia e de descortesia contribuem para esse gerenciamento dos riscos comunicacionais. A interação por manipulação corre dois tipos de risco: de se tornar uma comunicação enfadonha, pelo excesso de cooperação decorrente do uso exagerado de sedução ou de cortesia, aproximando-se, nesse caso, da programação, ou uma comunicação quase interrompida e inexistente, pelo excesso de polêmica provocada pelo forte emprego de provocação, avizinhando-se da interação por acidente. Assim, os diálogos mais polêmicos, fortemente provocativos, procuram manter o equilíbrio de funcionamento da conversação ou mesmo manter a conversação com o uso de estratégias de sedução, e os mais cooperativos precisam de alguns procedimentos de provocação para que a conversação tenha vida e interesse. Nos debates políticos na televisão, com muita frequência, antes de entrarem na discussão polêmica, em que, em princípio, não são usadas estratégias de cortesia, os candidatos fazem uso de procedimentos estereotipados de cortesia, com os objetivos que já assinalamos anteriormente de produzir efeitos de harmonia, familiaridade e confiabilidade, mas também com a finalidade de evitar a perda de sentido e de interação decorrente do acidente provocado pela incompreensão. Retomamos, completando-os, os exemplos já apresentados (debate na Rede Globo, em 2 de outubro de 2014):

> **a) Luciana Genro:** Dilma, primeiro, eu queria dizer boa noite a todos; hoje, eu estou aqui por força da garantia da lei, porque, durante toda a campanha eleitoral, a rede globo só mostrou os três candidatos que não têm propostas para atacar os interesses das cinco mil famílias mais ricas do Brasil, dentre as quais está a família que é dona da rede globo. Eu queria te perguntar, Dilma, sobre o escândalo da Petrobras: é resultado das alianças que vocês fizeram com a direita?
>
> **b) Marina Silva:** A nova política, candidato Aécio, estava exatamente na postura de quem, mesmo estando dentro de um partido político, nunca se rendeu àquilo que é ilícito, ilegal, como é o caso do mensalão. Vossa Excelência também esteve dentro de um partido que praticou o mensalão quando foi da votação da reeleição. Foi ali que começou o mensalão. No entanto, Vossa Excelência também permaneceu nesse partido, e nunca vi fazer crítica à origem do mensalão.

No primeiro exemplo, Luciana Genro, antes de iniciar sua polêmica com Dilma, a quem lhe cabe, no debate, fazer uma pergunta, emprega, como vimos, estratégias estereotipadas de cortesia: "Dilma, primeiro, eu queria dizer boa noite a todos". Em seguida, ao falar da Rede Globo e ao fazer sua pergunta a Dilma, Luciana Genro não usa nenhuma estratégia de cortesia, ou mesmo emprega procedimentos de descortesia: "Eu queria te perguntar, Dilma, sobre o escândalo da Petrobras: é resultado das alianças que vocês fizeram com a direita?"; "[...] durante toda a campanha eleitoral, a rede globo só mostrou os três candidatos que não têm propostas para atacar os interesses das cinco mil famílias mais ricas do Brasil, dentre as quais está a família que é dona da rede globo". Ao se dirigir a Dilma, Luciana Genro faz afirmações secas, no presente do indicativo, sem nenhuma estratégia de atenuação: há escândalo na Petrobras e isso se deve às alianças de

Dilma e de seu partido com a direita. Ao mencionar a Rede Globo, além de não utilizar estratégias de cortesia, Luciana usa algumas estratégias de descortesia: apresenta explicitamente uma imagem negativa da emissora, dizendo que ela não permite a participação nos debates dos demais candidatos porque tem interesses econômicos e de classe.

Entre a programação e o ajustamento, as relações de manipulação por sedução e a provocação são, como foi mostrado, fundamentais para a interação entre os sujeitos e a vida em sociedade. Além disso, na sedução e na provocação há a questão emocional, e não apenas moral, do elogio e da honra, da ofensa e da desonra, e certa sensibilização sensorial e emocional pelo encantamento, fascínio ou desencanto, pela repulsa e temor, que colocam muitas interações por manipulação na vizinhança do ajustamento, que veremos mais adiante.

2.3 Nas interações por acidente

O regime de interação por acidente acontece pouco na comunicação em língua falada, e mesmo na comunicação em geral. O regime do acidente é definido pelo acaso, pelo inesperado, pela sorte ou pelo azar. O que ocorre, em geral, é que o homem busca sempre causas para o aleatório ou o inesperado, com muita frequência, explicações científicas ou religiosas, e, com isso, revê a sorte ou o azar no regime de manipulação ou de ajustamento ou mesmo de programação.

Quando comunicações em língua falada são consideradas no regime do acidente ou próximas dele, essas conversações são marcadas pela incompreensão, pelo espanto e pela surpresa dos interlocutores, e beiram a perda completa de relação entre os sujeitos e a ausência de sentido, seja ele da ordem do inteligível, seja da ordem do sensorial.

A interação por acidente, que, com o regime do ajustamento, forma a dêixis do risco ou da imprudência, não é marcada por estratégias de cortesia, mas nela ocorrem as de descortesia extrema e inesperada, que provocam a ruptura da comunicação, a incompreensão e a surpresa dos interlocutores, já mencionadas. Na verdade, essas interações precisam dos procedimentos de descortesia para se colocarem no regime do acidente ou dele se aproximarem.

Os programas de calouros e outros programas de auditório da televisão brasileira empregam com frequência a provocação, que define a descortesia, no regime de manipulação, com a finalidade de aumentar o interesse, de não deixar a interação cair na programação enfadonha, mas o fazem, muitas vezes, de forma exagerada, quase indo para o extremo oposto, o da falta de sentido da polêmica excessiva, próprio do regime do acidente. Os debates políticos na televisão seguem, muitas vezes, o mesmo caminho e, pelo excesso de descortesia e de incompreensão, rompem os laços interacionais, tomando cada debatedor um rumo próprio na sua fala. Apresentamos, a seguir, alguns exemplos da questão nos debates políticos realizados na televisão durante a disputa para as eleições presidenciais de 2014 (os exemplos a, b e c foram retirados do debate na Rede Globo, em 2 de outubro de 2014, e o exemplo d, do debate na TV Bandeirantes, em 14 de outubro de 2014):

a) **Eduardo Jorge:** Candidato Levy, você viu que, durante o tempo todo, eu me portei com a maior ternura com os candidatos. Da última vez, segunda-feira de madrugada, o senhor extrapolou todos os limites e, com a sua fala, agredindo a população LGBT, agrediu 99,9% da população brasileira. Na própria segunda-feira, o nosso partido e outros entraram com uma representação contra o senhor. Eu proponho que o senhor peça perdão pela sua fala ao povo brasileiro.
Levy Fidelix: Candidato Eduardo Jorge, você não tem moral nenhuma para me falar disso. Você, acima de tudo, propõe que o jovem consuma maconha. Isso é crime, isso é apologia ao crime, ao aborto, apologia ao crime, está lá no Código Penal. Eu apenas, e tão somente, seguindo o que reza a constituição federal, requeri que as pessoas pensassem e repensassem, porque nós temos que ter famílias tradicionais, que também é Constituição Federal. [...]
Eduardo Jorge: Bom, então, nós vamos nos encontrar na justiça, quando o Ministério Público abrir o processo e o senhor for chamado, e nós formos também, como testemunhas. [...] Quero aproveitar esse momento

para reiterar: o senhor envergonhou o Brasil com a sua atitude segunda-feira à noite.

Levy Fidelix: Envergonha você, cara! Você, porque você está praticando apologia a crimes, a jovens que estão indo para clínicas de aborto se matar, isso é uma vergonha para um candidato à Presidência da República [...] então, vire a sua boca para lá!

b) **Levy Fidelix** [...] Você veio para algo que não tinha respeito, que nós tínhamos apalavrado. Me diga se Vossa Excelência será uma presidente sem palavra também.

Luciana Genro: Levy Fidelix, eu nunca rompi nenhuma palavra contigo, agora tu 'apavorou', 'chocou', 'ofendeu' e 'humilhou' milhares de pessoas com aquele teu discurso homofóbico que incitou o ódio e, mais, incitou o direito de uma suposta maioria enfrentar os direitos de uma minoria, Fidelix. Isso já, no passado, aconteceu. Isso resultou na escravidão, resultou nos mais diversos tipos de genocídio, resultou no holocausto, Levy. O teu discurso de ódio é o mesmo discurso que os nazistas fizeram contra os judeus, é o mesmo discurso que os racistas fazem contra os negros, mas o racismo hoje, felizmente, já é crime; por isso, tu não poderias ter dito o que disseste em relação aos negros. Tu te 'encoraja' de acusar homossexuais, transexuais, lésbicas, travestis, porque, infelizmente, a homofobia no Brasil ainda não é crime, mas nós estamos lutando na Câmara Federal [...] para que quem faça discurso como o teu saia algemado. E era assim que tu deverias ter saído daquele debate, algemado, diretamente para a prisão [...].

Levy Fidelix: Candidata Luciana Genro, mentira sua, porque, em nenhum momento, eu fiz apologia. Está lá o meu discurso para todo mundo ver; em nenhum momento, pedi que as pessoas atacassem alguém, muito pelo contrário. É o meu legítimo direito de defender a família, defender o povo, e apenas isso.

c) **Luciana Genro:** Aécio, tu e a Dilma 'parecem' o sujo falando do mal lavado. Ela te acusa de privatização, mas o governo do PT privatizou rodovias, aeroportos, na área da saúde com a EBSERH; privatizações, terceirização. Tu 'acusa' de corrupção o governo do PT, só que tu 'tinha' que ter vergonha de falar em corrupção com o PT, porque o mensalão mineiro foi a origem do mensalão. E, por que a privataria tucana, quando vocês privatizaram tudo no Brasil, foi um grande escândalo?

Aécio Neves: Cara Luciana, eu vejo que você faz aqui, com o tema livre, o seu espetáculo, sem a menor conexão com a realidade. [...]

Luciana Genro: Aécio, quem não tem conexão com a realidade é você. Você, que anda de jatinho, que ganha um alto salário, não conhece a realidade do povo. Vocês do PSDB zombam do povo que anda de ônibus lotado, metrô lotado, vive de salário mínimo. O teu economista que você já nomeou para Banco Central chegou a falar que o salário mínimo aumentou demais e que o desemprego tem uma parte que é necessária para equilibrar a economia. Então, Aécio, tu 'é' tão fanático das privatizações e da corrupção que tu 'chegou' ao ponto de fazer um aeroporto com o dinheiro público e entregar a chave para o teu tio, e isso tu ainda não 'explicou' devidamente para o povo brasileiro.

Aécio Neves: Luciana, não seja leviana. Você está aqui como candidata à Presidência da República. Você não deve ofender os outros sem conhecer do que está falando. [...]. Luciana, acusações levianas em véspera de eleição não servem a um debate nesse nível, você não está preparada para disputar a Presidência da República.

Dilma Rousseff pergunta:

Vou continuar nessa questão dos aeroportos. Eu gostaria de saber, candidato, como é que o senhor explica ter construído um aeroporto que na época custava R$ 13,9 milhões, e que agora custa R$ 18 milhões a preços de hoje, e que esse aeroporto foi construído num terreno de sua família, num terreno de um tio seu e a chave fica em poder dele, e isso não foi denunciado por mim, foi denunciado pela *Folha de S.Paulo*. [...] Eu não acho, candidato, isso nada moral nem ético.

Aécio Neves responde:

Eu quero responder à candidata Dilma olhando nos seus olhos. A senhora está sendo leviana, candidata, leviana. O Ministério Público Federal atestou a regularidade dessa obra, eu tenho que agradecer a oportunidade de falar sobre isso. [...]

Dilma Rousseff faz a réplica:

[...] De outro lado, candidato, eu acredito que o senhor também deveria responder, porque hoje no Brasil é proibido o nepotismo. E o nepotismo se caracteriza por emprego de familiares no governo. E o senhor tem uma irmã, um tio, três primos e três primas no governo. O senhor pode olhar o Governo Federal, o senhor não vai achar um parente meu.

Aécio Neves faz a tréplica:

Candidata, a senhora está com a obrigação agora de dizer aonde a minha irmã trabalha. Não pode, candidata, não pode fazer uma campanha com tantas inverdades, é mentira atrás de mentira, a sua propaganda é só mentira. A senhora mente aos brasileiros para ficar no governo. [...]

Nesses quatro textos do debate, a interação, fortemente polêmica e com muitas estratégias de descortesia (de provocação), caminha para o regime do acidente, em que a interação é rompida pela incompreensão.

No trecho "a", Eduardo Jorge usa estratégias de cortesia ("o senhor", por exemplo, quando se dirige ao interlocutor) e afirma sua polidez nos debates ("eu me portei com a maior ternura com os candidatos") para tornar aceitável a imagem negativa que faz, a seguir, do interlocutor e para colocá-lo na posição contrária de descortesia e agressão. Levy Fidelix se deixa manipular e responde com estratégias explícitas de provocação ou descortesia: trata o outro por "você", "cara" e o chama de imoral ("você não tem moral nenhuma para me falar disso"; "Envergonha você, cara!"; "[...] então, vire a sua boca para lá!"). Cada participante toma uma direção no debate, expondo valores contrários, sem interação verdadeira, sem negociação discursiva. A incompreensão ou a falta de cooperação faz o regime de interação aproximar-se da ruptura por acidente.

No exemplo "b", Levy Fidelix e Luciana Genro atacam-se diretamente, com muitas estratégias de provocação e, portanto, de descortesia. Levy Fidelix chama Luciana Genro de "sem palavra", "mentirosa" ("Me diga se Vossa Excelência será uma presidente sem palavra também"; " Candidata Luciana Genro, mentira sua, porque [...]"). Alterna os usos de "você" e "Vossa Excelência". Luciana Genro, por sua vez, diz que ele é homofóbico, racista, nazista, intolerante e criminoso. A interação é rompida e cada qual diz o que quer dizer, em direções opostas, com valores contrários.

Na citação "c", depois que Luciana Genro o provoca com a imagem de sujeito fora da realidade e distante do povo brasileiro e, além disso, corrupto, Aécio Neves, sem responder às acusações, procura desqualificá-la em seu papel de candidata à Presidência da República:

> Luciana, não seja leviana. Você está aqui como candidata à Presidência da República. Você não deve ofender os outros sem conhecer do que está falando. [...]. Luciana, acusações levianas em véspera de eleição não servem a um debate nesse nível, você não está preparada para disputar a Presidência da República.

Uma vez mais, não há uma verdadeira interação, mas caminhos paralelos na conversação, que não se encontram.

No caso "d", extraído de debate realizado durante disputa para o segundo turno das eleições, acentua-se a estratégia de desqualificar o oponente por seu dizer mentiroso: "Não pode, candidata, não pode fazer uma campanha com tantas inverdades, é mentira atrás de mentira, a sua propaganda é só mentira. A senhora mente aos brasileiros para ficar no governo".

Uma estratégia fundamental, portanto, para produzir esses efeitos de ruptura e de incompreensão, que aproximam interações de forte provocação de interações no regime do acidente, é a do jogo das modalidades veridictórias: cada um expõe sua "verdade" e desqualifica o dizer do outro como "fora da realidade", "mentira", "inverdade" e "leviandade", em que estão em pauta também valores éticos de moralidade e imoralidade. Cada qual toma a direção de seus valores e de suas verdades, sem procurar manter com seu interlocutor uma interação cooperativa e compreensiva, pois o mais importante é persuadir o eleitor, a quem a comunicação realmente se dirige, de suas próprias verdades e das mentiras do outro.

Os exemplos apresentados não estão exatamente no regime do acaso ou do acidente, mas dele se aproximam devido ao rompimento da interação, aos caminhos paralelos e quase sem cruzamentos que os interlocutores tomam e à incompreensão produzida, sobretudo, pelo uso excessivo de procedimentos de descortesia e pelos valores opostos dos participantes da comunicação. Nos procedimentos de descortesia empregados nos debates não há, praticamente, sobreposição de vozes ou assalto ao turno, pois as regras do debate proíbem e impedem o não cumprimento da regulamentação do sistema de turno, que impõe, principalmente, que "fale um de cada vez" (MARCUSCHI, 1986). Restam aos debatedores os demais procedimentos de provocação: fazer imagens negativas dos interlocutores, dizendo, sobretudo, que são mentirosos e levianos, e, ao mesmo tempo, apresentar imagens positivas próprias ou de seu partido, corrigir o interlocutor principalmente com heterocorreções completas, repetir seus valores e suas "verdades", e atacar o outro em percursos discursivos que quase não se encontram.

2.4 Nas interações por ajustamento

Finalmente, serão observados os usos da cortesia e da descortesia nas interações por ajustamento, que, tal como nas interações por acidente, estão localizadas na dêixis da imprudência, com riscos, porém, mais aceitáveis. Antes, no entanto, teceremos algumas considerações gerais sobre as interações por ajustamento na conversação.

Já dissemos que o fazer-crer e o fazer-sentir diferenciam a manipulação do ajustamento, e que no ajustamento não se tem mais a interação desigual entre um destinador que procura persuadir e um destinatário que interpreta e acredita, e sim uma interação entre iguais que se ajustam um ao outro. Os sujeitos do ajustamento, segundo Landowski (2005), têm competência estésica ou sensorial e buscam a realização mútua. As interações por manipulação são marcadas pelas modalidades epistêmicas do crer e do saber, caracterizando-se, assim, como relações mais cognitivas, racionais e inteligíveis, com combinação estruturada de ideias. Já as interações por ajustamento são definidas pelo sentir, ou seja, são marcadamente sensoriais, com sons, cheiros, imagens, e mais desestruturadas, passionais e emocionais. As sensações têm mais fluidez e desestruturação, em oposição à organização da razão.

Na comunicação verbal, o exemplo de ajustamento completo de sensações e, praticamente, sem relação racional pode ser encontrado na interação entre bebês e adultos. Os bebês de 10 a 11 meses repetem, durante um bom tempo, por exemplo, sequências de sons e ruídos produzidos pelos pais, ajustando-se a eles sensorialmente e até afetivamente. Estabelece-se uma interação em que adultos e criança se ajustam estesicamente. O ajustamento é, sem dúvida, a primeira forma de interação entre sujeitos. Nesse tipo de interação, tem-se, como foi já apontado, uma relação sensorial — sons, cheiros, imagens, contatos —, em oposição à combinação racional de ideias de outros regimes interacionais.

A interação por ajustamento emprega principalmente procedimentos de cortesia, ao contrário do que vimos ocorrer na interação por acidente, em que predominam as estratégias de descortesia. Os procedimentos de cortesia usados no regime de ajustamento na comunicação em língua falada devem, a nosso ver, ser tratados de duas formas.

Em primeiro lugar, no regime de ajustamento, os traços sensoriais e afetivos da cortesia são privilegiados e acentuados. Daí o emprego, como estratégias de cortesia, da repetição, da correção, da paráfrase, de estratégias de complementação da fala do outro, de recursos fáticos como *uhn, uhn; é; éh, éh; sei; certo*, de indagações pospostas como *né?; certo?; sabe?; entende?*, de exclamações e de outros elementos considerados expressivos e que indicam o interesse do destinador pelo destinatário, a união deles por meio do sentir.

Um bom exemplo de ajustamento na interação e de uso dessas estratégias de cortesia é o do inquérito 396 do projeto NURC-SP.

Trata-se de um diálogo entre um homem (L1) de 81 anos, viúvo, dentista, natural de Jundiaí (SP), filho de pai paulista e mãe paulistana, e sua irmã, uma mulher (L2) de 85 anos, viúva e também natural de Jundiaí (SP). Nesse inquérito, os informantes usam, sobretudo, estratégias de repetição, de paráfrase, de complementação da fala do outro e de elementos fáticos, em que, além dos efeitos de complementação de assunto, há os de cortesia, que promovem, no caso, ajustamento sensorial. Quase não ocorrem, nesse diálogo, procedimentos de descortesia. Mais do que uma interação cooperativa, o que se tem é uma relação de identificação entre os locutores, que se misturam e confundem, ou seja, que se ajustam um ao outro. Os procedimentos de cortesia mencionados contribuem para esse ajustamento. Vejamos alguns exemplos:

a) L2 **ele foi tu::do na vida**
[
L1 tive **eu fui tudo...na vida**... eu tive [...] (p. 197, 1.707-1.708).

b) L1 [...] uma
moça que vivia na janela o dia inteiri::nho que dava bola
para todo mun::do então (eram escandalosas)
[
L2   **vassoura...** (se) chamava
L1 **vassoura (é)** (p. 185, 1.245-1.250).

c) L1 as moças ()...mas::... vocês::...
[
L2 vocês **andavam...de fraque pra ir ao**
   cinema ((riu))
L1 é nós homens:: eu gostava muito de **andar de::**
   usar fraque... eu acho que constantemente...
[
L2   ao cinema no largo do Arouche...**vocês iam**
   de fraque...
L1 geralmente **eu gostava muito de fraque** [...] (p. 180, l. 25-32).

Nesses exemplos, as estratégias de repetição, paráfrase ou complementação da fala do outro (e, às vezes, até mesmo as de correção), como retomam o que o interlocutor disse, indicam interesse de um pelo outro e aproximação sensorial e afetiva entre eles. Também os recursos fáticos ("uhn, uhn"; "ahn, ahn"; "é"; "éh, éh"; "sei"; "certo") e as indagações pospostas ("né?"; "certo?"; "sabe?"; "entende?") marcam ajustamentos ou contato entre os interlocutores, mais do que contribuem para o desenvolvimento do assunto da conversação:

a) L2 [...] em cinquenta e quatro era menor que o Rio...
L1 **uhn, uhn...** (INQ 343, p. 20, l.111-1.112).

b) L1 geralmente eu gostava muito de fraque e usava
fraque e chapéu::coco...
L2 **éh, éh...** (INQ 396, p. 180, l. 33-34).

c) L1 [...] tudo acinzentado **né?**
L2 uhn:: poluição **né?**
L1 ruas mais ou menos sujas...[...] e toda segunda à noite eu passo ali do lado da faculdade **certo?**
L2 quando você vai pra:: para a Aliança **né?** (INQ 343, p. 17-18, l. 24-28).

Entre os procedimentos de cortesia relacionados, a repetição parece-nos ser o recurso mais preciso para o ajustamento. A repetição, muitas vezes, não acrescenta nada de novo ao conteúdo informativo da comunicação, mas abre sempre a possibilidade de participação na interação daquele que repete e aproveita a fala do outro, ratifica e aprova o que disse o interlocutor e mantém a conversação em andamento. O emprego da repetição mostra, assim, a vontade de interagir dos participantes do diálogo e cria envolvimento entre eles.

Deborah Tannen (1985, 1986), em estudos sobre a repetição, em outra perspectiva teórica e com outra metalinguagem, também caminha na direção do regime de ajustamento. Diz a autora que a repetição produz a impressão de universo compartilhado, faz de um conjunto de falas individuais uma conversação, ou seja, um discurso único, produzido em conjunto, presta-se, em suma, à necessidade interativa de envolvimento dos sujeitos e cria "afinidade interpessoal". Com a repetição, os sujeitos sentem-se bem, apoiam-se, cooperam entre si. A interação verbal é examinada, nesse caso, principalmente por seu papel de produzir envolvimento, de passar uma "metamensagem de afinidade".

Os mecanismos linguísticos característicos da conversação, como a repetição, a correção, a paráfrase, os prolongamentos sonoros e outros, recobrem e assinalam no texto de comunicação em língua falada e, sobretudo, no regime do ajustamento, arranjos de modalidades — querer agradar, acreditar, possibilitar, etc. —, que produzem efeitos passionais na comunicação, marcada, assim, pelo interesse, pela confiança, pela satisfação. A interação por ajustamento na língua falada caracteriza-se, portanto, também por esses laços passionais e pelo envolvimento afetivo, que se somam às sensações, em que já insistimos.

Em síntese, se na interação verbal por manipulação, como vimos, os interlocutores sabem porque creem, no ajustamento, em que sensações e os afetos prevalecem sobre a razão, eles creem porque sentem e amam. Isso nos permite tratar da segunda forma de conceber a cortesia no regime de ajustamento, qual seja a de que, nesse caso, o ajustamento sensorial e emocional entre os sujeitos funciona como uma estratégia de manipulação que, por meio do sentir e do amar, leva o sujeito a acreditar e, em última instância, a fazer. A conversação por ajustamento torna-se, assim, menos perigosa.

Resta mencionar que, para fazer sentir e amar, além das estratégias verbais mencionadas, com ênfase na repetição, os participantes da interação verbal por ajustamento fazem bom uso dos elementos da entonação e da gestualidade que acompanha a comunicação, assim como de outras estratégias de cortesia que promovem o ajustamento.

Considerações finais

Os sentidos construídos pela cortesia e pela descortesia são diferentes nas interações, mas esses procedimentos têm sempre papel fundamental no estabelecimento das relações entre os sujeitos e dos riscos por eles vividos. Dois desses papéis foram reforçados: o de equilibrar a comunicação e o de garantir a interação e o sentido, nos diferentes regimes. Em outras palavras, os procedimentos de cortesia diminuem os riscos das comunicações muito polêmicas e que beiram a perda de sentido, e os de descortesia tornam a comunicação menos enfadonha e evitam, também, a falta de sentido decorrente da programação exacerbada, e garantem, os dois tipos de procedimentos, a interação social.

Para concluir, é preciso fazer, ainda, uma rápida consideração sobre o interesse e a necessidade de estudos semióticos da comunicação em língua falada, e dos procedimentos de cortesia e de descortesia, em particular, pela contribuição que podem trazer tanto para o conhecimento desse tipo de texto e desses mecanismos, quanto para a construção teórica e metodológica da Semiótica, em processo constante de elaboração.

Referências

BARROS, Diana Luz Pessoa. A sedução nos diálogos. In: PRETI, Dino (Org.). *Diálogos na fala e na escrita*. São Paulo: Humanitas, 2005a. p. 225-254.

_____. Polidez e sedução na conversação. *Revista Internacional de Lingüística Iberoamericana — RILI*, n. 5, p. 109-129, 2005b.

_____. A provocação no diálogo: estudo da descortesia. In: PRETI, Dino (Org.). *Cortesia verbal*. São Paulo: Humanitas, 2008. p. 89-124.

_____. Uma investigação de risco. In: OLIVEIRA, Ana Cláudia de (Ed.). *As interações sensíveis*. São Paulo: Estação das Letras e Cores/Editora do CPS, 2013a. p. 475-499.

_____. Comunicação de risco. In: PRETI, Dino; LEITE, Marli Quadros (Org.). *Comunicação na fala e na escrita*. São Paulo: Humanitas, 2013a. p. 21-48.

CASTILHO, Ataliba Teixeira de; PRETI, Dino (Ed.). *A cidade de São Paulo.* Diálogos entre dois informantes. São Paulo: T. A. Queiroz/Fapesp, 1987. v. II.

FIORIN, José Luiz. *As astúcias da enunciação.* São Paulo: Ática, 1996.

LANDOWSKI, Eric. Les interactions risquées. *Nouveaux actes sémiotiques,* n. 101-103, 2005. 106 p.

MARCUSCHI, Luiz Antonio. *Análise da Conversação.* São Paulo: Ática, 1986. (Série Princípios).

PRETI, Dino; URBANO, Hudinilson. *A linguagem falada culta na cidade de São Paulo.* Entrevistas (Diálogos entre informante e documentador). São Paulo: T. A. Queiroz/Fapesp, 1988. v. III.

TANNEN, Deborah. *Repetition and variation as spontaneous formulaicity in conversation.* Georgetown University, 1985. 45 p. Mimeografado.

_____. *Ordinary conversation and literary discourse coherence and poetics of repetition.* Georgetown University, 1986. Mimeografado.

6

A cortesia no contexto da violência contra a mulher:
o papel da linguagem na (des)construção da face agredida

Micheline Mattedi Tomazi
Universidade Federal do Espírito Santo

Gustavo Ximenes Cunha
Universidade Federal de Minas Gerais

Introdução

Tradicionalmente, os estudos sobre cortesia ou polidez se dedicam à análise dos mecanismos linguísticos por meio dos quais, numa interação particular, os interlocutores fazem o trabalho de face (*face-work*) (GOFFMAN, 2011)[1]. Nesse domínio dos estudos da

---

1. Seguindo grande parte da literatura sobre o tema, tomamos os termos *polidez* e *cortesia* como equivalentes. Embora haja propostas de diferenciação teórica entre os termos (cf. KOCH;

linguagem, sob o influxo em especial de Brown e Levinson (1987), o interesse das análises está, de modo geral, em buscar no trabalho de face explicações para aspectos gramaticais cujo funcionamento não pode ser compreendido pela consideração exclusiva de informações internas ao sistema linguístico, tais como os atos de fala indiretos, formas de tratamento, ironia, uso dos pronomes pessoais e de determinados tempos verbais, modalizadores, desarmadores, moderadores etc. (BROWN; LEVINSON, 1987; KERBRAT-ORECCHIONI, 1992, 2006; LEECH, 2014). Assim procedendo, os estudos nessa área se concentram basicamente na descrição e explicação de aspectos microlinguísticos, concebendo a interação como um fenômeno desvinculado de aspectos sócio-históricos mais amplos.

Porém, a linguagem que usamos em toda e qualquer situação de interação reflete as relações de poder de que fazemos parte, porque evidencia de quanto poder dispomos ou quanto poder nos é dado pela posição que ocupamos em determinado ambiente institucional (BOURDIEU, 1989; CUNHA, 2017). Nesse sentido, as relações de poder que estruturam as interações sociais e as estratégias de polidez empregadas no trabalho de face encontram-se profundamente imbricadas, na medida em que essas estratégias refletem, reforçando, sinalizando ou evidenciando, as relações de poder e na medida em que essas relações contribuem para a estabilização das estratégias de polidez ou para sua transformação em normas sociais convencionadas (HARRIS, 2011).

Seguindo essa perspectiva, neste capítulo procuramos inserir o estudo das estratégias de polidez num domínio mais amplo da pesquisa linguística, partindo da hipótese já enunciada ou desenvolvida por autores de diferentes áreas (cf. BOURDIEU, 1982, 1989; CULPEPER, 1996; CUNHA, 2016; FAIRCLOUGH, 2001; HARRIS, 2011; OSTERMANN, 2006; ROULET; FILLIETTAZ; GROBET, 2001; TERKOURAFI, 2005; VION,

---

BENTES, 2008), consideramos que, no atual estágio de desenvolvimento dos estudos sobre polidez e cortesia, é pouco clara a distinção entre recursos próprios da polidez e recursos próprios da cortesia. Uma evidência nesse sentido está no fato de que muitos mecanismos linguísticos apontados por Koch e Bentes (2008) como próprios da cortesia são apontados por Brown e Levinson (1987) como próprios da polidez.

1992) de que os recursos verbais que sinalizam a polidez estão profundamente atrelados às relações de poder, que, de um ponto de vista macrossocial, estruturam a sociedade. Desse modo, consideramos que o uso que os agentes fazem, no desenvolvimento de uma interação, de estratégias de polidez se explica, em grande medida, pelo ambiente social e institucional em que estão inseridos.

Para desenvolver essa hipótese, vamos tratar inicialmente do conceito de poder social, definindo-o com base em contribuições das Ciências Sociais e da Análise Crítica do Discurso, e do modo como as relações de poder se materializam no discurso. Nessa perspectiva, abordaremos as relações entre poder social e polidez, revisitando e discutindo a abordagem de Brown e Levinson (1987), na qual a noção de poder é considerada como uma variável sociológica. Em seguida, proporemos hipóteses acerca de como pensar o trabalho de face numa perspectiva macrossociológica, que leve em conta o poder de que dispõem os interlocutores em situações fortemente hierarquizadas. Por fim, à luz da discussão realizada, verificaremos como as estratégias envolvidas no trabalho de face se articulam à noção de poder, por meio da análise de um trecho de uma audiência de instrução e julgamento de que participam uma juíza, uma vítima de agressão praticada pelo companheiro e o acusado.

Discurso, polidez e relações de poder

A noção de poder social caracteriza a relação entre grupos ou classes sociais ou, mais especificamente, entre agentes pertencentes a determinados grupos ou classes sociais (VAN DIJK, 2008). Nesse sentido, a análise do poder social extrapola o âmbito da análise do poder de um indivíduo sobre o outro, na medida em que o poder que um agente pode exercer sobre seu interlocutor se baseia, em grande medida, na posição ou no *status* que cada agente ocupa em determinado campo (jurídico, educacional, empresarial, religioso etc.). Dessa forma, o poder, para van Dijk (2008), é uma característica inerente à relação de grupos, sempre se manifesta nas interações e, sendo a interação dinâmica, sempre está sujeito a uma força contrária, chamada de contrapoder, que procura resistir à imposição discursiva, fornecendo estratégias de controle ou de dissidência do poder.

Nessa perspectiva, assumimos a noção de poder social tal como definida por Van Dijk (2008, p. 41): "afirmamos que o grupo A (ou seus membros) possui poder sobre o grupo B (ou seus membros) quando as ações reais ou potenciais de A exercem um controle social sobre B". O poder social consiste no controle que um agente A, em função da posição que ocupa em determinado grupo, do *status* que possui, de seu grau de escolaridade ou de suas características de gênero e etárias, pode exercer sobre as ações de B. Assim, "o exercício de poder por A resulta em uma limitação da liberdade social de ação de B" (VAN DIJK, 2008, p. 41). É nessa perspectiva que o poder se torna objeto de interesse para a pesquisa, porque é na relação de dominação que reconhecemos as relações assimétricas de poder no discurso, relações que não ocorrem apenas em um nível mais global da interação, mas em um nível local da interação entre os participantes (VAN DIJK, 2012).

Como revelado por autores como Foucault (2013), Bourdieu (1982, 1989), Fairclough (2001) e Van Dijk (2008), o discurso é um bem desigualmente distribuído entre os diferentes grupos sociais e constitui, por isso mesmo, objeto de disputa e instrumento de poder. Desse modo, detém mais poder o agente a cuja posição estão associados o direito de produzir e de fazer circular discursos de maior prestígio, bem como a possibilidade de, numa determinada interação, controlar seu desenvolvimento, propondo os tópicos, fazendo perguntas, dominando o turno por mais tempo, abrindo ou encerrando a interação etc. Tratando da relação entre poder e comunicação, observa Bourdieu (1989, p. 11): "as relações de comunicação são, de modo inseparável, sempre, relações de poder que dependem, na forma e no conteúdo, do poder material ou simbólico acumulado pelos agentes (ou pelas instituições) envolvidos nessas relações". Em perspectiva semelhante, Van Dijk (2008) observa que o poder social e a dominância são controlados e organizados institucionalmente, permitindo tanto o controle mais efetivo quanto formas rotineiras de reprodução de poder. São denominadas elites simbólicas os grupos que detêm o poder e dominam o discurso público.

Dada a forma como o poder se manifesta, as relações por meio das quais os agentes constroem suas imagens identitárias ao longo de uma interação não podem escapar às restrições sociais e institucionais mais amplas, das quais fazem parte as relações de poder que estruturam e caracterizam cada campo. É em termos bastante claros que Bourdieu (1989) expressa a imbricação existente entre construção de imagens de si e relações de poder:

> Quando os dominados nas relações de forças simbólicas entram na luta em estado isolado, como é o caso nas interacções da vida quotidiana, não têm outra escolha a não ser a da aceitação (resignada ou provocante, submissa ou revoltada) da definição dominante da sua identidade ou da busca da assimilação a qual supõe um trabalho que faça desaparecer todos os sinais destinados a lembrar o estigma (no estilo de vida, no vestuário, na pronúncia, etc.) e que tenha em vista propor, por meio de estratégias de dissimulação ou de embuste, a imagem de si o menos afastada possível da identidade legítima (BOURDIEU, 1989, p. 124).

Neste trabalho, a noção de imagem de si corresponde à face. Na definição de Goffman (2011, p. 13-14), a face diz respeito ao "valor social positivo que uma pessoa efetivamente reivindica para si mesma através da linha que os outros pressupõem que ela assumiu durante um contato particular". Ainda segundo o autor, a face "é a imagem do eu delineada em termos de atributos sociais aprovados" (GOFFMAN, 2011, p. 14). Para Goffman (2011, p. 14, grifo do autor), as pessoas tendem a experimentar uma resposta emocional em relação à face, já que "seus 'sentimentos' se ligam a ela". Por isso, toda interação implica um trabalho de face ou um processo de figuração (ROULET, 1999). Mas, mesmo que a face possua uma dimensão emocional, ela é um construto social e se constitui sob o peso de restrições institucionais, como revelado por Goffman (2011):

Mesmo que a pessoa que empregue ações para salvar sua fachada [face] não conheça todas as consequências delas, elas frequentemente se tornam práticas habituais e padronizadas; elas são como jogadas tradicionais num jogo, ou passos tradicionais numa dança. Cada pessoa, subcultura e sociedade parecem ter seu próprio repertório característico de práticas para salvar a fachada. Em parte, é a esse repertório que as pessoas se referem quando perguntam como uma pessoa ou cultura "realmente" são. [...] É como se a fachada [face], por sua própria natureza, só pudesse ser salva através de um certo número de formas, e como se cada agrupamento social precisasse fazer suas escolhas dentro dessa única matriz de possibilidades (GOFFMAN, 2011, p. 20-21).

Nesse sentido, a face que cada agente reivindica numa interação ou que a ele é imposta por restrições institucionais, bem como as "práticas habituais e padronizadas" empregadas na manutenção dessa face fazem parte do *habitus* ou do conjunto de condutas associadas a uma posição social e incorporadas pelos agentes que ocupam essa posição (BOURDIEU, 1989).

Na abordagem de Goffman (1973), a noção de território é complementar à de face, na medida em que o território diz respeito aos direitos que cada pessoa reivindica e à defesa desses mesmos direitos. Os direitos que formam o território de cada um constituem um campo de objetos ou uma reserva, cujos limites são habitualmente preservados e defendidos. Segundo Goffman (1973, p. 44), o território se refere não só ao território físico, à "porção de espaço que cerca um indivíduo", mas também abrange partes do corpo, vestimentas e objetos de uso pessoal. Além disso, o território engloba as reservas de informações, ou seja, as informações às quais o indivíduo tenta controlar o acesso. Engloba ainda os domínios reservados da conversação, isto é, o direito que tem o indivíduo de controlar quem pode lhe endereçar a fala ou o direito que tem um grupo de pessoas de proteger-se da intromissão e da indiscrição de outros.

Em sua influente abordagem da polidez, Brown e Levinson (1987) sistematizaram a proposta de Goffman numa perspectiva linguística e pragmática, mostrando que existem aspectos de natureza gramatical que apenas se explicam por meio da consideração da noção de face e de território. Na abordagem de Brown e Levinson (1987), as noções de face e território são reinterpretadas em termos de face positiva e face negativa, respectivamente, e são definidas desta forma:

(a) face negativa: a reivindicação básica de territórios, de preservação pessoal, de direitos a não-distração — i.e. de liberdade de ação e liberdade de imposição.
(b) face positiva: a autoimagem consistente e positiva ou "personalidade" (crucialmente incluindo o desejo de que essa autoimagem seja apreciada e aprovada) reivindicada pelos interactantes (BROWN; LEVINSON, 1987, p. 61).

O interesse dessa proposta está, sobretudo, na aproximação que os autores promovem entre a abordagem microssociológica de Goffman e a teoria dos atos de fala (AUSTIN, 1962). Em linhas gerais, Brown e Levinson (1987) evidenciam que há atos intrinsecamente ameaçadores para as faces positiva e negativa tanto do locutor quanto do interlocutor. Esses atos são chamados de *Face-Threatening Acts* (FTAs). Assim, enquanto uma promessa ameaça a face negativa do locutor, uma ordem ameaça a face negativa do interlocutor. Esses atos ameaçam as faces negativas dos interlocutores porque limitam sua liberdade de ação, constituindo uma invasão ao seu território. Já a confissão e a crítica ameaçam as faces positivas do locutor e do interlocutor, respectivamente, porque constituem ataques à autoimagem que reivindicam na interação[2].

Nessa abordagem, a noção de poder é entendida como uma variável sociológica, ao lado das noções de distância social e de grau de imposição do FTA numa cultura particular. Tratando da noção de poder, Brown e Levinson (1987) a definem nestes termos:

---

2. Para uma apresentação completa da proposta, cf. Brown e Levinson (1987). Para uma revisão do modelo, cf. Kerbrat-Orecchioni (2005, 2006), Leech (2014).

P [poder] é uma dimensão social assimétrica de poder relativo, aproximadamente no sentido de Weber. Isto é, P(O,F) [o poder do ouvinte e do falante] é o grau com que O [ouvinte] pode impor seus próprios planos e sua própria autoavaliação (face) à custa dos planos e da autoavaliação de F [falante] (BROWN; LEVINSON, 1987, p. 77).

Para os autores, a noção de poder é importante, uma vez que, nas sociedades onde se falam as línguas que eles estudaram (Tâmil, língua falada no sul da Índia; Tzeltal, língua maia falada no estado mexicano de Chiapas; Inglês britânico e Inglês americano), essa variável tem impacto na escolha das estratégias linguísticas referentes à polidez positiva (mitigação da agressão à autoimagem) e à polidez negativa (mitigação da invasão ao território ou de sua exposição).

Embora incorporem ao seu modelo a noção de poder, Brown e Levinson (1987) sustentam suas proposições na concepção essencialmente racionalista e voluntarista de sujeito que se constituiu no campo da literatura pragmática, sob o influxo de autores como Austin (1962) e Grice (1975). Brown e Levinson definem a noção de pessoa nestes termos: "Toda nossa Pessoa-Modelo [*Model Person*] consiste em um falante dotado de intenção [*willful*] e fluente em uma língua natural, além disso dotado de duas propriedades especiais — racionalidade e face" (BROWN; LEVINSON, 1987, p. 58). O falante é, assim, concebido como um sujeito que utiliza a linguagem de modo consciente e estratégico para alcançar determinados fins, como se depreende da definição que os autores dão de racionalidade: "Por 'racionalidade', entendemos algo muito específico — a disponibilidade para nossa MP [Pessoa-Modelo] de um modo precisamente definível de raciocinar, a partir dos fins que quer atingir, em função dos meios para alcançar esses fins" (BROWN; LEVINSON, 1987, p. 58).

Para os propósitos deste trabalho, essa concepção de sujeito é problemática, por minimizar o papel que, como já exposto, o poder social exerce sobre a produção e a circulação do discurso. A noção de um sujeito estrategista, dono e senhor de suas ações, pressupõe que, mesmo nas interações mais institucionalmente hierarquizadas, os interlocutores podem, se essa for sua vontade, amenizar, anular ou inverter estruturas hierárquicas ou de poder fortemente rígidas e regulamentadas, dependendo da maneira como utilizam a linguagem. Em outros termos, os interlocutores, por meio da linguagem, seriam capazes de negociar o lugar de poder que ocupam na interação. Se em algumas situações, especialmente nas mais familiares, essa negociação é possível até certo ponto, em outras, como nas interações entre médico e paciente, professor e aluno, policial e acusado etc., negociações recaindo sobre as relações de poder são menos possíveis ou podem surtir pouco efeito sobre o poder efetivo que detém cada um dos participantes, em função do *status* que cada um possui[3]. Por isso, na próxima seção, vamos propor algumas hipóteses que visam explicitar a imbricação que consideramos haver entre relações de poder e trabalho de face.

Uma proposta para o estudo da imbricação entre relações de poder e trabalho de face

Com base na discussão empreendida na seção anterior e em pesquisas contemporâneas acerca do trabalho de face em contextos institucionais (BURGER, 1995; CULPEPER, 1996; OSTERMANN, 2006; HARRIS, 2011; TERKOURAFI, 2005; HAUGH, 2013; CUNHA, 2013, 2014a, 2014b, 2016, 2017; TOMAZI; MARINHO, 2014; CUNHA; BRAGA, 2016; CUNHA; TOMAZI, 2017), julgamos pertinente considerar a proposta de Brown e Levinson (1987) acerca da polidez num quadro sociológico mais amplo, em cujo interior o falante, se não se apaga por completo diante de determinismos

---

3. Crítica semelhante é feita por Bourdieu (1982, 1989) à teoria dos atos de fala de Austin. Para Bourdieu, ainda que Austin trate das relações sociais que estruturam e preexistem à interação em termos das *condições de felicidade* de realização do ato, o valor ilocutório de um ato é concebido como algo intrínseco ao ato e não como um efeito dependente, em grande medida, de condições e coerções sociais e institucionais mais amplas. Para uma crítica à noção de sujeito da teoria de Brown e Levinson, cf. Harris (2011).

históricos e institucionais, é concebido como um sujeito que age no interior de restrições situacionais, que nem sempre podem ser objeto de negociação local por parte desse sujeito e daqueles com quem interage. Nesse quadro, rapidamente esboçado na seção anterior com base em contribuições de autores das Ciências Sociais e da Análise Crítica do Discurso, entende-se que as relações de poder social preexistem à interação, estruturam-na e, por isso, impõem um quadro de expectativas ou um esquema de percepção e apreciação (Bourdieu, 1989) acerca de como cada agente, em função da posição que ocupa num dado campo, pode agir discursivamente ou não (Cunha, 2017).

Essas expectativas, que podem ser entendidas como normas socialmente constituídas (Filliettaz, 2000), afetam a maneira como ocorre o trabalho de face. Mais especificamente, as interações sociais se caracterizam por expectativas acerca de como cada agente, em virtude da posição que ocupa no campo social em que a interação se desenvolve, negociará as faces envolvidas nessa interação. Assim, tal como revelado por Goffman (2011), para cada interlocutor, dependendo do poder de que dispõe, haverá um repertório típico de práticas para salvar sua própria face, para proteger a face alheia e para atacá-la, bem como um limite para a invasão ao território alheio e para a exposição do próprio território à invasão do interlocutor. No que se refere à corte, ambiente institucional de que se ocupa este trabalho, ela se caracteriza por um conjunto controlado e rígido de normas ligadas ao exercício do poder num quadro de civilidade (Harris, 2011). Por isso, estratégias convencionais relativas à polidez são um componente crucial desse ambiente e definem o comportamento dos diferentes agentes, caracterizados por graus diferenciados de poder.

É, portanto, partindo dessa discussão, na qual a noção de poder social ocupa lugar de destaque e não um papel subsidiário, que propomos algumas hipóteses úteis à análise de discursos concretos, hipóteses que permitem entender como as estratégias no trabalho de face sofrem restrições do ambiente institucional em que são empregadas. Essas hipóteses recuperam a ligação que Brown e Levinson (1987) já haviam percebido entre polidez e poder, mas explicitam de modo mais intenso as restrições que as relações de poder impõem sobre a manifestação das estratégias de polidez.

Numa interação que se caracteriza pela assimetria de poder entre os agentes, o agente mais poderoso é aquele que, em função da hierarquia de posições institucionalmente definida, pode exercer algum tipo de controle (ou *violência simbólica legítima*, nos termos de Bourdieu (1989)) sobre as ações do interlocutor. Nessa interação assimétrica, esse agente mais poderoso cria oportunidades ou utiliza as oportunidades que surgem para atacar tanto a face positiva quanto a face negativa do interlocutor menos poderoso. Assim, quando a oportunidade de ataque das faces alheias (positiva e/ou negativa) surge, a chance de o agente mais poderoso se valer de estratégias para realizar o ataque é maior do que a do agente menos poderoso.

Em função de seu *status* ou de outro atributo social (faixa etária, gênero, etnia, condição econômica) que o coloque numa posição hierárquica superior, o agente mais poderoso se sente mais "à vontade" para atacar a face do menos poderoso do que o contrário, provavelmente por saber que o agente menos poderoso não terá condições para revidar à altura ou empregar estratégias de represália que efetivamente surtam efeito. É essa expectativa ligada às relações de poder que faz com que, por exemplo, interrupções da fala do interlocutor, críticas e perguntas invasivas sejam feitas mais comumente pelo agente que detém maior poder social, tal como atestado em pesquisas de diferentes áreas e linhas teóricas (BOURDIEU, 1982, 1989; FAIRCLOUGH, 2001; GOFFMAN, 2011; HILGERT, 2008; OSTERMANN, 2006; KERBRAT-ORECCHIONI, 1992; PEREIRA, 2006; ROULET; FILLIETTAZ; GROBET, 2001; VAN DIJK, 1998, 2012, 2014; VION, 1992).

Assim, em ambientes fortemente institucionalizados, com uma hierarquia social rígida e definida, tais como tribunais, escolas, hospitais ou outros ambientes de trabalho, agentes de maior poder social, tais como juízes, promotores, professores e médicos, atacam mais frequentemente a imagem de agentes detentores de menor poder social, tais como vítimas, acusados, alunos, enfermeiros e pacientes. Em outros termos, agentes com menor poder social são alvos mais suscetíveis à descortesia verbal por parte dos agentes que dispõem de maior poder social. Consequentemente, esses ambientes propiciam uma quantidade menor de oportunidades para que o agente menos poderoso se defenda.

Porque em ambientes fortemente hierarquizados a relação de poder é assimétrica, o agente poderoso, caso venha a ter sua face positiva ou negativa ameaçada ou atacada pelo agente menos poderoso, empregará estratégias explícitas de reparação da face positiva e/ou de preservação da face negativa, ou estratégias de represália (Culpeper, 1996; Goffman, 2011). Em outros termos, é possível que, numa determinada situação, um agente com menor poder social use estratégias para agredir a face de um agente com maior poder social. Por exemplo, não é incomum o filho insultar o pai, o criminoso fazer reclamações contra o delegado ou o aluno criticar o professor. Nessas ocasiões, as relações de poder que estruturam a interação fazem com que seja grande a chance de o agente que sofreu a agressão usar estratégias de represália para mostrar ao outro qual é o "lugar" que lhe cabe na interação, na busca por preservar o poder institucional associado à sua posição social e assegurar, assim, a manutenção da estrutura social que preexiste à interação.

Em situações assimétricas, o comportamento de um agente se define em relação ao comportamento assumido pelo outro agente. Assim, enquanto o agente poderoso costuma usar as oportunidades que surgem para atacar a face do agente menos poderoso, este, ao contrário, se esforça por ser cortês ou por evitar ser descortês com o agente de maior poder social. Conforme Bourdieu (1987, p. 124) em trecho citado anteriormente: "Quando os dominados nas relações de forças simbólicas entram na luta em estado isolado, como é o caso nas interações da vida quotidiana, não têm outra escolha a não ser a da aceitação [...] da definição dominante da sua identidade". Como consequência, mesmo que o agente menos poderoso tenha a oportunidade de ser descortês com um agente mais poderoso e, portanto, de agredir sua face, ele pode "deixar passar" essa oportunidade, ficando em silêncio ou utilizando a linguagem de maneira polida, evitando arranhar a face alheia (Goffman, 2011).

Da mesma forma, se em ambientes fortemente hierarquizados agentes poderosos costumam empregar estratégias de represália, caso tenham sua face agredida, o contrário pode não ocorrer. Assim, mesmo que tenham sua face agredida, agentes menos poderosos podem optar por não reparar sua face, quando o ataque é promovido por agentes mais poderosos (GOFFMAN, 2011; OSTERMANN, 2006).

As hipóteses propostas nesta seção ajudam a entender em que medida as estratégias de polidez ou cortesia revelam as relações de poder que caracterizam uma sociedade, sendo eficazes na manutenção e naturalização de uma ordem social hierarquizada e injusta, em que apenas alguns têm direito à voz e à preservação da face, enquanto outros devem permanecer em silêncio e sem direito a se defender ou a defender a face vítima de agressão. Nesse sentido, essas hipóteses buscam evidenciar que as relações de poder não podem ser pensadas de um ponto de vista puramente individual, como se o agente, independentemente da posição social que assume em determinado campo, tivesse total liberdade para reivindicar um lugar superior. Ainda que, numa determinada situação, um agente que detém menor poder social possa usar estratégias para agredir a face do agente com maior poder social, sendo, portanto, descortês, é pouco provável que essas estratégias sejam suficientes para reverter ou inverter a hierarquia social (pre)existente entre eles.

À luz das proposições teóricas expostas nesta seção e na anterior, vamos analisar, na próxima seção, um trecho de uma audiência a fim de verificar como se dá a imbricação entre relações de poder e trabalho de face num campo, o jurídico, que se caracteriza por relações hierárquicas de poder fortemente cristalizadas.

Relações de poder e trabalho de face em uma audiência

A audiência de instrução e julgamento que será analisada neste capítulo foi gravada e transcrita e faz parte do *corpus* da pesquisa de pós-doutorado relatada em Tomazi e Marinho (2014). A audiência ocorreu em 20 de setembro de 2013 e trata de um processo da 11ª Vara Criminal especializada em violência contra a mulher, em Vitória (ES). Na audiência, a vítima solicita a retratação da acusação feita por ela anteriormente contra seu ex-companheiro. Portanto, ela solicita a liberdade do acusado. Para preservar o anonimato dos participantes da audiência, a juíza, o acusado e a vítima serão indicados, nas transcrições, não por seus nomes, mas por J, A e V, respectivamente. Vale esclarecer que da audiência participam ainda o advogado de defesa, o escrivão e o representante do Ministério Público (MP). Mas, como suas intervenções são muito poucas e pontuais, elas não serão levadas em conta neste trabalho.

Para maior clareza de nossa exposição, vamos abordar separadamente a fala da juíza, do acusado e da vítima. A ordem de apresentação das estratégias empregadas pelos participantes da interação não é gratuita e corresponde, como será mostrado nas análises, à hierarquia de poder manifestada na audiência. A juíza é o agente mais poderoso da interação e representa o grupo dominador. Já o acusado exibe um poder relativo, na medida em que seu comportamento o coloca, ao mesmo tempo, como mais frágil que a juíza e mais poderoso do que a vítima. Ele pertence ao grupo de dominação masculina, patriarcal e machista da sociedade. A vítima, por sua vez, é o agente menos poderoso da interação e representa o grupo minoritário da desigualdade de gênero de mulheres que sofrem com a violência machista na sociedade (TOMAZI; NATALLE, 2015).

Juíza

Como exposto anteriormente, é maior a chance de um agente mais poderoso atacar as faces positiva e negativa de agentes menos poderosos do que o contrário. Numa audiência, um juiz é o agente mais poderoso, representa a elite simbólica do judiciário e é quem tem legitimidade para julgar e controlar as ações dos demais agentes participantes da interação[4].

Na audiência em análise, o poder da juíza se reflete nos recursos linguísticos de que se vale para conduzir a interação. Assim, ao longo da interação, ela emprega vários recursos para atacar, em especial, as faces positiva e negativa do acusado. Um desses recursos é a produção pela juíza de narrativas em que retoma informações do inquérito que traz o depoimento da vítima. Ao retomar em sua fala outro discurso de poder, o inquérito, a juíza reforça o domínio que possui nessa relação social. Afinal, ela tem acesso ao processo em sua totalidade e detém a possibilidade de dizer o que o outro fez ou disse em outra situação de interação social, que compreende seu depoimento ao ser preso pelo ato de agressão à vítima. Nesse sentido, o acesso e o lugar social evidenciam o poder que a juíza possui sobre o outro, o agressor, réu na acusação de violência contra a mulher.

A exemplo dos trechos (1) e (2), nos momentos da audiência em que essas narrativas ocorrem (trechos sublinhados), a juíza dá pouca margem para que o acusado questione a veracidade dos acontecimentos narrados. O fato de ter acesso aos autos dá a ela a possibilidade de tomá-los como fatos verdadeiros. O interesse da juíza é principalmente saber por que ele cometeu tais ações e não se tais ações realmente aconteceram da forma como mencionado no inquérito.

(1) J: <u>fala aqui [no inquérito] que o senhor agrediu fisicamente a... V... éh... arremessando um aparelho celular nas costas dela...</u> pois é... por que que o senhor fez isso?... o senhor já tinha tido uma chance não foi?

(2) J: <u>na primeira vez o senhor machucou bem ela né? Ela ficou 15 dias internada... estourou o pâncreas dela... e... pela seGUNda vez o senhor jo/ arremessou um celular nela...</u> e se batesse na cara dela... sabe... e se... eu creio que num deve ter jogado com pouca força... deve ter colocado muita força pra jogar... eu... eu não sei PORQUÊ isso... por que o senhor foi fazer pela segunda vez isso com ela?

---

4. "O poder judicial, por meio dos veredictos acompanhados de sanções que podem consistir em atos de coerção física, tais como retirar a vida, a liberdade ou a propriedade, manifesta esse ponto de vista transcendente às perspectivas particulares que é a visão soberana do Estado, detentor do monopólio da violência simbólica legítima" (BOURDIEU, 1989, p. 236).

A presença de sequências narrativas constitui, assim, uma estratégia importante de ataque à face negativa do acusado porque as narrativas representam fatos relativos à sua vida privada. Mas as narrativas ameaçam ainda sua face positiva, já que o representam como um homem agressivo. A juíza não emprega estratégias para amenizar essa invasão ou estratégias de polidez negativa que mitiguem o ataque à face negativa.

Como mostram os exemplos, as sequências narrativas preparam as perguntas da juíza. A pergunta é um ato de fala agressivo para a face negativa porque constitui uma forma de limitar a liberdade do outro, por exigir do interlocutor uma resposta (BROWN; LEVINSON, 1987; KERBRAT-ORECCHIONI, 1992, 2006). Ao serem preparadas por sequências narrativas que representam o acusado como um homem agressivo, as perguntas da juíza tornam-se ainda mais ameaçadoras para as faces do acusado e colocam em cena a polarização discursiva entre o grupo de homens que praticam violência contra a mulher e o grupo que defende a Lei Maria da Penha (Lei n. 11.340/2006) e, portanto, trata a agressão como crime.

A única estratégia de polidez positiva presente nas perguntas da juíza é a expressão *o senhor*, utilizada para se referir ao acusado. O emprego dessa expressão é ambíguo, na medida em que, se, por um lado, ameniza o grau de ameaça à face positiva do acusado, demonstrando alguma consideração da juíza pela autoimagem do interlocutor, evidencia, por outro, que entre a juíza e o acusado há uma grande distância social ou que entre eles não há nenhuma solidariedade, o que pode tornar a invasão à face negativa do acusado ainda mais agressiva.

Como mecanismo que contribui para atacar a face positiva do acusado e revelar a relação de poder que coloca a juíza como agente mais poderoso do que o acusado, a juíza pontua a audiência com comentários pejorativos acerca da autoimagem do acusado.

(3) J: mas eu vejo que o senhor tá muito assim... nerVOSO ainda né...
    A: não... a única coisa que me deixou nervoso foi ficar esse tempo todo longe do meu pequeno... mais nada...

Esses comentários constituem uma estratégia de ataque à face positiva do acusado, na medida em que reforçam para ele a imagem de homem violento. Ao mesmo tempo, por serem críticas, esses comentários revelam quem, na interação, tem o "monopólio da violência simbólica legítima" (BOURDIEU, 1989, p. 236) ou quem está institucionalmente autorizado a fazer críticas. Não por acaso, no exemplo (3), a tentativa do acusado de reparar a crítica não a nega, nem constitui uma crítica à própria juíza, mas constitui uma justificativa de seu comportamento agressivo, justificativa que se baseia na estratégia de construir para si a imagem positiva de bom pai (*a única coisa que me deixou nervoso foi ficar esse tempo todo longe do meu pequeno... mais nada...*). Assim, a negação por justificativa é utilizada como uma tentativa do acusado de reparar o ataque à sua imagem. Ao mesmo tempo, a fala da juíza revela a relação de poder que se estabelece entre um agente mais poderoso, a juíza, e um agente menos poderoso, o acusado.

Na fala da juíza, é recorrente o uso da negação polêmica. Segundo Ducrot (1987), a negação é polêmica quando traz as vozes divergentes de dois enunciadores, E1 e E2, e quando o locutor evidencia aderir ao ponto de vista de um desses enunciadores para negar o ponto de vista do outro, geralmente identificado com o ponto de vista do interlocutor. A negação polêmica constitui um recurso bastante relacionado ao trabalho de face e altamente ameaçador para a face positiva do interlocutor, quando, por meio dela, o locutor nega a verdade ou pertinência da fala do interlocutor (MOESCHLER, 1996).

Na audiência, a negação polêmica é utilizada pela juíza para negar a pertinência da fala do acusado.

(4) A: não... a delegada/a delegada falou pra eu... quando terminasse esse/esse processo aqui pra tá entrando com pedido de acompanhamento tutelar... pra tá entrando com pedido pra ver... pra estipular os dias pra ficar com ele certinho pra num ficar dependendo... só dela no caso... pra ver os dias certinho...
J: a medida protetiva **não** impede o pai de visitar o filho...

Nesse trecho, a negação é usada pela juíza para negar a informação dada pelo acusado, evidenciando que ele está equivocado sobre a medida protetiva. Nesse sentido, a negação polêmica funciona como uma correção da fala do outro e, por isso, revela uma relação de poder em que um agente, a juíza, tem o direito de corrigir outro agente, o acusado.

A negação polêmica é empregada ainda pela juíza para refutar de maneira bastante direta e agressiva respostas dadas pelo acusado a perguntas feitas por ela, numa sequência de *pergunta, resposta* e *negação da resposta*, como neste trecho:

(5) J: oh A... então qual a conduta que você vai ter?
A: a mesma...
J: a mesma?... a mesma **não** serve.

No trecho, a juíza nega a fala do acusado, mostrando que ela tem poder sobre suas ações futuras. Sendo assim, ela ataca sua face negativa, já que reivindica o poder de controlar suas ações futuras.

Nessa relação de poder assimétrica, a juíza se vê no direito de dar conselhos ao acusado, como neste trecho:

(6) só que a gente tem que pensar um pouco antes de fazer as coisas.

O conselho constitui um ato ameaçador para a face negativa de quem o recebe porque limita sua liberdade de ação, na medida em que aquele que dá o conselho tenta restringir ou guiar as ações futuras daquele que recebe o conselho. Ao mesmo tempo, esse ato é perigoso para a face positiva de quem recebe o conselho porque o coloca na posição de alguém que detém menos poder (menos saber) em relação ao seu interlocutor (KERBRAT-ORECCHIONI, 1992, 2006).

Tendo em vista o lugar de poder institucional que ocupa, a juíza emprega estratégias discursivas de ataque às faces positiva e negativa não só do acusado, mas também da vítima. A juíza ataca a face negativa da vítima, invadindo seu território, ao fazer perguntas diretas e sem estratégias de polidez negativa sobre seu corpo, ao se referir à agressão sofrida anteriormente pela vítima. Tal estratégia pode evidenciar a tentativa da juíza de alertar a vítima que solicita retratação da acusação e, portanto, a liberdade de seu ex-companheiro:

(7) J: quantos dias você ficou no hospital?
V: dezessete dias
J: dezessete néh?... você teve... quais os órgãos que foram lesionados?
V: o pâncreas
J: o pâncreas néh... e ele fi/o pâncreas voltou ao normal?
V: éh... tiraram um pedaço e conseguiram recuperar ele... costurando em outro lugar...

Na maior parte da audiência, a juíza dialoga com o acusado, referindo-se à vítima na 3ª pessoa. Ao referir-se à vítima na 3ª pessoa, a juíza a exclui da interação e, consequentemente, ataca sua face positiva. Afinal, a vítima se vê excluída do processo interacional e relegada ao *status* de 3ª pessoa ou de não-pessoa (BENVENISTE, 1976).

(8) J: o problema A é saber qual vai ser a sua conduta se você/ SE vo-cê for sol-to... cê tá entendendo?... porque::: uma coisa que... dá medo na gente... medo não... receio néh... medo não... receio... é de que... cê... e acabe matando **ela**...

Assim, apenas ao acusado é dado o *status* de interlocutor de pleno direito, o que contribui para, em alguma medida, valorizar sua face positiva e para estabelecer uma relação de poder desigual entre ele, que dialoga a todo momento com a juíza, e a vítima, que dialoga menos e apenas nas ocasiões em que é questionada.

A face positiva da vítima é atacada pela juíza também nas frequentes ocasiões em que esta interrompe sua fala. Em diferentes ocasiões, mesmo sendo instada a falar e tendo, portanto, seu território invadido, a vítima é interrompida de forma abrupta pela juíza, que, ao interrompê-la, revela que suas respostas não estão pertinentes. Por meio dessas interrupções, a juíza demonstra ter o poder não só de falar mais que os outros participantes da interação e distribuir os turnos, mas também de interrompê-los, quando considerar que sua fala não está adequada[5]. Neste trecho, a juíza faz perguntas (*comé/que tá a cabeça dele hoje? ele vai atrás de você?*) à vítima, que ensaia duas tentativas frustradas de respostas.

---

5. Essa mesma estratégia de ataque à face foi identifica por Ostermann (2006) na fala de mulheres policiais atendendo mulheres vítimas de agressão física.

(9) J: várias vezes néh... mas comé/que tá a cabeça dele hoje?... será que se ele sair da cadeia hoje ele vai/vai te matar?... ele vai atrás de você?... vai perdoar a traição que você fez a ele?... a maioria dos homens já traiu mulher... a maioria... no-ve-nta e no-ve vírgula nove por cento... mas ( ) mas na verdade é o seguinte... quando a mulher TRAI... ela:: é execrada néh:: na cabeça do homem tem que... a verdade é essa...
V: eu acho que
        [
J: mas tem que saber comé/que tá a cabeça dele hoje se ele ainda pensa em te matar igual ele tava... com essa CABEÇA desse jeito...
V: então a mãe dele hoje con
                [
J: NÃO MAS a mãe dele não CONTA NÃO... mãe não sabe de cabeça de homem não... ela nem sabe da cabeça dele... ele já é homem...

Nesse mesmo trecho, chama a atenção o uso que a juíza faz do *não* e do *mas*. Esses dois itens iniciam os turnos em que a juíza interrompe a vítima. Com base em Roulet (1997, 1999), esses itens podem ser interpretados como marcas de discurso implicitado. Geralmente, uma marca de discurso implicitado é um conector em início de réplica. Enquanto marca de discurso implicitado, o conector liga o discurso produzido pelo locutor à retomada implícita de discurso produzido pelo interlocutor (CUNHA; MARINHO, 2017). Conforme Roulet (1997, 1999), esse uso dos conectores costuma ocorrer em contextos de maior agressividade entre os interlocutores, por ser bastante hostil para a face do interlocutor. Afinal, como exemplifica o trecho, por meio de suas intervenções, a juíza utiliza o advérbio de negação *não* e o conector *mas* para negar não só a pertinência do que a vítima fala, como também seu direito a falar. O objetivo é subordinar o discurso da vítima ao seu próprio discurso, rejeitando, desvalorizando ou pondo em dúvida o discurso da vítima. Vale ressaltar que o tom de voz elevado da juíza, representado na transcrição pelas letras em caixa alta, torna suas intervenções ainda mais agressivas para a face positiva da vítima.

Acusado

Embora do ponto de vista institucional o acusado seja um agente de menor poder do que a juíza, ao longo da audiência, ele tenta a todo momento reivindicar poder, seja em relação à vítima, seja em relação à própria juíza. Do ponto de vista da linguagem, isso significa que a fala do acusado é repleta de recursos por meio dos quais ele tenta reivindicar uma posição de poder. Inclusive, muitas das estratégias empregadas pela juíza são empregadas pelo acusado, ainda que com menor frequência. Como já exposto, quando um agente de menor poder social se vale de estratégias para tentar inverter uma relação de poder institucionalmente estabelecida, sofrerá represálias por parte do agente mais poderoso. As várias estratégias empregadas pela juíza para atacar as faces positiva e negativa do acusado, estratégias estudadas anteriormente, podem ser entendidas, em grande medida, como represálias da juíza contra as ações realizadas pelo acusado na tentativa de reivindicar poder.

A tentativa do acusado de reivindicar poder se manifesta no uso que ele, assim como a juíza, faz do discurso implicitado. Por meio do *mas*, ele retoma a fala da juíza para negá-la ou refutá-la.

(10) A: [...] meu filho chego reclamando pra mim que ela tava levando home pra casa... tava deixando ele de noite sozinho no quarto::: meu filho de quatro anos... eu virei pra ela e falei... bicho... eh quer levar home pra dentro de casa... leva... mas quando ele tive coMIGO... COMIGO... ou longe...
J: mas... tava separado dela?
A: tava...
[
J: o que que tem ela namorar?
A: **mas** ele é PEQUENO...

Na fala do acusado, o advérbio de negação *não* também é empregado como marca de discurso implicitado, para retomar a fala da juíza, negando-a de forma abrupta e explícita.

(11)   J: mas eu vejo que o senhor tá muito assim... nerVOSO ainda né...
A: **não**... a única coisa que me deixou nervoso foi ficar esse tempo todo longe do meu pequeno... mais nada...

É como se, ao usar estratégias próprias do discurso dos poderosos, ele quisesse dizer implicitamente que também goza de algum poder, talvez o de ser homem. Como nota Van Dijk (2008), as variáveis que numa sociedade atribuem uma posição de poder a um agente costumam aparecer juntas, ou se sobrepondo ou se opondo. Na audiência em análise, o acusado é um agente de menor poder em relação à juíza. Mas, numa sociedade marcadamente patriarcal e machista como a nossa, o acusado ainda se sente no direito de reivindicar algum poder em relação à própria juíza, pelo fato de ser homem (Tomazi, 2014; Izumino, 2011). Essa reivindicação se evidencia nas estratégias que ele emprega, a exemplo do discurso implicitado, para atacar as faces positiva e negativa da juíza. Desse modo, na audiência, verifica-se uma disputa de poder entre a juíza, cujo poder vem do campo jurídico em que a interação ocorre, e o acusado, cujo poder é um traço de nossa cultura, que atribui maior poder aos homens.

Porém, dadas as restrições institucionais que pesam fortemente sobre a interação, o poder social de que a juíza dispõe é maior, o que se evidencia no fato de que muitas das estratégias utilizadas pelo acusado são fortemente coibidas pela juíza. Assim, o acusado tenta inverter a relação de poder, ao tentar dominar o turno, como exemplifica o trecho a seguir:

(12) J: (...) A da primeira vez você não ficou preso...
    A: não
    J: você QUASE matou ela e não ficou PRESO... entendeu?... talvez se tivesse
                                                  [
    A: me apresentei
    J: ficado preso você NEM fazia isso...
                           [
    A: me apresentei
    J: mas essa questão de apreSENTAR pra mim não voga nada não...
                                          [
    A: não fiquei
    J: não voga... acho que a justiça tinha que se feita...
    A: verdade...
    J: esse negócio de apresentar... eu já vi um ca/cara que matou a mãe e se apresentou e ficou solto...
    A: ( )
    J: cê tá entendendo?... então não POde ISSO... não pode/não tira a coisa errada que você fez chega lá "não... fiz mesmo... matei mesmo... bati mesmo..."
                      [
    A: eu sei...   eu sei...

A estratégia do acusado de tomar o turno e silenciar a juíza é malsucedida porque a juíza simula ignorar suas investidas (*me apresentei*). Mas, no último turno da juíza (*esse negócio de apresentar... eu já vi um ca/cara que matou a mãe e se apresentou e ficou solto...* [...] *não pode/ não tira a coisa errada que você fez chega lá "não... fiz mesmo... matei mesmo... bati mesmo..."*), ela rebate a informação dada pelo acusado duas vezes de que ele se apresentou à justiça, informação com a qual ele tenta não só tomar o turno, como também amenizar a gravidade da violência que cometeu contra a vítima. Além disso, as marcas de modalidade deôntica na fala da juíza (*não pode*) revelam quem está institucionalmente autorizado a dar ordens e, consequentemente, a ameaçar as faces numa audiência. Assim, porque a juíza se vale de diferentes estratégias para coibir as tentativas do acusado de ameaçar sua face, a relação assimétrica de poder entre a juíza e o acusado não sofre abalo, apesar da estratégia do acusado de assaltar o turno, como demonstra sua concordância final com a fala da juíza (*eu sei... eu sei...*).

Porque se sabe um agente menos poderoso, o acusado, para preservar sua face positiva, se vale de estratégias menos agressivas ou ameaçadoras para a face da juíza. Uma delas é reconhecer-se responsável pelos próprios atos. É o que ocorre neste trecho, em que o acusado tenta reparar sua face, ao ter sua autoimagem de homem atacada.

(13) J: ele já é homem/quem tem que decidir isso por você é VOCÊ... não é sua MÃE... e o que sua mãe falar de você eu não acredito porque:::
                                                [
     A: ( )
     J: você é um homem...
     A: <u>tô preso por causa disso... respondo pelo o que eu faço...</u>

A consciência de ser um agente menos poderoso do que a juíza se evidencia também nos momentos em que o acusado revela saber que cabe à juíza organizar a distribuição de turnos e que ele só pode falar se o agente mais poderoso, a juíza, permitir.

(14)   A: eu vou falar... <u>posso fala?</u>

Quanto à relação de poder entre acusado e vítima, o acusado evidencia, em sua fala, uma relação em que a vítima é um agente menos poderoso do que ele. Uma estratégia importante empregada pelo acusado para reivindicar poder em relação à vítima é negar a pertinência da narrativa contada em depoimento pela vítima e registrada no inquérito lido pela juíza.

(15) J: Lá na delegacia você falou o seguinte... que o autor a agrediu em vinte e três do três de dois mil e treze... quando o autor a deixou internada por dezessete dias... porque das agressões do autor lhe restou um rompimento de pâncreas... que agora tendo conhecimento das MPUs o autor surtou... que quando o oficial de justiça ligou para o autor para entregar os MPUs o autor passou a lhe mandar torpedos... quando o autor disse que não seria um papel que o manteria afastado da declarante... que de cinco em cinco minutos ele mandava torpedo -- tá escutando néh? -- dizendo... "corre... corre... vaca"... em outra lhe disse... "corre vagabunda"... em outra lhe disse "tô indo ver você"... e em outra lhe disse "até o final desse dia tu está morta... e eu tô preso vaca"... que depois desse torpedo o autor esteve em sua casa... mas não a encontrou... que por volta do meio-dia ele a encontrou na casa da madrinha de seu filho... ele foi até lá... que voltando da praia com sua comadre e o seu filho viu o carro de uma outra amiga estacionado em frente ao prédio de sua comadre... momento em que viu o autor saindo do carro do lado do carona dessa moça... [...] quando os policiais chegaram o autor já havia fugido do local... ele foi lá com a ajuda de uma amiga sua que no mesmo dia registrou o fato no... e mais não disse e nem foi perguntado... foi isso?
V: foi...
J: cê estava nervoso no dia ein?
A: ( ) eu desconfio de muita coisa que ela colocou aí...

Outra estratégia utilizada pelo acusado para mostrar-se mais poderoso do que a vítima é produzir turnos mais longos do que os dela. Como já exposto, a juíza corrobora, em alguma medida, o poder que o acusado reivindica, ao elegê-lo como interlocutor preferencial. Talvez por isso, o acusado se sinta no direito de falar mais do que a vítima. Porém, o domínio do turno constitui uma demonstração de poder não só contra a vítima, mas também contra a juíza. Por isso, como evidencia o trecho a seguir, esta, para rebater esse poder e mostrar "quem é que manda", se vale da estratégia de o interromper e passar a se dirigir à vítima, na tentativa de valorizar sua face positiva.

(16) A: [...] quando eu cheguei lá pra ver meu filho... meu filho tava na frente... eu cheguei abracei ele... ela tava mais atrás... ela começou xingar... tanto a mim quanto a minha amiga de piranha... de seu lá o que... foi na hora que eu taquei o telefone nela e fui atrás dela... em momento algum/homem nenhum tirou meu filho do meu colo...
J: pera só um minutim... então quer dizer que foram os populares então foi que impediram que ele continuasse a a a agredir... a que/querer matar você?

Vítima

Na audiência, a vítima é o agente mais frágil ou menos poderoso. Ela é menos poderosa do que a juíza, que, como vimos, é uma instância cujo poder vem do campo jurídico a que pertence e do qual recebe o poder de dar ordens e conselhos, de comandar a abertura e o encerramento da interação, de controlar a distribuição dos turnos, de avaliar as ações dos demais participantes da interação, bem como de invadir seu território e de ameaçar sua face. A vítima é menos poderosa ainda em relação ao acusado, que se vê no direito de agredir física e moralmente sua companheira, baseado no respaldo que lhe dá a nossa sociedade, constituída de forma perversamente misógina. Não por acaso, como vimos, tanto a juíza quanto o acusado se valem de diferentes estratégias bastante agressivas e explícitas para ameaçar a face da vítima e invadir seu território. Por isso, a linha de conduta assumida pela vítima ao longo da audiência ilustra de forma exemplar esta observação de van Dijk (2008):

> No fim das contas, os sem-poder "não têm nada para dizer", literalmente, não têm com quem falar ou precisam ficar em silêncio quando pessoas mais poderosas falam, como no caso das crianças, dos prisioneiros, dos réus e (em algumas culturas, incluindo algumas vezes a nossa) das mulheres (VAN DIJK, 2008, p. 44, grifo do autor).

Em sua fala, a vítima evidencia saber como as relações de poder são estruturadas na audiência. Ela sabe que cabe à juíza, agente mais poderoso, organizar a interação e a distribuição dos turnos.

(17) V: esse negócio aí que foi... éh::: <u>pode falar?</u>
    J: pode falar

Além disso, os turnos da vítima são muito curtos e constituem, na maior parte das ocorrências, "ecos" em relação à fala da juíza. E, quando a vítima não dá a resposta esperada pela juíza, esta a conserta ou desacredita sua fala, como revela este trecho:

(18) J: cê tem medo dele V?
V: não...
J: não?... tem certeza?...
V: sim...
J: ele quando era seu marido... era calmo?...
V: era calmo... sempre foi...
J: cê tá com o botão do pânico... não tá?
V: tô...

Esse trecho evidencia bem por que os agentes menos poderosos optam ou são levados a optar pelo silêncio.

Mesmo quando a vítima tenta construir para si uma imagem positiva, ela emprega estratégias ambíguas, que, se, por um lado, valorizam sua face positiva, por outro, ameaçam fortemente sua face negativa, seu território. Vejamos como isso ocorre neste trecho:

(19) J: você quer que ele seja solto por que V?
V: eu acho que ele não vai volta a fazer o que ele fez... e o meu filho sente muito a falta dele... eu tô tendo muita dificuldade com o meu filho por causa disso... e eu acredito que...

Em sua resposta, a vítima tenta justificar seu pedido de retratação e procura se apresentar como uma mãe zelosa, que pensa no filho, transferindo, assim, seu desejo de libertar seu agressor para sua incapacidade emocional de lidar com a ausência do pai de seu filho. Afinal, ela quer soltar o pai por causa do bem-estar do filho (*e o meu filho sente muito a falta dele*). Mas, ao mesmo tempo, na parte central de sua resposta (*eu tô tendo muita dificuldade com o meu filho por causa disso*), ela faz uma confissão, que atua na construção de uma imagem de pessoa frágil, que não consegue solucionar os problemas que a ausência do pai tem causado ao filho. Assim, com essa resposta, ao evidenciar que precisa do acusado, a vítima ataca, ao mesmo tempo, sua própria face positiva, fazendo uma confissão de fragilidade e colocando-se numa posição inferior à do acusado, e sua face negativa, ao permitir que outros invadam seu território, dizendo o que fazer em sua vida pessoal.

Ainda que seja o agente menos poderoso da interação, a vítima tenta utilizar estratégias de reparação de suas faces positiva e negativa, mas elas não são levadas em conta pela juíza. Uma dessas estratégias é tentar amenizar a invasão ao seu território. Como vimos na análise da fala da juíza, esta não se vale de estratégias de polidez negativa para invadir o território da vítima. Assim, a juíza faz perguntas diretas sobre partes do seu corpo. No turno sublinhado no trecho a seguir, a vítima tenta amenizar essa invasão por meio de uma estratégia de negar a pertinência da informação dada pela juíza de que seu pâncreas tenha sido comprometido pela agressão do acusado.

(20) J: o pâncreas néh... e ele fi/o pâncreas voltou ao normal?
V: éh... tiraram um pedaço e conseguiram recuperar ele... costurando em outro lugar...
J: pois é... na verdade não sei nem se essa classificação/deixa eu ver se tá leve ((folheia o processo)) tá LEVE... talvez nem se enquadre em lesão leve porque houve... comprometimento de órgão
V: mas ele tá funcionando direitinho... não teve complicação nenhuma...
J: vocês voltaram depois disso?
V: não...

Essa estratégia de questionar a pertinência da informação dada pela juíza é interessante porque constitui um sinalizador importante da relação de poder que há entre a juíza e a vítima. A vítima não nega o direito da juíza de fazer perguntas invasivas de seu território. Se a vítima empregasse uma estratégia tão agressiva, a juíza poderia se valer de fortes estratégias de represália. Afinal, a vítima estaria questionando as próprias relações de poder que estruturam a interação numa audiência e o direito institucionalmente estabelecido da juíza de atacar as faces de vítimas e acusados. Ao contrário, a vítima questiona a pertinência das informações expressas pela juíza.

Mas essa oposição ao ponto de vista da juíza não deixa de ser uma estratégia de ataque à face positiva da juíza, oposição que é marcada, inclusive, pelo *mas* que encabeça a intervenção da vítima e que funciona como marca de discurso implicitado. Por isso, após a intervenção da vítima, a juíza se vale de uma estratégia (leve) de represália, que é mudar de tópico (*vocês voltaram depois disso?*), ignorando o estado do pâncreas da vítima e passando a tratar de seu relacionamento com o acusado.

Na fala da vítima, também há ocorrências do *não* como marca de discurso implicitado, assim como verificado na fala da juíza e do acusado. Na parte final da audiência, parte reproduzida a seguir, a vítima emprega sucessivas vezes o *não* como estratégia explícita de negação da pertinência da fala da juíza e de tentativa de tomada do turno. É o único momento da interação em que há um conflito verbal entre a juíza e a vítima. Essas reiteradas negações da fala da juíza constituem uma estratégia por meio da qual a vítima busca reivindicar poder e, por isso, são um recurso bastante agressivo para a face da juíza. Mas vale chamar a atenção para o fato de que essa estratégia de valorização da face positiva da vítima e de ameaça da face positiva da juíza é usada pela vítima para minimizar a gravidade da agressão que sofreu (*a* <u>única</u> *agressão que ele fez contra mim foi correr e me tacar o celular*) e, desse modo, valorizar a face positiva do acusado.

(21) J: então quer dizer que foram os populares então foi que impediram que ele continuasse a a a agredir... a que/querer matar você?
    V: **não**... olha só... a gente tava voltando da praia... como ele tinha
                                                  [
    J: não... essa questão a praia já foi superada...
        [
    V: **não**... sim...
J: eu quero dizer na hora dali...
                      [
    V: **não**... eu tava longe na hora que ele tava lá co/a... co/a... eu tava mais afastada... ele não tentou...
                          [
    J: você falou que as pessoas que/ele só parou com aquela atitude agressiva... quando as pessoas que estavam próximas ao local chegaram ali...
V: **não**... a única agressão que ele fez contra mim foi correr e me tacar o celular e depois ele voltou pra pegar meu filho...
J: pois bem... a senhora ficou com medo quando ele fez isso?
V: fiquei...
J: a senhora ficou com medo de ele te matar?
V: fiquei...

Assim, se as ocorrências do *não* nesse trecho valorizam, em alguma medida, a face da vítima e atacam a da juíza, elas têm como efeito principal reforçar o lugar inferior que cabe à vítima na relação de poder com o acusado e reforçar seu arrependimento pelo prosseguimento do processo e pela ação punitiva penal imputada a agressores que cometem violência contra a mulher. Esse trecho evidencia bem como o próprio agente detentor de menor poder social pode atuar na manutenção e no reforço de uma relação de poder desfavorável para si e como relações de poder desiguais precisam da conivência dos menos poderosos para existirem (BOURDIEU, 1989).

Considerações finais

A análise da transcrição da audiência de instrução e julgamento e das relações interacionais ali construídas reforçam as conclusões de Tomazi e Marinho (2014), ao demonstrar que as mulheres vítimas de violência doméstica não atuam como vítimas passivas nos casos de agressão, mas como sujeitos ativos nas relações conjugais. Ao depor perante a elite simbólica que representa o judiciário brasileiro, a vítima aposta na retratação da representação punitiva de seu agressor e constrói um discurso voltado para reverter a situação e libertar seu agressor. No caso em apreço, os argumentos utilizados para a construção de faces demonstram que a possibilidade de retratação de representação em casos de violência contra a mulher precisa, de fato, ser revista pelo judiciário. Vários motivos explicam esse desejo de reverter a situação do acusado, principalmente quando se trata de réu preso: a dependência financeira e emocional da vítima, o apelo da família do acusado, o apelo dos filhos, entre outros motivos.

Desse modo, com base em contribuições de estudos desenvolvidos nas Ciências Sociais e na Análise Crítica do Discurso, nossa proposta de evidenciar a imbricação profunda entre relações de poder e trabalho de face procurou evidenciar que os recursos verbais que sinalizam a polidez ou que são empregados no trabalho de face exercem papel de primeira importância no reforço, na naturalização e na permanência das relações de poder que, de um ponto de vista macrossocial, estruturam a sociedade. Por meio da análise de um trecho de uma audiência, mostramos que o uso que os agentes (juíza, acusado e vítima) fazem de estratégias de polidez se explica, em grande medida, pelo ambiente social e institucional em que estão inseridos.

Nessa perspectiva, procuramos explicitar que a agressão à face positiva e a invasão ao território (face negativa) são violências simbólicas cometidas predominantemente por agentes mais poderosos contra os menos poderosos. Assim, essa violência é legitimada (e naturalizada), dependendo da posição que os agentes ocupam no campo, porque essa posição estipula de quanto poder cada agente dispõe. Com este trabalho, procuramos contribuir, assim, não só com os estudos que tratam dos mecanismos linguísticos próprios da (im)polidez ou (des)cortesia, mas ainda com os estudos da Análise do Discurso que se interessam pela imbricação que procuramos evidenciar entre relações de poder e trabalho de face.

Referências

AUSTIN, John Langshaw. *How to do things with words*. Oxford: Clarendon Press, 1962.

BENVENISTE, Émile. *Problemas de linguística geral*. São Paulo: Ed. Nacional/Edusp, 1976.

BOURDIEU, Pierre. *Ce que parler veut dire*. Paris: Fayard, 1982.

_____. *O poder simbólico*. Lisboa: Difel, 1989.

BROWN, Penelope; LEVINSON, Stephen. *Politeness*: some universals in language use. Cambridge: Cambridge University Press, 1987.

BURGER, Marcel. L'identité négociée: "rapports de place(s)" dans un entretien télédiffusé. *Cahiers de linguistique française*, n 17, p. 9-33, 1995.

CULPEPER, Jonathan. Towards an anatomy of impoliteness. *Journal of Pragmatics*, n. 25, p. 349-367, 1996.

CUNHA, Gustavo. Ximenes. *A construção da narrativa em reportagens*. 2013. 601 f. Tese (Doutorado em Linguística). Faculdade de Letras, Universidade Federal de Minas Gerais, Belo Horizonte, 2013.

_____. As relações retóricas e a negociação de faces em debate eleitoral. *Confluência*, n. 47, p. 205-238, 2014a.

_____. As condições de emergência da função reformulativa do conector *quando* em reportagens. *Revista de Estudos da Linguagem*, v. 22, p. 143-170, 2014b.

_____. A construção de imagens de si no discurso organizacional. In: TOMAZI, Micheline Mattedi; ROCHA, Lúcia Helena Peyroton da; POMPEU, Júlio César (Orgs.). *Estudos discursivos em diferentes perspectivas*: mídia, sociedade e direito. São Paulo: Terracota Editora, 2016. p. 111-126.

_____. Conectores e processo de negociação: uma proposta discursiva para o estudo dos conectores. *Fórum Linguístico*, n. 14, p. 1699-1716, 2017.

CUNHA, Gustavo Ximenes; BRAGA, Paloma Bernardino. O comentário metadiscursivo como estratégia argumentativa em debates eleitorais. *EID&A — Revista Eletrônica de Estudos Integrados em Discurso e Argumentação*, p. 101-118, 2016.

CUNHA, Gustavo Ximenes; MARINHO, Janice Helena Chaves. A expressão conectiva *na verdade*: contribuições para uma abordagem polifônica dos conectores reformulativos. *Signo*, v. 42, p. 53-64, 2017.

CUNHA, Gustavo Ximenes; TOMAZI, Micheline Mattedi. A negociação de imagens identitárias em depoimentos judiciais e no debate eleitoral. *Signum*: estudos de linguagem, v. 20, p. 11-34, 2017.

DUCROT, Oswald. *O dizer e o dito*. Campinas: Pontes, 1987.

FAIRCLOUGH, Norman. *Discurso e mudança social*. Brasília: Editora da UnB, 2001.

FILLIETTAZ, Laurent. *Actions, activités et discours*. 2000. 403 f. Tese (Doutorado em Linguística) — Faculdade de Letras, Universidade de Genebra, Genebra, 2000.

FOUCAULT, Michel. [1970]. *A ordem do discurso*. São Paulo: Edições Loyola, 2013.

GOFFMAN, Erving. *La mise em scène de la vie quotidienne*: les relations em public. Paris: Les éditions de minuit, 1973. v. 2.

_____. *Ritual de interação*: ensaios sobre o comportamento face a face. Petrópolis: Vozes, 2011.

GRICE, Paul. Logic and conversation. In: COLE, Peter; MORGAN, Jerry. (Ed.). *Syntax and semantics*, v. 3: Speech Acts. New York: Academic Press, 1975. p. 41-58.

HARRIS, Sandra. The limits of politeness re-visited: Courtroom discourse as a case in point. In: LINGUISTIC POLITENESS RESEARCH GROUP (Org.). *Discursive approaches to politeness*. Berlin/Boston: De Gruyter, 2011. p. 85-108.

HAUGH, Michel. Disentangling face, facework and im/politeness. *Sociocultural Pragmatics*, v. 1(1), p. 46-73, 2013.

HILGERT, José Gaston. A cortesia no monitoramento de problemas de compreensão da fala. In: PRETI, D. (Org.). *Cortesia verbal*. São Paulo: Humanitas, 2008. p. 125-156.

IZUMINO, Wânia Pasinato. "Feminicídios" e as mortes de mulheres no Brasil. *Cadernos Pagu*, n. 37, p. 219-246, 2011.

KERBRAT-ORECCHIONI, Catherine. *Les interactions verbales*. Paris: Colin, 1992.

_____. Politeness in France: how to buy bread politely. In: HICKEY, Leo; STEWART, Miranda (Orgs.). *Politeness in Europe*. Toronto: Multilingual Matters LTD, 2005. p. 29-44.

_____. *Análise da conversação*: princípios e métodos. São Paulo: Parábola Editorial, 2006.

KOCH, Ingedore Vilaça; BENTES, Anna Christina. Aspectos da cortesia na interação face a face. In: PRETI, Dino. (Org.). *Cortesia verbal*. São Paulo: Humanitas, 2008. p. 19-48.

LEECH, Geoffrey. *The pragmatics of politeness*. Oxford: Oxford University Press, 2014.

MOESCHLER, Jacques. *Théorie pragmatique et pragmatique conversationnelle*. Paris: Armand Colin, 1996.

OSTERMANN, Ana Cristina. Comunidades de prática: gênero, trabalho e face. In: HEBERLE, V. M.; HEBERLE, Viviane Maria; OSTERMANN, Ana Cristina;

FIGUEIREDO, Débora de Carvalho (Orgs.). *Linguagem e gênero no trabalho, na mídia e em outros contextos*. Florianópolis: Editora da UFSC, 2006. p. 15-47.

PEREIRA, Maria das Graças Dias. Estratégias de manutenção do poder de uma ex-chefe em uma reunião empresarial: indiretividade e diretividade em atos de comando. In: HEBERLE, V. M.; HEBERLE, Viviane Maria; OSTERMANN, Ana Cristina; FIGUEIREDO, Débora de Carvalho (Orgs.). *Linguagem e gênero no trabalho, na mídia e em outros contextos*. Florianópolis: Editora da UFSC, 2006. p. 93-128.

ROULET, Eddy. L'organisation polyphonique et l'organisation inférentielle d'un dialogue romanesque. *Cahiers de linguistique française*, v. 19, p. 149-179, 1997.

_____. *La description de l'organisation du discours*. Paris: Didier, 1999.

ROULET, Eddy; FILLIETTAZ, Laurent.; GROBET, Anne. *Un modèle et un instrument d'analyse de l'organisation du discours*. Berne: Lang, 2001.

TERKOURAFI, Marina. Beyond the micro-level in politeness research. *Journal of Politeness Research*, n. 1, p. 237-262, 2005.

TOMAZI, Micheline Mattedi; MARINHO, Janice Helena Chaves. Discurso jurídico e relações de poder: gestão de faces e de lugares. *Revista (Con)textos Linguísticos*, v. 8, n. 10.1, p. 245-278, 2014.

TOMAZI, Micheline Mattedi; NATALE, Raquelli. [Des]caminhos da violência de gênero no Brasil: discurso, mídia e representação social. In: SILVA, Denise Helena Garcia; PARDO, Maria Laura (Orgs.). *Pasado, presente y futuro de los Estudios en América Latina*. Buenos Aires: Aled, 2015. p. 136-155.

VAN DIJK, Teun Adrianus. *Ideology*: a multidisciplinar approach. Nova Delhi: Sage Publications Ltda., 1998.

_____. *Discurso e poder*. São Paulo: Contexto, 2008.

_____. *Discurso e contexto*: uma abordagem sociocognitiva. São Paulo: Contexto, 2012.

_____. *Discourse and Knowledge*: a sociocognitive approach. Barcelona: Cambridge University Press, 2014.

VION, Robert. *La communication verbale*: analyse des interactions. Paris: Hachette, 1992.

7

Estratégias de (im)polidez:
o (des)alinhamento de *frames* entre ações potencialmente invasivas no contexto de ensino de português brasileiro como língua adicional (PBLA)

Rodrigo Albuquerque
Universidade de Brasília

Cibele Brandão
Universidade de Brasília

1. Considerações iniciais

A linguagem, nas palavras de Morato (2007, p. 317), é considerada ação humana, na medida em que "predica, interpreta, representa, influencia, modifica, configura, contingencia, transforma etc."; assim como a ação humana também atua sobre a linguagem: a relação entre ambas é dialética. A partir desse pressuposto epistêmico, consideramos pertinente a proposta de Brown e Levinson (1987) na recomendação de minimizarmos ações potencialmente impositivas, no que diz respeito à distância social, às questões de poder e ao grau de imposição, em atendimento a necessidades linguageiras.

Esses aspectos, sem dúvida, são negociados e co-construídos pelos interlocutores (JACOBY; OCHS, 1995) com o propósito de preservar as *faces* (cf. GOFFMAN, 1967) de tais sujeitos, por meio do gerenciamento de estratégias de polidez, que tem por função assegurar o respeito mútuo aos limites territoriais linguísticos e não linguísticos.

Tomando como ponto de partida a recomendação de Brown e Levinson (1987), objetivamos ampliar a noção do que seriam atos impositivos, abarcando as estratégias de oferta e de uso de expressão metafórica, pois, mesmo tendo sido classificadas originalmente pelos autores (1987) como polidez positiva (a oferta) e indiretividade (a metáfora), apresentam possível componente ameaçador. Tal taxonomia nos faz constatar que esses atos foram inicialmente avaliados como valorizadores, e não como invasivos.

Nessa perspectiva, almejamos discutir, com estudantes de português brasileiro como língua adicional, mais especificamente falantes de espanhol, o (des)alinhamento de *frames* entre brasileiros e estrangeiros relativamente às estratégias de oferta excessiva e de uso de termos metafóricos, propiciando, assim, o diálogo com/entre os sujeitos de pesquisa, a fim de que eles pudessem refletir sobre as práticas socioculturais brasileiras (e as suas próprias práticas) e, consequentemente, lograssem êxito em suas atividades interacionais.

A noção de *frame* (ou *enquadre*) refere-se, de acordo com Bateson (1998), ao potencial grau de ambivalência das mensagens, colaborando para que os interagentes incluam certas ações significativas em determinado enquadre e, portanto, excluam outras. O autor destaca que o interlocutor está, a todo momento, atento aos sinais do locutor, e esses sinais são contextualizados a partir dos enquadres. Ou seja, é a partir desse processo que, nas palavras do autor, reconhecemos ser determinada ação, por exemplo, uma brincadeira e não uma ameaça. Consideramos, para este trabalho, a noção interacional de *frames*, por concebermos que os enquadres, nesta pesquisa, se estabelecem de modo interativo.

Para alcançar os objetivos já apresentados e direcionar o estudo das estratégias de (im)polidez no contexto de PBLA, apresentamos as seguintes questões investigativas:

i. Até que ponto a recomendação de Brown e Levinson (1987) acerca da minimização de ações impositivas restringe-se apenas às ações descritas originalmente como potencialmente ameaçadoras à *face*? E como ações originalmente valorizadoras da *face* podem se tornar a ela ameaçadoras?

ii. Que estratégias de polidez (linguísticas e não linguísticas) podem ser utilizadas por brasileiros com o intuito de valorizar a *face* do interagente e, ao mesmo tempo, funcionarem como ações impositivas, como consequência de *frames* distintos?

Esta pesquisa justifica-se, então, pela necessidade de ampliarmos a noção de atos impositivos, postulada por Brown e Levinson (1987), levando em consideração aspectos interculturais e contextuais, bem como de discutirmos o desalinhamento de *frames* entre brasileiros e falantes de espanhol nas ações cuja finalidade seja, em princípio, valorizar a *face* do outro, mas que, por alguma razão, podem se tornar ameaçadoras. Essa reflexão visa a favorecer interações face a face bem-sucedidas entre esses atores sociais, com base no respeito sociocultural mútuo e na solidariedade quanto às necessidades da *face* do outro.

Nos estudos sobre polidez, convém recorrer ao conceito de *face*, de Goffman (1967), que consiste no valor social reivindicado para si mesmo e no que os outros atribuem a ele em determinada interação. O autor ressalta ser esperado o respeito mútuo às *faces* do locutor e do interlocutor nas conversas cotidianas. Assim, é na modalização de nossas ações (na escolha entre maior ou menor potencial impositivo) que se torna possível a avaliação da nossa *face* e a do nosso interlocutor.

O princípio cooperativo, relacionado à necessidade de o interagente fazer com que sua contribuição conversacional seja dada conforme as exigências interacionais, dá origem às máximas conversacionais de qualidade (a contribuição deve ser verdadeira, isto é, não devemos dizer nada falso ou que careça de evidências adequadas);

de quantidade (a contribuição não deve ser nem mais nem menos informativa); de relevância (a contribuição deve ser relevante); e de modo (a contribuição não deve ser obscura e ambígua, mas breve e ordenada) (GRICE, 2006, p. 45-47). Tanto o princípio cooperativo quanto as máximas conversacionais (GRICE, 2006), por vezes, entram em conflito com as necessidades da *face*, com as estratégias de polidez e, inclusive, com a própria terminologia griceriana.

O paradoxo entre sinceridade e polidez constitui exemplo ao marcar o potencial conflito na decisão entre respeitar a máxima da qualidade (ser verdadeiro) ou as convenções de polidez (ser polido). Para Fraser (1990, p. 227), o princípio cooperativo e o princípio de polidez funcionam, nesse sentido, como um cabo-de-guerra. Além disso, Lakoff (1973, p. 297-298) chama a atenção para a vagueza dos termos empregados por Grice (falso, verdadeiro, relevante, claro, necessário etc.).

Quanto à opção por minimizar ações potencialmente impositivas, Lakoff (1973) admite que, para sermos competentes pragmaticamente, devemos ofertar opções ao nosso interlocutor e, com tal escolha, acabamos reduzindo o caráter impositivo de nossas ações. Leech (1983), por seu turno, ressalta que necessitamos centralizar nossa interação na reivindicação de custos para nós mesmos e de benefícios para o outro. Brown e Levinson (1987), por fim, asseguram que os interlocutores possuem necessidade de se sentirem livres nas suas escolhas, optando, assim, pela esquiva de modo geral.

A partir das considerações desses autores pioneiros, que enxergam a polidez como fenômeno pancultural, articularemos neste capítulo os estudos sociointeracionais e interculturais da polidez com a agenda dos estudos sociocognitivos, por admitirmos que a polidez é negociada estrategicamente pelos interagentes e se estabelece na relação dialética entre interioridade e exterioridade. Assim, apresentaremos, na sequência, (1) as ações e as reflexões metodológicas; (2) o desalinhamento de *frames*, com base nos resultados do estudo e nas contribuições teórico-metodológicas relativas à oferta excessiva e ao uso de expressões metafóricas; e (3) as principais contribuições deste estudo para o ensino de português como língua adicional.

2. Ações e reflexões metodológicas

No estudo de uma língua adicional, o aluno não deseja apenas ter acesso à estrutura linguística, mas anseia também discutir aspectos que incidam sobre suas relações interpessoais no plano discursivo. Percebemos então, no planejamento desta pesquisa, que a investigação qualitativa oportuniza ao estudante o exercício da reflexividade, pois, para Bortoni-Ricardo (2008, p. 32), é ela que proporciona perceber um mundo interconectado com as práticas sociais e com os significados advindos destas.

A partir dessa característica, o presente estudo surge de nossa percepção acerca de ações prototipicamente ameaçadoras, como o pedido e a ordem, e de outras, aparentemente menos ameaçadoras, capazes de gerar, potencialmente, riscos à *face* do interagente, como a oferta e o uso de metáforas. Contudo, essa avaliação só pode ocorrer em investigações contextualmente situadas que considerem o contato intercultural e a reflexão pessoal e conjunta acerca das práticas sociointeracionais, em decorrência da potencial distinção avaliativa entre culturas.

Assim, nossa geração de dados foi realizada na sala de aula de português para estrangeiros do Núcleo de Ensino e Pesquisa em Português para Estrangeiros (NEPPE), da Universidade de Brasília (UnB)[1], com alunos falantes de espanhol do nível intermediário, em razão de estes, provavelmente, apresentarem suficiente amadurecimento linguístico-cognitivo para a realização do debate quanto às estratégias empregadas e maior experiência em situações que coloquem em uso tais estratégias.

---

1. As atividades do NEPPE são centralizadas nas ações de (a) coordenar, supervisionar e promover o ensino por meio de oferta de cursos de português para estrangeiros, incluindo cursos regulares bimestrais ou intensivos nos períodos de recesso; (b) fortalecer e incentivar a pesquisa científica na produção de conhecimentos na área de português para estrangeiros; e (c) constituir-se parceiro do estágio curricular, extracurricular e de outras atividades práticas que devem ou podem ser cumpridas por estudantes da Universidade de Brasília ou por grupos de professores em serviço.

Os colaboradores[2] deste estudo foram a professora Estela e os estudantes Ayelén (Boliviana), Dulcinea (Mexicana e Estadunidense — dupla nacionalidade), Filemón (Dominicano), Flora (Venezuelana) e Nora (Venezuelana). Todos concordaram em participar do estudo voluntariamente e estão presentes, seja direta, seja indiretamente, nos excertos analisados. Permitiram, do mesmo modo, que fossem realizadas as filmagens e se dispuseram a contribuir com o estudo no visionamento das cenas interacionais.

Reforçamos a importância da abordagem interacionista em sala de aula, pois, assim como preconiza Richter (2000, p. 37), é possível caracterizar a interação em sala de aula como evento orientado para uma meta específica, que propicia a "negociação de sentidos" entre os participantes. Por meio da observação das ações e da constante reflexão sobre estas, no que diz respeito à modalização de ações impositivas como estratégia de polidez, torna-se possível compartilhar, construir e negociar sentidos em conjunto, bem como entender o porquê da convencionalização de determinadas práticas interacionais de brasileiros.

O grupo focal realizado ofereceu oportunidade para a reflexão e a partilha de práticas interacionistas vivenciadas pela professora brasileira e pelos aprendizes de português brasileiro como língua adicional, bem como por outros interagentes (outras experiências interacionais), esclarecendo possíveis ruídos comunicativos entre os estudantes em relação às estratégias de (im)polidez, para que assim eles se tornassem mais proficientes em suas ações e reações.

A interação não ocorre apenas entre o professor e os seus alunos, pois aquele, muitas vezes, atua como moderador; mas deve ocorrer, principalmente, com o envolvimento de todos os participantes, proporcionando o fortalecimento destes, conforme recomenda Barbour (2009).

A opção pelo uso do tópico-guia (instrumento necessário para a entrevista) viabiliza, segundo Silverman (2000, p. 32), o acesso direto às experiências dos interlocutores, a partir da narrativa que fazem.

---

2. Devido à necessidade ética de preservamos as identidades de nossos colaboradores, escolhemos pseudônimos tanto para a professora quanto para os estudantes, com base na nacionalidade dos participantes do estudo.

E é por meio de ferramentas da etnografia que procuramos utilizar, no contexto investigado, a perspectiva êmica, realizando a análise conjunta das imagens e das experiências dos colaboradores do estudo.

Cabe ressaltar, em tempo, que a pesquisa não leva em consideração apenas o ponto de vista do participante, mas torna possível a análise com base na tríade teoria-metodologia-colaborador[3], capaz de promover o exercício da reflexividade e colaborar com as interações face a face não só dos sujeitos envolvidos (alunos e professora), mas também dos aprendizes com outros interlocutores, sejam eles estrangeiros, sejam nativos.

A visão êmica aplica-se a esta pesquisa por propiciar ao pesquisador um papel de intérprete (e de não juiz) na percepção das estratégias de polidez, situando os participantes como atores sociais e auxiliando-os a compreender suas próprias práticas (FETTERMAN, 1998, p. 20), bem como as dos seus interagentes. Essa reflexão torna-se essencial no exame das estratégias de polidez com vistas à modalização das ações potencialmente impositivas, tendo em conta a possibilidade de tais ações constituírem entraves para a atividade interacional.

Embora não tenhamos utilizado a etnografia propriamente dita, ressaltamos, por fim, que buscamos empregar ferramentas etnográficas, valorizando a perspectiva êmica por "deriva(r) das concepções e das categorias dos professores e dos estudantes" (WATSON-GEGEO, 1998, p. 136). Em outras palavras, reforçamos o nosso interesse pela construção conjunta das estratégias de polidez, sobretudo aquelas com potencial desalinhamento de *frames*, por favorecer o entendimento mútuo entre as diferentes culturas envolvidas e o respeito às estratégias do outro.

---

3. Esse processo, denominado de triangulação, pode ocorrer, segundo Fetterman (1998, p. 95), em múltiplos contextos de pesquisa, desde investigações intensas até conversações naturais. Para Davis e Henze (1998, p. 404), essa estratégia pode ser combinada de diversas formas, a saber: diferentes entrevistados, diferentes métodos e diferentes investigadores. Em nosso caso, procuramos, a partir das conversas espontâneas em sala de aula, triangular as três perspectivas já apontadas, a fim de dar visibilidade às noções de polidez na ótica da cultura brasileira e na da cultura do falante de espanhol.

3. Só meu marido que virou um outro animal: a onça

Dulcinea, nossa colaboradora mexicana, apresentou, no excerto a seguir, uma situação que havia vivenciado em sua lua de mel. Na ocasião, ela ficou encantada pelas tartarugas e resolveu segui-las. No entanto, acabou desviando-se do caminho e perdeu-se do marido, que ficou preocupado, ao perceber a ausência da esposa.

/.../

1 2 3	**Dulcinea:**	e esta:: praia também eh:: (.) se chama eh: praia oeste e é:: famoso porque pode ver MUI::tos animais (..) aqui primeiro animal (..) tar-ta-ru-ga (..) podem ver? ((S)) ((mostrando a tela do computador para todos))
4	**Ayelén:**	Sim
5	**Nora:**	[[((S)) ((+))
6	**Flora:**	[((+))
7	**Filemón:**	[((+))
8	**Dulcinea:**	eu fui (.) detrás da tartaruga por muito tempo↑ e:: perdi todas as outras pessoas
9	**Todos:**	[[((R))
10 11 12	**Dulcinea:**	[[((R)) eu fiquei com muito medo ((olhando para o computador)) porque (.) eu achei que vi um tubaRÃO ((olhando para todos)) (..) pequeno mas tubarão
13	**Todos:**	[[((R))
14 15 16	**Dulcinea:**	fiquei desesperada ((com braços em rápido movimento rotatório)) (.) onde está↑ (.) onde está↑ (.) mas depois tudo bem (.) só meu marido que virou um outro animal (..) a onça
17	**Todos:**	[[((R))
18	**Ayelén:**	onça no mar? ((franzindo a testa e lateralizando a cabeça para a direita))
19	**Nora:**	ele ficou muito bravo ((olhando para Ayelén))
20	**Ayelén:**	((olhando para Nora)) no entendi ((-)) ((olhando para Dulcinea))

/.../

Logo à linha 2, Dulcinea deixou explícita a sua paixão por animais, resolvendo falar, em especial, da tartaruga, em razão de seu encantamento pelo animal e da necessidade de narrar um acontecimento que envolvia seu marido e o animal. Dulcinea iniciou o relato, à linha 8, contando à turma que havia acompanhado a rota da tartaruga e não tinha percebido seu distanciamento do grupo do qual participava. Em dado momento, a colaboradora teve a impressão de estar diante de um tubarão (linhas 11 e 12), o que a deixou bastante apavorada (linhas 14 e 15).

Enquanto Dulcinea estava aflita com a situação, seu marido estava igualmente angustiado por tê-la perdido de vista, ficando bastante preocupado com a possibilidade de ela ter se afogado (fato revelado por Dulcinea no visionamento). Ao encontrar o esposo, Dulcinea disse que estava tudo bem (linha 15), mas o marido ficou demasiadamente irritado e, segundo ela, tinha se *transformado* em uma onça.

Constatamos, no visionamento, que Dulcinea utilizou essa expressão metafórica por tê-la escutado de um funcionário do hotel onde estava hospedada, ao revelar a outro colega que o chefe de ambos *estava uma onça* com algo que os dois haviam feito, utilizando inclusive gesto sinalizador de raiva.

Essa experiência de Dulcinea (a compreensão do sentido da expressão) colaborou para que a aprendiz, em situação análoga, pudesse usar futuramente a expressão (linhas 15 e 16), graças ao caráter regulador da linguagem. Nas palavras de Morato (2002, p. 53), conseguimos, por meio de inúmeros processos discursivos verbais e não verbais, planejar, organizar e estruturar nossas próprias ações e as dos nossos interlocutores. Contudo, prossegue a autora, a constituição dessa complexa atividade linguístico-cognitiva se dá com certa mobilidade e flexibilidade, em compatibilidade com o caráter das interações face a face. O olhar, por exemplo, pode ser atenuado ou intensificado, a depender do direcionamento (lateralizado ou frontal); da duração (breve ou prolongado); do movimento dos olhos (sem movimentação ou em movimento ascendente-descendente); e da distância dos interagentes (distantes ou próximos) (ALBUQUERQUE, 2016a, p. 66).

Como o uso de expressões metafóricas, segundo Rodrigues (2003, p. 129-130), possibilita "mascarar ou dissimular as verdadeiras intenções [dos interlocutores], evitando, assim, que lhe seja atribuída, diretamente, a responsabilidade do FTA", não é tão fácil afirmar, categoricamente, que elas potencializam ou suavizam a ameaça à *face*, pois isso dependerá não apenas da enunciação, mas também da interpretação que o interlocutor fará da ação praticada, com base no contexto[4]. Assim, parece que esse uso funciona, nas considerações de Briz (2004), de modo similar à cortesia interpretada, o que, em nossa análise, seria considerada cortesia, e não polidez[5]. Watts (2003), por sua vez, associaria tal uso à "expressão de polidez linguística semiformulaica", por veicular ações indiretas, a serem avaliadas de acordo com as circunstâncias da enunciação.

Em consonância com esse pensamento, Vygotsky (2001, p. 399) esclarece que as palavras (e igualmente incluímos os termos metafóricos) possuem caráter dinâmico, ou seja, no território pensamento-linguagem, os significados são fluidos, mutáveis, adaptáveis, estendíveis, e assim as palavras se desenvolvem. Assumimos então que, embora a modalização de ações impositivas também pertença ao território fluido dos significados, a análise dos efeitos do termo metafórico deve

---

4. Por contexto, buscamos transcender a perspectiva austiniana, que direcionou o olhar para os aspectos circunstanciais em torno dos atos de fala (AUSTIN, 1975). Concordamos com van Dijk (2012) quanto à concepção do contexto como único, pessoal e subjetivo, mas com restrição objetiva e, ao mesmo tempo, com integração das memórias episódica (individual) e social (coletiva) na construção de esquemas, organizados por categorias fixas. Consideramos, de igual modo, que a contextualização é o que faz os interagentes recuperarem, a partir das pistas de ordem linguística e não linguística, os sentidos estabelecidos quanto ao que foi dito em dado tempo/ lugar, com base nos conhecimentos socioculturais prévios (GUMPERZ, 1992, p. 230).

5. Albuquerque (2015) considera que cortesia e polidez se encontram em *frameworks* distintos. Ao fazer analogia às contribuições de Briz (2004), Albuquerque (2015, p. 40) assume que a cortesia codificada seria a polidez (por reproduzir determinadas fórmulas convencionadas por determinados sujeitos) e a cortesia interpretada seria a cortesia (por relacionar-se com as escolhas individuais dos interagentes, sujeitas à avaliação do outro).

ocorrer a partir de ações contextualmente situadas, em concordância com o excerto sob análise.

Defendemos, assim, que a metáfora, embora constitua estratégia indireta de polidez (cf. BROWN; LEVINSON, 1987), é capaz de suavizar ou potencializar ações impolidas (e impositivas), a depender de uma série de fatores, como o caráter da comparação realizada (apreciativa ou depreciativa), ou até a sobrecarga inferencial gerada no outro (que, diferentemente do primeiro caso, funcionaria como polidez, por ser de natureza mais convencional do que interpretada)[6]. Para Briz (2008, p. 234-235), a intensificação ou a suavização, derivadas da atividade argumentativa, fazem parte de nosso discurso, mas sinalizam tendência para a negociação de determinado acordo. Avaliamos, a partir dessa negociação, que a opção por termos mais metafóricos se associa com maior indiretividade.

À linha 18, Ayelén assegurou não ter compreendido a metáfora estabelecida, pois interpretou literalmente o termo (linha 18), ao contrário de Nora, que processou adequadamente a expressão (linha 19). Ayelén, após a explicação de Nora, continuou sem conseguir estabelecer relação entre o marido, a onça e o mar, desistindo de entender o que havia sido dito. Durante o visionamento, explicamos o significado da expressão para Ayelén, e ela nos disse achar estranha a comparação, mas que havia, naquele momento, entendido a explicação. Ou seja, para essa colaboradora, a estratégia não havia funcionado nem como invasiva, nem como mitigadora (independentemente da conversa que havíamos tido no visionamento), consistindo esse descompasso entre a interpretação e a produção da expressão metafórica (originalmente brasileira) em distinção de *frames*, em razão da potencial ambivalência das mensagens (sentido literal para Ayelén; sentido metafórico para Nora e para Estela).

---

6. A polidez pode ser compreendida também como cortesia codificada, nos termos de Briz (2004), ou expressão de polidez linguística formulaica (enunciados ritualizados), na concepção de Watts (2003).

Em relação ao não processamento de Ayelén, Marcuschi (2007, p. 102) esclarece que as interpretações de expressões metafóricas "não se esgotam em relações lógicas nem em comparações prototípicas, mas consideram a língua como fator base interagindo com a experiência sociocultural dos indivíduos", o que foi possibilitado no visionamento com a estudante. Tanto a experiência sociocultural de Ayelén quanto o seu provável letramento em primeira língua e as suas habilidades cognitivas colaboraram para o não entendimento da expressão metafórica enunciada por Dulcinea.

Tomasello (2003, p. 218) acrescenta, ainda, que a metáfora constitui construção linguística abstrata que carrega, em seu bojo, convenções culturais e habilidades cognitivas de categorização, justificando a ambivalência entre o sentido literal e o sentido metafórico no excerto sob análise. Podemos perceber, assim, que Nora revelou compreender bem a expressão, já que, à linha 19, esclareceu o provável sentido denotativo para Ayelén, comprovando estar no mesmo *frame* dos brasileiros (pois a expressão é brasileira), graças às experiências socioculturais adquiridas em contato com nativos, à categorização da expressão e às habilidades cognitivas da estudante.

No visionamento, tanto Nora quanto Flora, ao justificarem o fato de terem sorrido do que Dulcinea contou, concordaram que o marido da colega deveria estar realmente muito nervoso. A metáfora, desse modo, foi eficaz para essas interagentes, na sinalização dos propósitos interacionais, por terem sido levados em consideração, nas palavras de Booth (1992, p. 176), "o que cerca [a metáfora] no texto, falado ou escrito, quem fala, para quem fala e com que intenção", colaborando com o entendimento em decorrência dessas variáveis contextuais.

Essa habilidade em compreender os sentidos ativados na metáfora se dá, de acordo com Ferrarezi Júnior (2008, p. 202-204), graças a quatro propriedades: estrutura (a capacidade de deslocarmos o sentido), cognição (a capacidade de realizarmos associações, analogias), cultura (a visão de mundo que os interlocutores têm) e estética (a sensação de beleza, discutida especialmente nos estudos literários). Essas propriedades colaboram para a conclusão de que o desalinhamento de *frames* entre Ayelén e Dulcinea, no uso de uma expressão tipicamente brasileira, tem por base aspectos individuais (estrutura e cognição), que só podem ser amadurecidos na atividade dialógica (experiências socioculturais).

Trazemos à discussão, por fim, Lakoff e Johnson (1980) quando sustentam a ideia de que a construção e o processamento de enunciações metafóricas dependem das experiências comuns partilhadas pelos interlocutores. Logo, no que diz respeito ao excerto analisado, podemos concluir que, se não houver alinhamento entre quem constrói e quem processa a metáfora, será exigida do interlocutor grande carga inferencial, pois ele tentará desvendar o *mistério* existente na enunciação sem sucesso; ao passo que, se estivermos diante de situação oposta (de alinhamento entre os interagentes), teremos maior possibilidade de êxito em nossas ações, sejam maximizando, sejam minimizando a ameaça à *face*. Essa avaliação da parte do interagente corrobora o pensamento de Kerbrat-Orecchioni (2004, p. 50): embora a cortesia (termo empregado pela autora) constitua fenômeno com princípios universais, ela pode ter funcionamento distinto nas diversas culturas. Brandão (2016) complementa, por fim, que a manifestação da polidez varia não só interculturalmente, mas também interacionalmente.

4. Aí o café tem o aspecto muito mal, o café é bom

Após a explanação de determinado tópico gramatical, Estela solicitou que os estudantes pensassem em dois costumes que os brasileiros tinham e os apresentassem para os demais colegas. Filemón, nosso colaborador dominicano, narrou, no excerto a seguir, uma experiência com sua sogra, que é brasileira.

/.../

1	Estela:	((olhar voltado para Filemón)) ((+)) vamo lá?
2 3	Filemón:	((+)) minha sogra é brasileira e ela tem a costume de oferecer MU:::ita comida toda hora ((—)) ((palma das mãos voltadas para fora)) e mais de uma vez (..)
4	Estela:	[[((R))
5	Dulcinea:	[((R))
6	Ayelén:	[((R))
7	Nora:	[((R))
8 9	Filemón:	eu a-acho que:: não precisa (..) se eu quiser (.) eu posso pedir (..) outra coisa é que ela coloca sem pergunta MU::ito açúcar no meu café
10	Estela:	[[((R))
11	Dulcinea:	[((R))
12	Sumalee:	[((S))
13 14	Filemón:	aí o café tem o aspecto muito mal (.) o café é bom (.) mas o jeito que preparam (..) é isso
15	Estela:	((R))

/.../

À linha 2, Filemón já deu sinais de que a oferta havia sido exagerada pela intensificação da palavra MU:::ita, referindo-se à comida (sinal paralinguístico e extralinguístico[7]), e pelo sinal de reprovação dessa prática realizado com a cabeça e com as palmas das mãos voltadas para fora (sinal não linguístico[7]).

---

7. Apesar de Rector e Trinta (1986, p. 33) considerarem os sinais paralinguísticos como sinônimos dos não linguísticos, concordamos com Gumperz (1982a) ao definir aqueles como o valor das pausas, o tempo da fala e as hesitações, e estes como o direcionamento do olhar, o distanciamento entre os interlocutores, os gestos e o posicionamento corporal. Já as pistas prosódicas (ou extralinguísticas) constituem, para Gumperz (1982a), a entoação, o acento e o tom. Para esse repertório de recursos disponíveis na interação face a face, Gumperz (1982b) assume que, assim como as sentenças são avaliadas quanto à gramaticalidade e à aceitabilidade, levamos em consideração, em práticas discursivas, o reconhecimento dos interagentes quanto às possibilidades interpretativas; os *frames* aos quais esses sujeitos estão alinhados; e como tais *frames* auxiliam nas possíveis interpretações, a depender do contexto.

Ao analisarmos o início do excerto, percebemos haver na palavra MU:::ita (linha 2) acentuação na primeira sílaba (sinal extralinguístico) e prolongamento da vogal *u* (sinal paralinguístico), revelando ter sido a ação da sogra exagerada com relação à oferta de comida. Além desses sinais vocais, o aceno negativo de cabeça indicou avaliação negativa com relação à oferta, funcionando, assim, como sinal de reprovação àquela ameaça à *face*.

Para Rector e Trinta (1986, p. 80), o gesto das palmas voltadas para fora é considerado signo de impedimento, cuja função é promover a defesa corporal em situações sociais. No caso da oferta, avaliada por Filemón como demasiada, houve certa tentativa de defesa, ao sinalizar com as mãos para a sogra que ele já não desejava mais comida. Com base nesse conjunto de recursos linguísticos e não linguísticos, constatamos que a atitude da sogra não foi bem avaliada por Filemón, embora este tivesse reconhecido que ela tinha boas intenções ao agir dessa forma. A sogra possivelmente imaginou que, oferecendo muita comida, iria satisfazer as necessidades da face positiva de Filemón, porém o locutor, de acordo com Cunha (2012, p. 108), "necessita indicar que seus interesses e vontades são compatíveis com os de seu interlocutor", o que não ocorreu, a partir do relato do estudante.

Em outras palavras, sogra (brasileira) e genro (dominicano) estavam em *frames* distintos, pois aquela julgou satisfazer a face positiva deste, sem, no entanto, ter se atentado às necessidades reais da *face* de Filemón, que não solicitou, em qualquer momento, que lhe fosse ofertada comida (linha 8). Com o intuito de se posicionar sobre a ação de oferecer comida insistentemente, Filemón relatou não entender por que os brasileiros faziam isso. Para ele, os nativos deveriam esperar o interlocutor solicitar a comida de alguma forma (linha 8), não violando, assim, o território do outro.

Ao discutir a oferta como estratégia de polidez positiva, Brown e Levinson (1987, p. 130) consideram-na como estratégia que visa à satisfação da face positiva do outro. Contudo, a oferta demasiada pode ser considerada impositiva, na medida em que gera instabilidade no equilíbrio entre as *faces* dos interlocutores. É evidente que, entre culturas, podemos ter *frames* distintos quanto à oferta e à oferta demasiada, conforme constatamos no excerto sob análise. Avaliação similar pode ser encontrada em Albuquerque (2015, 2016b), ao averiguar que o elogio, originalmente considerado valorizador, pode funcionar de modo impositivo, gerando, por conseguinte, ameaça à *face* do interlocutor.

Marco e Briz (2010, p. 249), a partir de quadro sobre proximidade e distanciamento, asseguram que algumas culturas tendem a marcar mais distanciamento do que outras. Para os autores, as culturas de maior proximidade utilizam menos atenuadores e buscam utilizar estratégias de polidez positiva (ou cortesia valorizante, nas palavras deles). Haverkate (2004) considera, dentro dessa discussão, que os hispano-americanos se inserem entre os povos de cultura de maior proximidade.

Assim, talvez tenha sido essa a razão que motivou a sogra a tentar satisfazer a face positiva de seu genro, por acreditar que, culturalmente, Filemón aprovaria a oferta excessiva de comida. Ou seja, para a sogra, a ação era considerada polida devido à provável convenção comum entre a cultura dela (brasileira) e a de seu genro (dominicano) (cortesia convencionada — cf. Briz (2004) — ou polidez linguística formulaica (enunciados ritualizados) — cf. Watts (2003)). Kerbrat-Orecchioni (2004, p. 51) esclarece que variam, de cultura para cultura, as lógicas implicadas na avaliação do comportamento cortês, bem como a frequência de uso de fórmulas de cortesia.

No visionamento, Dulcinea, ao rir à linha 5, relatou-nos que, quando chegou ao Brasil, falava que já estava satisfeita para as amigas, mas estas insistiam que ela deveria comer mais. A situação ficava tão insustentável que Dulcinea tinha de inventar uma desculpa para retornar para a casa. Possivelmente as amigas da estudante objetivavam, com aquela ação, satisfazer a face positiva da amiga, mas, paradoxalmente, feriam a face negativa, por gerarem certa imposição na oferta bem-intencionada. Esse equilíbrio entre *faces* é mencionado por Kerbrat-Orecchioni (2006, p. 99) ao compreender que nós, durante o processo interacional, estamos sujeitos ao duplo vínculo [*double bind*]. Esse processo, segundo a autora, é responsável por opor sinceridade e polidez, e visa ao equilíbrio diante de situações contraditórias que ocorrem no processo interacional.

Quando mencionamos a aparente contradição entre ofertar e empregar expressão indireta, imaginamos que os interagentes poderiam simplesmente pautar a conversa pelo par adjacente oferta-aceitação, pois a recusa seria despreferível (cf. LEVINSON, 2007, p. 430), nesse caso, para que não fosse ameaçada a *face* do interlocutor. Em contrapartida, a noção de par adjacente impõe certa rigidez à conversa, além de não acompanhar questões sócio/ interculturais, contextualmente situadas. A necessidade de ser indireto e mitigar o aceite da oferta constitui, então, demanda que ultrapassa a previsão dos pares adjacentes.

Embora a oferta se constitua estratégia de polidez positiva, ela frequentemente assemelha-se à realização do pedido, funcionando como ação ameaçadora à *face*. É a partir dessa similaridade que Kallia (2005, p. 219) compara ambas as estratégias, evidenciando que certas convenções empregadas na oferta são semelhantes às aplicadas nos pedidos. Tal constatação vai ao encontro da percepção de Filemón, quando sentiu que seu espaço foi invadido, conforme relatou no visionamento, e deixou claro preferir, inclusive, que o interlocutor pedisse a ele o que desejava, não esperando a insistência na oferta.

Sendo assim, reiteramos que a oferta pode funcionar pragmaticamente como estratégia de polidez negativa, uma vez que essa ação partilha certa similaridade com a petição, gerando no interlocutor uma provável obrigação em aceitar o que foi ofertado. E nossa visão se complementa com o pensamento de Bravo (2004), que dá destaque ao componente ameaçador presente na oferta. De acordo com Cunha (2012, p. 102-103), a oferta faz com que o locutor comprometa seu interlocutor a aceitá-la, independentemente de sua vontade, o que pode constituir, segundo Marcuschi (1989, p. 284), ameaça à sua face negativa.

Filemón ressaltou no visionamento que sempre ficava muito constrangido diante da oferta da sogra, não sabendo como reagir e, para não ser impolido, aceitava a comida, mas disse que um dia criaria coragem e iria recusá-la. O interagente que deseja minimizar a imposição deve, para tanto, lançar mão de atenuadores, reduzindo, assim, a ameaça social gerada pela oferta. Filemón não conseguiu utilizar esses suavizadores e aceitou, a contragosto, a oferta da sogra. Esta, no que lhe concerne, não desejava ser invasiva, visto que não utilizou a estratégia de impolidez intencionalmente (cf. CULPEPER, 2011), tampouco desejou violar a *face* do outro (cf. CULPEPER, 1996).

Além da oferta de comida, ficou visível, à linha 9, a invasão territorial da sogra no espaço do genro. Embora isso tivesse acontecido, Filemón não defendeu seu espaço porque não quis entrar em conflito com sua interlocutora. Provavelmente essa decisão tenha ocorrido em função de quem tenha sido o intruso, do porquê da intrusão, do tipo de território invadido, do tipo de invasão, da duração da intrusão e de onde ela ocorreu (KNAPP; HALL, 1992, p. 176). Essas diferentes percepções da territorialidade estão associadas à experiência sociocultural dos interagentes. Sobre isso, Morato (2002, p. 93-94) destaca o caráter social e cognitivo dessa avaliação, na medida em que a construção de sentido se dá por um processo de internalização, que, por sua vez, não se configura exclusivamente no plano cognitivo, mas alcança perspectiva tão social e dialógica quanto a objetivação exterior.

Como a oferta reúne o paradoxo *agradar-violar*, o aprendiz de português brasileiro como língua adicional deve saber como reagir diante de tal paradoxo, ampliando sua competência sociodiscursiva para não ameaçar a *face* dos demais interlocutores, simplesmente negando a oferta, ou ameaçando a sua própria *face*, ao aceitar a ação mesmo que seja invasiva. Assim, ratificamos a importância do uso de mitigadores na negociação oferta-aceite, com vistas a estabelecer o equilíbrio entre as *faces* dos interagentes nessa situação e a minimizar os efeitos do desalinhamento de *frames* entre os atores sociais.

Considerações finais

Neste capítulo, buscamos discutir a recomendação de Brown e Levinson (1987) relativamente à minimização de ações impositivas, ampliada nas estratégias de oferta e de uso de expressões metafóricas, a partir de dados gerados em sala de aula de português brasileiro para falantes de espanhol do NEPPE. Consideramos, nesses dados, os (des)alinhamentos de *frames* entre os atores sociais quanto às semioses linguísticas e não linguísticas, incluindo-se, em ambas as semioses, a territorialidade.

Inicialmente, em atendimento ao nosso primeiro objetivo, entendemos que a recomendação de Brown e Levinson (1987), de natureza pancultural, contemporaneamente recebe outro tratamento, havendo a possibilidade de atividades originalmente valorizadoras da *face* serem ameaçadoras. Com base em nossos dados, avaliamos que a oferta e o uso de expressões metafóricas, originalmente previstas, respectivamente, nas estratégias de polidez positiva e de indiretividade (cf. BROWN; LEVINSON, 1987), foram enquadradas, nesta pesquisa, como estratégias de polidez negativa por apresentarem, em nossa análise, componente ameaçador.

Ademais, em consonância com o nosso segundo objetivo, foi possível dialogar com os colaboradores de pesquisa acerca dos *frames* interacionais distintos e do respeito mútuo às diferentes culturas. Desejamos, após esses encontros, que o visionamento das estratégias analisadas tenha colaborado para tornar mais eficazes as interações cotidianas dos estudantes.

No caso das expressões metafóricas, constatamos que a natureza da comparação implícita (apreciativa e depreciativa em relação ao termo de sentido denotativo) e a sobrecarga inferencial gerada no interlocutor foram responsáveis por atenuar ou intensificar a imposição. Em nossos dados, percebemos que Ayelén não havia compreendido o uso da expressão metafórica, o que acarretou certo desconforto na interação, resultando, assim, na intensificação das ações impositivas. Dulcinea, ao fazer uso da metáfora, não desejava com isso lançar mão de estratégia de impolidez (cf. CULPEPER, 1996, 2011), pois não imaginava que o uso da expressão geraria esforço inferencial de Ayelén (tanto que o efeito do emprego metafórico foi distinto para Nora e Flora: houve entendimento).

Já na oferta demasiada, os dados apontaram que a sogra de Filemón, no intuito de valorizar a *face* do genro, não percebeu as necessidades de nosso colaborador, oferecendo em demasia tanto o alimento quanto a quantidade de açúcar. Essas ações, inicialmente valorizantes, ofereceram riscos à *face* de Filemón, intensificando a carga impositiva ao interlocutor, sem que este pudesse, pela relação com a sogra, evitar as ofertas excessivas.

Por fim, observamos o desalinhamento de *frames* nos contextos apresentados quanto ao uso da expressão metafórica (pelo não processamento do sentido metafórico por Ayelén) e à oferta demasiada (pela invasão territorial não pretendida pela sogra de Filemón). Isto é, o desalinhamento nos enquadres dos interlocutores se deu, no primeiro caso, em virtude do distanciamento entre sentido real (selecionado, equivocadamente, por Ayelén) e metafórico (não selecionado por Ayelén) e, no segundo, devido à diferença entre uma ação polida/valorizadora (na percepção da sogra de Filemón) e uma impolida/invasiva (na percepção de Filemón).

Em suma, consideramos que o diálogo acerca do desalinhamento entre *frames* e da tentativa de acordo entre brasileiros e estrangeiros abre possibilidade de *reframe*, no contexto de língua adicional, trazendo o aprendiz para a discussão conjunta acerca dos sentidos ativados pelos interlocutores. Essa ação pedagógica pode ser considerada benéfica a todos os atores sociais envolvidos no processo de ensino e de aprendizagem (os aprendizes de PBLA, os professores nativos e o programa dos cursos de PBLA), na medida em que favorece o debate construtivo e a minimização de prováveis mal-entendidos socioculturais.

Referências

ALBUQUERQUE, Rodrigo. *Um estudo de polidez no contexto de L2*: estratégias de modalização de atos impositivos por falantes de espanhol. 2015. 372 f. Tese (Doutorado em Linguística) — Programa de Pós-Graduação em Linguística, Universidade de Brasília, Brasília, 2015.

ALBUQUERQUE, Rodrigo. O olhar como estratégia de polidez entre duas estudantes de português brasileiro como língua adicional. *Revista Letra Capital*, v. 1, n. 2, jul./dez. 2016a.

_____. Minha mãe é belíssima: o elogio excessivo como estratégia de (im) polidez em negociação no contato intercultural entre duas estudantes de português brasileiro como segunda língua. *Cadernos de Letras da UFF*, v. 26, n. 53, p. 359-377, 2016b.

AUSTIN, John Langshaw. [1962]. *How to do things with words*. Oxford: Oxford University Press, 1975.

BARBOUR, Rosaline. *Grupos focais*. Porto Alegre: Artmed, 2009. (Coleção Pesquisa Qualitativa, coordenada por Uwe Flick).

BATESON, Gregory. [1972]. Uma teoria sobre brincadeira e fantasia. In: RIBEIRO, Branca Telles; GARCEZ, Pedro de Moraes. (Org.). *Sociolinguística Interacional*: antropologia, linguística e sociologia em análise do discurso. Porto Alegre: AGE, 1998.

BOOTH, Wayne Clayson. Dez "teses" no sentido literal. In: SACKS, Sheldon. *Da metáfora*. Tradução de Leila Cristina M. Darin et al. São Paulo: EDUC/Pontes, 1992.

BORTONI-RICARDO, Stella Maris. *O professor pesquisador*: introdução à pesquisa qualitativa. São Paulo: Parábola, 2008.

BRANDÃO, Cibele. Polidez na cultura brasileira: uma contribuição para o ensino do português do Brasil para estrangeiros. In: ORTIZ ALVAREZ, Maria Luisa; GONÇALVES, Luis. (Org.). *O mundo do português e o português no mundo afora*: especificidades, implicações e ações. Campinas: Pontes, 2016.

BRAVO, Diana. Tensión entre universalidad y relatividad en las teorías de la cortesía. In: BRAVO, Diana; BRIZ, Antonio. (Ed.). *Pragmática sociocultural*: estudios sobre el discurso de cortesía en español. Barcelona: Ariel Linguística, 2004.

BRIZ, Antonio. Cortesía verbal codificada y cortesía verbal interpretada en la conversación. In: BRAVO, Diana; BRIZ, Antonio. (Ed.). *Pragmática sociocultural*: estudios sobre el discurso de cortesía en español. Barcelona: Ariel Linguística, 2004.

BRIZ, Antonio. *Atenuación y cortesía verbal en la conversación coloquial*: su tratamiento en la clase de ELE. Universidad de Valencia, 2008. Disponível em: <http://cvc.cervantes.es>. Acesso em: 23 jun. 2017.

BROWN, Penelope; LEVINSON, Stephen. *Politeness*: some universals in language usage. Cambridge: Cambridge University Press, 1987.

CULPEPER, Jonathan. Towards an anatomy of impoliteness. *Journal of Pragmatics*, v. 25, n. 3, p. 349-367, 1996.

_____. *Impoliteness*: Using language to cause offence. New York: Cambridge University Press, 2011.

CUNHA, Eva Carolina da. *Estratégias de polidez na interação em aulas chat*. Recife: Editora Universitária/ UFPE, 2012.

DAVIS, Kathryn; HENZE, Rosemary. Applying ethnographic perspectives to issues in cross-cultural pragmatics. *Journal of Pragmatics*, v. 30, n. 4, p. 399-419, 1998.

FERRAREZI JÚNIOR, Celso. *Semântica para a educação básica*. São Paulo: Parábola, 2008.

FETTERMAN, David. *Ethnography*: step by step. 2nd ed. California: Sage Publications, 1998. (Applied Social Research Methods Series, v. 17.).

FRASER, Bruce. Perspectives on politeness. *Journal of Pragmatics*, v. 14, n. 2, p. 219-236, 1990.

GOFFMAN, Erving. *Interaction Ritual*: essays on face-to-face behavior. United Kingdom: Penguin University Books, 1967.

GRICE, Herbert Paul. [1975]. Logic and Conversation. In: JAWORSKI, Adam; COUPLAND, Nikolas. (Ed.). *The discourse reader*. 2nd ed. United States: Routledge, 2006.

GUMPERZ, John Joseph. *Discourse strategies*. Cambridge: Cambridge University Press, 1982a.

_____. *Language and social identity*. Cambridge: Cambridge University Press, 1982b.

_____. Contextualization and understanding. In: DURANTI, Alessandro; GOODWIN, Charles. (Ed.). *Rethinking context*: language as an interactive phenomenon. Cambridge: CUP, 1992. p. 229-252.

HAVERKATE, Henk. El análisis de la cortesía comunicativa: categorización pragmalingüística de la cultura española. In: BRAVO, Diana; BRIZ, Antonio. (Ed.). *Pragmática sociocultural*: estudios sobre el discurso de cortesía en español. Barcelona: Ariel Linguística, 2004.

JACOBY, Sally; OCHS, Elinor. Co-construction: an introduction. *Research on Language and Social Interaction*, v. 28, n. 3, p. 171-183, 1995.

KALLIA, Alexandra. Directness as a source of misunderstanding: the case of request and suggestions. In: LAKOFF, Robin Tolmach; IDE, Sachiko. (Ed.). *Broadening the Horizon of Linguistic Politeness*. Amsterdam: John Benjamins Publishing Company, 2005.

KERBRAT-ORECCHIONI, Catherine. ¿Es universal la cortesía? In: BRAVO, Diana; BRIZ, Antonio. (Ed.). *Pragmática sociocultural*: estudios sobre el discurso de cortesía en español. Barcelona: Ariel Linguística, 2004.

_____. [1943]. *Análise da conversação*. Tradução de Carlos Piovezani Filho. São Paulo: Parábola, 2006.

KNAPP, Mark; HALL, Judith. *Nonverbal Communication in Human Interaction*. 3rd ed. USA: Harcourt Brace Jovanovich, 1992.

LAKOFF, George; JOHNSON, Mark. *Metaphors we live by*. Chicago and London: The University Chicago Press, 1980.

LAKOFF, Robin Tolmach. The logic of politeness: minding your p's and q's. In: CORUM, Claudia; SMITH-STARK, T. Cedric; WEISER, Ann. (Ed.). *Papers from the 9th Regional Meeting of the Chicago Linguistic Society*. Chicago Linguistic Society, p. 292-305, 1973.

LEECH, Geoffrey. *Principles of Pragmatics*. London: Longman, 1983.

LEVINSON, Stephen. *Pragmática*. Tradução de Luís Carlos Borges e Aníbal Mari. São Paulo: Martins Fontes, 2007.

MARCO, Marta Albelda; BRIZ, Antonio. Cortesía y atenuantes verbales en los dos orillas a través de muestras orales. In: IZQUIERDO, Milagros Aleza; UTRILLA, José Maria Enguita. (Coord.). *La lengua española en América*: normas y usos actuales. València: Universitat de Valencia, 2010.

MARCUSCHI, Luiz Antônio. Marcadores conversacionais do português brasileiro: formas, posições e funções. In: CASTILHO, Ataliba Teixeira de. (Org.). *Português culto falado no Brasil*. Campinas: Unicamp, 1989.

MARCUSCHI, Luiz Antônio. *Cognição, linguagem e práticas interacionais*. Rio de Janeiro: Lucerna, 2007.

MORATO, Edwiges Maria. *Linguagem e cognição*: as reflexões de L. S. Vygotsky sobre a ação reguladora da linguagem. 2. ed. São Paulo: Plexus, 2002.

_____. O interacionismo no campo linguístico. In: MUSSALIM, Fernanda; BENTES, Anna Christina. (Org.). *Introdução à linguística*: fundamentos epistemológicos. 3. ed. São Paulo: Cortez, 2007.

RECTOR, Mônica; TRINTA, Aluizio. *Comunicação não verbal*: a gestualidade brasileira. 2. ed. Petrópolis: Vozes, 1986.

RICHTER, Marcos Gustavo. *Ensino do português e interatividade*. Santa Maria: UFSM, 2000.

RODRIGUES, David Fernandes. *Cortesia linguística*: uma competência discursivo-textual (formas verbais corteses e descorteses em Português). 2003. 510 f. Tese (Doutorado em Linguística — Teoria do Texto) — Faculdade de Ciências Sociais e Humanas, Universidade Nova de Lisboa, Portugal, 2003.

SILVERMAN, David. *Doing Qualitative Research*: a Practical Handbook. London: SAGE publications, 2000.

TOMASELLO, Michael. *Origens culturais da aquisição do conhecimento humano*. Tradução de Claudia Berliner. São Paulo: Martins Fontes, 2003.

VAN DIJK, Teun Adrianus. *Discurso e contexto*: uma abordagem sociocognitiva. Tradução de Rodolfo Ilari. São Paulo: Contexto, 2012.

VYGOTSKY, Lev Semyonovich. *A construção do pensamento e da linguagem*. Tradução de Paulo Bezerra. São Paulo: Martins Fontes, 2001.

WATSON-GEGEO, Karen Ann. Classroom Ethnography. In: HORNBERGER, Nancy; CORSON, David. (Ed.). *Encyclopedia of Language and Education*. Springer, 1998. v. 8.

WATTS, Richard. *Politeness*. Cambridge: Cambridge University Press, 2003.

8

Contributo para o estudo da (des)cortesia verbal:
estratégias de atenuação e de intensificação nas interações

Isabel Roboredo Seara
Universidade Aberta
Centro de Linguística da Universidade Nova de Lisboa

> Lembrai-vos, em primeiro lugar, que a cortesia consiste em saber esquecer-se de si mesmo, em ter cuidado nos outros, em aproveitar a occasião de lhes dar consideração, em lhes testemunhar o desejo de os obsequiar, de lhes ser agradavel; em usar para com elles de mansidão, condescendencia, bons modos, e muita atenção; em fazer crer que nos temos em pouca conta, por isso que é necessario mostrar-nos agradecidos ás mais ligeiras attenções, aos mais ordinarios cumprimentos.
>
> J.-I. Roquette,
>
> Codigo do Bom Tom, ou Regras de civilidade e de bem viver no XIXº seculo.
>
> Pariz: J.-P Aillaud.1839, p. 50.

1. Considerações iniciais

Os estudos sobre cortesia verbal têm crescido consideravelmente nos últimos anos, como atestam as inúmeras publicações, quer do grupo EDICE[1], quer, para a língua portuguesa, as mais recentes no âmbito da língua portuguesa, resultantes dos dois congressos que foram realizados, o primeiro na Universidade Aberta, em Lisboa, em 2012[2], e o segundo, na Universidade Cruzeiro do Sul, em São Paulo, em 2014[3].

A maioria dos estudos adota uma perspectiva sociopragmática, etnometodológica ou mesmo intercultural que pressupõe sempre a centralidade na análise dos aspectos verbais.

A ambiguidade da noção de cortesia, a multiplicidade de definições que despoleta, impele-nos a questionar as seculares antonímias entre sociabilidade e espontaneidade, autenticidade e hipocrisia, elevação e rudeza, que instauram etiquetas sociais que nos estratificam, obsidiam e aprisionam. A cortesia, como princípio que rege a dinâmica interacional e que contribui para o equilíbrio social, está manifestamente presente na comunicação interpessoal, sob as formas real, virtual ou disfarçada, desde a mais remota Antiguidade à ciberlinguagem que domina o nosso quotidiano (SEARA, 2014, p. 11).

Quando pensamos em cortesia, pensamos de imediato em comportamento social, em boas maneiras, em deferência e delicadeza para com o outro, logo, em princípios que regulam e controlam a comunicação humana. São várias as definições que ficaram consagradas na literatura e que iremos recensear.

---

1. Programa *EDICE*: Estudios sobre el Discurso de la Cortesía en Español. Disponível em: <http://edice.org/>. Acesso em: 23 jun. 2017.

2. *I Congresso Internacional Interdisciplinar Cortesia: olhares e (re)invenções*, Lisboa, Universidade Aberta, Palácio Ceia, de 5 a 7 de setembro de 2012.

3. *I Congresso Internacional Interdisciplinar (Des)Cortesia: expressão de cultura(s)?*, São Paulo, Universidade Cruzeiro do Sul, de 2 a 5 de dezembro de 2014.

2. Contributos para o estudo da cortesia verbal

Lakoff, Leech e Brown e Levinson são considerados, pela grande maioria dos estudiosos, os fundadores da cortesia linguística, tal como ela é entendida hoje, ou seja, como uma dimensão essencialmente pragmática que percorre toda a actividade discursivo-textual. São considerados "the 'founding fathers' of modern politeness research", uma vez que as suas teorias figuram na maior parte dos trabalhos sobre cortesia.

Na linha pragmática, os estudos da cortesia verbal receberam maiores contribuições após as publicações de Goffman (1973), Grice (1975), Leech (1983), Lakoff (1973), que formularam diversas máximas de cortesia, e de Brown e Levinson (1978, 1996), que desenvolveram o termo "face", introduzido por Goffman (1973 e 1974) para definir o conceito de imagem do homem como membro da sociedade.

Ao abordar as relações interpessoais, Goffman (1973) delimitou o termo "face" ou "imagem social", conceito que constitui uma categoria pragmalinguística empregada no sentido metafórico e que se refere à personalidade do homem como membro individual da sociedade da qual faz parte.

2.1 Contributos para o estudo da cortesia verbal: Goffman

As interações sociais apresentam riscos para as faces dos interlocutores, em virtude das ações a praticar e da incompatibilidade de interesses. Mas, como o problema é comum a todos, esforçar-se-á cada um, não só por *não* praticar ações lesivas das faces (próprias e alheias), mas também em reparar as ações lesivas que inevitavelmente foram ou tenham de ser realizadas.

Goffman chega, assim, à noção de *figuração* (*"face-work"*), ou seja, ao conjunto de meios que cada pessoa utiliza, num contexto de interação verbal, "pour que ses actions ne fassent perdre la face à personne (y compris elle-même)" (GOFFMAN, 1974, p. 9).

Goffman considera haver, por isso, dois tipos principais de *figuração*, isto é, dois meios de não pôr em risco a face própria e as dos outros, válidos para todas as sociedades e culturas: a *evitação* e a *reparação*.

Brown e Levinson, a partir das noções goffmanianas de *território* e *face*, vão propor as noções de *face positiva* e *face negativa*, respectivamente.

2.2 Contributos para o estudo da cortesia verbal: Grice

Além do Princípio da Cooperação e das máximas conversacionais que permitem as *implicaturas conversacionais*, Grice reconhece a existência de outras máximas, sem as descrever, que os interlocutores podem respeitar, no decurso de uma conversa(ção), tais como estéticas, sociais ou morais, destacando, como exemplo, precisamente, "*Be polite*" (GRICE, 1975, p. 98).

2.3 Contributos para o estudo da cortesia verbal: Lakoff

Lakoff retoma de Grice esta máxima e, a partir dela, estabelece três máximas de cortesia, que têm em consideração outros aspectos importantes, nos atos de comunicação, que não apenas os estritamente informativos. Essa máxima da competência pragmática — *sê/ seja cortês* — é especificada em três máximas de cortesia:

1. Não importune;
2. Ofereça alternativas;
3. Comporte-se amigavelmente (LAKOFF, 1998, p. 268).

2.4 Contributos para o estudo da cortesia verbal: Leech

Geoffrey Leech propõe também uma análise pragmática da cortesia verbal, em princípios e máximas, mas segundo uma perspectiva declaradamente *retórica*.

A cortesia é, assim, segundo Leech, um dos princípios pragmáticos que, ao nível da retórica interpessoal, os interlocutores observam quando formulam e/ou interpretam eficazmente enunciados, de acordo com os contextos de comunicação.

Leech considera que há alocuções que são intrinsecamente descorteses, como por exemplo, as *ordens*, e outras que são intrinsecamente corteses, como, por exemplo, as *ofertas*. Propõe vários tipos de escalas na determinação da importância e do tipo de cortesia, conforme os contextos: de custo-benefício, de indirectividade, de opcionalidade, de autoridade, de distância social, de elogio/ crítica.

A definição de cortesia dada por Leech é, porém, diferente da apresentada por Lakoff: "'Minimize (other things being equal) the expression of impolite beliefs', and there is a corresponding positive version: maximize (other things being equal) the expression of polite beliefs which is somewhat less important" (LEECH, 1983 p. 81).

Para Leech, em suma, a cortesia é um princípio regulador da conduta humana, destinado a evitar as tensões e os conflitos nas interações sociais, entre as quais se encontram, evidentemente, as verbais.

Apesar de simples e coerente, a proposta de Leech tem sido também criticada por investigadores mais recentes, como Kerbrat-Orecchioni (1992), Sifianou (1995, 1992 a e b), Escandell-Vidal (1993) e Watts, Ide e Ehlich (1992).

2.5 Contributos para o estudo da cortesia verbal: Haverkate

Haverkate sublinha que "não há expressões neutras no que diz respeito à cortesia. Os enunciados são ou não são corteses, considerando, portanto, que não há meio termo" (1994, p. 17).

Cada língua possui uma convenção parcial das intervenções da cortesia, o que implica dizer que cada cultura torna subjetivo o uso de determinados mecanismos linguísticos para expressar cortesia, isto é, cada cultura adequa os seus modos linguísticos.

Relativamente a esta afirmação, consideramos, todavia, que há enunciados intrinsecamente corteses, como um cumprimento, um elogio, um agradecimento, tal como, ao invés, podemos constatar que há outros intrinsecamente descorteses, como um insulto ou uma ameaça.

2.6 Contributos para o estudo da cortesia verbal: Brown e Levinson

A teoria de Penelope Brown e Stephen C. Levinson tem sido, desde o seu aparecimento, em 1978, com a publicação do ensaio *Universals in language usage: politeness phenomena*, a mais aplicada no estudo dos fenômenos verbais da cortesia.

O conceito de cortesia decorre, segundo a célebre teoria de Brown e Levinson (1987), do conceito de imagem, entendida esta como o reconhecimento recíproco entre os interlocutores ou participantes de um ato comunicativo dos desejos fundamentais.

O modelo de Brown e Levinson propõe os conceitos de cortesia positiva e cortesia negativa. A primeira corresponde a uma compensação dirigida à imagem positiva do destinatário, de forma que a cortesia positiva é a essência do comportamento familiar e informal. Por sua vez, a cortesia negativa configura uma ação compensatória dirigida à imagem negativa do destinatário. Este é o cerne do comportamento cortês (BROWN; LEVINSON, 1978, 1996).

Brown e Levinson partem da concepção de que os elementos de uma sociedade são potencialmente agressivos e de que a cortesia serve, precisamente, para evitar essa agressividade e tornar possível, assim, a vida social.

Esta teoria assenta em dois conceitos centrais — *território* e *face* —, entendidos como propriedades universais que quase todos os interactantes possuem, apenas variando, de cultura para cultura, os elementos particulares que as configuram.

Cada interlocutor sabe, por outro lado, que as *faces*, a sua, tal como a do alocutário, são vulneráveis. É preciso, por isso, protegê-las, recorrendo, para o efeito, a *estratégias* de cortesia.

Os autores distinguem, na noção de *face*, duas dimensões essenciais (*"face-wants"*) — a *face negativa* e a *face positiva* —, que, em vez de se oporem, são antes complementares entre si.

Na sequência de Goffman (à memória de quem, aliás, Brown e Levinson dedicam *Politeness*), as noções de *face negativa* e *face positiva* correspondem, respectivamente, às noções de *território* e de *face* goffmanianas.

Haverkate sublinha a importância da teoria de Brown e Levinson, ao afirmar:

> A partir de la publicación del *opus magnum* de Brown y Levinson (1978) *Universals in language usage: politeness phenomena*, el interés por el estudio de la cortesía verbal ha ido adquiriendo proporciones espectaculares, culminando en la organización de gran cantidad de simposios y congresos internacionales, asi como en la publicación de numerosos artículos y monografías dedicadas al tema (HAVERKATE, 1994, p. 9).

Para estes autores, a maioria, senão todos os atos (verbais e não verbais) praticados pelos interactantes no decorrer duma interação verbal, ameaça *intrinsecamente* a face positiva e/ou negativa, tanto do alocutário como do locutor. São os *atos ameaçadores de face* (*face-threatening acts*), habitualmente notados pela respectiva sigla inglesa FTA.

Os atos formulados pelos interlocutores numa situação de interação verbal repartem-se, assim, por quatro grandes categorias:

a. *Atos ameaçadores da face negativa do alocutário*: todas as violações territoriais de natureza verbal (perguntas indiscretas, atos directivos) e não verbal (contatos corporais indevidos, agressões visuais, ofensas proxémicas...).

b. *Atos ameaçadores da face positiva do alocutário*: todos os atos que põem em perigo a autoestima do outro (crítica, refutação, advertência, injúria, insulto, zombaria...)

c. *Atos ameaçadores da face negativa do locutor*: todos os atos que afectam o território daquele que os realiza (ofertas, promessas...)

d. *Atos ameaçadores da face positiva do locutor*: todos os comportamentos autodegradantes (confissão, pedido de desculpa, autocrítica...).

À cortesia verbal cabe, pois, atenuar, por evitação, atenuação e/ou reparação, o potencial risco resultante da realização dum FTA. Mas o nível de cortesia a praticar, na realização de um inevitável FTA, depende, segundo os autores, dos três fatores ou variáveis sociais seguintes:

- A *distância social* (D) existente entre os interlocutores (uma relação simétrica);
- O *poder* (P) do alocutário em relação ao locutor (uma relação assimétrica);
- O *grau de imposição* (G) do FTA.

A teoria de Brown e Levinson, no que diz respeito às imagens sociais, positiva e negativa, e, sobretudo, no que diz respeito à questão da universalidade, tem sido amplamente debatida e até contestada na atualidade.

A concepção demasiado pessimista e negativista das comunidades, subjacente à teoria de Brown e Levinson, segundo a qual os indivíduos, nas suas interações verbais e não verbais, ameaçam habitualmente as faces dos respectivos interactantes, é uma das críticas.

2.7 Contributos para o estudo da cortesia verbal: Kerbrat-Orecchioni

O modelo de cortesia linguística de Kerbrat-Orecchioni mantém, por um lado, o essencial da teoria de Brown e Levinson e, por outro, introduz-lhe significativas melhorias conceituais e estruturais, dando origem, assim, a um sistema de cortesia (ainda mais) coerente, operativo e universal.

Para Kerbrat-Orecchioni, além do lado negativo dos FTAs, há também uma série de atos de discurso "anti-FTAs", destinados a valorizar as faces dos interactantes. A estes atos Kerbrat-Orecchioni chama *Face Flattering Acts*, com a respectiva sigla FFAs.

Quadro 1
Cortesia negativa e cortesia positiva
(Kerbrat-Orecchioni, 1996, p. 54; tradução nossa)

Cortesia negativa	Cortesia positiva
A cortesia negative é de natureza abstencionista ou compensatória: consiste em evitar produzir um FTA ou em suavizar por qualquer procedimento ou estratégia a sua realização, quer seja no que respeita à face negativa (ex.: ordem), quer seja relativamente à face positiva do destinatário (ex.: crítica).	A cortesia positiva é, ao invés, de natureza produtiva: consiste em efetuar um FFA para a face negativa (ex.: elogio) ou positiva (ex.: cumprimento) do destinatário.

Para Kerbrat-Orecchioni, a cortesia tem por função estabelecer o carácter harmonioso das relações sociais, prescrevendo não só os comportamentos que o locutor deve ter com o seu interlocutor, como também as atitudes com ele-próprio.

Neste sentido, não são apenas os constituintes verbais e a sua organização, mas as relações pessoais que os interlocutores manifestam em determinada situação ou contexto.

Na sua reflexão teórica, é sublinhada a importância dos processos linguísticos da sua expressão: manifestações linguísticas de cortesia negativa e de cortesia positiva, isto é, o recurso a processos de indirecção discursiva.

Os processos verbais de cortesia, através dos quais os interlocutores, por abstenção ou compensação, atenuam a potencial descortesia de um ato de fala, são designados por *atenuadores* (*adoucisseurs*), que se classificam em *substitutivos* e *acompanhantes* (KERBRAT-ORECCHIONI, 1996, p. 24-25).

2.7.1 Estratégias de cortesia negativa

Relativamente aos procedimentos substitutivos, tal como a designação sugere, trata-se da substituição de uma formulação explícita de um FTA por uma formulação mais suave. Para o efeito, o locutor pode recorrer:

1. À *indirecção* (pergunta e asserção, por ordem; pergunta, por censura ou refutação; confissão de incompreensão, por crítica...);
2. A *desatualizadores modais* (utilização ou combinação de modalidades...), *temporais* (condicional, imperfeito, futuro...) e *pessoais* (apagamento do(s) interlocutor(es), através da passiva, da impessoalização, da indefinitização...);
3. A *pronomes pessoais* (*vós* de cortesia, por *tu*; *nós* de solidariedade ou modéstia, por *eu*, em caso de vitória (*"Ganhamos"*, por *"Ganhei"*), ou *tu*, em caso de derrota (*"Perdemos"*, por *"Perdeste"*)...);
4. A *figuras de estilo* (enálage, litote, eufemismo, ironia, metáfora...).

Ao *tropo comunicacional*: processo discursivo de natureza retórica que, para ser cortês, "consiste à feindre d'adresser un énoncé menaçant à quelqu'un d'autre que celui auquel on le destine véritablement" (KERBRAT-ORECCHIONI, 1996, p. 57).

Os processos linguísticos e discursivos para expressar a cortesia negativa podem desencadear-se através da presença de *acompanhantes*, que consistem em fazer acompanhar um FTA de outros processos. Por exemplo, a formulação de um FTA pode ser atenuada, fazendo-a acompanhar de:

5. *Fórmulas de cortesia especializadas*, já lexicalizadas e por isso convencionais (*"Se faz favor"*, *"Por favor"*...);
6. *enunciados "preliminares"* (ou simplesmente *"pré-"* (*"Posso pedir-lhe/te um favor?"*, *"Posso fazer-te uma pergunta?"*, *"Posso fazer(-te) um (pequeno) reparo?"*);
7. *pedido de desculpa* ou de uma ou mais *justificações ou explicações* (*"Peço-lhe desculpa (por interrompê-lo, incomodá-lo), onde fica a estação?"*, *"Esqueci-me do relógio em casa, que horas são?"*...);

8. *minimizadores*, que parecem reduzir a ameaça do FTA (*"Eu queria simplesmente fechar a porta..."*, *"Podes dar-me um pouco de atenção..."*, *"Dá-me aqui uma mãozinha/ uma pequena ajuda"*...);
9. *modalizadores* (*"penso"*, *"creio"*, *"acho"*, *"tenho a impressão"*, *"parece-me"*, *"sem dúvida"*, *"provavelmente"*, *"em meu entender"*...);
10. *desarmadores por antecipa***ção**, prevendo e prevenindo uma possível reação negativa do destinatário (*"Não queria interromper-te/ importunar-te/ incomodar-te/ distrair-te, mas..."*, *"Não leves a mal, mas..."*);
11. *suavizadores*, espécie de "rebuçado que ajuda a engolir a pílula" (*"Passa-me o pão, meu anjo"*, *"Tu, que costumas saber tudo, diz-me..."*).

2.7.2 Estratégias de cortesia positiva

Os processos linguísticos deste tipo dizem respeito, essencialmente, à produção de FFAs que se manifestam através de atos de acordo, ofertas, convites, cumprimentos, agradecimentos, fórmulas votivas e de boas-vindas etc.

Ao contrário dos FTAs, o seu funcionamento é, por um lado, muito mais simples e, por outro, a sua realização vem acompanhada, geralmente, de intensificadores.

Quando se agradece um favor, um presente ou um cumprimento, um gesto de simpatia, diz-se não apenas *"Obrigado!"*, mas, intensificando-se a gratidão, real ou fingida, reforça-se: *"Muito obrigado!"* ou *"Muitíssimo obrigado!"* ou *"Fico-lhe/te muito grato/agradecido por tudo!"* etc.

A intensificação, nestes casos, é tão natural e aceitável, consoante os contextos, que sabemos que é pragmaticamente "agramatical" minimizar o agradecimento, dizendo, por exemplo, como fórmula de agradecimento *"Pouco obrigado!"* (KERBRAT-ORECCHIONI, 1996, p. 59).

Em suma, o sistema de cortesia linguística proposto por Kerbrat-Orecchioni apresenta-se-nos como um modelo teórico de análise altamente eficaz para a descrição linguística e discursivo-textual dos fenômenos de cortesia que os interlocutores utilizam nas diferentes interações verbais, tendo em vista, mais do que a transmissão de informação, o estabelecimento de uma relação equilibrada e harmoniosa do ponto de vista interpessoal.

Nas próprias palavras da linguista, a cortesia linguística é "une machine à maintenir ou restaurer l'équilibre rituel entre les interactants, et corrélativement, à fabriquer du contentement mutuel" (KERBRAT--ORECCHIONI, 2000b, p. 34).

2.8 Contributos para o estudo da cortesia verbal: Maria Helena Araújo Carreira

Em *Modalisation Linguistique en Situation d'Interlocution: proxémique verbale et modalités*, Aráujo Carreira (1997) não estuda apenas as formas verbais de cortesia, mas também, por estarem intimamente relacionadas com elas (e todas elas entre si), as formas de tratamento e as fórmulas interlocutórias.

Carreira considera que a expressão verbal de uma intenção de cortesia não se limita às formas propriamente ditas de cortesia ("les termes d'adresse, les formules de salutation, de présentation, de remerciement, de félicitation, d'excuse, etc."). Compreende também os processos mais ou menos complexos, mais ou menos explícitos de modalização e de indireção, bem como estratégias de cortesia como "la manière de distribuer tout au long de l'interaction verbale des encouragements, des éloges, d'exprimer l'accord ou le désaccord" (CARREIRA, 1995, p. 28).

Devido à multiplicidade e diversidade de manifestações linguísticas de cortesia e à impossibilidade de as estudar uma a uma, a autora analisa-as em torno dum "eixo semântico conceptual", assente em zonas polares, correspondendo uma zona à noção de /ATENUAÇÃO/ e outra à noção de /INTENSIFICAÇÃO/.

Esquema 1
Eixo de injunção e cortesia

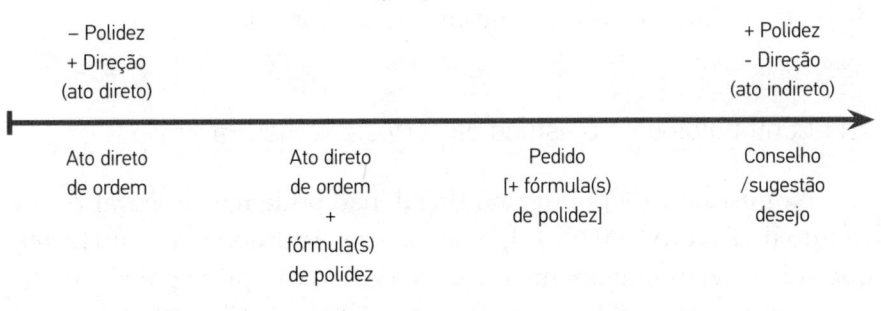

```
− Polidez                                                    + Polidez
+ Direção                                                    − Direção
(ato direto)                                                 (ato indireto)
├─────────────────────────────────────────────────────────────────────►

Ato direto          Ato direto          Pedido              Conselho
de ordem            de ordem            [+ fórmula(s)       /sugestão
                    +                   de polidez]         desejo
                    fórmula(s)
                    de polidez
```

(Carreira, 1995, p.227 — tradução nossa)

2.9 Contributos para o estudo da cortesia verbal: Meyer-Hermann

Este autor, ao defender uma gramática organizada segundo as funções de atenuação/ intensificação, mostra a importância de relevar que os usos de uma língua são fundamentalmente atos verbais de uma competência de comunicação alargada, de que a competência de cortesia é parte inalienável, enquanto subcompetência da competência discursivo-textual (MEYER-HERMANN, 1984, p. 191).

2.10 Contributos para o estudo da cortesia verbal: Maria Emília Ricardo Marques

Maria Emília Ricardo Marques recusa a existência de sinonímia entre cortesia e deferência: a cortesia "é uma dimensão que difere da deferência", na medida em que "pode-se ser delicado sem mostrar deferência" e "falar indelicadamente, mas com marcas exteriores de extrema deferência" (MARQUES, 1995, p. 202).

Para Marques, a deferência exprime-se através de formas honoríficas, enquanto a delicadeza se exprime sobretudo através da atenuação, do tom vago, da diminuição do grau de implicação.

Para Marques, o uso de enunciados "em si" corteses que não satisfazem determinadas condições de "felicidade" levam, por um lado, ao fracasso do chamado "efeito de cortesia" e, por outro, à produção de outros efeitos, desejados ou não, como serão os de "hipercortesia", de cortesia "deslocada", ou mesmo de descortesia.

2.11 Contributos para o estudo da cortesia verbal: Fávero

Nos estudos da polidez no Brasil, não podemos descurar o contributo de Fávero (2008, 2014) e de Fávero, Andrade e Aquino (2000), que subscrevem igualmente a cortesia como um princípio regulador da conduta, possibilitando a manutenção do equilíbrio social entre as partes. Ao examinarem o fenômeno nas interações quotidianas, mostram a importância de considerar, quer a relação de poder entre os interlocutores, quer a distância social, quer, ainda, as normas de conduta impostas por determinada cultura (FÁVERO, 2014, p. 378).

2.12 Contributos para o estudo da cortesia verbal: Koch e Bentes

Para estas autoras, que procedem a uma abordagem do fenômeno sob uma perspectiva antropológica e histórica, a cortesia é "menos ritualmente determinada e mais ligada às instâncias subjetivas da interação, aos tipos de relações que emergencialmente podem ser estabelecidas entre os interlocutores", variando, por isso, de cultura para cultura (VILLAÇA; BENTES, 2008, p. 31).

Ao refletirem sobre os diferentes teorizadores e a distinção entre cortesia e polidez, relembram a definição de Trask (2004) e de Holmes (2001), que não estabelecem essa distinção, pois consideram que, para avaliar o grau de polidez de enunciados verbais, será necessário entender os valores sociais de uma determinada comunidade ou sociedade. Todavia, Koch e Bentes defendem que "a polidez está mais ligada às normas, convenções e princípios gerais que presidem à interação pela linguagem em dada cultura, em dada sociedade" (2008, p. 29), sendo, por isso, uma prática regida por convenções sociais, ao passo que a cortesia é menos ritualmente determinada e mais ligada às instâncias subjetivas da interação.

2.13 Contributos para o estudo da cortesia verbal: Escandell-Vidal

Escandell-Vidal (1996) relaciona o fenômeno da polidez à Teoria da Relevância e defende que um comportamento, verbal ou não, só pode ser considerado polido ou impolido quando tal aspecto é intencional e aparece de forma aberta na interação. Defende que a noção de polidez está organizada conforme um *frame*, "uma vez que a nossa representação mental de uma situação particular deveria conter não só informações sobre os participantes e atividades, mas também sobre o uso adequado da linguagem, vemos que muito do nosso comportamento (linguístico) é, portanto, determinado por um conhecimento específico". (ESCANDELL-VIDAL, 1996, p. 636).

2.14 Contributos para o estudo da cortesia verbal: Spencer-Oatey

Spencer-Oatey prefere a designação de "polidez" e define-a como um rótulo avaliativo que decorre "dos julgamentos subjetivos que as pessoas fazem sobre a adequação social de comportamentos verbais e não verbais" (SPENCER-OATEY, 2005, p. 97). Em outras palavras, não é o comportamento em si que é polido ou rude; antes, a polidez é um rótulo avaliativo que as pessoas agregam ao comportamento, como resultado de seus julgamentos subjetivos sobre a adequação social (SPENCER-OATEY, 2005, p. 97). Esta linguista britânica subscreve que há duas componentes principais que subjazem à força motivacional para a gestão da harmonia das relações: a gestão da face (face de qualidade e face de identidade social) e a gestão dos direitos de sociabilidade e obrigações. Em publicação posterior, de 2008, Spencer-Oatey amplia o modelo e inclui um terceiro fator, que inclui os objetivos interacionais, dado que todas as pessoas nas interações verbais têm objetivos e expetativas em relação à interação e esses objetivos podem ser relacionais e transacionais. São essas diferenças na gestão das harmonia das relações que podem ser individuais, contextuais e culturais que estão na gênese de desentendimentos, nomeadamente nas interações de âmbito intercultural. Importa, contudo, reter a importância do contributo de Spencer-Oatey (2002) que sublinha que nenhum enunciado ou construção linguística pode ser considerado inerentemente polido ou impolido, pois a polidez é um julgamento social e está, em grande medida, a cargo do interlocutor, não podendo ser separada do contexto social em que ocorre.

2.15 Contributos para o estudo da cortesia verbal: Koike

Koike, por sua vez, incorpora aos seus estudos os de Brown e Levinson, de Lakoff e de Leech, e define desta forma a cortesia linguística: "[...] the communication of respect for the social relationship between speaker and listener through the use of communicative strategies recognized by the society as carrying a particular illocutionary force" (KOIKE, 1989, p. 189).

Realce-se, contudo, uma observação muito importante: para Koike, um ato de fala ou de discurso não é em si próprio cortês ou descortês, depende sempre do contexto em que é interpretado e das normas de conduta estabelecidas social e culturalmente. Reitera, na sua obra de 1992, esta importância do contexto: "Politeness is a universal social phenomenon that occurs in specific social contexts" (KOIKE, 1992, p. 20), descrevendo os marcadores de polidez e de deferência no português do Brasil, numa perspetiva sociopragmática.

2.16 Contributos para o estudo da cortesia verbal: Kazué Monteiro de Barros

Barros e Crescitelli (2012, p. 45) contestam, por sua vez, o modelo de Brown e Levinson:

- pelo seu caráter abstrato, não situado (SPENCER-OATEY, 2005);
- por não se constituir em modelo de polidez, mas de mitigação (LOCHER; WATTS, 2005);
- por se basear em normas e regras de sociedades ocidentais (GU, 1990; MAO, 1994; IDE, 1993; WIERZBICKA, 2003);

- por não permitir um tratamento mais interativo do discurso, optando pela adoção do ato de fala como sua principal categoria.

As linguistas brasileiras defendem a perspectiva da polidez como princípio conversacional, numa perspectiva interacionista, e subscrevem que os participantes de uma interação convocam um conjunto de direitos e obrigações que são atualizados no contrato interpessoal que é dinâmico, constantemente negociado, quer pelos interactantes, quer por imprevistos situacionais. Subscreve, por isso, a teoria de Spencer-Oatey (2005), evidenciando que a polidez é explicada em termos de preservação de faces, corresponde a índices sociais estabelecidos pelas práticas dos usuários, obedece a princípios conversacionais ativados nas interações e, correlativamente, "(...) corresponde a rótulos avaliativos que as pessoas agregam a comportamentos" (BARROS e CRESCITELLI, 2014, p. 467).

2.17 Contributos para o estudo da cortesia verbal: Briz

Segundo Briz e Bravo (2004, p. 67-68), os conceitos de autonomia e afiliação são traços essenciais para definir a cortesia e para reconhecer a maior ou menor adequação de uma contribuição cortês, assim como seu êxito ou fracasso.

Importa, ainda, estabelecer a distinção entre cortesia formal e cortesia estratégica. Segundo Briz, "se es estrategicamente cortés cuando me acerco al otro cortésmente como estrategia para lograr un fin distinto del ser cortés" (BRIZ, 2005, p. 9).

Uma saudação, ainda que seja uma expressão convencionalizada e catalogada como cortesia formal, pode constituir, em determinado contexto, uma atividade estratégica, se tiver como condição cumprir um objetivo ulterior; por exemplo, se a saudação se destina não somente a cumprimentar como a fazer notar enfaticamente a nossa presença. Que estratégias temos em consideração?

Estabelecemos a tripartição: cortesia atenuadora (Kerbrat--Orecchoni denomina de mitigadora); cortesia reparadora; e cortesia valorizante.

2.17.1 Cortesia atenuadora

Tem por objetivo atenuar possíveis ameaças, seja preventivamente, seja para suavizar algo já enunciado. Em todos os casos em que o enunciador usa estratégias de cortesia atenuadora existem ameaças susceptíveis de causar dano na imagem dos interlocutores.

Exemplos: divergências de opinião, desacordos, ameaças.

2.17.2 Cortesia reparadora

Distingue-se da atenuadora, dado que esta se realiza no plano do enunciado, modificando-o e diminuindo o nível de ameaça. Modifica, assim, prospectivamente o efeito interpessoal negativo, fazendo com que seja menor.

Já a cortesia reparadora não opera no plano do enunciado, não tem que realizar-se imediatamente depois da ameaça, pois pode surgir na interação posteriormente.

Exemplos: divergência de opiniões, interrupções e intromissões no discurso do interlocutor, autocrítica.

2.17.3 Cortesia valorizante

Esta noção é reforçada por vários autores que têm referido a necessidade de considerar na interação os atos orientados para reforçar a imagem dos interactantes (BAYRAKTAROGLU, 1991, KERBRAT-ORECCHIONI, 1996 e 2004).

A cortesia não é apenas abstencionista, orientada para minimizar ameaças; deve ser pensada com um caráter producionista, ou seja, que produz naturalmente atos corteses, sem que exista qualquer risco de ameaça. Exemplos: elogios, exaltações, agradecimentos.

Para os estudos especificamente de espanhol, Albelda Marco (2003, 2005) refere a predominância deste tipo de estratégias (cf. HERNÁNDEZ FLORES, 2004, p. 67-70).

Atentemos neste exemplo a seguir, de um texto simples que pode ser encontrado em ambientes públicos rotineiramente, no caso, trata-se de um recado singelo redigido, provavelmente, pela chefe da equipe de limpeza de uma universidade:

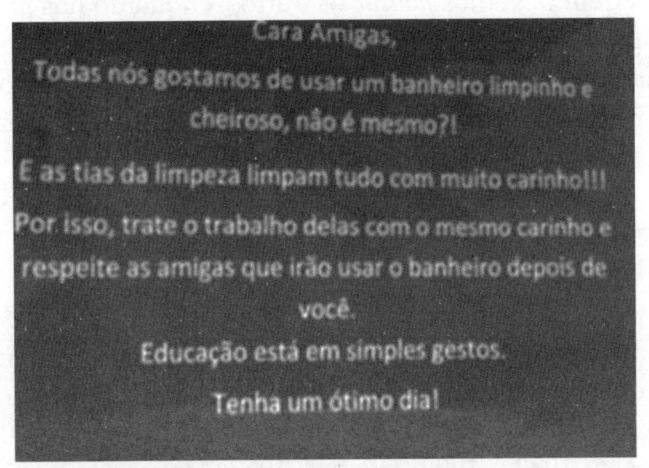

> Cara Amigas,
> Todas nós gostamos de usar um banheiro limpinho e cheiroso, não é mesmo?!
> E as tias da limpeza limpam tudo com muito carinho!!!
> Por isso, trate o trabalho delas com o mesmo carinho e respeite as amigas que irão usar o banheiro depois de você.
> Educação está em simples gestos.
> Tenha um ótimo dia!

Fonte: coletado no banheiro feminino da Universidade Presbiteriana Mackenzie, São Paulo, em agosto de 2015[4].

Ilustração 1. Anúncio/Recado em português do Brasil

Na ilustração 1, anúncio ou recado deixado na porta do banheiro de uma universidade em São Paulo, múltiplas são as formas que expressam a cortesia: o simples e inusitado apelativo "caras amigas", que estabelece a relação de proximidade, a forma diminutiva "limpinho", que domina a pergunta retórica, o pedido formulado com delicadeza e com um léxico do domínio dos afetos (surge duas vezes a palavra "carinho"), a invocação de uma máxima de educação, bem como os votos finais prospetivos de desejar "bom dia". O exemplo convocado

---

4. Cara Amigas, / Todas nós gostamos de usar um banheiro limpinho e / cheiroso, não é mesmo?! / E as tias da limpeza limpam tudo com muito carinho!!! / Por isso, trate o trabalho delas com o mesmo carinho e / respeite as amigas que irão usar o banheiro depois de / você. / Educação está em simples gestos. / Tenha um ótimo dia!

mereceu esta curta reflexão, dado que é facilmente descodificado no contexto brasileiro, sendo dificilmente expectável em situação similar no contexto do português europeu.

Coloca-se, pois, a questão: consistirá a cortesia linguística (de acordo, aliás, com a regra que vem nos manuais de boas maneiras, segundo a qual devemos *honrar* os outros, enquanto nos *humilhamos* a nós próprios) em recorrer a formas de indireção e impessoalização, ao apagamento do *eu* em face do *tu*, à valorização do outro e à desvalorização de nós próprios?

3. Atenuação

Um dos mecanismos fundamentais para a cortesia é a atenuação dos atos que se consideram invasivos do campo do interlocutor. A atenuação é definida por vários autores (Briz, 1995, 1998, 2003, 2005, 2007; Fraser, 1980 e 1990; Lakoff, 1973; Meyer-Hermann, 1998) como uma categoria ou função pragmática cujo objetivo é mitigar o efeito do que se diz no enunciado.

Briz (2014) refere que a atenuação é um mecanismo estratégico de distanciamento linguístico da mensagem e de aproximação social, mas sublinha igualmente que nem toda atenuação é cortês nem se explica por cortesia. É um erro em que incorremos continuamente ao estabelecer uma correlação simples entre +/- cortesia e +/- atenuação (Briz, 2014, p. 86).

A atenuação deve abarcar o estudo da função pragmática, da função interacional e da função discursiva, na medida em que pode afetar os vários elementos da enunciação. A atenuação pode configurar uma estratégia de distanciamento da mensagem (significado proposicional). Pode servir igualmente para prevenir uma possível ameaça ao interlocutor, diminuindo o efeito negativo da força ilocutória do ato de fala. E, ainda, pode servir também para reparar um possível dano da imagem do interlocutor devido à força perlocutória do ato. "La atenuación cumple la función de prevenir, reparar o autoprotegerse" (Albelda Marco & Cestero Mancera, 2011).

A atenuação, como estratégia social, visa à aproximação do outro, à proximidade, facilitando e promovendo as relações. Como estratégia interacional, tem como propósito evitar tensões e conflitos a fim de salvaguardar a autoimagem, mitigar uma ameaça da imagem do outro, buscar o acordo, reparar o desacordo e evitar a imposição do "eu". Por último, a função discursiva da atenuação ocorre como resultado da atividade argumentativa, cujo propósito é de mitigar, minimizar a quantidade ou qualidade do dito.

Os contributos que subscrevemos para o estudo da atenuação são os propostos pelo Grupo Val.Es.Co. (BRIZ 1995, 1998, 2003, 2014), que integramos.

O conjunto de estratégias de atenuação está descrito sobretudo nos trabalhos de Bazzanella, Caffi e Sbisà (1991), Briz (1998, 2003, 2007 e 2014), e Caffi (1999), que sintetizam os procedimentos já descritos por outros autores.

Diante desta questão, será imperioso perceber:

a) Que meios e mecanismos linguísticos e discursivo-textuais são utilizados na realização e expressão da cortesia verbal, adequados aos contextos de cada ato de comunicação.

b) Que influência exercem as relações pessoais e sociais (existentes, presumidas e/ou desejadas) entre quem fala ou escreve e o(s) seu(s) destinatário(s) direto(s) e indireto(s), e destes para com terceiro(s), na selecção daqueles meios e mecanismos e, inversamente, que influência exercem estes naquelas.

4. Intensificação

Apesar da existência de diferentes tipos de intensificação (semântica, retórica, entre outras) (ALBELDA MARCO, 2003 e 2005), focar-nos-emos na *intensificação pragmática*, que assenta numa estratégia avaliativa do conteúdo proposicional ou da modalidade.

São muitos os autores que abordam o fenómeno da intensificação, ainda que com outras nomenclaturas: Meyer-Hermann (1988), Labov

(1984), Matte Bon (1992), Caffi e Janney (1994), Álvarez Menéndez (1995) etc.

Quanto à existência de termos análogos, importa destacar os seguintes: ênfase, expressividade, expressão afetiva, realce linguístico, reforço, entre outros.

Para Meyer-Hermann (1988), a intensificação é:
- Um fenômeno sociopragmático relacionado com o conceito de intensidade obrigatória, isto é, o grau de obrigações e compromissos que os interlocutores assumem;
- Uma função comunicativa interativa;
- Um fenômeno contextual, que se realiza numa interação concreta;
- Uma estratégia que *não* nos permite intensificar o estado de coisas, mas sim dar a entender a nossa interpretação do estado das coisas.

Caffi e Janney (1994) situam o fenômeno da intensificação dentro do conceito de *capacidade emotiva*, que definem como:

> (...) certain basic, conventional, learned, affective-relational communicative skills that help them interact smoothly, negotiate potential interpersonal conflicts, and reach different ends in speech. These skills are related, to performances of linguistic and other activities that broadly can be interpreted as "signs of affect", or as "indices of speakers" feelings, attitudes, or relational orientations toward their topics, their partners, and/or their own acts of communication in different situations. Successful interaction depends to a certain extent on a mastery of these conventional skills (CAFFI; JANNEY, 1994, p. 327).[5]

---

5. (...) certas habilidades básicas, convencionais, aprendidas, afetivo-relacionais, comunicativas, que os ajudam a interagir sem problemas, negociar possíveis conflitos interpessoais e alcançar diferentes fins na fala. Essas habilidades estão relacionadas, a performances de atividades linguísticas e outras que podem ser interpretadas como "sinais de afeto", ou como "indícios dos sentimentos do falante", atitudes ou orientações relacionais em relação a seus tópicos, seus parceiros e / ou seus próprios atos de comunicação em diferentes situações. A interação bem-sucedida depende, até certo ponto, de um domínio dessas habilidades convencionais (CAFFI; JANNEY, 1994, pág. 327, tradução nossa).

Desta definição é possível extrair três aspetos importantes relativamente à capacidade emotiva:

i) possui um caráter convencional;
ii) serve para alcançar determinados objetivos comunicativos, para interagir e negociar nos conflitos interpessoais;
iii) determina os âmbitos de intensificação, que podem incidir em um tema, um interlocutor ou um ato de fala.

Para Briz (1998), existem dois âmbitos afetados pela intensificação: o conteúdo proposicional e o âmbito modal. Dessa forma, existem dois tipos de intensificação: a quantificação semântica analisada da perspetiva pragmática, isto é, o seu valor como estratégia de comunicação e a sua contribuição em favor de fins comunicativos, a chamada intensificação do dito; e a intensificação da atitude propriamente dita, ou seja, a que atua sobre o âmbito da modalidade e cujos fins são sempre comunicativos, a chamada intensificação do dizer.

Sobre as estratégias de intensificação, observa-se que muitos adjetivos funcionam como intensificadores do nome: "Ele é um perfeito idiota", "Ele é um bom sem-vergonha". Esses adjetivos ligam-se a nomes que permitem uma gradação, pois revelam que o nome deve ser tomado em sua intensidade máxima — "um bom sem-vergonha" ou "um perfeito idiota" é alguém que não pode ser mais idiota ou sem-vergonha do que já é.

Os dois processos mais frequentes para exprimir a intensidade dos atributos e qualidades (adjetivos) consistem em fazer preceder o adjetivo de um advérbio de quantidade ou de um prefixo e em acrescentar sufixos ao adjetivo, como muito rico, super-rico ou riquíssimo.

Em busca de maior expressividade, superlativiza-se de forma curiosa, como nas expressões: "lindo de morrer", "um homem podre de rico", "você está redondamente enganada", "ela tem um irmão que vou te contar", "a vista era de cair para o lado" etc. Outro recurso é a utilização do diminutivo ou do aumentativo para efeitos de intensidade: "o céu estava azul, azulzinho", "está lindona com esse vestido".

Quirk (1985) estuda em profundidade o recurso da intensificação linguística, processo semântico que se manifesta por meio de adjetivos e advérbios. Distingue subclasses semânticas de adjetivos intensificadores: enfatizadores (são geralmente atributivos e têm efeito de acentuar a qualidade); amplificadores (denotam um ponto elevado numa escala); e os moderadores (diminuem, em geral, a força da predicação).

- **Advérbios enfatizadores** (*emphasizers*), que expressam o papel semântico da modalidade, reforçando o valor de verdade do termo que modificam, o qual, por sua vez, não implica noção de gradação; são advérbios de modo que salientam e reforçam o descrito: *definitivamente, honestamente, claramente, seguramente* etc.;
- **Advérbios intensificadores**, cuja caracterização está extrinsecamente ligada à noção semântica de grau. O autor distingue dois conjuntos de intensificadores: os **amplificadores** (*amplifiers*), que projetam escala acima o produto a que se referem, e os **moderadores** (*downtoners*). Os primeiros ainda se subdividem em **maximizadores** (*maximizers*): *totalmente, completamente, inteiramente* etc., e **encorajadores** (*boosters*): *muito, mais, bastante* etc.; e os moderadores, podem ser descritos como **aproximadores** (*approximators*): *quase, aproximadamente*; e **conciliadores** (*compromisers*): *mais ou menos, uma espécie de*; **diminuidores** (*diminishers*): parcialmente, moderadamente; e **minimizadores** (*minimizers*): *dificilmente, no mínimo*.

A atenuação e a intensificação funcionam como processos complementares de modalização do discurso, através dos quais o locutor deixa a sua marca na interação, com uma estratégia, na maioria das vezes, consciente, para provocar determinado efeito no interlocutor, ou, pelo menos, dar pistas ou nuances sobre aquilo que, seguindo a nomenclatura da modalização, avalia.

Em suma, a ligação entre os processos de atenuação e de intensificação e a modalização do discurso é deveras assinalável. Ambos os processos apresentam, muitas das vezes, marcas do "eu" no discurso e, quando não apresentam essas marcas, buscam um objetivo que faz parte da estratégia enunciativa do falante, ou seja, o cunho pessoal do locutor está sempre presente nas formas de atenuação e de intensificação.

A modalização avaliativa é aquela que parece descrever melhor o lugar da atenuação e da intensificação na modalização em geral, já que está intimamente ligada às escolhas e aos objetivos do locutor, às avaliações e aos juízos de valor.

6. A cortesia na era digital: estudo de caso

Para o estudo de caso, escolhemos aleatoriamente mensagens na rede social Facebook que testemunham como a cortesia verbal é cada vez mais omnipresente nas redes, e a sua expressão verbal é, eventualmente, numa tentativa de colmatar a distância espaciotemporal que nos separa do outro, valorativa e intensificada.

Numa sociedade em que se assiste a uma crescente exposição pública do indivíduo, há uma tendência para uma visibilidade compulsiva. A fronteira entre público e privado é cada vez mais tênue, e as redes sociais, como refere Raquel Recuero (2009, p. 103), diferenciam-se das outras formas de Comunicação Mediada por Computador pelo modo como permitem a visibilidade e a articulação, a manutenção dos laços sociais estabelecidos no espaço *off-line*.

A rede Facebook privilegia quer a apresentação individualizada do "eu" (estatuto pessoal, gostos, fotografias, passatempos), quer a manifestação das relações sociais, o que implica que a presença na rede seja uma adesão às regras (apresentação a partir de imagens e de *posts* que permitem a conexão com outros amigos ou pessoas na rede) e, concomitantemente, uma espécie de ato de *marketing* que visa mobilizar a atenção do "outro".

A imagem dos enunciadores nas mensagens do Facebook faz transparecer um *ethos* que adota estratégias de valorização de sua própria face (na terminologia de Brown e Levinson) que o credibilizem e que o façam ser apreciado (e inclusivamente invejado) pelos demais.

A publicação de mensagens despoleta uma panóplia de comentários em que predominam elogios, agradecimentos, enunciados ao serviço da cortesia valorizadora.

Esquema 2
Comentários na rede social facebook (recolhidos aleatoriamente)

MM *Sem palavras? Tocante*

JNM *Muito muito Obrigado, MM!!!! boa semana!!!!!!*

MMM *Excelente texto (como sempre..). Consegue "traduzir" de forma tão simples, as questões mais complexas que atingem o Ser Humano.*
Só os Grandes de Alma, o conseguem!
Muito Obrigada!

JNM Obrigado, *MMD muito muito!bom!!!!!!!!!!! uma boa semana para si!!!*
TC: *GENIAL!! Parabéns!*

AM *Excelente... como sempre... faz-nos tão bem meditar sobre estes presentinhos com que nos mima aos fins de semana... muito muito obrigada...bem haja e que o Senhor esteja sempre presente nas vossas vidas!*

EM *Obrigado por mais um belíssimo texto...obrigado pela sua capacidade de fazer com que cada um de nós ao lermos as suas crónicas nos consigamos rever nelas...Bom fim de semana!*

IP *Excelente análise da natureza humana e de reflexão para um dia bonito como o de hoje. Sempre a aprender com a sua escrita escorreita e profunda. Obrigada. Abraço*

IAS *Os textos do JNM são serviço puro e simples prestado a quem os lê. Parabéns por este seu tão nobre ofício que exerce com muitíssima mestria. E um grande bem-haja também. Obrigada.*

PP *Adoro!*
Um texto poderoso...!

Os atos de agradecimento, os atos elogiosos, os adjetivos valorativos dominam muitos dos comentários no Facebook, evidenciando a cortesia valorizante a que cada vez mais recorremos nas interações eletrônicas.

As avaliações com "*like*" predominam, e a frequência de intensificadores como "muito", o léxico expressivo, positivo e encorajador e, inclusivamente, a pontuação criativa e entusiástica atestam estas formas de cortesia.

Os utilizadores das redes sociais encontram neste contexto um espaço aberto para a manutenção e reforço das relações interpessoais, pelo que recorrem a estratégias de cortesia valorizadora, o que confirma a previsão de Yus (2010):

> En Internet existe, además, una ausencia de pistas contextuales que normalmente facilitan, en entornos conversacionales físicos, la elección de una determinada estrategia. Este hecho puede desembocar en una sobreabundancia de expresiones manifiestas de cortesía (Yus, 2010, p. 295).

Estas estratégias de cortesia valorizante, às quais subjaz a intenção de reforçar, agradar ou agradecer ao emissor, e em que predominam valores positivos de estima social, de satisfação, de felicitação, denunciam a apreciação e criam a cumplicidade.

Estas estratégias verbais vêm comprovar outras pesquisas sobre redes sociais, cultura digital e a sociedade conectada que se têm desenvolvido sobretudo nos estudos sociológicos e que reconhecem esta cultura fática que fomenta e valoriza os laços de afiliação (MILLER, 2008).

No caso da rede social Facebook, a função valorizadora da cortesia parece constituir-se no eixo principal das relações interpessoais. Diferentemente de outras redes sociais (como o Twitter, por exemplo), os utilizadores fazem uso constante de estratégias de cortesia para reforçar a imagem positiva dos destinatários, o que, concomitantemente, se repercute positivamente na sua própria imagem.

Desafios

Muitos são os desafios para o futuro. Em primeiro lugar, há a necessidade da constituição de *corpora* eletrônicos que nos permitam desenvolver trabalhos de pesquisa mais sólidos e mais fundamentados. Urge também pensar que estas formas de interação eletrônica dominam o nosso quotidiano, pelo que importa estudá-las em todas as suas dimensões: linguística, antropológica, sociológica, psicológica, refletindo sobre as relações público/ privado, combatendo o narcisismo crescente, fomentando a capacidade de autorregulação, em suma, promovendo a cortesia em meio digital.

Referências

ALBELDA MARCO, Marta. Los actos de refuerzo de la imagen. In: *Actas del Primer Coloquio del Programa EDICE, La perspectiva no etnocentrista de la cortesía, identidad sociocultural de las comunidades hispanohablantes*. Estocolmo: Universidad de Estoclomo, p. 298-305, 2003.

_____. *La intensificación en el español coloquial*. Tese doutoral. Valência: Universidade de Valência, 2005.

_____. *La intensificación como categoría pragmática*: revisión y propuesta. Frankfurt: Peter Lang, 2007.

ALBELDA MARCO, Marta & CESTERO MANCERA, Ana María. De nuevo, sobre los procedimientos de atenuación lingüística. *Español Actual: Revista de Español Vivo* 90, p. 9-40, 2011.

ÁLVAREZ MENÉNDEZ, A. I. *Las construcciones consecutivas*. Madrid: Arco/ Libros, 1995.

BARROS, Kazué. Monteiro de; CRESCITELLI, M. F. C. Polidez e preservação da face em memoriais acadêmicos. In: SEARA, Isabel Roboredo. (Dir. e Org.). *Cortesia: olhares e (re)invenções*. Lisboa: Chiado editora, p.457-476, 2014.

BARROS GARCÍA, María Jesús. *La cortesía valorizadora en la conversación coloquial española*: estudio pragmalingüístico. 2011. Tese de doutorado, Universidad de Granada, Granada, 2011.

BAYRAKTAROGLU, A. Politeness and interactional imbalance. *International Journal of the Sociology of Language*, v, 92, n. 1, p. 5-34, 1991.

BAZZANELLA, C.; CAFFI, C.; SBISÀ, M. Scalar dimension of illocutionary force. In: ZAGAR I. (Ed.). *Speech acts: fiction or reality?* Ljubljana: IPrA. p. 63-76, 1991.

BERNAL, María. Hacia una categorización sociopragmática de la cortesía, la descortesía y la anticortesía. El caso de las conversaciones españolas de registro coloquial. In: BRAVO, Diana. (Ed.). *Estudios de la (des)cortesía en español*. Buenos Aires: Dunken, 2005. p. 365-398.

_____. *Categorización sociopragmática de la cortesía y la descortesía*. Un estudio de la conversación coloquial española. Estocolmo: Universidad de Estocolmo, 2007.

BRAVO, Diana; BRIZ, Antonio. (Ed.). *Pragmática sociocultural*: estudios sobre el discurso de la cortesía en español. Barcelona: Ariel, 2004.

BRIZ, Antonio. La atenuación en la conversación coloquial. Una categoría pragmática. In: CORTÉS. (Ed.). *El español coloquial. Actas del I Simposio sobre análisis del discurso oral*. Almería: Universidad de Almería, p. 103-122, 1995.

_____. *El español coloquial en la conversación. Esbozo de pragmagramática*. Barcelona: Ariel. 1998.

_____. La estrategia atenuadora en la conversación cotidiana española. In: BRAVO, D. (Ed.). *Actas del I Coloquio del Programa EDICE (Estudios del discurso de cortesía en español). La perspectiva no etnocentrista de la cortesía: identidad sociocultural de las comunidades hispanohablantes*. Estocolmo: Universidad de Estocolmo, p. 17-41, 2003.

_____. Eficacia, imagen social e imagen de cortesía. Naturaleza de la estrategia atenuadora en la conversación coloquial española. In: BRAVO, D. (Ed.). *Estudios de la (des)cortesía en español*: Categorías conceptuales y aplicaciones a corpus orales y escritos. Estocolmo-Buenos Aires: Dunken, 2005.

_____. Para un análisis semántico, pragmático y sociopragmático de la cortesía atenuadora en España y América. *Lingüística Española Actual*, v. 29, n. 1, p. 5-44, 2007.

BRIZ, Antonio. La atenuación lingüística. Esbozo de una propuesta teórico-metodológica para su análisis. In: SEARA, Isabel Roboredo. (Dir. e Coord.). *Cortesia*: olhares e (re)invenções. Lisboa: Chiado Editora, p. 83-144, 2014.

BROWN, Penelope; LEVINSON, Stephen. C. Universals in language usage: politeness phenomena. In: GOODY, E. (Ed.). *Questions and Politeness*: Strategies in Social Interaction. Cambridge: Cambridge University Press, p. 56-289, 1978.

_____. *Politeness. Some universals in language usage*. Cambridge: Cambridge University Press, 1996.

CAFFI, Claudia. On mitigation. *Journal of Pragmatics*, v. 31, n. 7, p. 881-909, 1999.

CAFFI, Claudia; JANNEY, Richard. W. Involvement in language. *Journal of Pragmatics*, v. 22, n. 3-4, 1994.

CARREIRA, Maria Helena de Araújo. *Modalisation linguistique en situation d'interlocution*: proxémique verbale et modalités en portugais. Louvain: Peeters, 1997. (Bibliothèque d'information grammaticale, 37).

DRESSLER, Wolfang. U.; BARBARESI, Lavinia Merlini. *Morphopragmatics: Diminutives and Intensifiers in Italian, German, and Other Languages. Trends in Linguistics: Studies and Monographs*. Berlim: Mouton de Gruyter. v. 76, 1994.

ESCANDEL-VIDAL, Victoria. *Introducción a la Pragmática*. Barcelona: Anthropos; Madrid: UNED, 1993.

FÁVERO, Leonor Lopes. A cortesia nas interações cotidianas. In: PRETI, Dino. (Org.). *Cortesia verbal*. São Paulo: Humanitas, 2008. p. 305-322.

_____. Cortesia e descortesia em diálogos cotidianos. In: SEARA, Isabel Roboredo. (Dir. e Coord.). *Cortesia: olhares e (re)invenções*. Lisboa: Chiado Editora, 2014. p. 365-380.

FÁVERO, Leonor Lopes; ANDRADE, Maria Lúcia da Cunha Victório de Oliveira; AQUINO, Zilda Gaspar de Oliveira de. Papéis discursivos e estratégias de polidez nas entrevistas de televisão. *Veredas: Revista de Estudos Lingüísticos*, v. 4, n. 1, p. 67-77, 2000.

FRASER, Bruce. Conversational mitigation. *Journal of Pragmatics*, v. 4, n. 4, p. 341-350, 1980.

FRASER, Bruce. Perspectives on politeness. *Journal of Pragmatics*, v. 14, p. 219-236, 1990.

GRICE, Herbert Paul. Logic and conversation. In: COLE, Peter; MORGAN, Jerry L. (Ed.). *Syntax and Semantics*, v. 3: Speech Acts. New York: Academic Press, 1975. p. 41-58.

GOFFMAN, Erwing. *La Mise en Scène de la Vie Quotidienne*. 1. La présentation de soi. 2. Les relationsen public. Paris: Minuit (Trad. francesa de *The Presentation of Self in Everyday Life*). 1973.

_____. *Les Rites d'Interaction*. Paris: Minuit. (Trad. francesa de *Interaction Ritual*). 1974.

GU, Yueguo. (1990). Politeness phenomena in modern Chinese. *Journal of Pragmatics* 14 (2), p. 237- 257.

HAVERKATE, Henk. *La Cortesía Verbal. Estudio pragmalingüístico*. Madrid: Gredos.1994.

HERNÁNDEZ-FLORES, Nieves. La cortesía como búsqueda del equilibrio de la imagen social. In BRAVO, Diana; BRIZ, Antonio. (Ed.). *Pragmática sociocultural*: estudios sobre el discurso de cortesía en español. Barcelona: Ariel, p. 95-107, 2004.

HOLMES. Janet. *An introduction to sociolinguistics*. Londres: Longman, 2001.

IDE, Sachiko. Formal forms and discernement: two neglected aspects of universals of linguistics politeness. *Multilingua* 8 (2/3), p. 223-248, 1993.

KERBRAT-ORECCHIONI, Catherine. *Les interactions verbales*. Paris: Armand Colin, t. II. 1992.

_____. *Les Interactions verbales (*Tomos III). Paris: Armand Colin, 1994.

_____. *La Conversation*. Paris: Seuil, 1996.

_____. Est-il bon, est-il méchant: quelle représentation de l'homme-en-société dans les théories contemporaines de la politesse linguistique?, In: WAUTHION, Michel & SIMON, Anne Catherine. (Ed.). *Politesse et Idéologie*. Rencontres de pragmatiques et de rhétoriques conversationnelles. Louvain: Peeters, p. 21-35, 2000.

_____. ¿Es universal la cortesía? In: BRAVO, Diana; BRIZ, Antonio (Ed.). *Pragmática sociocultural*: estudios sobre el discurso de cortesía en español. Barcelona: Ariel, p. 39-54, 2004.

KOCH, Ingedore Villaça; BENTES, Anna Christina. Aspectos da cortesia na interação face a face. In: PRETI, Dino. (Org.). *Cortesia verbal*. São Paulo: Humanitas, 2008. p. 19-48.

KOIKE, Dale. April. Requests and the role of deixis in politeness. *Journal of Pragmatics*, v. 13, n. 2, p. 187-202, 1989.

_____. *Language and Social Relationship in Brazilian Portuguese. The Pragmatics of Politeness*. Austin: University of Texas Press, 1992.

LABOV, William. Intensity. In: SCHIFFRIN, Deborah. (Ed.). *Meaning, form and use in context: Linguistic applications*. Washington: Georgetown University Press, p. 43-70, 1984.

LAKOFF, Robin Tolmach. *The logic of politeness*: minding your p's and q's. In: CORUM, C.; SMITH-STARK, T. C.; WEISER, A. (Ed.). *Papers from the 9th Regional Meeting of the Chicago Linguistic Society*. Chicago Linguistic Society, p. 292-305, 1973.

_____. La lógica de la cortesía, o acuérdate de dar las gracias. In: JÚLIO, Maria Teresa; MUÑOZ, Ricardo. (Comp.). *Textos clásicos de Pragmática*. Madrid: Arco/ Libros, 1998. p. 259-278.

LEECH, Geoffrey. *Principles of Pragmatics*. London/ New York: Longman, 1983.

LOCHER, Miriam; WATTS, Richard. Politenss theory and relational work. *Journal of Politeness Research 1*, p. 9-33, 2005.

MARQUES, Maria Emília Ricardo. *Sociolinguística*. Lisboa: Universidade Aberta, 1995.

MATTE BON, Francisco. *Gramática comunicativa del español*. Madrid: Edelsa, 1992.

MEYER-HERMAN, Reinhard. Atenuación e intensificación (análisis pragmático de sus formas y funciones en español hablado). *Anuario de Estudios Filológicos*, v. 11, p. 275-290, 1988.

_____. Formas de "atenuação" no ensino do português como língua estrangeira. In: CARVALHO, José Herculano de; SCHMIDT-RADEFELDT, Jürgen. (Org.) *Estudos de Linguística Portuguesa*. Coimbra: Coimbra Editora, p. 173-194, 1984.

QUIRK, Randolph et al. *A comprehensive grammar of the English language*. London: Longman, 1985.

RECUERO, Raquel. *Redes sociais na Internet*. Porto Alegre: Sulina, 2009.

ROQUETTE, José Inácio.1859. *Codigo do Bom Tom, ou Regras de civilidade e de bem viver no XIX° seculo*. Pariz: J.-P Aillaud, 1859.

SEARA, Isabel Roboredo. (Dir. e Coord.). *Cortesia: olhares e (re)invenções*. Lisboa: Chiado Editora, 2014.

SIFIANOU, Maria. "The use of diminutives in expressing politeness: Modern Greek versus English", *Journal of Pragmatics*, 17, p. 155-173, 1992a.

_____. *Politeness phenomena in England and Greece. A cross-cultural perspective*. Oxford: Clarendon Press, 1992b.

_____. Do we need to be silent to be extremely polite? Silence and FTAs. *International Journal of Applied Linguistics*, v. 5, n. 1, p. 95-110, 1995.

SILVA, Luiz Antônio. Cortesia e formas de tratamento. In: PRETI, Dino. (Org.). *Cortesia verbal*. São Paulo: Humanitas, 2008. p. 157-192.

SPENCER-OATEY, Helen. Managing rapport in talk: using rapport sensitive incidents to explore the motivational concerns underlying the management of relations. *Journal of Pragmatics*, v. 34, p. 529-545, 2002.

_____. (Im)politeness, face and perceptions of rapport: Unpackaging their bases and interrelationships, *Journal of Politeness Research*, v. 1, p. 95-119, 2005.

_____. Face, (im)politeness and rapport. In: SPENCER-OATEY, H. (Ed.). *Culturally speaking*: culture, communication and politeness theory. London: Continuum, p.11- 47, 2008.

TRASK, Robert Lawrence. *Dicionário de linguagem e linguística*. São Paulo: Contexto, 2004.

WATTS, Richard. J.; IDE, Sachiko; EHLICH, Konrad. (Ed.). *Politeness in Language*: Studies in its History, Theory and Practice. Berlin: Mouton de Gruyter, 1992.

WIERZBICKA, Anna. *Cross-cultural Pragmatics*. The Semantics of Human Interaction. Berlin: Mouton, 2003.

YUS, Francisco. *Ciberpragmática 2.0. Nuevos usos del lenguaje en Internet*. Barcelona: Ariel, 2010.

9

Quebra de polidez na interação:
das redes sociais para os ambientes virtuais de aprendizagem

Ana Lúcia Tinoco Cabral
Universidade Cruzeiro do Sul

Silvia Augusta de Barros Albert
Universidade Cruzeiro do Sul

Introdução

No fim do século XX e início do século XXI, quando cursos a distância *online* começaram a se disseminar no Brasil, os profissionais que se empenhavam na formação de docentes para atuarem nesse setor, especialmente os da área de linguagem verbal, tinham, entre suas responsabilidades, a tarefa de propor estratégias que proporcionassem a aproximação entre professores e alunos, tanto para a produção de materiais quanto para a interação verbal. A preocupação era pertinente porque muitos, a quase maioria, dos alunos e professores não estavam familiarizados com o uso da Internet e com a navegação em ambientes virtuais e menos ainda com a interação digital *online*. Atualmente, a maior parte da população interage por algum meio digital, tem perfil no Facebook, participa de redes sociais. Os ambientes virtuais deixaram de ser exceção e são frequentados de forma massiva por crianças e adultos, jovens ou não. Dessa forma, a Internet deixou de ser um meio de disseminação de informações apenas e passou a ser também um ambiente de interação constantemente acessível e acessado.

Nesse contexto, as noções de espaço e de tempo sofreram uma transformação radical. Lion (2006) propõe que essas dimensões sejam repensadas. Assim, o espaço, já há alguns anos, assumiu novas dimensões no ambiente virtual, pela variedade de lugares a partir dos quais os usuários, em geral, e os estudantes, especificamente, podem acessar os ambientes virtuais (*lan houses*, trabalho, residência, laboratórios da escola, entre outros); atualmente, essas possibilidades se ampliaram com a tecnologia móvel e os novos suportes. O espaço é todo lugar. Basta ligar o *smartphone* ou o *tablet* para estar em interação. Desse ponto de vista, os espaços sociais, e também os de aprendizagem, não mais se restringem. A redes sociais constituem ambientes de interação e de convívio sem limites físicos; de forma semelhante, o espaço de aprendizagem vai além do ambiente físico institucional de ensino; ele está em todos os lugares onde o estudante estiver e desejar transformar em ambiente de estudo.

Também o tempo deixou de ser uma limitação, uma vez que os usuários em geral têm acesso vinte e quatro horas e sempre que desejarem aos ambientes sociais disponíveis na rede; de sua parte, o estudante pode acessar, tomar contato, retomar, ler, ouvir, rever um conteúdo, interagir com o professor quando desejar. Ocorre assim um redimensionamento do tempo e do espaço promovido pelas tecnologias da informação e da comunicação. A partir dessas transformações, que também se impuseram aos processos educativos, tanto os saberes quanto as interações, antes restritos ao ambiente escolar, ultrapassam o domínio das instituições escolares e passam a estar presentes na individualidade de cada um, em seu ambiente social.

Essa é uma questão que nos conduz a uma reflexão importante relativamente às consequências dessa ampliação temporal e espacial para as relações interacionais que se estabelecem entre tutor e estudante em ambientes virtuais de aprendizagem: em que medida os demais espaços, que não têm relação com o institucional educacional, inclusive os espaços sociais que constituem as redes sociais, influenciam as relações entre tutor e estudante?

Nas mais variadas situações do cotidiano, embora as pessoas mantenham, conforme lembra Kerbrat-Orecchioni (2005), a preocupação em conservar a harmonia na interação, não são raras as situações de desentendimento, de ofensas, de violência verbal até. No contato pessoal direto e presencial, a reação do outro é visível imediatamente e constitui um termômetro para a condução ao retorno da harmonia caso os interlocutores percebam que o outro se mostra ofendido; no ambiente virtual, no entanto, isso não é possível, pois as interações acontecem, na maioria das vezes, de forma assíncrona. O fato é que as peculiaridades das interações virtuais possibilitam que os mal-entendidos se tornem mais frequentes e que sejam maiores os constrangimentos impostos por atos de crítica, advertência ou reclamação, que ameaçam as faces dos interlocutores e podem gerar situações de violência.

Dito isso, e na busca de encontrar respostas para a pergunta apresentada, articulando-a com a problemática do mal-entendido, da impolidez e da violência verbal, e da influência dos espaços *web* nas interações que ocorrem em ambientes virtuais de aprendizagem, analisamos, a título de exemplificação para alimentar nossas reflexões, o *post* de um *blog* de jornalismo esportivo e uma sequência de mensagens trocadas entre tutora e estudante em Ambiente Virtual de Aprendizagem (AVA), verificando ameaças às faces, ou seja, quebras da polidez, ou violência verbal e procurando refletir sobre desdobramentos desses comportamentos para a interação, tanto em ambientes virtuais abertos e livres, como as redes sociais, quanto naqueles fechados e institucionais, como os ambientes virtuais de aprendizagem. Para fundamentar nossas análises, recorremos igualmente a estudos que tratam de: polidez (BROWN; LEVINSON, 1999; KERBRAT-ORECCHIONI, 1992, 2005, entre outros); impolidez (BOUSFIELD, 2008a e 2008b; LOCHER; WATTS, 2008; CULPEPER, 2008, 2011; TERKOURAFI, 2008); interação verbal (GOFFMAN, 1981; KERBRAT-ORECCHIONI, 1992, 1997 2005; CABRAL, 2007); e interação a distância em ambientes virtuais de aprendizagem (ARCOVERDE; CABRAL, 2004; TARCIA; CABRAL, 2012; CABRAL, 2008, 2013, 2014). Este capítulo se organiza em três partes, além desta introdução e da conclusão: 1. Inicialmente, situamos teoricamente o conceito de interação verbal e alguns fenômenos envolvidos no estudo das interações; 2. Em segundo lugar, apresentamos os conceitos de polidez/impolidez e situamos o conceito de violência verbal; 3. Em terceiro lugar, apresentamos análises de mensagens. Na conclusão, expomos nossas reflexões a respeito das interações em situação de AVA com base nas análises realizadas.

Interação verbal

A perspectiva da qual encaramos e estudamos o uso da linguagem verbal é enunciativa e interacional; isso quer dizer que as práticas verbais, salvo exceções, requerem sempre uma resposta, quer sob forma de ação propriamente dita, quer sob forma verbal. Assumimos com Levinson (1997) que o diálogo é a forma primitiva e básica da linguagem. A concepção de língua como forma de interação considera os participantes do processo comunicativo como sujeitos ativos, que reagem de alguma maneira ao que o interlocutor diz: atendendo a um pedido, agradecendo um elogio, ofendendo-se com uma palavra inadequada. Assumimos com Goffman (1981) que o uso da palavra é uma atividade social cuja finalidade é o estabelecimento da relação interlocutiva. É nesse mesmo sentido que Kerbrat-Orecchioni (1997) afirma que falar é comunicar e que comunicar é interagir, e que Cabral (2007) defende que também escrever é comunicar e interagir. No século XXI, marcado pela interação *online* das redes sociais, a afirmação de

Cabral se mostra cada vez mais uma realidade a ser compreendida e estudada.

O fato é que, conforme ensina Kerbrat-Orecchioni (1998, p. 14), "tout acte de parole implique normalement, non seulement une allocution, mais une interlocution (un échange de propôs)[1]". Troca de propósitos implica que, algumas vezes, os objetivos divirjam e a solidariedade entre os interlocutores desapareça, pois a interação implica também certa disputa. Na mesma direção, Anscombre e Ducrot (1997) defendem que, numa concepção pragmática,

> [...] l'emploi d'une phrase est un phénomène interindividuel, en événement dans l'histoire des relations entre plusieurs individus: le locuteur l'emploie parce que la situation où il se trouve face aux personnes qui l'entourent (destinataires et auditeurs) l'amène, ou au moins l'autorise, à le faire; et s'il l'emploie, c'est d'autre part qu'il cherche, grâce à elle, à produire un certain effet sur ceux à qui ou pour qui il parle[2] (ANSCOMBRE; DUCROT, 1997, p. 16).

Também para Dik (1997), a língua é entendida como um instrumento de interação social; para ele, a interação verbal é uma forma de atividade cooperativa estruturada, ou seja, organizada por regras e convenções, razão pela qual mesmo as regras que regem os padrões de interação verbal em que as expressões linguísticas são usadas também interessam aos estudos linguísticos, tendo em vista que a função primordial da língua é estabelecer a comunicação; isso quer dizer que a língua está a serviço da interação. Dessa perspectiva, a emissão e a recepção de um enunciado mantêm uma relação de mútua

---

1. "Todo ato de fala implica normalmente não apenas uma locução, mas uma interlocução (uma troca de propósitos)" (KERBRAT-ORECCHIONI, 1998, p. 14, tradução nossa).

2. "O emprego de uma frase é um fenômeno interindividual, um evento na história das relações entre vários indivíduos: o locutor o emprega porque a situação em que ele se encontra diante das pessoas que o circundam (destinatários e ouvintes) o conduz ou, ao menos, o autoriza a fazê-lo; e, se ele a emprega, é, por outro lado, porque ele procura, graças a ela, produzir determinado efeito sobre aqueles a quem ou para quem ele fala" (ANSCOMBRE; DUCROT, 1997, p. 16, tradução nossa).

determinação, uma vez que cada enunciado exerce influência sobre aqueles que virão posteriormente. Em função dessa troca de influências, podemos afirmar que o contexto se constrói por meio do próprio comportamento dos interlocutores. Cada participante da interação, a fim de garantir a eficácia de seu enunciado, procura antecipar a interpretação que o interlocutor dará a ele; o interlocutor, de seu lado, ao interpretar o enunciado do outro, procura reconstruir as intenções deste. As reações de cada um dependem muito da interpretação que eles fazem do outro; entram em jogo igualmente nessa interpretação o estatuto de relações que unem os participantes, ou seja, qual é a relação social entre eles, e o laço afetivo, estabelecendo o grau de proximidade entre eles. Além disso, segundo Dik (1997) e também Kerbrat-Orecchioni (2005), há que se considerar ainda, para o estudo das interações verbais, o conjunto dos conhecimentos, das crenças, dos preconceitos, dos sentimentos dos envolvidos na interação.

Considerando que os interlocutores exercem mútuas influências, uns sobre os outros, a análise das interações verbais investiga como os participantes atuam nessa troca de influências utilizando a língua e como os indivíduos se engajam nessas trocas. Nas interações orais, as influências podem se evidenciar também pelos gestos, pela postura, pelo olhar; nas interações por escrito, muitas vezes, é a própria escolha lexical ou a semelhança de construções nos enunciados que marcam tal influência. Essas pistas constituem evidências de que existem sistemas reguladores que sinalizam que cada interlocutor considera o outro como seu parceiro na troca verbal. Esses sistemas reguladores também permitem que os interlocutores identifiquem a direção a tomar no desenvolvimento da interação, optando por maior proximidade, maior distanciamento, ou até uma reação de rechaço, quando sentir necessidade, encerrando a interação.

As análises de interações se ocupam de trocas verbais em situações de comunicação particulares, o que implica levar em conta o contexto e sua influência tanto na produção dos enunciados quanto na sua interpretação pelos interlocutores e pelo pesquisador. Por isso, o quadro contextual constitui um dado importante. De acordo com Kerbrat-Orecchioni (1998), três elementos devem ser considerados para a composição do contexto: o ambiente, a finalidade e os participantes. O ambiente diz respeito ao tempo e ao lugar em que se desenrola a interação, incluindo a função social e institucional na qual se insere tal lugar; diz respeito também ao enquadramento social e institucional das situações de comunicação, especialmente quando se trata de interações por escrito. Cumpre observar que os lugares normalmente se associam a uma finalidade intrínseca, especialmente quando se trata de lugares institucionalizados, conforme já ressaltou Cabral (2007). Há, portanto, um imbricamento entre o ambiente e as finalidades. Estas se situam entre o ambiente espacial, que tem uma função preestabelecida, e os participantes, que possuem, por sua vez, seus objetivos particulares.

Relativamente à influência do ambiente sobre a interação, vale destacar as palavras de Kerbrat-Orecchioni (1998), para quem cada ambiente estabelece uma forma de agir, como um "guia de boa conduta". É importante lembrar que as finalidades são constantemente negociadas entre os interlocutores. Os participantes constituem o ingrediente central da interação, pois sem eles não há interação. Suas características individuais e o tipo de relação que os une constituem fatores determinantes do tipo de interação e dados fundamentais para a análise das interações verbais: além de suas características pessoais e profissionais, devemos considerar, conforme já destacou Cabral (2014, p. 499), "a relação social e afetiva, que estabelece a proximidade entre interlocutores, e o contrato social que os une, marcando hierarquias de poder".

Tanto na elaboração do texto que servirá para a interação quanto na interpretação da mensagem que recebe, cada interlocutor, de acordo com Kerbrat-Orecchioni (1998), leva em conta as representações que ele faz de si mesmo e de seu interlocutor, além das representações que ele supõe que o interlocutor faça de si e dele. Os índices de contextualização auxiliam os interlocutores a situarem-se diante de seus interlocutores e a agirem; constituem índices de contextualização tanto as informações prévias quanto aquelas que são fornecidas durante o processo de interação (KERBRAT-ORECCHIONI, 1998). Nas interações por escrito, conforme já analisou Cabral (2007), os dados de contextualização que um participante leva em conta incluem informações provenientes de um texto anterior ao seu, produzido, por exemplo, pelo seu interlocutor, para quem ele deverá escrever uma resposta. As escolhas lexicais, as estruturas sintáticas ou mesmo o tema das mensagens situam os participantes mutuamente ante o seu interlocutor; é com base nessas informações que os participantes, nas diversas situações de comunicação em que se envolvem, dão continuidade à interação em determinada direção.

Assumimos com Kerbrat-Orecchioni (1992) que as relações entre os interlocutores se constroem no processo de interação, pois é o dizer de cada um que determina os rumos da interação. No início da interação, tem-se um quadro fixo que coloca em determinada situação de troca verbal dois indivíduos que mantêm entre si algum tipo de relação; à medida que a interação avança, que cada interlocutor se manifesta, esse quadro se altera e toma rumos próprios, remodelando o contexto de interação. Por isso que Kerbrat-Orecchioni (1992, p. 37) ensina que "fixé à l'ouverture de l'intéraction, le contexte est aussi construit au fur et à mesure que celle-ci progresse"[3]. Podemos, assim, afirmar, com Cabral (2007), que as relações interpessoais são simultaneamente condicionadas pelo contexto e construídas por marcas da própria interação.

O tipo de relação que existe entre os interlocutores implica maior ou menor cuidado com a linguagem e preocupação com a polidez. Entre interlocutores que mantêm entre si fortes laços de afetividade e de intimidade, ou seja, quando há proximidade entre os interlocutores, há também uma despreocupação com a linguagem e com a polidez; quanto maior a distância entre os interlocutores, maior cuidado com a linguagem e preocupação com a polidez. Esse tipo de relação, assim já destacaram Eggins (1994), Kerbrat-Orecchioni (1992, 2005), Arcoverde

---

3. "Fixado na abertura da interação, o contexto é também construído à medida que ela progride" (KERBRAT-ORECCHIONI, 1992, p. 37, tradução nossa).

e Cabral (2004) e Cabral (2013, 2014), se, de um lado, propicia maior explicitação do afeto, por outro, chancela a quebra da polidez, tema da próxima sessão deste trabalho.

Polidez, impolidez e violência verbal

Assumimos com Kerbrat-Orecchioni (2005) que a interação representa um risco para os interlocutores, uma vez que, conforme o desenrolar da interação, eles podem sentir-se ameaçados e/ou ofendidos. Segundo a autora, diante da ideia de uma fragilidade intrínseca das interações e de uma vulnerabilidade constitutiva do interlocutor, surge a necessidade de utilizar estratégias compensatórias como as estratégias de polidez. Nas mais diversas situações do cotidiano, as pessoas em geral têm a preocupação de conservar uma boa interação; as peculiaridades dos ambientes virtuais tornam mais frequentes os mal-entendidos gerados pelo constrangimento imposto por atos de crítica, advertência ou reclamação, que colocam em risco a boa interação entre os interlocutores. É por isso que Kerbrat-Orecchioni (1992) adverte que

> il est impossible de décrire efficacement ce qui se passe dans les échanges communicatifs sans tenir compte de certains principes de politesse, dans la mesure où de tels principes de politesse exercent des pressions très fortes [...] sur les opérations de production/interprétation des énoncés échangés[4] (KERBRAT-ORECCHIONI, 1992, p. 159-160).

A partir dessas considerações, podemos afirmar que um dos conceitos fundamentais para o estudo das interações verbais constitui o

---

4. "é impossível descrever eficazmente o que se passa nas trocas comunicativas sem levar em conta certos princípios de polidez, na medida em que tais princípios de polidez exercem pressões muito fortes [...] sobre as operações de produção/interpretação dos enunciados trocados" (KERBRAT-ORECCHIONI, 1992, p. 159-160, tradução nossa).

conceito de polidez e seu par oposto, a impolidez, conceitos que têm sido objeto de estudo de diferentes áreas do conhecimento, desde as teorias sociológicas à pragmática. Inicialmente, devemos entender a polidez como o conjunto de normas sociais, de regras e princípios convencionais que orientam, determinam e controlam a correta interação dos membros de cada comunidade. Trata-se, assim, de um conceito fundamental que abarca, conforme define Kerbrat-Orecchini (2005, p. 189), "l'enssemble des procédés conventionnels ayant pour function de preserver le caractère harmonieux de la relation interpersonnelle, en dépit des risques de friction qu'implique toute rencontre sociale"[5]. A ideia de risco de atrito mencionada pela autora citada nos remete para o conceito de face ou imagem, postulado por Brown e Levinson (1999) a partir dos conceitos de face e território propostos por Goffman (1981), os quais abrangem uma série de rituais que exercem forte influência nas relações intersubjetivas e interferem em todos os níveis das relações interpessoais; trata-se de um conjunto de regras e coerções que a língua coloca à disposição dos usuários para as trocas verbais.

Brown e Levinson (1999) ensinam que os sujeitos possuem uma *imagem* composta de dois fatores complementares, estes marcados com as propriedades *positiva* e *negativa* ligadas aos desejos desses sujeitos. Segundo esses autores, os interlocutores se atribuem mutuamente desejos, que constituem duas classes de faces: uma face negativa, que diz respeito ao desejo de não ter impedidos seus atos; e uma face positiva, que diz respeito ao desejo de ter seus atos aprovados pelo interlocutor. Existem atos de linguagem que ameaçam a face negativa ou a face positiva do interlocutor; são os atos ameaçadores à face, ou FTAs (*Face-Threatening Acts*). Os atos ameaçadores às faces podem ser interpretados pelos interlocutores como atos impolidos, como uma agressão. Há atos que, ao contrário, agradam a face do interlocutor, chamados FFAs (*Face Flattering Acts*), que são normalmente bem recebidos pelos interlocutores, que os interpretam como atos de polidez.

---

5. "o conjunto dos procedimentos convencionais cuja função é preservar o caráter harmonioso da relação interpessoal, em detrimento dos riscos de atrito que implica qualquer encontro social" (KERBRAT-ORECCHINI, 2005, p. 189, tradução nossa).

Kerbrat-Orecchioni (2005) assevera que as faces, dado o caráter vulnerável das interações, são, contraditoriamente, alvo constante de ameaças e, simultaneamente, objeto do desejo de preservação. Essa característica paradoxal relativa às faces faz com que, na interação verbal, haja normas impostas para que as faces dos interlocutores sejam preservadas. Vale lembrar que o desrespeito a tais normas é negativamente avaliado e, por esse motivo, tomamos algumas precauções, procuramos ser polidos, a fim de evitar que nossos interlocutores se ofendam e nos avaliem negativamente. O fato é que, normalmente, visando a manter a harmonia na interação, procuramos atender o que é esperado: polidez.

Ainda com respeito aos FTAs e FFAs, dois conceitos devem ser lembrados: o de polidez negativa e o de polidez positiva. A polidez negativa consiste em evitar um ato ameaçador à face do interlocutor (FTA — *Face-Threatening Act*); a polidez positiva ocorre quando produzimos um elogio ao interlocutor (FFA — *Face Flattering Act*). A primeira, segundo Kerbrat-Orecchioni (2005, p. 198), tem caráter abstencionista, enquanto a segunda é de natureza produtiva.

O uso da linguagem permite evidenciar um posicionamento diante de nossos interlocutores. Por isso é que Kerbrat-Orecchioni (1992, p. 160) observa que a delicadeza "[...] sans être en elle-même de nature linguistique, elle n'en exerce pas moins elle aussi certaines contraintes sur la fabrication de l'énoncé"[6]. São inúmeras as estratégias para marcar tanto a polidez quanto a sua quebra. Um exemplo de fenômeno importante no quadro das interações verbais é a saudação, cuja função é

> iniciar a interação verbal, abrindo o canal comunicativo e incitando o interlocutor a participar. Ela serve também para estabelecer o tipo de relação que desejamos ter com o interlocutor, de acordo com a fórmula selecionada, assumindo importante função para as interações verbais,

---

6. "Sem ser ela mesma de natureza linguística, ela não deixa de exercer ela também algumas coerções sobre a produção do enunciado" (KERBRAT-ORECCHIONI, 1992, p. 160, tradução nossa).

o que se evidencia mais claramente nas interações por escrito, caso das interações *online* (CABRAL, 2014, p. 501).

Se a polidez proporciona aproximação entre os interlocutores, por seu caráter de preservação da face, a impolidez, ao contrário, afasta o interlocutor, por expressar uma ameaça à face do interlocutor e motivar o consequente desejo de distância. É preciso lembrar, entretanto, que esses dois conceitos permitem estabelecer uma linha de gradação que vai da delicadeza até a agressão ou o insulto, ao qual muitos pesquisadores dedicam seus estudos, analisando os procedimentos subjacentes à transgressão moral e social que conduz sistematicamente à desvalorização do outro pela violência verbal.

O dicionário define insulto como a "palavra, atitude ou gesto que tem o poder de atingir a dignidade ou a honra de alguém" (HOUAISS; VILLAR, 2011, p. 1629). Essa definição, apesar de genérica, evidencia uma questão importante para as nossas reflexões: o insulto é um ato verbal, portanto se materializa por meio da linguagem. O insulto, segundo o mesmo dicionário, é uma falta de respeito, expressa desprezo em relação ao interlocutor. De fato, o insulto não se limita a um ato verbal que agride a face positiva do interlocutor; esse ato resvala o domínio social, deixando transparecer, conforme destaca o dicionário, "aversão ou menosprezo pelos valores, pela capacidade, inteligência ou direito dos demais" (HOUAISS; VILLAR, 2001, p. 1629). Por isso é que Larguèche (1993) define metaforicamente insulto como um projétil verbal. Tal definição vai ao encontro da afirmação de Kerbrat-Orecchioni (2014, p. 47) de que a "polidez nunca possui um lugar nas guerras, onde se trata, antes de tudo, de atacar o adversário para vencê-la, e assim também acontece nas guerras metafóricas que são os debates". Vale, no entanto, lembrar, ainda com a autora, que nem todos os golpes são permitidos; há regras que regem os embates verbais em geral.

É importante ressaltar, com os autores mencionados, que, para a identificação da polidez, é necessária a existência de uma marca cuja presença seja mais ou menos conforme ao esperado para a situação, o que implica a identificação de um item lexical ou de alguma construção para este fim. Já com relação à impolidez, basta a ausência anormal de um marcador de polidez, quando este seria esperado, para podermos identificar um enunciado como impolido; a presença de um marcador de impolidez também permite, evidentemente, identificá-la. A ausência de um marcador de polidez pode também caracterizar uma situação de apolida. Isso ocorre quando esse marcador não é esperado; sendo assim, sua ausência não configura impolidez. A presença de um marcador excessivo em relação ao esperado para o contexto de interação caracteriza a hiperpolidez, que pode, por sua vez, ser utilizada inadvertidamente, por desconhecimento, por parte do interlocutor, de regras de adequação a determinado contexto, mas pode também ser utilizada intencionalmente, para ferir a face do interlocutor, agredindo-o. Essas definições põem em evidência a importância do contexto de interação e nos remetem a Culpeper (2011, p. 22), para quem "although some verbal behaviours are typically implite, they will not alwyas be impolite — it depends on the situation"[7].

Bousfield (2008a), ao tratar de ameaças à face, propõe três categorias para classificá-las: 1. ameaça intencional, que ocorre quando o agressor parece ter agido de forma maliciosa, intencional; 2. ameaça incidental, que ocorre quando o agressor não planejou a agressão, mas, mesmo percebendo que ela pode ocorrer, não toma uma atitude para evitá-la; 3. ameaça acidental, que ocorre quando o ofensor parece ter agido inocentemente, isto é, sua ofensa parece ser não intencional. A distinção proposta por Bousfield é importante para a diferenciação entre impolidez e rudeza, isto é, a violência verbal.

Bousfield (2008b, p. 132) defende que a impolidez constitui um FTA intencional, gratuito e conflituoso que foi produzido de forma proposital. Já Culpeper (2008) afirma que a impolidez envolve comportamento comunicativo com intenção de causar um dano à face.

---

7. "apesar de alguns comportamentos verbais serem tipicamente impolidos, eles não serão sempre impolidos — depende da situação" (CULPEPER, 2011, p. 22, tradução nossa).

Terkourafi (2008) assume postura diferente desses dois primeiros autores, que colocam a questão na interpretação, por parte do ouvinte, das intenções do falante. Terkourafi entende que a impolidez acontece quando a expressão utilizada não é convencional no contexto em que ocorre; essa expressão desconhecida do interlocutor, segundo a autora, agride a face do destinatário, e, por meio disso, a face do falante, mas nenhuma intenção de agressão à face é atribuída ao falante pelo ouvinte. No caso de agressão intencional, para Terkourafi (2008), teríamos a rudeza ou uma violência verbal.

De qualquer forma, vale destacar a observação de Locher e Watts (2008) de que um comportamento negativamente marcado, isto é, um comportamento que extrapolou uma norma social, evoca avaliações negativas como "impolido" ou alguma outra palavra, como rude, agressivo, insultuoso, sarcástico, dependendo do grau de violação e do tipo de valor ou de expectativa contra os quais esse comportamento inapropriado se coloca.

Esses conceitos nos permitem inferir que os sujeitos podem cometer atos ameaçadores de maneira intencional ou não, e colocam o contexto de interação e negociação e o quadro interativo no centro, como parâmetros importantes para a análise dos atos de insulto ou injuriosos. Nas interações que ocorrem nas redes sociais, especialmente nos espaços de discussão e polêmica, imagina-se que muitas das injúrias sejam intencionais. Reforça essa hipótese o fato de os sítios de discussão, como os *blogs*, apresentarem recomendações, termos de uso para regular a atuação e as manifestações dos usuários. Os ambientes virtuais de aprendizagem, à semelhança das redes sociais, também disponibilizam regulamentos de uso e de atuação, tanto a estudantes quanto a professores, inclusive quanto ao uso da linguagem. Retomamos a pergunta que motivou este trabalho: em que medida os demais espaços, que não têm relação com o institucional educacional, inclusive os espaços sociais que constituem as redes sociais, influenciam as relações entre tutor e estudante? Nas duas próximas seções, analisamos, primeiramente, um *post* extraído de um *blog* jornalístico, destacando o caráter violento do comentário do usuário leitor do *blog*, e, em segundo lugar, uma sequência de mensagens trocadas entre tutora e estudante em ambiente virtual de aprendizagem. Estas análises nos fornecerão elementos que, acreditamos, permitirão responder, pelo menos em parte, nossa pergunta.

Impolidez e violência verbal nas redes sociais

Assumindo com Cabral e Lima (2017, p. 87) que "as redes sociais vão se constituindo como palco de interações que, por vezes, se fazem mais conflituosas do que harmônicas", analisamos a seguir, a título de exemplificação, o *post* retirado de um *blog*. Nossa escolha priorizou um *blog* voltado para temas do cotidiano, sem cunho político. Assim, elegemos o *Blog do Neto*[8]. Neto é *blogueiro* exclusivo do UOL e sua audiência é considerada um fenômeno em mídias eletrônicas. De acordo com informações contidas no próprio *blog*, Neto é ex-jogador de sucesso e um dos maiores ídolos da história do Corinthians, e, desde 2006, atua como comentarista esportivo na TV Bandeirantes.

A política do UOL[9] relativamente ao teor das mensagens e dos *posts* é de que não são permitidas mensagens "que violem qualquer lei ou norma vigente no Brasil; com conteúdo calunioso, difamatório, injurioso, racista, de incitação à violência ou a qualquer ilegalidade, ou que desrespeite a privacidade alheia; com conteúdo que possa ser interpretado como de caráter preconceituoso ou discriminatório a pessoa ou grupo de pessoas; com linguagem grosseira, obscena e/ou pornográfica".

Além disso, o portal recomenda aos usuários "**Não** usar termos ofensivos, obscenos ou grosseiros".

---

8. Disponível em: <http://blogdoneto.blogosfera.uol.com.br/2014/07/08/passamos-vergonha-culpa-do-felipao/>. Acesso em: 22 set. 2014.

9. Disponível em: <http://regras.uol.com.br/>. Acesso em: 22 set. 2014.

Embora o *site* expresse preocupação com a manutenção da harmonia nas interações que proporciona, uma advertência abre espaço para a quebra de, pelo menos, alguns dos itens preconizados, especialmente no que diz respeito a linguagem grosseira: "O UOL não se responsabiliza pelo conteúdo, opiniões e comentários dos frequentadores de nenhum blog/fotoblog. O conteúdo publicado por assinantes ou visitantes nos produtos interativos não é revisado pelo UOL". Pode-se, assim, compreender que o portal procura dar certa liberdade de expressão aos usuários e exime-se da responsabilidade sobre os conteúdos publicados pelos usuários. Trata-se de fato de um espaço público, aberto, no qual cada um se expressa da forma como considera conveniente.

O contexto de liberdade de expressão instituído pelo portal UOL chancela a oferta de espaços de discussão nos quais prevalece a polêmica. Assim, de acordo com informações no *site*, o *blog* do Neto "tem como objetivo informar e opinar sobre os temas recorrentes ao esporte pelo mundo. Com uma visão polêmica e totalmente controvertida de quem jogou futebol profissionalmente por duas longas décadas. Sem medo de errar, costuma dar as notícias baseadas em fontes seguras. Com personalidade e sem mentiras". Os propósitos apresentados pelo *blog* abrem espaço para a polêmica e, por conseguinte, instituem um contexto enunciativo em que cabem a discordância e a agressividade. Sendo assim, os textos postados pelo *blogueiro* mantêm o tom de crítica e os *posts* dos participantes seguem o mesmo tom.

O *post* analisado constitui um comentário a um texto do *blogueiro* publicado logo a seguir da derrota sofrida pela equipe brasileira em jogo contra a seleção alemã, em 08 de julho de 2014, nas quartas de final da Copa do Mundo de 2014, cujo resultado foi de 7 a 1 favorável à equipe alemã. Em seu texto, Neto culpa o técnico do time brasileiro, Luiz Felipe Scolari, pela derrota vergonhosa que excluiu o Brasil da final da Copa.

A análise do *post* permitirá exemplificar alguns fenômenos pertinentes ao estudo da impolidez dos atos injuriosos na *web*.

luiray

NOSSSSA.o SENHOR comentarista já achou o CULPADO, pelo fracasso de nossa seleção, pelo nosso futebol brasileiro, pela safra de jogadores medíocres, medianos e inúteis que só vivem de Marketeiros e Baba-Ovos da Mídia, então você DESCOBRIU porque o Futebol brasileiro está na posição que está!!! NOSSSSA, você conhece tudo mesmo, estou até boquiaberto com a sua sabedoria!!! ENTÃO É SÓ TIRAR O FELIPÃO QUE ESTÁ TUDO RESOLVIDO E O BRASIL VOLTA A BRILHAR!!! Parabéns SABIDÃO: TROFÉU NISCHIMURA pro cê e pra santantonio de possse UAI! DIGASE DE PASSAGEM! Realmente nem o melhor comentarista do mundo serviria pra limpar as chuteiras (digo o microfone), do COMENTARISTA Ó CONCUR NETO!!!

Cabe destacar, inicialmente, o número de manifestações em caixa alta, o que, no ambiente digital, significa "dizer gritando". O usuário grita nove vezes com o *blogueiro*; em uma das vezes, grita uma frase inteira. O grito, em um contexto de discussão, representa o enfrentamento, e é claramente o ato de agressão da face do interlocutor. No contexto escrito, trata-se de agressão intencional, especialmente, se observarmos que houve escolha por parte do usuário relativamente aos elementos em caixa alta. Caso o usuário tivesse postado mensagem escrita integralmente em caixa alta, tal ação nos permitiria inferir que a caixa alta não seria um ato intencional; sendo a escolha localizada em determinadas partes do texto, podemos inferir que se trata de uma escolha intencional, consciente, cujo propósito é elevar o tom de enfrentamento.

Ainda relativamente aos elementos gráficos, destaca-se o excesso de pontos de exclamação, manifestando o estado emocional do usuário. Trata-se de estratégia que reforça o conteúdo do enunciado em que ocorre. Sendo tais enunciados marcados pela ironia, podemos afirmar que o emprego de tantos pontos de exclamação configura a ironia que marca o discurso do usuário e tem, simultaneamente, o objetivo de acentuar a indignação deste perante o comentário do *blogueiro*.

Relativamente aos aspectos linguísticos propriamente ditos, destacamos alguns elementos. A marca de hiperpolidez "Senhor

Comentarista" chama a atenção, pois não se espera no contexto de um *blog* de futebol, contexto mais descontraído, que o usuário chame o *blogueiro* de "senhor". Esse emprego de marca de hiperpolidez juntamente com a expressão "comentarista ó concur" evidenciam a ironia direcionada ao *blogueiro*, desqualificando não apenas o texto do comentário que deu origem ao *post*, mas sobretudo a própria pessoa *blogueiro*. De fato, o usuário vai além da crítica ao texto ou à seleção; pode-se afirmar que seu foco é o *blogueiro*. Instaura-se assim a agressão verbal.

Destacam-se outros excertos injuriosos ao *blogueiro* fundados sobretudo na ironia, como o enunciado "NOSSSSA, você conhece tudo mesmo, estou até boquiaberto com a sua sabedoria!!!", no qual o usuário exagera tanto o saber do *blogueiro* ("você conhece tudo mesmo") quanto a sua reação diante do fato ("estou até boquiaberto"). Precedido de um exagerado "NOSSSSA", em caixa alta e com excesso de esses, configura a ironia, conduzindo o sentido para o oposto. O mesmo acontece com o a felicitação "Parabéns SABIDÃO", que, por meio do aumentativo, revela a ironia.

Esse conjunto de enunciados agressivos que compõem o *post* constitui um claro FTA contra o *blogueiro*. Podemos afirmar que o *post* tem um caráter ofensivo ao pôr em questão a competência do comentarista e, dessa forma, transgride o esperado para o *blog*, na medida em que não comenta o texto apenas, mas estende seu escopo à pessoa do *blogueiro*. Trata-se de um ato intencional, conforme já expusemos, o que caracteriza rudeza. Vale lembrar que, embora explicite em suas normas que estão proibidas mensagens agressivas, o UOL não se responsabiliza pelos conteúdos postados pelos usuários.

Os comportamentos agressivos parecem tornar-se constantes nas redes sociais, espaço em que os usuários manifestam e defendem seus pontos de vista de forma bastante livre, sendo inclusive estimulados a fazê-lo. Essa liberdade para expressar-se pode resultar simplesmente do fato de que, conforme destacou Cabral (2008), a Internet aproxima as pessoas, e essa sensação de proximidade torna as interações mais espontâneas e também a linguagem mais livre. Além disso, o fato de que os usuários "peuvent prendre une identité fictive, donne aux participants la permission d'exposer leurs opinions plus librement"[10] (CABRAL, MARQUESI; SEARA, 2015, p. 315). A espontaneidade das interações nas redes sociais, acreditamos, tem influenciado a interação em outros espaços *web*, inclusive os ambientes virtuais de aprendizagem, foco da próxima seção.

Hierarquia, impolidez e violência verbal no ambiente virtual de aprendizagem

Diferente dos espaços de *blogs*, que constituem ambientes abertos e livres, os ambientes virtuais de aprendizagem constituem espaços na *web*, em princípio, ligados a instituições de ensino cujos projetos contam com a chancela governamental que lhes autoriza o funcionamento e controla os processos, avaliando-os sistematicamente. O quadro interativo dos ambientes virtuais de aprendizagem tem como principais participantes, de um lado, representando a instituição, o tutor e, de outro, os estudantes. Normalmente, nesses ambientes, busca-se manter a harmonia na interação para que os participantes dos processos do AVA possam cumprir seus objetivos: tutores têm por finalidade facilitar os processos educativos, orientando os estudantes na medida de suas necessidades; estudantes, por sua vez, têm a finalidade de aprender e cumprir as atividades propostas para receber aprovação ao fim do processo. Pode-se assim afirmar que, em tese, todos interagem visando ao bom desenvolvimento dos processos educativos que se desenvolvem no AVA; essa é a finalidade da interação entre os participantes do AVA. Nesse ambiente, institucionalizado, os papéis dos participantes da interação são previamente fixados e as hierarquias de poder definidas: o tutor é o responsável pelos processos educacionais; cabe a ele orientar e controlar as ações dos estudantes no ambiente, com a finalidade de levar o processo a bom

---

10. "podem assumir uma identidade fictícia, confere aos participantes a permissão de expor suas opiniões mais livremente" (CABRAL; MARQUESI; SEARA, 2015, p. 315, tradução nossa).

termo. Desse ponto de vista, com respeito às hierarquias de poder, o tutor encontra-se acima dos estudantes e, conforme já destacou Cabral (2013, p. 95), "sua função institucional permite [...] criticar, advertir, chamar a atenção do aluno". Embora a hierarquia esteja a favor do tutor (CABRAL, 2014), é cada vez mais frequente a ocorrência de eventos de interação nos quais essa hierarquia parece anular-se, ou até inverter-se. Apresentamos, a título de ilustração, um estudo de caso que nos permitirá refletir sobre essa problemática relacionando-a com as perguntas que apresentamos no início deste trabalho.

Nos processos a distância, as interações ocorrem primordialmente via mensagens, entre as quais encaixam-se os avisos, cuja finalidade é orientar os estudantes relativamente aos processos e procedimentos no desenvolvimento da disciplina, inclusive orientando sobre a elaboração de atividades e sobre prazos. É comum o tutor enviar avisos para lembrar um prazo a ser cumprido, ou a vencer. Esse procedimento tem a finalidade de evitar atrasos por parte dos estudantes, o que poderia lhes causar perda de pontos na avaliação. A mensagem a seguir foi coletada de uma disciplina de curso de graduação, oferecido totalmente a distância, em uma universidade particular brasileira. A mensagem constitui um aviso enviado por uma tutora ao grupo de estudantes, lembrando-os de prazos de atividades a vencer:

1) Olá Prezados alunos,
Seguem algumas datas importantes:
Março
data limite Atividade de Sistematização (AS): 25/03
data limite Atividade de aprofundamento (AP): 20/03
Ressalto ainda que, para tornar sua aprendizagem mais significativa, e não comprometer a média final é imprescindível que todas as atividades sejam realizadas em tempo hábil, por isso não deixem para a última hora!!
Lembrem-se, estarei na ferramenta "Mensagem" para ser uma facilitadora de todo o processo.
Bons Estudos!!
Tutora Fulana de Tal

A mensagem de aviso segue modelos já cristalizados nas práticas educativas a distância. A tutora abre sua mensagem com uma saudação cordial e, ao mesmo tempo, distante, "prezados alunos", que marca o tipo de relação que pretende estabelecer com os estudantes pelos quais está responsável. Cumpre observar, entretanto, que a data indicada na mensagem para o vencimento de prazos nos permite inferir que ainda se trata do início do ano letivo, período em que as relações ainda estão se firmando entre tutora e estudantes.

A despedida segue o mesmo tom da saudação, reforçando a relação pouco próxima estabelecida pela tutora, que se limita a desejar a todos "bons estudos". Pode-se afirmar que a cordialidade e a distância são mantidas nessa despedida. A tutora mantém sua posição hierárquica também no corpo da mensagem ao manter a objetividade na exposição das informações, apresentando em primeiro lugar o objetivo da mensagem: "Seguem algumas datas importantes". Fica claro para os estudantes que a mensagem da tutora tem por finalidade orientá-los relativamente aos prazos de atividades a vencer; mais do que orientá-los, a tutora parece chamar a atenção dos estudantes: "não deixem para a última hora!!". O imperativo seguido de dois pontos de exclamação assume valor de advertência e, com ela, a tutora assume a postura de gerenciadora dos processos, aquela que manda. Outra advertência vem na forma de "Lembrem-se", que mantém o tom de ordem, no uso do imperativo.

O corpo da mensagem apresenta marcas de comprometimento da tutora com o bom desempenho dos estudantes, o que se nota especialmente pela seleção lexical. A tutora lembra que é possível tornar a "aprendizagem mais significativa", que é "imprescindível" realizar as atividades "todas" em "tempo hábil". Por fim, ela se apresenta como "uma facilitadora" do processo, o que corresponde ao papel estabelecido institucionalmente para a sua função.

Não há, na mensagem da tutora, marcas que pudessem gerar sensação de maior envolvimento afetivo, conforme recomendam Tarcia e Cabral (2012).

Embora a tutora mantenha a hierarquia bastante evidenciada, um estudante enviou-lhe uma resposta que chamou a sua atenção e a motivou a encaminhá-la à coordenação, buscando auxílio na compreensão dos motivos que pudessem ter levado o estudante a produzir tal mensagem:

2) calma professora *Fulana* nem bem começou o ano e a senhora está passando por stress, eles liberaram pra nós aqui em São Paulo hoje, calma!!!!!!!! porra!!!!! seremos profissionais da área X de qualquer maneira, não me acelere!!!!!por favor, como a senhora quer que eu realizo três portifólios e leia toda essa caralhada de conteúdo hoje, me diga como? Nem se eu fosse o Dr. Nilton Santos!!!!!!

Assim como no *post* analisado na seção anterior, destacamos, entre os elementos gráficos, o excesso de pontos de exclamação, que expõem o estado emocional do estudante, reforçando sua indignação perante a tutora; tal como no *post* publicado no *blog*, na mensagem do estudante, os pontos de exclamação reforçam o caráter irônico que marca seu discurso, desqualificando a tutora como profissional no desempenho de suas funções. Em seguida, é importante determo-nos nos aspectos linguísticos propriamente ditos, evidenciados pela seleção lexical e pelas construções. É pela linguagem que o discurso se concretiza, que a desqualificação se materializa em violência.

A marca de hiperpolidez "calma professora" chama a atenção, pois não se espera, no contexto do ambiente de aprendizagem, que o aluno recomende à tutora que fique calma. Trata-se de uma ironia, baseada no falso conselho à tutora, que representa um ato de fala de crítica e a desqualifica. De fato, o estudante vai além das questões de seu aprendizado em si, seu foco é a tutora. Instaura-se assim a agressão verbal. Trata-se de um ato intencional, o que caracteriza rudeza, isto é, uma clara violência verbal. Vale lembrar que as normas institucionais das universidades normalmente proíbem mensagens agressivas; o estudante não apenas as ignora, mas sobretudo as transgride claramente, inclusive com o emprego de palavras de baixo calão, como "porra" e "caralhada".

Além do léxico de baixo calão, destacamos atos de repreensão à atitude de advertência da tutora, por meio do uso de imperativo explícito em "não me acelere!!!!!" e de pergunta com valor de crítica: "a senhora quer que eu realizo três portifólios e leia toda essa caralhada de conteúdo hoje, me diga como?". Vale ressaltar a insistência na pergunta, repetindo: "como... me diga como?". A pergunta tem, nesse contexto, um valor de negação (cf. ANSCOMBRE; DUCROT, 1997), indicando que o estudante entende que não há maneira de cumprir as atividades no prazo determinado.

Essa agressão constitui um claro FTA contra a tutora. A mensagem tem um caráter ofensivo ao pôr em questão a competência da tutora: "a senhora está passando por stress". No dizer do estudante, a tutora é quem é estressada e exige demais dele. Do ponto de vista do estudante, se ele não consegue cumprir suas atividades de aprendizagem, a culpa é somente da tutora.

A mensagem do estudante transgride o esperado para o ambiente virtual de aprendizagem, de caráter institucional, não apenas pela linguagem de baixo calão, mas também pelo fato de não se limitar a expor as suas dificuldades, mas estender o escopo da mensagem à pessoa da tutora e, em última instância, à própria universidade que ela representa. Podemos afirmar que o estudante ignora, inclusive, a hierarquia estabelecida na mensagem da tutora, que manteve a cordialidade aliada a certa formalidade nas escolhas lexicais, sobretudo.

Conclusão

As análises das mensagens oriundas de dois ambientes virtuais de caráter diverso, um de livre acesso e público, outro fechado e institucional, um de jornalismo esportivo, outro de aprendizagem formal, nos permitem estabelecer algumas analogias e tirar algumas conclusões, especialmente no que diz respeito às interações em ambientes virtuais de aprendizagem, ambiente ao qual também dedicamos nossa prática profissional.

Pudemos observar procedimentos linguísticos que traduzem as manifestações de impolidez e de agressividade verbal em um *blog* e em ambiente virtual de aprendizagem, este último espaço institucional no qual se imagina, ao ser identificada uma hierarquia mais marcada pela superioridade do tutor, encontrar atitude de respeito por parte do estudante. Por meio das análises apresentadas, pudemos verificar como, em determinadas interações, são múltiplos os elementos que, exprimindo a visão depreciativa, a decepção, a indignação e mesmo a cólera, podem ilustrar a agressividade dos interlocutores; pudemos avaliar igualmente a importância da seleção lexical para a expressão da ironia, da agressão e mesmo da injúria, configurando a quebra de polidez e da hierarquia nas interações em AVA e também, evidentemente, do cuidado nessa seleção quando se deseja manter a harmonia na interação.

Assim, com base nas análises apresentadas, podemos afirmar que, embora apresentando normatizações contra a expressão da agressividade, os ambientes virtuais de aprendizagem também passam a constituir-se como espaços de interação propícios a situações intrinsecamente de confronto verbal, que desrespeitam as regras de polidez inerentes às interações verbais ou distanciam-se delas. Considerando as semelhanças observadas em ambas as interações analisadas, acreditamos poder afirmar que, em alguma medida, o crescimento de manifestações de comportamento agressivo por parte de estudantes em ambientes virtuais de aprendizagem sofre a influência, em parte, da atuação frequente dos sujeitos nas redes sociais, que acabam por transferir um tipo de comportamento adotado nesse ambiente para o ambiente de aprendizagem, indistintamente. A linguagem mais informal presente nos ambientes virtuais em geral, abertos e livres, se, de um lado, gera proximidade e descontração, de outro, e por esse motivo, pode confundir os interlocutores, permitindo que eles, especialmente os estudantes, rompam barreiras de hierarquia. Além disso, estabelece-se uma inversão na hierarquia de poder, pautada pelo caráter de cliente que assumem os estudantes no âmbito das instituições particulares de ensino privado no Brasil.

Naturalmente que, dado o caráter exploratório deste estudo, assumimos alguns constrangimentos e pensamos que, por um lado, será necessário alargar o *corpus* para estudos futuros e, por outro, deverá manter-se certa distância temporal, que configure um distanciamento necessário à análise criteriosa. Acreditamos, entretanto, que as breves análises apresentadas nos permitem adiantar respostas à pergunta posta no início deste trabalho, mesmo que estas sejam de caráter provisório. A ampliação temporal e espacial que se opera na *web* se estende aos ambientes virtuais de aprendizagem e trazem como consequência um transbordamento das relações normalmente desenvolvidas em outros ambientes da *web*, como as redes sociais, para os ambientes virtuais de aprendizagem. Se, nas redes sociais, as pessoas sentem-se livres para expressarem-se conforme seu desejo, sem preocupação com o outro, distante e desconhecido, invisível até, as semelhanças entre esses dois tipos de ambientes permite estabelecer simetria entre espaços e trazer comportamentos de um para o outro.

Dessa forma, acreditamos que as redes sociais, como são visitadas com maior frequência pelos estudantes, embora não mantenham relação direta com o ambiente específico institucional educacional, acabam por determinar atitudes e formas de interagir também nos ambientes virtuais de aprendizagem e, sem dúvida, influenciam as relações tutor/ estudante. Essas reflexões reforçam a necessidade de repensar as dimensões temporais e espaciais, conforme propõe Lion (2006); é uma necessidade que se mostra mais premente quando nos voltamos para os ambientes virtuais de aprendizagem, ambientes institucionais cujos limites parecem ter sido invadidos pelo transbordamento das relações estabelecidas pelas redes sociais.

Referências

ANSCOMBRE, Jean-Claude; DUCROT, Oswald. *L'argumentation dans la langue*. Liège: Mardaga, 1997. 184 p.

ARCOVERDE, Rossana; CABRAL, Ana Lúcia Tinoco. Linguagem e navegabilidade: uma leitura crítica de três sites de ensino de Língua Portuguesa. In: COLLINS, Heloisa; FERREIRA, Anise. (Ed.). *Relatos de experiências de ensino e aprendizagem de línguas na internet*. Campinas: Mercado de Letras, 2004. p. 185-212.

BOUSFIELD, Derek. *Impoliteness in Interaction*. Amsterdam/ Philadelphia: John Benjamins Publishing Company, 2008a. 281 p.

_____. Impolitenesse in the struggle for power. In: BOUSFIELD, Derek; LOCHER, Miriam A. (Ed.). *Impoliteness in Language*. Berlin/ New York: Mouton de Gruyter, 2008b. p. 127-153.

BROWN, Penelope; LEVINSON, Stephen. C. [1978]. *Politeness some universals in language usage*. New York: Cambridge University Press, 1999. 345 p.

CABRAL, Ana Lúcia Tinoco. A Interação Verbal em Processos Civis: um caso de trílogo. In: SIMPÓSIO INTERNACIONAL DE ANÁLISE CRÍTICA DO DISCURSO, 2.; ENCONTRO NACIONAL DE INTERAÇÃO EM LINGUAGEM VERBAL E NÃO VERBAL, 8., 2007, São Paulo. Anais... São Paulo: Faculdade de Filosofia, Letras e Ciências Humanas, USP, 2007. Disponível em: <http://www.fflch.usp.br/dlcv/enil/pdf/76_Ana_Lucia_TC.pdf>. Acesso em: 21 abr. 2016.

_____. Produção de Materiais para Cursos a Distância: coesão e coerência. In: MARQUESI, S. C.; ELIAS, V. M. S.; CABRAL, A. L. T. (Ed.). *Interações virtuais*: perspectivas para o ensino de Língua Portuguesa a distância. São Carlos: Claraluz, 2008. p. 157-170.

_____. Reclamação, crítica e advertência nas interações verbais em ambientes virtuais: subjetividade, polidez e atos de fala. *Estudos Linguísticos*, n. 8, p. 91-105, jun. 2013.

_____. Interações verbais em ambientes virtuais: cortesia, descortesia e mal-entendido. In: SEARA, Isabel Roboredo (Ed.). *Cortesia*: olhares e (re) invenções. Lisboa: Chiado Editora, 2014. p. 497-518.

CABRAL, Ana Lúcia Tinoco; MARQUESI, Sueli Cristina; SEARA, Isabel Roboredo. L'articulation entre le descriptif et les émotions dans l'argumentation en faveur de Dominique Strauss-Kahn. In: RABATEL, Alain; MONTE, Michèle; RODRIGUES, Maria das Graças Soares (Ed.). *Comment les médias parlent des émotions l'Affaire Nafissatou Diallo contre Dominique Strauss-Kahn*. Limoges: Lambert-Lucas, 2015. p. 307-323.

CABRAL, Ana Lúcia Tinoco; LIMA, Nelci Vieira de. Argumentação e polêmica nas redes sociais: o papel de violência verbal. *Signo*, v. 42, n. 73, p. 86-97, 2017.

CULPEPER, Jonathan. Reflections on impoliteness, relational work and power. In: BOUSFIELD, Derek; LOCHER, Miriam A. (Ed.). *Impoliteness in Language*. Berlin/ New York: Mouton de Gruyter, 2008. p. 17- 44.

_____. *Impoliteness using language to cause offense*. Cambridge: Cambridge University Press, 2011. 292 p.

DIK, Simon C. *The theory of functional grammar part 1*. Berlin/ New York: Mouton de Gruyter, 1997. 509 p.

EGGINS, Susan. *An introduction to systemic functional linguistics*. London: Pinter, 1994. 360 p.

GOFFMAN, Erving. [1974]. *Forms of talk*. Philadelphia: University of Pennsylvania Press, 1981. 335 p.

HOUAISS, Antônio; VILLAR, Mauro Salles. *Dicionário Houaiss da Língua Portuguesa*. Rio de Janeiro: Objetiva, 2011. 2922 p.

KERBRAT-ORECCHIONI, Catherine. *Les Interactions verbales*. Paris: Armand Colin, 1992. 318 p. t. II.

_____. [1980]. *L'énonciation*. Paris: Armand Colin, 1997. 290 p.

_____. *Le discours en interaction*. Paris: Armand Colin, 2005. 365 p.

_____. Polidez e impolidez nos debates políticos televisivos: o caso dos debates entre dois turnos dos presidentes franceses. In: SEARA, Isabel Roboredo. (Ed.). *Cortesia*: olhares e (re)invenções. Lisboa: Chiado Editora, 2014. p. 47-82.

LARGUÈCHE, Evelyne. *L'injure à fleur de peau*. Paris: L'Harmattan, 1993. 176 p.

LEVINSON, Stephen C. [1983]. *Pragmatics*. Cambridge: Cambridge University Press, 1997. 420 p.

LION, Carina. *Imaginar con tecnologías*: relaciones entre tecnologías y conocimiento. Buenos Aires: Editorial Stella/ La Crujía Ediciones, 2006. 238 p.

LOCHER, Miriam; WATTS, Richard J. Relational work and impoliteness: negotiating norms of linguistic. In: BOUSFIELD, Derek; LOCHER, Miriam A. (Ed.). *Impoliteness in Language*. Berlin/ New York: Mouton de Gruyter, 2008. p. 77-99.

TARCIA, Rita Maria Lino; CABRAL, Ana Lúcia Tinoco. O novo papel do professor na EAD. In: LITTO, Frederic M.; FORMIGA, Marcos. (Orgs.). *Educação a distância*: o estado da arte. Vol. 2. São Paulo: Pearson Education do Brasil, 2012. p. 148-153.

TERKOURAFI, Marina. Toward a unified theory of politeness, impoliteness and rudeness. In: BOUSFIELD, Derek; LOCHER, Miriam A. (Ed.). *Impoliteness in Language*. Berlin/ New York: Mouton de Gruyter, 2008. p. 45-74.

10

A descortesia como estratégia discursiva na linguagem midiática

André Valente
Universidade do Estado do Rio de Janeiro

Introdução

Enquanto a cortesia é vista positivamente nas relações interpessoais e/ou profissionais, o seu oposto — a descortesia — apresenta, comumente, valor negativo. Na área de Comunicação, no entanto, a descortesia pode ser aceita como virtude por se tratar de requisito necessário ao desempenho da função de *jornalista entrevistador*. Tal prática costuma ocorrer nos meios de comunicação em situações de entrevista com políticos, artistas e atletas. O desprezo consciente da polidez, que gera a descortesia, torna-se estratégia fundamental para a consecução dos objetivos. Ao abordar a questão de normatividade no estudo da cortesia/descortesia, Marli Quadros Leite (2008) analisa duas entrevistas — uma com um político e outra com um empresário — em que a descortesia foi utilizada como recurso estratégico na tentativa de obter informações dos entrevistados. Na fundamentação teórica para análise do *corpus*, tomar-se-á como ponto de partida o mote de que as escolhas lexicais nunca são gratuitas. Existe sempre uma intencionalidade discursiva na elaboração da mensagem. As noções de campo semântico e campo lexical, com base em Mattoso Câmara Júnior (1986), Othon M. Garcia (2010) e Genouvrier e Peytard (1973), darão suporte para a abordagem de entrevistas selecionadas em jornais e programas de TV, em épocas distintas, levando-se em conta as diferenças socioculturais de cada período.

Ao tratar da cortesia e da descortesia, Marli Quadros Leite (2008) observa que, em tais casos, está presente a questão da normatividade. Destaca, então, que:

> Por essa razão, pode-se dizer que os comportamentos são normativamente fixados. A norma, do ponto de vista social, pode ser compreendida como valor obrigatório associado a uma regra de conduta (Cornu, p. 542). A cortesia é um valor associado a certos comportamentos que, em cada tempo e lugar, são admitidos como próprios de pessoas que conhecem e aceitam as regras estabelecidas como corteses, e se manifestam de acordo com elas. A formação do sentido da cortesia faz-se por oposição ao seu contrário, a descortesia, que por sua vez, então, caracteriza todos os comportamentos que ferem as regras estabelecidas como corteses (LEITE, 2008, p. 63).

Caetano responde agressivamente à pergunta de Geraldo Mayrink

Em entrevista para o programa Vox Populi (1978) da TV Cultura, Caetano Veloso é questionado por Geraldo Mayrink (Revista Veja) sobre suas reais intenções como artista ao se aproveitar de diferentes meios de comunicação e se ele achava que a imprensa existia só para elogiar. Por sua vez, o cantor baiano de imediato responde ao jornalista, chamando-o de burro, e o critica pela maneira com que formulou sua pergunta, dizendo que sentia dificuldade de memorizá-la porque o jornalista se expressava de maneira burra. Depois, antes de responder ao jornalista sobre a imprensa, Caetano corrige seu interlocutor por ter colocado palavras em sua boca, sem que ele nunca as tivesse mencionado, como, por exemplo, o termo "patrulha". No final de sua resposta, Caetano Veloso ataca os maus jornalistas, como Geraldo Mayrink, que aceitam seus empregos só por causa de uma razoável quantia de dinheiro e algum prestígio e que ele, Caetano, nunca foi contra os meios de comunicação, pelo contrário. O cantor também destaca uma crítica de seu disco escrita pelo próprio jornalista em questão, expondo a ignorância de quem se acha capaz de criticar músicos da MPB, sem de fato conhecer a música popular brasileira. Ressalta, ainda, que sua manifestação irritadiça é por motivos políticos, isto é, para provocar "renovação de quadros" e tirar jornalistas incompetentes, como seu interlocutor na ocasião, de seus empregos.

Comentário: pode se constatar que tanto Caetano Veloso quanto Geraldo Mayrink feriram as regras estabelecidas como corteses, como podemos observar nas considerações de Marli Quadros Leite (2008). Esta autora faz considerações especiais a respeito de exigências próprias de uma entrevista, como se pode verificar a seguir:

> Uma entrevista é um evento discursivo, em geral, previamente acordado entre as partes, especialmente aquelas mais formais ou que envolvem homens públicos importantes. A negociação que precede esse tipo de interação visa a estabelecer os critérios a partir dos quais os interactantes, entrevistador e entrevistados, desempenharão seus papéis. Em geral, um dos pontos do acordo é o tema da entrevista, já que seu mecanismo fundamental é o encadeamento de perguntas e respostas, pois, estando o entrevistado obrigado a responder às perguntas que lhe são submetidas, a proposição de alguma questão que perturbe e embarace o entrevistado pode comprometer sua imagem pública. Além disso, pode haver temas sobre os quais o entrevistado não deseje falar. A ruptura dessas regras, em geral, desestrutura a interação, se configura como descortesia e pode fazer fracassar a interação. O malogro da comunicação é altamente indesejado e deixa todos os envolvidos no ato comunicativo — entrevistador, entrevistado, público e imprensa — estupefatos (LEITE, 2008, p. 76).

Convém relembrar que Caetano Veloso sempre teve uma relação bastante crítica com a mídia brasileira. É dos poucos artistas que ousam confrontar a nossa imprensa e fazer comentários depreciativos sobre jornalistas. Deve-se notar, na pergunta inicial do jornalista a Caetano Veloso, um traço de descortesia na passagem em que se dirige ao cantor e indaga "sobre suas reais intenções como artista ao se aproveitar de diferentes meios de comunicação e se ele achava que a imprensa existia só para elogiar". Irritado com a provocação, Caetano Veloso reage, de forma bem agressiva, elevando a descortesia a outro patamar.

No seu estudo sobre a cortesia verbal, Henk Haverkate (1994) dá destaque a estratégias léxicas e a campos semânticos de predicados cognitivos. Ele valoriza os predicados epistêmicos e os doxásticos, com as respectivas valorizações das classes do *saber* e do *crer*, como se pode constatar a seguir:

> El estudio de las estrategias léxicas requiere un análisis del campo semántico de los predicados cognitivos, que se compone de tres clases fundamentales: predicados epistémicos, predicados doxásticos y predicados dubitativos. Estas clases se definen de la manera siguiente: los predicados epistémicos expresan que el sujeto es consciente o está enterado de que lo descrito por la subordinada corresponde a la realidad factual. El archilexema de esta clase es saber.
> Los predicados doxásticos expresan que el sujeto tiene buenos motivos para considerar que lo descrito por la subordinada corresponde a la realidad factual. El archilexema de esta clase es creer.
> Los predicados dubitativos, por último, expresan que el sujeto tiene buenos motivos para considerar que lo descrito por la subordinada no corresponde a la realidad factual. El archilexema de esta clase es dudar. Dentro del conjunto de estas clases léxicas, las que se usan especialmente con fines estratégicos son la de los predicados epistémicos y la de los doxásticos (HAVERKATE, 1994, p. 122-123)[11].

---

11. O estudo das estratégias léxicas requer uma análise do campo semântico dos predicados cognitivos, que se compõem de três classes fundamentais: predicados epistêmicos, predicados doxásticos e predicados dubitativos. Estas classes se definem da seguinte maneira:

Lula no Jornal Nacional

Em 2002, o telejornal da Globo convidou e entrevistou o então candidato Luiz Inácio Lula da Silva pelo quadro "Entrevistas com presidenciáveis".

William Bonner, ao perguntar se era arriscado concorrer à Presidência da República sem ter uma experiência administrativa anterior, recebe de Lula uma resposta serena. O candidato diz, entre outras coisas, que, além de ter se preparado ao longo de 30 anos, se olhássemos para as cidades brasileiras, o país não contava com boas experiências administrativas. Bonner, então, retoma a palavra e, justificando sua pergunta, diz que há no país pessoas que conhecem o Brasil na palma da mão, ou porque estudaram, ou porque viajaram e nem por isso se julgam em condição de disputar a presidência. Sem titubear, Lula replica dizendo: "Acontece, meu caro, que você, lendo ou vendo televisão, não conhece nada. Você tem que ver, sentir, ouvir o palpitar do coração das pessoas, ver os olhos das pessoas pra você poder sentir como é fácil a gente encontrar soluções para os problemas brasileiros".

Em seguida, Fátima Bernardes parte para a temática da corrupção, citando a histórica oposição crítica do PT, mas que naquela época também se encontrava envolvido em casos de corrupção. Cortesmente, antes de entrar no mérito da pergunta e aproveitando o recente término da cobertura da Copa do Mundo de 2002, que teve Fátima Bernardes como um dos destaques do jornalismo esportivo

---

os predicados epistêmicos expressam que o sujeito é consciente ou que está inteirado de que o descrito pela subordinada corresponde à realidade factual. O arquilexema desta classe é saber. Os predicados doxásticos expressam que o sujeito tem bons motivos para considerar que o descrito pela subordinada corresponde à realidade factual. O arquilexema desta classe é crer. Os predicados dubitativos, por último, expressam que o sujeito tem bons motivos para considerar que o descrito pela subordinada não corresponde à realidade factual. O arquilexema desta classe é duvidar. Dentro do conjunto destas classes léxicas, as que se usam especialmente com fins estratégicos são a dos predicados epistêmicos e a dos doxásticos (HAVERKATE, 1994, p. 122-123, tradução nossa).

da TV Globo, faz perspicazmente o seguinte elogio: "Fátima, boa noite, deixa eu te dar os parabéns pela grande representação que você fez da mulher brasileira na Copa do Mundo. Até então futebol era só coisa de homem". Fátima Bernardes abre um sorriso e espera a resposta do candidato.

Comentário: a pergunta inicial de William Bonner traz um traço de descortesia a partir de uma provocação calcada numa premissa: o despreparo de Lula para governar o país. Há da parte dele o pressuposto do *saber* como projeção de qualidades ideais para um governante. Lula retruca com o predicado do *crer* ao remeter a experiências de vida como aspectos da competência para o ato de governar. Deve-se observar, ainda, que o predicado do *duvidar* também sempre se manifestou nas relações da maior parte da mídia com o candidato Lula, antes de sua primeira eleição para presidente. Na mesma época, Lula foi entrevistado por Míriam Leitão, em outro jornal da emissora, e a repórter colocou em dúvida a capacidade de Lula para governar o Brasil, criando um constrangimento para o entrevistado.

A atitude de Lula com Fátima Bernardes é marcada pela cortesia com o intuito de criar uma oposição ao tratamento descortês de William Bonner. Não se deve ignorar o fato de Fátima Bernardes ser casada com William Bonner e Lula dispensar a ela tratamento mais afetuoso.

Ainda no mesmo período, Otávio Frias Filho, diretor do jornal Folha de São Paulo, perguntou ao então candidato Luiz Inácio Lula da Silva se ele não via problemas em não saber falar inglês, na medida em que teria que lidar com representantes estrangeiros em viagens e reuniões de cúpula. Lula respondeu que a língua que ele deveria falar era a língua do povo brasileiro. Arrematou: "Por acaso o Bush fala português?". Na oportunidade, Lula se retirou do recinto e posteriormente se queixou da forma como foi tratado pelo jornalista, assim como fizera Nicolas Sarkozy ao se retirar de uma entrevista com uma repórter americana que insistia em fazer-lhe perguntas sobre o casamento dele (ver artigo de Marli Quadros Leite [2008]).

Campo Semântico e Campo Lexical

Othon Moacir Garcia (2010) trabalha com as noções de campo semântico e campo lexical para leitura e produção de textos. Propõe uma distinção teórica entre eles no seguinte resumo:

Campo Semântico > família ideológica; associação de palavras com traços comuns na significação.
Campo Lexical > família etimológica; palavras cognatas.
Ex.: campo semântico de livro: cultura, conhecimento, saber, prazer, leitura etc.; campo lexical de livro: livraria, livreiro, livrinho, livresco etc.

Segundo Genouvrier e Peytard (1973), o campo lexical é constituído por palavras relativas a ofícios ou áreas do conhecimento. Tal conceito corresponde ao de jargão.

Ex.: campo lexical da aviação, da medicina, da internet etc.

Marli Quadros Leite (2008, p. 80), ao comentar a fracassada entrevista da repórter americana com o presidente francês, enfatiza que "o campo semântico do léxico escolhido para finalizar o tumultuado contato entre entrevistador e entrevistado não poderia ser mais próprio". Acrescenta que ela utiliza *"touché/ atingido"* e ele responde *"coulé/ afundado"*, ao lado de termos como luta e batalha, no domínio semântico nos esportes de guerra.

Também Diana Luz Pessoa de Barros (2008) dá prioridade ao estudo de campos semânticos na abordagem de aspectos da cortesia e da descortesia. Afirma a autora:

> A impolidez e a descortesia, assim como a polidez e a cortesia, pertencem aos campos semânticos da civilidade e da urbanidade, ou o modo de se comportar em sociedade. Dizem respeito, portanto, às regras sociais que

determinam as relações de comunicação e interação entre sujeitos e que as qualificam como bem ou mal-educadas. A impolidez e a descortesia pressupõem, em geral, que os comportamentos sociais estabelecidos não foram bem aprendidos pelos descorteses ou impolidos, que as regras sociais não foram corretamente cumpridas ou mesmo foram rompidas (BARROS, 2008, p. 93).

Estudo de casos

1) Demissão de Renato Maurício Prado

O Sportv afastou o jornalista Renato Maurício Prado dos quadros da emissora por causa de um bate-boca ao vivo durante o programa Conexão Sportv, com Galvão Bueno, que apresentava o programa direto de Londres durante as Olimpíadas.

Durante o programa, que recebia Marcos Vinícius, membro do COB e ex-atleta da geração de prata da seleção de vôlei, Renato mencionou em tom de visível brincadeira que Galvão teria feito um comentário nos bastidores, dizendo que, se a União Soviética não tivesse boicotado os Jogos Olímpicos de 84, o Brasil não teria ganho a medalha de prata.

— Eu jamais disse isso e no seu tom você foi extremamente deselegante, porque eu não falei isso em momento algum, jamais diria isso. Você diga, por favor, que eu não falei!

— Eu fiz uma brincadeira!

— Não, não, não, não. A brincadeira tem que ter responsabilidade com a brincadeira que se faz. Nós estamos falando para milhões de pessoas. Em momento algum eu disse isso!

— Pelo amor de Deus, Galvão. O tom do programa inteiro é de brincadeira. Eu faço uma brincadeira e você resolve ter uma indignação dessa! Pelo amor de Deus!

Galvão Bueno ainda tentou amainar os ânimos e se explicar, mas deixou escapar que de fato teria feito tal comentário:

— A brincadeira fora do ar é uma coisa, a brincadeira no ar é outra coisa.

Comentário: o desentendimento de Galvão Bueno com Renato Maurício Prado acabou gerando a demissão deste e o fim de uma amizade de décadas entre os dois jornalistas. Já houvera uma discussão, ao vivo, entre os dois no programa Bem Amigos!, comandado por Galvão Bueno. O atrito ocorreu por conta de críticas de Renato Maurício Prado ao técnico Wanderley Luxemburgo, convidado do programa e amigo pessoal de Galvão Bueno. Este fez uma interpelação descortês e bastante agressiva a Renato Maurício Prado, lembrando-lhe a condição de chefe e recorrendo ao mote "manda quem pode...". Neste segundo caso, a profunda irritação de Galvão Bueno decorreu do fato de ele, Galvão, se apresentar como torcedor número 1, representante da "Pátria de chuteiras", que sempre acredita nas vitórias brasileiras. Verifica-se, nos dois casos, a utilização de campo semântico marcado ora pela ironia, ora pela agressividade.

2) Defesa de tese de doutorado na área de letras

Um dos examinadores diz ao doutorando:

— Disseram-lhe, um dia, que você escrevia bem. E o pior de tudo é que você acreditou nisso.

Comentário: houve, no caso, uma descortesia de caráter irônico, uma vez que o membro da Banca encaminhou no sentido positivo (elogio à escrita do doutorando) e terminou de forma negativa ("E o pior de tudo é que você acreditou nisso"). Cabe destacar que a ironia como estratégia discursiva, principalmente se traz em seu bojo uma carga de agressividade, não costuma ser comum em situações de formalidade, próprias do ritual acadêmico. Há, também, um interdiscurso de tratamento mais cortês, sem prejuízo das críticas necessárias ao texto avaliado, nas defesas de dissertações de mestrado ou teses de doutorado no mundo acadêmico. Gerou, assim, um estranhamento para familiares e amigos do doutorando o comentário feito pelo avaliador. Este, lembrando as palavras de Marli Quadros, ultrapassou limites porque "a cortesia é um valor associado a certos comportamentos que, em cada tempo e lugar, são admitidos como próprios de pessoas que conhecem e aceitam as regras estabelecidas como corteses, e se manifestam de acordo com elas" (LEITE, 2008, p. 63).

3) Carlos Lacerda X Ivete Vargas

No tribunal da Câmara, Ivete Vargas:
— Vossa excelência é um grande purgante!
Carlos Lacerda, vendo bem de onde lhe vinha o aparte, respondeu de bate-pronto:
— Se eu sou um grande purgante, Vossa Excelência é um grande efeito!

Comentário: Carlos Lacerda, eleito governador do estado do Rio de Janeiro em 1960, sempre foi visto como orador brilhante e bastante polêmico. Seus inimigos chamavam-no de corvo e responsabilizaram-no pelo suicídio de Getúlio Vargas. Sobrinha-neta do Presidente, Ivete polemizava, frequentemente, com Lacerda. Deve-se observar que o tratamento formal (Vossa Excelência) exigido nas tribunas políticas encobre descortesias utilizadas até de forma irônica e agressiva. Tal estratégia discursiva continua atualíssima, como se pôde constatar em Brasília, no final de 2014. Durante a votação, que foi adiada para desobrigar o Governo Federal de cumprir meta de superávit fiscal, deu-se o seguinte diálogo entre Renan Calheiros, Presidente do Senado, e Mendonça Filho, líder do DEM.

— Vossa Excelência está desmoralizando o Congresso! Vossa Excelência é uma vergonha para esta Casa! Vossa Excelência saia daí! É uma vergonha para este Parlamento!

— Vossa excelência não pode ficar aí gritando! Cale-se!

Ato contínuo, o líder do DEM partiu, aos gritos, de dedo em riste, para cima do Senador Renan Calheiros. Foram apartados pelos colegas.

4) Entrevista com o general Newton Cruz

Em meados da década de 1980, o general Newton Cruz deu uma entrevista na antiga TV Educativa do Rio de Janeiro (hoje Rede Brasil). Falou do caso Baumgartem, do famoso caso das chicotadas a cavalo na Esplanada dos Ministérios, em Brasília, da repressão, desfilou impropérios conservadores contra vários aspectos da vida e das pessoas... No final da entrevista, o jornalista Fausto Wolff, um dos entrevistadores, começou a relacionar alguns nomes de figuras históricas que haviam empreendido grandes feitos militares. Entre eles, Alexandre, O Grande. Newton Cruz respondeu que os admirava, que eram pessoas de valor, de feitos grandiosos. Quando Cruz terminou de responder, Fausto arrematou, inclemente: "O senhor sabia que todos eles eram homossexuais?". Newton Cruz começou a gaguejar, tropeçou nas palavras e não conseguiu completar uma frase. O programa acabou em seguida.

Comentário: Chefe da Agência Central do SNI (Serviço Nacional de Informação) de 1977 a 1983, o general Newton Cruz sempre esteve envolvido em questões polêmicas. Acusado de ser mandante do assassinato do jornalista Alexandre von Baumgartem (um caso considerado queima de arquivo), foi absolvido por falta de provas. Visto como homem bastante truculento e pouco afeito ao diálogo, o general foi surpreendido, na entrevista, pela estratégia discursiva utilizada pelo jornalista e escritor Fausto Wolff, a mesma empregada pelo avaliador da Banca de doutorado. O recurso da ironia argumentativa, competentemente trabalhado pelo jornalista, desmontou o general. Fausto Wolff, ao elogiar feitos militares de grandes vultos da história, conquista o general para o seu encaminhamento de ideias e, ao final, quebra-lhe a expectativa — e também a dos outros interlocutores — quando mexe com valor moral tão caro a Newton Cruz.

5) Festival Abertura

Caetano Veloso interpreta "Dona Culpa ficou solteira", de Jorge Ben (na época, Benjor), sendo vaiado por parte da plateia. Irritado, dirige-se aos bastidores seguido por um séquito de repórteres. Uma jovem jornalista pergunta-lhe:

— Caetano, Caetano, como você se sentiu saindo sobre vaias?

Caetano responde:

— Em primeiro lugar, minha filha, não é sobre, mas sob.

Depois emenda:

— No fundo, no fundo, você tem razão. Eu saí sobre as vaias.

Comentário: o Festival Abertura, realizado pela TV Globo em 1975, gerou polêmicas e leituras diferentes sobre o evento. A apresentação, a cargo de Ziraldo, foi elogiada por Artur da Távola em crônica jornalística e criticada por Décio Pignatari no livro *Signagem da Televisão* (1984). O apresentador, muito falante, agitava o público. Nesse clima, Caetano Veloso é vaiado por parte da plateia ao defender a música do amigo Jorge Ben. Convém recordar, aqui, o histórico de alguns embates de Caetano Veloso com o público. Foi tumultuada a apresentação de sua canção "É proibido proibir" na final paulista do Festival Internacional da Canção. Vaiado por boa parte do público, o compositor enfrentou a plateia com um discurso contundente sobre o comportamento antidemocrático daqueles jovens, desafiando-os com uma frase emblemática: "Vocês não estão entendendo nada".

Essa marca do estilo de Caetano Veloso estará presente, nas décadas seguintes, ao questionar profissionais da mídia, como poucos artistas sabem e ousam fazer no Brasil, e até leitores e ouvintes que dele divergem. No famoso caso do *show* do *réveillon* de 1996, em que Paulinho da Viola teve remuneração bem inferior às recebidas por Gal Costa, Chico Buarque, Gilberto Gil, Milton Nascimento e Caetano Veloso, este chegou a chamar de ignorantes alguns leitores, que se manifestaram por cartas ao Jornal do Brasil, pelas críticas aos que ganharam mais.

Na resposta à jovem repórter, Caetano Veloso reage, inicialmente, com irritação e dá uma aula de gramática, vista por milhões de brasileiros, ao corrigir o erro dela (troca de "sob" por "sobre"). A seguir, com ironia argumentativa, vale-se de uma construção frasal neológica, de sentido, ao afirmar "Saí sobre as vaias", como se dissesse "Estou bem acima delas" ou "O que vem de baixo não me atinge". Cremos ser mais eficaz, como estratégia discursiva, a ironia do Caetano do que a sua agressividade.

Considerações finais

Os estudos sobre cortesia sempre tiveram mais destaque que os realizados sobre descortesia pelo fato de esta ser vista de forma negativa e aquela, de forma positiva. Mais recentemente, a descortesia vem sendo investigada em perspectiva semântico-discursiva com o intuito de apresentá-la como estratégia argumentativa em situações comunicativas, principalmente no campo das entrevistas ou de debates. O trabalho aqui apresentado procurou demonstrar o emprego de tal recurso com constituição de *corpora* da linguagem midiática ou do mundo acadêmico e posterior análise do material selecionado. Entendemos que a visão positiva da cortesia vincula-se à busca da harmonia no processo civilizatório e que atitudes ou comportamentos que ferem normas estabelecidas nunca são bem vistos ou aceitos. Assim, fica mais difícil reconhecer a validade ou a importância da descortesia, ou seja, o seu valor positivo. Se o emprego dela como estratégia discursiva não for bem elaborado, corre-se o risco de confundi-la com agressão ou desrespeito.

Na sua ainda atualíssima obra, seminal da produção de textos no Brasil, Garcia (2010) nos alerta para esses desvios:

> Em vez de lidar apenas com ideias, princípios ou fatos, o orador descamba para o insulto, o xingamento, a ironia, o sarcasmo, enfim, para invectivas de toda ordem, que constituem o que se costuma chamar de

argumento *ad hominem*; ou então revela o propósito de expor ao ridículo ou à execração pública os que opõem às suas ideias ou princípio, recorrendo assim ao argumento *ad populum*. Ora, o insulto, os doestos, a ironia, o sarcasmo por mais brilhantes que sejam, por mais que irritem ou perturbem o oponente, jamais constituem argumentos, antes revelam a falta deles (GARCIA, 2010, p. 380).

As considerações de Garcia (2010) podem ser aplicadas aos nossos dias, como tivemos oportunidade de constatar no segundo turno das eleições presidenciais de 2014. Marcadas pela falta de argumentos e permeadas por ódios e preconceitos, ficaram prejudicadas muitas relações familiares e foram desfeitas várias amizades na polarização da política brasileira. Infelizmente, naquela ocasião, a descortesia tangenciou a agressividade na maioria dos casos.

Merecem assim, para os nossos conturbados dias, especial atenção as palavras de Andrade (2014):

> A descortesia necessita ser estudada de modo especial nos diversos gêneros discursivos em que se evidencia porque tem um valor ideológico e pode ser usada como estratégia discursiva para indicar: oposição, legitimação, deslegitimação, coerção, resistência. Além disso, tem um valor político em si mesma, dado que por meio dela são construídas realidades que afetam a vida das pessoas de uma determinada cultura ou sociedade, pois determinados padrões de comportamento são criados, reforçados ou impostos (ANDRADE, 2014, p. 399).

Referências

ANDRADE, M. Lúcia da Cunha Victório de Oliveira. (Des)cortesia verbal e conflito de opiniões em textos veiculados na mídia brasileira. In: SEARA, Isabel Roboredo. (Org.). *Cortesia*: olhares e (re)invenções. Lisboa: Chiado Editora, 2014.

BARROS, Diana Luz Pessoa de. A provocação no diálogo: estudo da descortesia. In: PRETI, Dino. (Org.). *Cortesia verbal*. São Paulo: Humanitas, 2008.

CÂMARA JÚNIOR, J. Mattoso. *Dicionário de linguística e gramática*. Petrópolis: Vozes, 1986.

GARCIA, Othon Moacir. *Comunicação em prosa moderna*. Rio de Janeiro: FGV, 2010.

GENOUVRIER, Emile; PEYTARD, Jean. *Linguística e ensino do português*. Tradução de Rodolfo Ilari. Coimbra: Livraria Almedina, 1973.

HAVERKATE, Henk. *La cortesía verbal*: estudio pragmalingüístico. Madrid: Editorial Gredos, 1994.

LEITE, Marli Quadros. Cortesia e descortesia: a questão da normatividade. In: PRETI, Dino. (Org.). *Cortesia verbal*. São Paulo: Humanitas, 2008.

PIGNATARI, Décio. *Signagem da televisão*. São Paulo: Editora Brasiliense, 1984.

11

Debate eleitoral, um gênero polêmico:
cortesia e descortesia como estratégias argumentativas

Sonia Sueli Berti-Pinto
Universidade Cruzeiro do Sul

Manoel Francisco Guaranha
Universidade Cruzeiro do Sul
Faculdade de Tecnologia do Estado de São Paulo

Introdução

Este capítulo está ligado à linha de pesquisa "Texto, discurso e ensino: processos de leitura e de produção do texto escrito e falado" do Programa de Mestrado em Linguística da Universidade Cruzeiro do Sul, UNICSUL, cuja área de concentração é "Teorias e práticas discursivas: leitura e escrita" e tem como objetivo analisar a manutenção e as quebras das regras de cortesia sob a perspectiva da sua dimensão argumentativa em um *corpus* composto por um trecho do debate eleitoral para o cargo de presidente do Brasil, promovido por um grupo de empresas de comunicação brasileiras (UOL — Universo Online; SBT — Sistema Brasileiro de Televisão; Jornal Folha de São Paulo; e Rádio Jovem Pan) em 1º de setembro de 2014. Serão estudadas as estratégias linguísticas que constroem ou desconstroem as imagens positiva ou negativa dos interlocutores; a análise do custo-benefício que cada sujeito faz quando procura ferir a face do outro; e, finalmente, a análise das relações entre as máximas conversacionais e as estratégias linguísticas ligadas à cortesia.

O material completo, do qual transcreveremos trechos para efeito de análise, está disponível no *site* do UOL, na seção *UOL Eleições 2014*, cujo endereço eletrônico disponibilizamos para o leitor[1]. A escolha do material que compõe o *corpus* deveu-se, em primeiro lugar, ao gênero em que se insere, ligado a uma peculiar situação de comunicação de embate conversacional, adequado para a verificação dos fenômenos cortesia/ descortesia, bem como pela importância do momento em que ocorreu. A seleção do fragmento específico deve-se ao fato de que as duas candidatas, Dilma Rousseff e Marina Silva, eram, à época, as mais bem posicionadas nas pesquisas eleitorais do primeiro turno para o cargo de Presidente da República e nelas estavam concentradas as atenções dos internautas, expectadores, leitores e ouvintes, aqui considerados os enunciatários finais de um jogo verbal em que os sujeitos falam para o outro querendo, em última instância, convencer não o seu interlocutor direto, que é o candidato oponente, mas os eleitores.

Para dar conta dos objetivos deste trabalho, apresentaremos os conceitos de cortesia e descortesia e a conexão deles com o conceito de faces; discutiremos a modalidade de argumentação em que se insere o debate, que é a polêmica; analisaremos as estratégias usadas pelos locutores para construir a imagem positiva de si ou revelar

---

1. Disponível em: <http://eleicoes.uol.com.br/2014/noticias/2014/09/01/integra-do-debate-uol-folha-sbt-e-jovem-pan-com-os-presidenciaveis.htm>. Acesso em: 16 nov. 2014.

a imagem negativa do interlocutor perante o público, entre essas estratégias a quebra de máximas conversacionais; e, por fim, discutiremos o custo-benefício para as interlocutoras dos procedimentos de cortesia ou descortesia de que lançam mão em relação à imagem que os enunciatários construirão delas levando-se em conta os elementos contextuais que envolvem a situação de comunicação.

Cortesia e descortesia e o conceito de faces

As ideias de cortesia ou polidez, de um lado, e de descortesia ou impolidez, de outro, são, em grande parte, depreendidas a partir do contexto. Alguns atos de fala aparentemente corteses, como certos cumprimentos, elogios ou pedidos de desculpas, se forem executados de forma irônica, podem constituir impolidez por conta da intencionalidade do locutor. Do mesmo modo, certos atos de fala aparentemente rudes, como gritar com alguém quando esta pessoa está ao seu lado, pode ser considerado descortês, mas, se esse grito constituir um alerta para salvar essa pessoa de uma situação de perigo, obviamente não se tratará de descortesia. Assim como Culpeper (2011), acreditamos que

> Indelicadeza envolve (a) uma atitude mental tomada por um participante [da interação] e constituída por crenças avaliativas negativas sobre determinados comportamentos em contextos sociais específicos; e (b) a ativação dessa atitude por esses comportamentos específicos em contexto. A noção dessa atitude [descortês] é, claro, bem estabelecida pela psicologia social especialmente no que diz respeito à investigação de atos de linguagem. Trata-se de uma reação favorável ou desfavorável aos estímulos, e comporta elementos cognitivos, comportamentais e afetivos (CULPEPER, 2011, p. 22, tradução nossa)[2].

---

2. "Impoliteness involves (a) a mental attitude held by a participant and comprised of negative evaluative beliefs about particular behaviours in particular social contexts, and (b) the activation of that attitude by those particular incontext behaviours. The notion of an attitude

Estando vinculada ao contexto, a ideia de descortesia está ligada, ainda, a estratégias de preservação da imagem ou face perceptíveis nos atos de fala em interações verbais, especialmente em situações de confronto de ideias entre pessoas que estão competindo entre si. O conceito de imagem ou face é compreendido aqui

> [...] em sentido metafórico, referindo-se à personalidade do homem como membro individual da sociedade da qual é integrante. A imagem de cada ser humano se compõe de dois fatores complementares, marcados com os termos *positivo* e *negativo*. O primeiro designa a imagem positiva que o indivíduo tem de si mesmo e que aspira a que seja reconhecida e reforçada pelos outros membros da sociedade. O segundo refere-se ao desejo de cada indivíduo de que seus atos não sejam impedidos pelos outros (HAVERKATE, 1994, p. 19, tradução nossa)[3].

A situação de comunicação específica de que tratamos neste trabalho, o debate eleitoral, está particularmente ligada à ideia de o indivíduo querer ser reconhecido positivamente pelos outros membros da sociedade, já que se trata de uma campanha para o cargo de Presidente da República. Parte significativa da atração que cada candidato irá exercer sobre o eleitorado está ligada à imagem positiva que os eleitores terão dele após o debate. A situação torna-se mais delicada porque todos os locutores estão inseridos e professam sua fé em um sistema democrático, aquele que pressupõe a capacidade de conviver com ideias opostas com tolerância, e, ao mesmo tempo, devem combater com veemência as proposições contrárias às suas convicções, sob pena

---

is, of course, well established in social psychology, and specially language attitude research. It involves a favourable or unfavorable reaction to stimuli, and has cognitive, affective and a behavioural elements" (CULPEPER, 2011, p. 22).

3. "El términe en inglés — literalmente "cara" — se emplea en sentido metafórico, refiriéndose a la personalidad del hombre como miembro individual de la sociedad de la que forma parte. La imagen de cada ser humano se compone de dos factores complementarios, marcados con los términos *positivo* y *negativo*. El primero designa la imagen positiva que el individuo tiene de sí mismo y que aspira a que sea reconocida y reforçada por los otros miembros de la sociedad. El segundo se refiere al deseo de cada individuo de que sus actos no se vean impedidos por otros" (HAVERKATE, 1994, p. 19).

de parecerem pouco confiáveis ao eleitorado. É essa particularidade que torna mais significativa a situação de comunicação em que se insere o debate eleitoral, já que os candidatos têm de dosar, estrategicamente, cortesia e descortesia ao longo das interações verbais.

Debate eleitoral: uma modalidade argumentativa polêmica

Acreditamos, ainda, que o termo *estratégia* é bastante válido no que diz respeito ao gênero específico de que tratamos neste trabalho, o debate eleitoral, pois se todo discurso é dialógico por conta de ser sempre a palavra uma resposta à palavra do outro (Bakhtin (VOLOCHINOV), 2002), não podemos deixar de considerar que existe uma

> escala [argumentativa] de um *continuum* que vai do confronto explícito de teses à co-construção de uma resposta a uma dada questão e à expressão espontânea de um ponto de vista pessoal. Por isso, cabe ao analista descrever as modalidades da argumentação verbal da mesma forma que os outros processos linguageiros, e numa estreita relação com eles (AMOSSY, 2011, p. 131).

Além disso, acreditamos no que diz Amossy (2011) sobre a necessidade de

> diferenciar entre a estratégia de persuasão programada e a tendência de todo discurso a orientar os modos de ver do(s) parceiro(s). No primeiro caso, o discurso manifesta uma intenção argumentativa: o discurso eleitoral ou o anúncio publicitário constituem exemplos flagrantes disso. No segundo caso, o discurso comporta, simplesmente, uma dimensão argumentativa (AMOSSY, 2011, p. 131).

A intenção argumentativa produz modalidades, entre elas a demonstrativa, cujo objetivo é apresentar uma tese; a negociada, em que os parceiros buscam um consenso; ou, "ainda, a modalidade polêmica, que é caracterizada por um confronto violento de teses antagônicas, em que duas instâncias em total desacordo tentam superar a convicção da outra, ou de uma terceira que as ouve, atacando as teses contrárias" (AMOSSY, 2011, p. 131-132). É nesta terceira modalidade, a polêmica, que se insere nosso *corpus* e é nesta modalidade que entram em jogo as estratégias de cortesia e descortesia como forma de embate discursivo. Nesse sentido, a situação específica de comunicação que envolve o gênero que estamos analisando apresenta muitas peculiaridades ligadas aos conceitos de impolidez e preservação da imagem dos interlocutores; peculiaridades que serão consideradas a seguir.

A primeira dessas peculiaridades é o formato: trata-se de uma estrutura dialogal, em que há uma pergunta, uma resposta, uma réplica e uma tréplica com rigoroso controle de tempo. Num debate eleitoral, do ponto de vista do locutor que pergunta, seu questionamento não pode ser formulado de tal maneira que o interlocutor possa respondê-lo de modo definitivo e sem algum embaraço. A pergunta deve constituir um obstáculo, deve ser um calcanhar de Aquiles para o interlocutor e, de preferência, não pode dar a ele chance de se sair bem na resposta. Além disso, aquele que pergunta deve ter previsto em sua réplica a desconstrução da resposta do outro, qualquer que seja ela. Deve, o inquisidor, procurar meios para invalidar ou tentar anular qualquer ponto positivo que na resposta do interrogado contribua para a construção positiva da imagem dele. Por fim, a réplica deve ser tão incisiva que invalide uma tréplica brilhante, já que o oponente é que terá a última palavra. Trata-se, portanto, de um delicado jogo verbal em que a capacidade de prever a reação do adversário conta muito em favor dos jogadores.

A polêmica e as implicaturas

Como não se pode dizer tudo o que se pensa em um debate, tampouco deixar de dizer aquilo que se pensa, os locutores recorrem àquilo que Grice (1982) conceitua como *implicatura*.

Delimitando as máximas conversacionais, Grice (1982), apresenta um sistema conceitual que procura dar conta da natureza complexa da conversação e das condições que a governam, por meio da identificação de acordos tácitos entre os falantes. Procedendo do princípio de colaboração, que rege que os locutores devem adaptar suas contribuições conversacionais à índole e ao objetivo do intercâmbio verbal de que participam, as máximas conversacionais estão associadas a quatro categorias gerais: a Máxima da Quantidade, "Faça com que sua informação seja tão informativa quanto requerido [...] Não faça sua informação mais informativa do que é requerido" (GRICE, 1982, p. 87); a Máxima da Qualidade, uma "supermáxima" que abriga duas mais específicas: "Não diga o que você acredita ser falso [...] Não diga senão aquilo para que você possa fornecer evidência adequada" (GRICE, 1982, p. 87); a Máxima da Relação ou da relevância; e a Máxima do Modo, que compreende não só o que é dito, mas como é dito: "Evite obscuridade de expressão [...] Evite ambiguidades [...] Seja breve [...] Seja ordenado" (GRICE, 1982, p. 87-88).

Em um ato comunicativo, nem sempre as máximas são cumpridas. A violação de uma ou mais delas produz uma implicatura conversacional, ou seja, um significado adicional comunicado pelo falante e inferido pelo ouvinte, suscitado por uma expressão linguística e pelo contexto ou pelos conhecimentos prévios que ouvinte e falante têm um do outro. Em uma modalidade polêmica como o debate, às vezes, vale mais a quebra das máximas do que sua manutenção, já que o conteúdo das falas está em segundo plano, pois o objetivo dos interlocutores é a construção de uma imagem positiva perante um terceiro elemento, o eleitor, o verdadeiro enunciatário desse tipo de diálogo.

O embate conversacional entre Dilma e Marina

Estabelecidas as categorias de análise, vamos verificar como se aplicam ao diálogo entre Dilma e Marina.

Dilma Rousseff pergunta para Marina Silva
Vou perguntar para a candidata Marina. Candidata, a senhora diz que vai antecipar 10% do PIB para educação, R$ 70 bilhões. Dez por cento da receita bruta para a saúde, R$ 40 bilhões. Passe livre estudantil, R$ 14 bilhões. Mais dinheiro para os municípios, R$ 9 bilhões, e várias outras promessas. Todas essas suas promessas dão R$ 140 bilhões. De onde a senhora vai arranjar o dinheiro para cobri-las? (UOL, 2014).

Em primeiro lugar, Dilma Rousseff refere-se à interlocutora duas vezes como candidata. Na primeira vez, usa o termo como adjetivo falando para o mediador e para o público e depois transforma o adjetivo em vocativo dirigindo-se diretamente à interlocutora. Dilma poderia interpelar a interlocutora pelo vocativo "Senhora", como faz a seguir, ou mesmo pelo nome, já que a situação de comunicação coloca os falantes no mesmo nível hierárquico. Contudo, o uso do vocativo "Candidata" já indicia certo distanciamento hierárquico, que, em certo sentido, preserva a face da locutora, a qual, no caso, já detém o cargo de Presidente da República pretendido pela interlocutora.

Num segundo momento, Dilma utiliza o verbo "dizer" em lugar de "afirmar", o que confere ao discurso que ela atribui à interlocutora um caráter menos comprometido com a realidade, tanto que recupera as falas de Marina Silva, duas vezes, por meio das expressões de síntese "e várias outras promessas" e "todas essas promessas". Neste caso, dirigindo-se a uma candidata a cargo político, o termo "promessas" ganha um sentido negativo se considerarmos o que o senso comum concebe, no Brasil, como "promessa política"[4].

---

4. A respeito disso, uma rápida pesquisa na Internet confirma essa percepção. A partir de uma busca no Google, encontramos várias reportagens sobre o tema. Entre elas: *Revista Veja*, "As dez promessas mais furadas no mundo da política", disponível em: <http://veja.abril.com.br/blog/10-mais/politica/as-10-promessas-mais-furadas-do-mundo-da-politica>, acesso em: 16 nov. 2014, às 13h; *Portal JusBrasil*, "Político: descompasso entre promessas e realidade", disponível em: <http://joserobaldo.jusbrasil.com.br/artigos/121819838/politico-o-descompasso-entre-as-promessas-e-a-realidade>, acesso em: 16 nov. 2014, às 13h05; *UOL Notícias*, "Top 10: promessas ainda não cumpridas na gestão Kassab", disponível em: <http://noticias.uol.com.br/politica/listas/top-10---promessas-ainda-nao-cumpridas-na-gestao-kassab.jhtm>, acesso em: 16 nov. 2014, às 13h10.

Também a exposição detalhada dos números contidos no programa de governo da adversária, que é dada não apenas pelo percentual, mas também pelos valores em reais correspondentes a cada item, tem a dupla função de mostrar que a locutora conhece a fundo o plano de governo da oponente e que conhece, também em profundidade, os dados orçamentários do governo pelo qual está responsável. Além disso, ao fornecer a soma desses valores todos, R$ 140 bilhões, a enunciadora dá a entender que sua interlocutora não tem capacidade de realizar contas rapidamente, daí a necessidade de auxílio de alguém mais experiente na questão orçamentária. A explicitação desse valor expressivo também tem como função subjacente revelar aos eleitores o grande volume de dinheiro que a oponente pretende "antecipar", ou seja, empenhar sem ter arrecadado. Trata-se aqui do uso de estratégias que põem em evidência a face negativa do outro no que diz respeito justamente à capacidade de controle dos gastos públicos, uma das principais qualidades exigidas para um cargo executivo.

Como a locutora tem necessidade de impor ao eleitor uma imagem de administradora eficiente, que conhece bem o orçamento público, e, ao mesmo tempo, quer desqualificar a capacidade de gestão de sua adversária, não hesita em quebrar a máxima da quantidade como estratégia para expor a face negativa da interlocutora e argumentar quanto à impossibilidade da realização daquilo que chama de promessas.

Toda a fala de Dilma constitui uma tentativa de levar a interlocutora a fazer ou a dizer alguma coisa, no caso não necessariamente responder à pergunta, já que, pelas cifras apontadas e pela posição que a Presidente ocupa, ela deixou claro que o dinheiro não existe no orçamento. A estratégia aqui consiste em inquirir a interlocutora de modo pouco cortês, por meio de um enunciado imperativo, uma vez que pressupõe o verbo de inquirição "Responda". Desse modo, a pergunta que encerra a fala tem de ser incisiva: "De onde a senhora vai arranjar dinheiro para cobri-las?".

Essa pergunta realiza-se como uma advertência, já que o verbo "antecipar" informara ao leitor que esses valores prometidos por Marina Silva em seu plano de governo, em princípio, ainda não estariam disponíveis no caixa quando ela, eventualmente no caso de ganhar a eleição, assumisse a Presidência. Além disso, o verbo "arranjar" em lugar de "providenciar" ou "provisionar", termo este mais adequado quando se fala em planejamento orçamentário, remete à ideia de improviso. Por fim, o verbo "cobrir", usado para se referir às promessas em lugar de "cumprir", mais adequado do ponto de vista da norma culta da língua, produz o sentido de evocar algumas falas da memória coletiva como a metáfora "cobertor curto" para se referir à falta de dinheiro ou o dito popular "cobrir um santo para descobrir outro".

Neste ponto, é possível perceber que o ato de fala da enunciadora, em princípio um pedido de informação, consiste muito mais em um comentário com vistas a expor a face negativa da interlocutora no que diz respeito à falta de habilidade desta para lidar com questões práticas do que um pedido de esclarecimento acerca do plano de governo. O que menos interessa a quem faz a pergunta, neste caso, são respostas objetivas.

O uso reiterado do pronome de tratamento "senhora" constitui uma fórmula de cortesia que sugere respeito num primeiro momento, mas, ao mesmo tempo, soa como interpelação e também como distanciamento em relação à adversária.

Neste caso, a locutora Dilma fala de uma posição superior em relação à interlocutora duplamente marcada: pelo fato de ocupar o cargo de Presidente da República e pelo fato de ser representante daqueles eleitores que pretendem reconduzi-la ao cargo e não aceitam as ideias da outra candidata. Se for bem-sucedida ao evidenciar a face negativa da adversária, conseguirá também a adesão dos eleitores indecisos.

Em seguida, cabem considerações sobre a resposta de Marina Silva:

Marina Silva responde a Dilma
Em primeiro lugar não são promessas, são compromissos. E esses compromissos serão assumidos a partir dos esforços que iremos fazer, em primeiro lugar para que o nosso país volte a ter eficiência no gasto

público. Hoje nós temos um desperdício muito grande dos recursos públicos, inclusive em projetos que estão desencontrados.

Uma outra coisa que nós vamos fazer para conseguir os recursos é fazer com que o nosso orçamento possa ser acrescido a partir da eficiência que teremos em relação aos tributos, que são recolhidos da sociedade. A sociedade paga muito alto para que as escolhas que são feitas sejam sempre feitas na direção errada.

Geralmente, quando é para subsidiar o juro dos bancos, as pessoas, como dizia Eduardo Campos, não ficam preocupadas em saber de onde veio o dinheiro, mas quando se trata de dizer que se vai tirar 10% para a educação, para que os nossos jovens tenham igualdade de oportunidades, quando se diz que vai ter o passe livre, para que eles possam ter acesso à escola, ao divertimento, aí vem essa pergunta. O que nós vamos fazer é as escolhas corretas e não manter as escolhas erradas como vem sendo feito (UOL, 2014).

Quando assume a fala, em lugar de responder diretamente à pergunta, Marina Silva opta por descontruir aquilo que, no discurso de Dilma, a desmerecia como política e como administradora pública: o hábito de fazer promessas.

Nesse sentido, sem nenhuma fórmula de polidez, substitui o termo "promessas", cujo sentido pejorativo destacamos, pelo termo "compromissos", recuperando a sua imagem positiva que fora desconstruída pela interlocutora. Indiretamente, desconstrói a imagem positiva que Dilma havia criado para si quando enumerou as "promessas" e detalhou os gastos. Para isso atribui à Presidente Dilma, reiteradamente, a ineficiência quando afirma querer que "o nosso país volte a ter eficiência no gasto público" e que há "projetos desencontrados".

Colocando-se como representante da sociedade, Marina insiste na ideia de ineficiência administrativa da adversária quando diz que pretende administrar melhor os recursos arrecadados pelo governo. Ao dizer que as "escolhas são feitas na direção errada", introduz o que seria seu argumento mais importante para desconstruir a face positiva de Dilma, cuja campanha pautava-se pela opção feita pelas classes menos favorecidas. Marina apresenta o argumento de que a

Presidente se importa com os gastos porque são gastos sociais e que não se importaria do mesmo modo se esses gastos fossem destinados a recursos destinados para os banqueiros por meio do pagamento de juros. Nesse sentido, expõe de forma descortês a face negativa da Presidente, principalmente pelo fato de não responder à pergunta que ela lhe fizera, ao contrário, desqualificá-la com a fala "aí vem essa pergunta".

Em sua resposta, Marina quebra a máxima da relação quando não responde diretamente à pergunta sobre a origem do dinheiro necessário para cumprir as promessas, mas essa quebra tem como efeito apontar justamente o desinteresse de Dilma pela sua resposta, ou seja, sugerir que a adversária não está preocupada com a origem dos recursos, mas apenas com a aplicação deles em favor dos menos favorecidos.

Neste ponto, percebemos muito mais um jogo argumentativo do que um diálogo ou antes uma espécie de diálogo de surdos em que o que interessa não é o interlocutor a quem se dirige diretamente, mas o eleitor a quem procuram impressionar mais pela imagem que tentam fazer de si do que pelo conteúdo dos argumentos: nem Dilma espera a resposta de Marina nem Marina pretende responder às perguntas da adversária. Ambas pretendem evidenciar a face negativa uma da outra para assim fazerem prevalecer a sua própria face positiva. Desse modo, em sua réplica, Dilma acusa a adversária de tergiversar, ou seja, de quebrar a máxima de relação dando respostas não relevantes à questão proposta:

Réplica de Dilma Rousseff
Candidata, quero dizer que a senhora falou, falou mas não respondeu à pergunta de onde vem o dinheiro. Quem governa tem de responder como vai fazer, não basta se comprometer ou prometer. O montante prometido pela senhora, em todas essas promessas equivale a quase tudo o que se gasta em saúde e educação, e olha que nós triplicamos os valores que investimos em educação e quase duplicamos os valores investidos em saúde, apesar de termos perdido a CPMF.
Então, candidata, é incrível que a senhora abandone um dinheiro garantido e seguro, decorrente da exploração do pré-sal para ser investido na educação e saúde, equivalente a R$ 1 trilhão (UOL, 2014).

Neste ponto, o grau de descortesia aumenta na fala de Dilma, haja vista que este é seu último turno de fala previsto nesta sequência do debate. Em primeiro lugar, enfatiza a posição da interlocutora como "candidata", posição inferior à dela, que é Presidente além de candidata. Também intensifica o caráter exortativo de sua fala, reforçando a necessidade de a interlocutora reavaliar suas promessas em função da realidade orçamentária, que trata como um tema sobre o qual tem completo domínio. A importância dessa estratégia exortativa como ataque reside no fato de que, segundo Haverkate (1994, p. 23), as exortações são a classe dos atos de fala que ameaçam o espaço intencional do interlocutor.

Em seguida, Dilma introduz outro tema, que é o do abandono do pré-sal pela adversária. Neste ponto, percebe-se que Dilma não tinha outra intenção desde o início senão trazer à tona a polêmica que envolvia o tema do pré-sal na época e deixar claro que a adversária, reconhecida pela postura ecológica, posicionava-se contra a exploração dos recursos minerais da área do pré-sal. Neste ponto, a estratégia é introduzir um tema novo que a adversária não terá tempo de desenvolver, haja vista que tem direito a apenas uma tréplica, cujo tempo é reduzido.

Tréplica de Marina Silva
O dinheiro do pré-sal, candidata, já está assegurado, e nós vamos fazer sim o bom uso dos recursos do pré-sal, inclusive antecipando a meta em relação à educação de tempo integral e a educação integral. O pré-sal deve ser explorado. E nós vamos combinar com outras fontes de geração de energia, priorizando as duas coisas.
O pensamento da ideia cartesiana de governo só consegue olhar para uma alternativa, nesse momento o mundo caminha na direção de ter várias alternativas. O uso do petróleo como forma de viabilizar os meios para o desenvolvimento tecnológico e o conhecimento, e a busca de novas fontes de geração de emprego e renda para a nossa população continuar avançando (UOL, 2014).

Em sua tréplica, Marina Silva anula a diferença hierárquica entre ela e Dilma ao se referir à Presidente como candidata, rebate a fala desta no que diz respeito ao abandono dos recursos provenientes do pré-sal e, sem nenhuma fórmula de cortesia, imputa ao governo, representado na figura de sua interlocutora, a incapacidade de procurar novas alternativas a fontes de energia. Neste ponto, percebemos que o curso do debate foi alterado. O que começou como uma discussão sobre capacidade de administração termina como uma discussão sobre fontes alternativas de energia e exploração do pré-sal. As fórmulas de cortesia foram escasseando à medida que o tempo de fala das candidatas para a resposta, a réplica e a tréplica foi diminuindo. Isso reforça nosso argumento de que, no gênero em questão, só aparentemente as ideias estão em jogo. O que realmente importa no embate conversacional é a manutenção da face positiva do falante e modos de colocar em evidência a face negativa do interlocutor para conseguir a adesão dos eleitores.

Nesse sentido, as máximas de relevância e de quantidade são frequentemente quebradas. Além disso, cada uma das interlocutoras reivindica para si o cumprimento da máxima da qualidade. Dilma afirma que Marina faz promessas, o que implica dizer que as afirmações dela não são, necessariamente, verdadeiras. Marina, por sua vez, reivindica para sua fala o *status* de compromisso, querendo dizer com isso que são, sim, verdadeiras. Por outro lado, Dilma afirma que Marina irá abrir mão do pré-sal, e esta, por sua vez, desmente a interlocutora dizendo que irá usar os recursos da extração de petróleo das águas profundas de modo mais racional, tanto do ponto de vista da exploração do petróleo quanto da possibilidade de buscar fontes alternativas de recursos.

Como afirma Haverkate (1994, p. 39), "o falante racional busca um equilíbrio entre o custo verbal e o benefício interativo, guiando-se tanto por sua relação social com o interlocutor como pela índole da situação comunicativa". Isso ocorre em consequência de que "dado um objeto comunicativo determinado, o falante escolherá a estratégia de cortesia que, com menor custo verbal, alcance este objetivo" (HAVERKATE, 1994, p. 37). Na situação de comunicação concreta que estamos analisando, as estratégias de cortesia não devem ir além da manutenção da civilidade para que não se revele a face antidemocrática dos interlocutores. Desse modo, a tensão que se estabelece em virtude das quebras das máximas produz efeitos que procuram pôr em evidência a face negativa do adversário por meio de estratégias descorteses. A cortesia teria um custo muito alto neste contexto, pois poderia tornar o interlocutor simpático ao eleitor, que é realmente quem interessa no momento, por isso a quantidade, a qualidade, a relação e o modo de realização dos atos de fala nem sempre são levados em conta nesse tipo de interação verbal polêmica. A descortesia implica, aqui, o reforço da posição ideológica do falante diante do seu adversário e tem a finalidade de transmitir a ideia de força, de poder, sobre o outro para atrair a simpatia dos eleitores.

Referências

AMOSSY, Ruth. Argumentação e Análise do Discurso: perspectivas teóricas e recortes disciplinares. *EID&A — Revista Eletrônica de Estudos Integrados em Discurso e Argumentação*, n. 1, p. 129-144, nov. 2011.

BAKHTIN, Mikhail Mikhailovich. (VOLOCHINOV, Valentin Nikolaevich). *Marxismo e Filosofia da Linguagem*. São Paulo: Hucitec/ Annablume, 2002.

CULPEPER, Jonathan. *Impoliteness*: using language to cause offence. Cambridge: Cambridge University Press, 2011.

GRICE, Herbert Paul. Lógica e conversação. In: DASCAL, Marcelo. (Org.). *Fundamentos metodológicos da linguística pragmática*. Campinas, 1982. v. 4, p. 81-103.

HAVERKATE, Henk. *La Cortesía Verbal*. Madrid: Editorial Gredos, 1994.

UOL. Leia e veja a íntegra do debate UOL/SBT/Folha/Jovem Pan. *UOL Eleições 2014*, 1 set. 2014. Disponível em: <http://eleicoes.uol.com.br/2014/noticias/2014/09/01/integra-do-debate-uol-folha-sbt-e-jovem-pan-com-os-presidenciaveis.htm>. Acesso em: 1 dez. 2014.

12

Pragmática sociocultural:
a elaboração de um *corpus*

Elisabetta Santoro
Universidade de São Paulo

Maria Zulma M. Kulikowski
Universidade de São Paulo

Luiz Antonio Silva
Universidade de São Paulo

1. Introdução

O grupo de pesquisa intitulado "Pragmática (inter)linguística, cross-cultural e intercultural"[1] nasceu em 2013, na Universidade de São Paulo, com o objetivo de reunir pesquisadores interessados nesse campo do saber que pudessem realizar discussões teórico-metodológicas

---

1. O grupo está cadastrado no Diretório de Grupos de Pesquisa do CNPq e pode ser encontrado no seguinte endereço: <http://dgp.cnpq.br/dgp/espelhogrupo/8375977618083848>.

e pesquisas conjuntas. Além de ter sido logo aberto para pós-graduandos e graduandos da área, o grupo iniciou também colaborações com outras instituições brasileiras, como a Universidade Federal de Minas Gerais, e estrangeiras, como a *Università degli Studi Roma Tre*, e mantém, desde então, encontros e atividades regulares.

O fato de os integrantes do grupo se dedicarem a pesquisas com diferentes línguas, a saber, português, espanhol, italiano e alemão, foi, desde o início, um elemento enriquecedor para os trabalhos. De fato, por um lado, referências e leituras poderiam se complementar a partir das publicações nos diferentes países em que essas línguas são faladas e em que há tradições teóricas nem sempre idênticas; por outro, haveria a possibilidade de realizar pesquisas que tivessem entre seus objetivos a comparação entre duas ou mais línguas e culturas.

A perspectiva de todos foi, desde o início, a da Pragmática Linguística dita sociocultural, isto é, aquela que se propõe o estudo do uso da língua, tendo clareza de que a língua está inserida em um contexto cultural específico e que é influenciada por fatores sociais que devem ser considerados quando se analisam os dados empíricos (BRAVO; BRIZ, 2004).

Para além disso, foram distintas, com base em sua especificidade de pesquisa, também as seguintes áreas da Pragmática Linguística para as pesquisas: a Pragmática dita intracultural; a Pragmática contrastiva ou cross-cultural; a Pragmática intercultural; e a Pragmática interlinguística (cf. BETTONI, 2006).

Enquanto a Pragmática intracultural se dedica a uma única língua e cultura e analisa os fenômenos pragmáticos nesse contexto, a Pragmática contrastiva ou cross-cultural examina e se propõe a comparação entre duas ou mais línguas e culturas. Em virtude do interesse do grupo de pesquisa por diferentes línguas e culturas, essa é obviamente uma área de especial relevância, já que nos permite observar as línguas e suas normas pragmáticas em comparação com outras, embora continuem sendo relevantes também estudos concentrados na identificação das características pragmáticas de uma língua e uma cultura.

Algumas pesquisas do grupo partem da perspectiva da Pragmática dita intercultural, que focaliza a interação entre nativos e não nativos em uma determinada língua e cultura. Define-se, por fim, interlinguística aquela área da Pragmática que se concentra no estudo do ensino e da aprendizagem das normas pragmáticas de uma língua e de uma cultura por parte de não nativos[2].

Na preparação das primeiras pesquisas conjuntas, o grupo logo iniciou a discutir questões ligadas à constituição de um *corpus* para a realização de um estudo na área da pragmática sociocultural, que pretende comparar, em um primeiro momento, dados de português brasileiro, espanhol e italiano.

Para poder mostrar como se desenvolveram as discussões e quais são os primeiros resultados concretos obtidos, o texto a seguir foi dividido em três partes: a primeira dedica-se a uma apresentação mais geral das diferentes metodologias de coleta de dados que podem ser utilizadas na elaboração de *corpora* para estudos no âmbito da Pragmática Linguística sociocultural; a segunda parte descreve o processo de seleção das metodologias de coleta de dados e as bases teóricas que levaram à elaboração do instrumento escolhido pelo grupo para sua pesquisa atual; a terceira e última parte propõe uma análise preliminar dos primeiros dados, que se referem, por enquanto, apenas ao português brasileiro[3].

2. As metodologias para a coleta dos dados

A escolha da metodologia mais adequada para coletar dados é uma questão sempre muito delicada. É decisivo pensar nos objetivos

---

2. Alguns dos primeiros estudos nessa área da Pragmática são: Blum-Kulka e Olshtain (1984), Trosborg (1987), Faerch e Kasper (1989).

3. Embora o texto tenha sido elaborado em estreita colaboração entre os três autores, a seção2 é de responsabilidade de Elisabetta Santoro, a seção 3, de Maria Zulma Kulikowski e a seção 4, de Luiz Antonio Silva.

de cada pesquisa e nas condições nas quais se pretende trabalhar, e, nessa perspectiva, há dois conceitos que podem ajudar na análise e na escolha das metodologias de coleta dos dados: o de validade interna e o de validade externa dos dados (PALLOTTI, 2001; MACKEY; GASS, 2005; SANTORO, 2012).

A validade externa refere-se ao fato de que os resultados de uma pesquisa possam ser generalizados, passando das amostras escolhidas para toda a população. Para tanto, entre outras coisas, considera-se imprescindível gravar a fala dos informantes em situações que eles não sintam como "estranhas", isto é, que não sejam distantes de sua habitual prática linguística. Considera-se também que as gravações precisam ser secretas para não influenciar a fala dos informantes ("dados naturalísticos").

Os dados obtidos dessa forma são particularmente úteis para descrições mais gerais e para a observação de alguns fenômenos; no entanto, não são adequados para relacionar variáveis. Para esse fim, será necessário coletar os dados com metodologias de elevada validade interna.

De fato, quando se fala de validade interna, a referência principal é a da interpretabilidade da pesquisa, que deve permitir dizer se as variações presentes nos dados podem ser consideradas causadas pelas variáveis escolhidas. A validade interna está relacionada, portanto, aos fatores que podem diretamente influenciar os resultados e é avaliada considerando se as diferenças encontradas na variável dependente (aquela que medimos/analisamos para ver quais são os efeitos da variável independente sobre ela) se relacionam diretamente com a variável independente (aquela que pode "causar" o resultado).

Vamos examinar um possível exemplo. Em uma pesquisa sobre pedidos, quero saber se a um maior grau de imposição — que seria a variável independente — corresponde uma justificativa mais longa e/ou mais complexa ou um maior número de modificadores, os quais seriam, portanto, a variável dependente. Como o objetivo da pesquisa é relacionar os dados e não apenas descrever fenômenos, será necessário "controlar" a produção dos informantes.

Partindo dessas considerações sobre a validade externa e a validade interna dos dados, é possível pensar nas características das diferentes metodologias e imaginar uma "hierarquia" de metodologias, da mais livre à mais controlada.

Buscando selecionar algumas das metodologias existentes e colocando-as em uma ordem que vai do menor ao maior grau de controle, poderíamos chegar ao Quadro 1:

Quadro 1
Metodologias de coleta de dados

Controle mínimo (validade externa)
Gravação secreta
Gravação consentida
Gravação participante
Tarefas interativas
Role-play aberto
Role-play semiaberto
Role-play fechado
Discourse Completion Test oral
Discourse Completion Test escrito
Múltipla escolha
Controle máximo (validade interna)

Fonte: adaptado de Santoro (2012).

No quadro acima, "controle mínimo" e "controle máximo" referem-se às produções dos informantes

Como se vê, as metodologias com maior validade externa são a gravação secreta, a gravação consentida e a gravação participante. Na primeira, os informantes não sabem que estão sendo gravados e a interação entre eles acontece sem que haja qualquer interferência (a gravação poderá, portanto, ser feita só em áudio, já que uma câmera seria vista pelos participantes). No caso de a gravação ser consentida, os informantes sabem que estão sendo gravados e é, portanto, possível gravar também em vídeo. A interação entre eles acontece sem que haja qualquer interferência por parte do pesquisador e sem que ele dirija ou determine o que será falado. É diferente o que acontece no caso da gravação participante, quando o pesquisador participa da interação e pode, eventualmente, intervir e dirigir o que será dito pelos informantes. É importante lembrar que, no entanto, a fala acontece sem que tenham sido dadas instruções.

Cabem aqui algumas reflexões sobre as metodologias com elevada validade externa, como as que acabamos de descrever. Os dados assim obtidos são ditos "naturalísticos" ou de fala espontânea e são aqueles que, segundo muitos pesquisadores, deveriam ser privilegiados por permitirem o acesso à língua "como ela é na realidade".

A primeira consideração diz respeito a questões éticas e legais e à regulamentação cada vez mais rígida que impede que sejam aprovadas pesquisas que contrariam os princípios da Ética em Pesquisa. Gravar um indivíduo sem que ele saiba que está sendo gravado fere as normas da privacidade e é, portanto, prática não admitida.

Mesmo se não se quisessem levar em conta essas normas, na convicção de que não revelar a identidade do informante de qualquer forma protegeria sua privacidade, o paradoxo do observador, teorizado por Labov (1970), mostra que, de qualquer forma, os dados não são efetivamente como os da realidade, a partir do momento que há um observador externo e que sua presença altera a relação entre os informantes e impede que suas falas sejam exatamente como seriam se ele não presenciasse a interação verbal.

Há mais duas questões que requerem atenção e que têm relação direta com o próprio processo de pesquisa: o recorte do pesquisador e a impossível neutralidade do processo de transcrição (OCHS, 1979). Quanto às escolhas feitas pelo pesquisador que seleciona as porções de texto que serão analisadas e entrarão efetivamente para a análise, é evidente que elas acabam influenciando a suposta "naturalidade" dos dados, que é colocada em risco também no momento da transcrição, visto que esse processo pressupõe uma intervenção do pesquisador, que não será jamais completamente objetiva e que influenciará os dados.

Uma última reflexão diz respeito à difícil replicabilidade e comparabilidade dos dados que o pesquisador precisa considerar quando seleciona metodologias de coleta de dados menos controladas e que não irão permitir repetir a mesma experiência em outras situações, com outros informantes e em outras línguas e culturas.

Passemos agora às metodologias que chamamos "intermediárias", entre as quais podemos citar as tarefas interativas, o *role-play* aberto e o semiaberto, que descreveremos a seguir. Nas tarefas interativas, os informantes desenvolvem uma determinada tarefa (estabelecida pelo pesquisador ou concordada com ele) sabendo que estão sendo gravados. Um dos informantes recebe, se necessário, uma instrução possivelmente reduzida ao mínimo (por exemplo: "compre algo naquela loja"), o outro sabe que isso irá acontecer e ambos sabem que estão sendo gravados. Uma característica essencial da tarefa interativa é que os informantes se concentram na própria tarefa, desviando assim sua atenção da gravação. Os *role-plays* consistem na interação entre, em geral, duas pessoas. Quando não recebem uma instrução específica, trata-se de *role-play* aberto. Quando o *role-play* é semiaberto, um dos informantes recebe uma instrução (por escrito) do pesquisador e inicia a interação com o(s) outro(s). A maneira como a interação se desenvolve e seu tempo de duração são, no entanto, livres.

Nas metodologias "intermediárias", viu-se então que são mantidos os traços de oralidade e a interação, pois há um efetivo diálogo a dois ou, eventualmente, em pequenos grupos. O tempo do informante na interação corresponde ao de uma interação "real", já que não há uma duração preestabelecida, e os próprios informantes decidem, negociando entre eles, quando considerar concluída sua interação.

A principal vantagem é que é possível circunscrever o ato de fala que se quer estudar e constituir *corpora* ampliáveis e replicáveis, pois podem ser recriadas as mesmas condições na mesma língua ou em outras línguas.

É preciso, porém, levar em conta a dificuldade de conseguir informantes dispostos a participar da gravação, o que diminui a possibilidade de poder contar com um elevado número de interações para a constituição do *corpus* de análise.

Entre as metodologias mais controladas, podemos citar o *role-play* fechado, o *Discourse Completion Test* (DCT) oral e escrito (BLUM-KULKA; HOUSE; KASPER, 1989; KASPER, 2000; YUAN, 2000) e a múltipla escolha.

No *role-play* fechado, os informantes recebem instruções sobre a situação e sobre qual deverá ser seu desfecho (ex.: alguém pede uma caneta e você não quer emprestar). Pode até ser estabelecido o número de falas para que os resultados sejam efetivamente comparáveis.

Para alguns, um *role-play* fechado não é muito diferente de um DCT, mas é importante lembrar que, enquanto o *role-play* prevê alguma forma de interação entre dois ou mais participantes, o DCT é, na maior parte dos casos, "preenchido" por apenas um informante que imagina uma interação a partir de um texto dado (escrito ou oral).

Tanto no DCT oral quanto no escrito, as falas de um dos dois interlocutores são dadas e o outro precisa completar oralmente ou por escrito. Busca-se, em geral, fornecer ao informante informações básicas sobre a situação comunicativa e espera-se que ele seja capaz de "reagir" à(s) fala(s) apresentada(s).

Para esclarecer o que entendemos por DCT escrito e fechado, transcrevemos a seguir um exemplo. Como se vê, há uma breve descrição da situação com a explicitação do local onde a ação acontece (a casa de um amigo), da relação entre os interlocutores (amigos) e das características comunicativas (convite para um jantar). As falas de um dos dois interlocutores (aqui o amigo que convidou) são dadas e espera-se que o informante complete apenas as falas do outro (o convidado), imaginando a situação.

(1) Você está na casa de um amigo que o convidou para jantar:
Amigo: Você quer mais um pedaço de bolo?
Você: "_ _"
Amigo: Ah, vai, só mais um pedacinho...
Você: "_ _"

Diferente do que acontece em um DCT fechado, o DCT "aberto" apenas descreve a situação, sem fornecer a fala do interlocutor. O informante precisa, portanto, escrever o que diria em um determinado contexto, imaginando a partir dos elementos dados, que buscam sempre deixar claro o local onde a ação acontece, a relação entre os interlocutores e o que motiva a interação verbal que se apresenta por escrito.

(2) Você e um(a) amigo(a) entram em um ônibus e, nesse momento, você percebe que esqueceu a carteira e não tem como pagar a passagem. O que você lhe diz?
Você: "_ _
_ _
_ _ _ _ _ _ _ _ _ _ _ _ _ _ _ _"

Vamos, por fim, à descrição da múltipla escolha, a mais controlada entre as metodologias selecionadas aqui. O informante recebe várias opções de resposta para uma determinada situação e precisa apenas escolher aquela que lhe parece mais adequada à situação. A evidente vantagem de uma metodologia fechada como essa é que a tabulação dos dados, sobretudo quando são utilizados instrumentos que fazem isso automaticamente, se torna muito mais rápida e eficaz, além de permitir logo identificar quais são as respostas mais escolhidas. É essencial, nesses casos, dedicar muita atenção à preparação do instrumento e à escolha das opções, de modo a explorar ao máximo as potencialidades do instrumento.

É claro que nas metodologias escritas, como o DCT escrito ou a múltipla escolha, os dados perdem traços da oralidade — como repetições, omissões, falsas partidas — e que tendem a simplificar atos de fala que na interação oral seriam mais longos e sofisticados (Yuan, 2000). Além disso, coletando os dados dessa forma, abdica-se da espontaneidade, pois o informante dá sua resposta por escrito e, em geral, tem tempo de pensar e, eventualmente, até reescrever.

Em contrapartida, o pesquisador ganha a vantagem de poder coletar dados de um número potencialmente muito elevado de informantes, o que permite identificar recorrências, e pode, portanto, fazer emergir fenômenos ou corroborar hipóteses, que podem, posteriormente, ser comparadas com dados da "realidade" (Félix-Brasdefer, 2010).

Existem corretivos utilizados para aumentar a proximidade com os dados "naturais" em metodologias mais controladas. Entre eles, podemos citar o respeito da identidade e da relação existente entre os informantes; a definição de contextos e situações nos quais os informantes poderiam se encontrar em sua vida real; no caso de gravações, a recriação do *setting* para que os informantes possam melhor evocar suas rotinas linguísticas; no caso do *role-play* semiaberto ou do DCT aberto, a liberdade dada aos informantes de "organizar" a interação da forma que considerarem mais adequada.

Resumindo, podemos então afirmar que metodologias muito abertas permitem uma elevada validade externa dos dados, mas são menos adequadas para o estudo de fenômenos determinados. Por serem também dificilmente replicáveis, criam mais dificuldades para a comparação entre línguas e culturas.

Ao contrário, metodologias com maior validade interna, nas quais a produção dos informantes é mais controlada, podem produzir dados mais facilmente comparáveis e ajudar a delimitar e estudar aspectos específicos da língua. Além disso, com essas metodologias, podem ser coletados dados em maior "quantidade", o que pode ajudar a identificar recorrências e fenômenos.

Passaremos agora à segunda parte do texto e a uma análise mais concreta das escolhas feitas pelo grupo em relação ao questionário.

3. Algumas questões para a formação do *corpus*

Para a formação do *corpus* da pesquisa que descreveremos aqui, o principal objetivo que o grupo se propôs foi obter dados sobre um ato de fala específico que fossem replicáveis, para permitir a comparação entre diferentes línguas e culturas, e que incluíssem também informações relativas a aspectos socioculturais. Buscamos assim selecionar metodologias de coleta de dados que pudessem compilar amplas amostras do ato escolhido para essa primeira pesquisa, que foi o *pedido*, por ser um ato exortativo que representa uma ameaça à imagem negativa do interlocutor (HAVERKATE, 1994), mas também por ser um dos atos de fala mais estudados nas diferentes línguas, de forma que seria possível comparar nossos dados com os já existentes.

A obtenção dessas informações para a elaboração do *corpus* depende da colaboração espontânea dos participantes, da clareza dos questionários, da correta interpretação das questões propostas e, assim, de dados completos e analisáveis. Trata-se, portanto, de uma quantidade de variantes cujo dimensionamento é sempre muito complexo.

Os principais objetivos a que nos propusemos foram:

a) Obter amostras confiáveis de atos de fala e em uma "quantidade" que propiciasse conhecer melhor alguns comportamentos linguísticos referentes, neste caso, ao ato de fala *pedido* em diferentes comunidades de fala;

b) Obter amostras de estratégias e formas utilizadas na vida cotidiana mais próximas possível das formas espontâneas presentes nas respectivas comunidades de fala;

c) Obter dados que pudessem ser analisados de forma tanto quantitativa como qualitativa, adequados para a comparação entre duas ou mais línguas e culturas;

d) Analisar os dados desse *corpus*, levando em conta informações sociolinguísticas relevantes para sua interpretação (para esse fim, foram incluídos no questionário dados como faixa etária, gênero, cidade de nascimento, cidade(s) de residência, escolaridade, profissão, língua materna, outras línguas conhecidas e utilizadas).

3.1 O instrumento para a coleta dos dados

Como ilustramos na primeira parte deste trabalho, todas as metodologias de coleta de dados possuem vantagens e limitações. Para os objetivos de pesquisa do grupo, era essencial coletar dados de um elevado número de informantes e ter a possibilidade de ampliar e replicar a pesquisa. Tendo isso em vista, decidimos constituir o *corpus* a partir de *Discourse Completion Tests* (DCTs) abertos e de questões de múltipla escolha. Para a obtenção dos dados, foram descritas situações (com indicações relativas ao contexto comunicativo e à relação com o interlocutor) e os informantes responderam de duas maneiras: (a) no DCT, escrevendo o que diriam em cada uma das situações dadas; (b) nas questões de múltipla escolha, selecionando apenas uma entre várias opções colocadas em resposta à situação.

Em muitos sentidos, as duas metodologias de coleta de dados escolhidas apresentam analogias com o que alguns pesquisadores da área hispânica costumam também denominar "teste de hábitos sociais" (HERNÁNDEZ FLORES, 2002, 2003; CONTRERAS, 2004; BERNAL, 2007). A diferença, em relação às metodologias que escolhemos para a pesquisa aqui apresentada, é que se trata de uma técnica de coleta de dados por meio de questionários, propostos previamente em situações criadas a partir de exemplos da vida cotidiana, que resultam familiares aos consultados. Essas escolhas e as respostas dadas podem sustentar hipóteses já formuladas e também corroborar as características da imagem social e dos valores culturais subjacentes ao comportamento (des)cortês. Podem ser úteis, em especial, para avaliar o que os informantes dizem de suas estratégias e escolhas linguísticas no momento da consulta.

Nossa escolha foi a de utilizar DCTs abertos e questões de múltipla escolha (no questionário, há oito de cada tipo), já que o objetivo era observar os comportamentos linguísticos dos informantes pela própria língua por eles produzida mais que por suas reflexões relativas às suas produções.

Nos DCTs abertos, são apresentadas situações de diferentes tipos, às quais os informantes podem reagir livremente, escrevendo, a partir de sua experiência, o que diriam em cada uma delas. Nas questões de múltipla escolha, os informantes devem escolher e assinalar uma das cinco respostas que já estão formuladas, ou marcar a opção "outro", que lhe oferece a possibilidade de escrever sua própria resposta, caso nenhuma das que foram formuladas corresponda ao que o informante diria.

Para encaminhar o questionário aos informantes com maior facilidade foi utilizado um instrumento *online* (o *Google Drive*), que permite também uma melhor e mais rápida visualização dos resultados, contribuindo assim para sua análise.

3.2 O *pedido* como ato de fala exortativo

Como já mencionamos no início desta parte do presente trabalho, os pedidos se associam na classificação de Haverkate (1994) a atos de fala exortativos, isto é, aqueles que, em geral, apresentam uma ameaça à imagem negativa do interlocutor (invasão de seu território pessoal, necessidade de fazer/cumprir uma solicitação), ou seja, ameaçam o direito do interlocutor de atuar autonomamente. Os pedidos são impositivos, na medida em que sua realização/cumprimento representa um benefício para o falante/enunciador e expõe o interlocutor à necessidade de agir. Por sua estrutura, podem ser diretos ou indiretos, com usos variados de modos e tempos verbais e estratégias léxicas e morfológicas. Existe também a possibilidade de pedidos diretos, atenuados, que mitigam a força ilocutória do pedido (HAVERKATE,1994; FERRER e LANZA, 2002).

Para Haverkate (1994, p. 22), existem quatro estratégias para realizar um pedido:

e) Realizar o ato diretamente, sem mostrar cortesia;
f) Realizar o ato, mostrando cortesia positiva;
g) Realizar o ato, mostrando cortesia negativa;
h) Realizar o ato indiretamente.

Existe também uma quinta possibilidade, citada por Haverkate em seguida, que é, obviamente, a de não realizar o ato.

Foi guiada por essa subdivisão a formulação das questões para a pesquisa, que foi uma tarefa dividida entre os integrantes do grupo e revisada por todos, pelo menos, em três momentos: as perguntas foram criadas por pequenos grupos ou individualmente; em seguida, foram apresentadas ao grupo; em um terceiro momento, passou-se para a revisão e/ou reelaboração.

Ficou decidido que as questões, tanto as abertas quanto as de múltipla escolha, deveriam apresentar situações genéricas, isto é, que não requerem que o informante seja obrigado a fingir um "papel" ou a imaginar uma identidade, para evitar que os informantes tivessem dificuldade para enquadrar-se no contexto apresentado.

Para a elaboração das situações e da forma como seriam apresentadas, levamos em consideração critérios habitualmente presentes em estudos da cortesia, como:

i) As características dos interlocutores e distância social entre eles;
j) O grau de imposição do pedido que a situação pressupunha;
k) O âmbito público ou privado da situação comunicativa apresentada.

Criamos, assim, um questionário escrito, enviado e recebido por via *online*, que, como dissemos, permite captar uma quantidade potencialmente muito grande de dados e com relativa facilidade (os informantes podem responder de suas casas e enviar o formulário) e rapidez (são necessários de 15 a 20 minutos para responder ao questionário).

Também, decidimos:

l) Padronizar a pergunta final com a expressão: "*o que você (lhe) diz?*" ou "*o que você (lhe) diria?*", para evitar condicionar as respostas;

m) Nunca utilizar verbos como "*pedir*" ou "*solicitar*", para evitar induzir as respostas com referências diretas ao ato de fala que o questionário se propõe estudar;

n) Fazer uma experiência piloto com respostas comentadas por parte de um primeiro grupo de informantes.

Os questionários foram inicialmente distribuídos entre os integrantes do grupo, para que pudessem ser enviados a pessoas dispostas a fornecer um *feedback*. Posteriormente, foram discutidas e comentadas as respostas dos "primeiros informantes", que serviram como base para uma reavaliação e/ou reformulação das questões.

É importante observar que, nessa experiência piloto, houve informantes que não indicaram nenhuma das respostas propostas, pois disseram que "jamais" pediriam da forma como estava apresentado que a situação prevê e, simplesmente, não realizariam o pedido. Por isso, decidimos deixar um espaço no questionário no qual os informantes podem escrever seus comentários e explicitar sua posição.

Também na elaboração das questões de múltipla escolha, decidimos imaginar situações não específicas, que poderiam acontecer na vida cotidiana de qualquer indivíduo adulto. Para cada situação, foram formuladas cinco alternativas baseadas na proposta de Haverkate (1994), que, por sua vez, se inspirou na esquematização de estratégias proposta por Brown e Levinson (1987, p. 69) para os chamados *face--threatening acts* (FTAs) ou atos ameaçadores da face, como o pedido:

12. O ato não é realizado (o pedido é indireto) e evita-se ameaçar a face do interlocutor, esperando que ele infira o pedido;

13. O falante apela para a solidariedade do ouvinte, solicita sua conformidade, reforça a imagem positiva do ouvinte;

14. O falante utiliza cortesia para proteger as faces, verbos modais, como "poder", modificadores, como "por favor" etc.;

15. O falante diminui a relação custo-benefício com minimizadores e outros;
16. O falante realiza um ato de fala direto.

Além das alternativas citadas, foi previsto também um espaço indicado como "outro", no qual o informante que não se identifique com nenhuma das alternativas possa eventualmente inserir outra formulação para o pedido.

Transcrevemos, a seguir, uma das situações de múltipla escolha para exemplificar. Na situação proposta, o informante precisa imaginar que seu celular está sem bateria, enquanto está na casa de um(a) amigo(a) e sem carregador:

Você está na casa de seu(sua) amigo(a). Percebe que o seu celular está praticamente sem bateria e não trouxe seu carregador. O que você lhe diz?

a) Ah, nossa, meu celular está praticamente sem bateria...

b) Ah, nossa, meu celular está praticamente sem bateria... Você sabe, né? Hoje em dia não dá pra ficar sem o celular funcionando... Você teria algum carregador aí para me emprestar? Daí a gente vê se serve...

c) Você pode me emprestar um carregador de celular, por favor? Tomara que sirva...

d) Me empresta rapidinho um carregador?

e) Me traz um carregador de celular.

f) Outro: _____

Observa-se que a opção (a) corresponde a um ato de fala realizado de forma indireta, já que o falante não realiza o pedido, mas apenas constata o fato que levaria a ele, na esperança de que seu interlocutor contribua. A estratégia cria a ilusão de que o falante não queira ameaçar a liberdade de ação do interlocutor (sua imagem negativa). Na opção (b), o ato se realiza mostrando cortesia positiva: o falante apela para a solidariedade do ouvinte e constrói, portanto, seu pedido com uma justificativa na qual expõe o problema, tentando preparar o pedido. A estratégia busca reforçar a imagem que o interlocutor possui de si mesmo (cortesia positiva). A opção (c) baseia-se em uma realização do ato na qual se mostra cortesia negativa e, por isso, o falante pergunta apenas sobre a capacidade ("pode?") do seu interlocutor para realizar o ato. Na opção (d), o pedido é direto, mas a utilização de uma pergunta e de um diminutivo ("rapidinho") buscam, por um lado, preservar o espaço de ação do interlocutor e, por outro, fazer parecer menos onerosa a relação custo-benefício. A opção (e) representa a realização do ato de forma direta e sem mostrar cortesia ou consideração pela imagem negativa do interlocutor. Em geral, é construída utilizando um imperativo e nenhum atenuador.

Na terceira e última parte deste texto, apresentaremos algumas observações sobre os primeiros resultados obtidos.

4. Análises preliminares

No momento em que foi iniciada esta análise, tínhamos 68 questionários respondidos. Apresentaremos a seguir algumas considerações sobre essas respostas, cujos informantes são, em sua maioria, jovens e do gênero feminino, todos falantes nativos de português brasileiro que moram no Brasil. É evidente que nossa intenção é voltar a trabalhar com os dados quando houver mais respostas e uma variação maior entre os informantes, especialmente no que diz respeito à faixa etária.

Do material disponível, selecionamos, para realizar essas primeiras análises, quatro respostas dos informantes a questões de múltipla escolha, sendo duas com baixo grau de imposição e duas com alto grau de imposição. Selecionamos, também, quatro respostas com questões abertas, seguindo o mesmo critério: duas com baixo grau de imposição e duas com alto grau de imposição. Como mostramos, o grau de imposição foi um dos fatores determinantes na escolha das situações a serem apresentadas aos informantes, já que nossa hipótese geral é que a pedidos mais "difíceis" corresponde um maior uso de atenuadores, de modo que as realizações linguísticas seriam mais diretas, no caso de pedidos que não requerem um esforço, e conteriam um maior número de justificativas e atenuadores, no caso de pedidos que requerem um esforço maior.

Iniciaremos descrevendo as quatro questões de múltipla escolha, analisando as respostas propostas e verificando especialmente aquelas que foram selecionadas pelo maior número de informantes.

Iniciaremos pela primeira:

SITUAÇÃO 1: questão de múltipla escolha/baixa imposição
Você está na fila do caixa do supermercado e percebe que se esqueceu de pegar leite. Está com pressa e não pode perder seu lugar. O que diz à senhora que está logo atrás?

1. Nossa, esqueci o leite e estou tão atrasado(a)!	2	**3%**
2. Nossa, esqueci o leite e estou tão atrasado(a)! Não dá para pegar toda essa fila de novo. Será que daria para guardar o meu lugar?	16	**23%**
3. Por favor, você poderia guardar meu lugar?	27	**39%**
4. Guarda rapidinho meu lugar?	13	**19%**
5. Guarda meu lugar?	2	**3%**
6. Outros	6	**9%**

Em relação à porcentagem e ao total de informantes, é possível que, nem sempre, a soma chegue a 100% e a 68, pois pode ocorrer o fato de alguns informantes não terem respondido a todas as perguntas, criando, assim, pequenas diferenças.

Escolhemos, para a nossa análise, as três alternativas mais assinaladas: a 3, com 39% de respostas; a 2, com 23%; e a 4, com 19%.

A número 3 ("Por favor, você poderia guardar meu lugar?") apresenta três elementos de atenuação (ALBELDA, 2010; BRIZ, 2012): (a) o marcador de cortesia ("por favor"), que evidencia, entre outras coisas, o desejo de mostrar educação de quem faz o pedido; (b) a pergunta, que aumenta a possibilidade de o interlocutor aceitar ou não o pedido; (c) a forma condicional "poderia" (cf. HAVERKATE, 1994).

Também a alternativa número 2 ("Nossa, esqueci o leite e estou tão atrasado(a)! Não dá para pegar toda essa fila de novo. Será que daria para guardar o meu lugar?") contém diversos elementos de atenuação: o marcador de surpresa "nossa", com o qual se dá a ideia de que o falante foi pego de surpresa e que a situação não é premeditada; uma explicação preliminar que justificará o pedido ("esqueci o leite e estou tão atrasado(a)!"); a impossibilidade de voltar ao fim da fila e sair a tempo para o outro compromisso; a forma "será que", que oferece ao interlocutor a possibilidade de negar o pedido; a forma condicional "daria". É interessante observar que, mesmo sendo a mais atenuada de todas, essa não foi a alternativa mais selecionada pelos informantes, como se poderia esperar do público brasileiro, do qual se costuma dizer que prefere atos de fala indiretos. Uma hipótese que poderia explicar esse resultado é a de que a alternativa 2 é muito mais longa que a 3 e talvez tenha sido percebida como inadequada a uma situação como aquela descrita, que requer rapidez.

A alternativa número 4 ("Guarda rapidinho meu lugar?") apresenta um elemento impositivo — o imperativo "guarda" —, atenuado, contudo, pela forma diminutiva "rapidinho", que reduz a força do pedido e busca criar no interlocutor a impressão de que o esforço que terá que fazer não será tão grande (ALBELDA et al., 2014).

Finalmente, a alternativa menos escolhida (a número 5: "Guarda meu lugar?") é aquela que apresenta o pedido mais direto, sem qualquer forma de atenuação, ameaçando, portanto, com mais força a face do interlocutor (BROWN; LEVINSON, 1987).

Veremos agora quais foram os resultados na situação 2:

SITUAÇÃO 2: questão de múltipla escolha/baixa imposição
Você está com visitas em casa e precisa abrir uma garrafa. Ao procurar na gaveta, você se dá conta de que não tem um abridor. Decide então falar com o seu vizinho, um senhor que mora em frente, apesar de não conhecê-lo. O que você lhe diz?

1. Preciso abrir uma garrafa e não tenho um abridor...	0	0%
2. Eu estou com visitas e preciso abrir uma garrafa. O senhor teria um abridor?	16	23%
3. Preciso abrir uma garrafa e não tenho um abridor. O senhor poderia me emprestar um, por favor?	23	33%
4. Preciso abrir uma garrafa e não tenho como. O senhor pode me emprestar um abridor um minutinho?	18	26%
5. O senhor me empresta um abridor de garrafas?	5	7%
6. Outros	4	6%

Igualmente, selecionamos para a nossa análise as três alternativas mais escolhidas pelos informantes.

A alternativa número 3 ("Preciso abrir uma garrafa e não tenho um abridor. O senhor poderia me emprestar um, por favor?") foi selecionada por 33% dos informantes e apresenta uma série de elementos de atenuação. Em primeiro lugar, aparece, de forma evidente, a manifestação de uma necessidade urgente do locutor representada pelo verbo de necessidade "preciso", de forma taxativa. Em segundo, a forma de tratamento dispensada ao interlocutor, "senhor", cortês e que sanciona a face positiva do interlocutor, ao demonstrar reverência em busca da valorização do *status*, antes de efetuar o pedido. Em terceiro lugar, na realização do pedido, há a atenuação por meio da forma condicional "poderia" e do marcador de cortesia "por favor".

"Preciso abrir uma garrafa e não tenho como. O senhor pode me emprestar um abridor um minutinho?", alternativa 4 foi a segunda mais selecionada pelos informantes. Inicia-se com um pedido indireto, acompanhado do pedido direto e dos seguintes atenuadores: (a) "senhor", a forma de tratamento que transmite respeito; (b) a modalização com o verbo "poder", que dá opções ao interlocutor e minimiza a ameaça à face negativa (LAKOFF, 1973); (c) o diminutivo "minutinho", que busca atenuar a imposição.

A alternativa 2 ("Eu estou com visitas e preciso abrir uma garrafa. O senhor teria um abridor?") inicia-se com um pedido indireto, reforçado com um pedido direto, mas atenuado pelo condicional e pela pergunta, que faculta ao interlocutor aceitar ou não o pedido efetuado.

Saliente-se que a alternativa que contém o pedido indireto — "Preciso abrir uma garrafa e não tenho um abridor..." — não foi selecionada por nenhum dos informantes, e a alternativa contendo o pedido direto ("O senhor me empresta um abridor de garrafas?") foi selecionada por um pequeno número de informantes.

Consideraremos, agora, a situação 3.

SITUAÇÃO 3: questão de múltipla escolha/alta imposição
Você está andando na rua com um(a) amigo(a) e está com uma forte dor de cabeça. Não tem dinheiro para comprar o remédio que você está acostumando a tomar. O que lhe diz?

1. Nossa, estou morrendo de dor de cabeça!	16	**23%**
2. Nossa, estou morrendo de dor de cabeça e nem tenho dinheiro para comprar um remédio. Será que você teria 10 reais para me emprestar?	15	**22%**
3. Você poderia, por favor, me emprestar 10 reais para comprar um remédio?	16	**23%**
4. Você me empresta 10 reais? Amanhã eu te devolvo.	11	**16%**
5. Me empresta 10 reais.	2	**3%**
6. Outros	7	**10%**

É conveniente esclarecer que, ainda que o contexto envolva intimidade (trata-se de uma interação entre amigos), partiu-se do pressuposto que a situação envolve um elevado grau de imposição, pois, na cultura brasileira, o empréstimo em dinheiro sempre implica dificuldade em pedir e em responder ao pedido.

No caso em análise, houve três alternativas selecionadas com índices quase idênticos: a número 1 e a número 3 com o mesmo índice, 23%, e a número 2, com índice muito próximo, 22%.

Na número 1 ("Nossa, estou morrendo de dor de cabeça!"), o locutor buscou uma forma indireta para fazer o pedido, mas o enunciado, formulado com um marcador ("nossa") e com um intensificador ("morrendo") busca chamar a atenção do interlocutor para o problema principal, que é a dor de cabeça.

A número 3 ("Você poderia, por favor, me emprestar 10 reais para comprar um remédio?") apresenta o pedido realizado de forma direta, mas acompanhado de atenuadores, quais sejam: (a) o verbo "poder", que dá a opção ao interlocutor de dizer sim ou não; (b) o condicional "poderia"; (c) o marcador de cortesia "por favor", que busca passar ao interlocutor uma imagem de "boa educação" e, ao mesmo tempo, de envolvimento do interlocutor: a necessidade é tão grande, que é imprescindível realizar um favor. A número 2 ("Nossa, estou morrendo de dor de cabeça e nem tenho dinheiro para comprar um remédio. Será que você teria 10 reais para me emprestar?") é parecida com a número 1 por apresentar, inicialmente, o pedido indireto, acompanhado do intensificador e de uma explicação: "não tenho dinheiro para comprar". Com isso, prepara o interlocutor para o pedido, atenuado, que será feito em seguida. A forma "será" também dá ao interlocutor a possibilidade de dizer sim ou não, enquanto o condicional "teria" atenua o pedido, pois o fato de o dinheiro ser emprestado minimiza a imposição, diminuindo a carga de peso do pedido e deixando claro que o interlocutor terá de volta o referido valor.

É importante salientar que a alternativa com pedido direto teve um índice muito baixo, de apenas 3%.

A seguir, analisaremos a situação 4.

SITUAÇÃO 4: questão de múltipla escolha/alta imposição
Você acaba de jantar em um restaurante onde foi pela primeira vez. Ao pagar a conta, percebe que está sem seu cartão. Percebe também que está sem talão de cheques e sem dinheiro suficiente para pagar. Decide, então, falar com o gerente. O que você lhe diz?

1. O senhor não vai acreditar, mas não estou achando meu cartão. Estou sem cheque e o dinheiro que tenho não é o suficiente para pagar meu almoço...	6	**9%**
2. O senhor não vai acreditar, mas não estou achando meu cartão e estou sem cheque e sem dinheiro. Eu poderia deixar um documento e vir pagar amanhã?	34	**49%**
3. Eu poderia, por favor, deixar um documento e vir pagar a conta amanhã? Esqueci meu cartão.	14	**20%**
4. Posso deixar um documento e vir pagar a conta amanhã? Esqueci meu cartão.	6	**9%**
5. Fica com um documento meu. Amanhã eu volto para pagar a conta, porque esqueci meu cartão.	0	**0%**
6. Outros	7	**10%**

Na situação 4, há um grau alto de imposição, pois o pedido envolve indivíduos que não se conhecem e estão em uma interação em que não se espera que o cliente não tenha como pagar.

Neste caso, foram selecionadas duas alternativas e não três, pois as duas juntas perfazem 69% do total. As demais apresentaram índices muito baixos.

A alternativa 2 foi a mais escolhida ("O senhor não vai acreditar, mas não estou achando meu cartão e estou sem cheque e sem dinheiro. Eu poderia deixar um documento e vir pagar amanhã?"), com um índice muito próximo da metade dos informantes (49%). Para uma situação com alto grau de imposição, era de se esperar que uma alternativa com vários atenuadores fosse a mais escolhida: a forma de respeito "senhor" dirigida ao interlocutor (KERBRAT-ORECCHIONI, 2006); o uso do condicional "poderia" e a entonação interrogativa, que dão opções ao interlocutor e minimizam a ameaça à face negativa deste; o fato de deixar um documento, algo que tem importância para o locutor, e a promessa de voltar no dia seguinte buscam minimizar o problema e sinalizam que o locutor não tem a intenção de deixar de pagar, assim que o interlocutor não deve temer um prejuízo financeiro. Ressalte-se, também, o enunciado "não vai acreditar", que deixa evidente que o ocorrido é inusitado, diminuindo dessa forma os riscos para a imagem do falante, pois trata-se de uma fatalidade e não de um golpe de esperteza.

A alternativa 3 ("Eu poderia, por favor, deixar um documento e vir pagar a conta amanhã? Esqueci meu cartão.") foi a segunda mais escolhida, com 20%. O pedido é feito de uma forma atenuada por meio do condicional, da entonação interrogativa e do marcador de cortesia "por favor" (HAVERKATE, 1994). Note-se que, neste caso, o problema é apresentado somente no final: "Esqueci o cartão.".

É interessante observar que a alternativa 1, embora parecida com a 2, teve um baixo índice de escolha, apenas 9%. Trata-se de um pedido indireto, portanto o baixo índice de escolha sinaliza que, em uma situação como essa, a forma indireta pode não ser percebida como a melhor estratégia para a realização do pedido, conforme indicam as respostas dos informantes.

A seguir, comentaremos algumas das questões abertas. Neste caso, por uma questão de espaço e de organização, não será possível comentar todas as respostas dadas pelos informantes, uma diferente da outra, entretanto escolhemos algumas que julgamos mais pertinentes, por indicarem, a nosso ver, tendências mais comuns.

> **SITUAÇÃO 5:** questão aberta/baixa imposição
> Você está andando na rua e precisa anotar o número de telefone de um anúncio que viu. Percebe, porém, que não tem caneta. Um senhor está passando... O que você lhe diz?

Uma das constatações é que todas as respostas começam chamando a atenção do interlocutor com diferentes estratégias: com vocativos ("Moço", "Senhor"), com marcadores de contrariedade ("Aff") ou com cumprimentos ("Boa tarde", "Bom dia"). Isso leva a pensar que, ainda que se trate de um pedido com baixo grau de imposição, há uma preocupação por parte do locutor em não abordar o interlocutor sem uma preparação.

É especialmente notável que nessas respostas, enviadas por escrito e utilizando a Internet, os informantes tenham, com tanta frequência, optado por iniciar as "falas imaginadas" com vocativos ou, mais ainda, marcadores que pertencem à esfera da oralidade. Esse uso pode ser um sinal de que os informantes conseguem representar a oralidade na hora de escrever suas respostas, diminuindo, assim, a distância entre "situações reais" e "situações imaginadas" (YUAN, 2000).

Mesmo em pedidos com baixa imposição, o falante busca fazer o pedido de forma indireta e acompanhado de atenuadores, como em "Aff... Quando a gente precisa de papel [caneta], não tem." e "Moço, o senhor tem uma caneta, por favor?". Quando, ao contrário, o pedido é efetuado de forma direta, sempre é acompanhado de formas de atenuação. No primeiro caso, o locutor usa um marcador que demonstra seu aborrecimento pelo fato de ter que incomodar alguém ("Aff"). Com esse marcador, o informante busca minimizar os efeitos negativos contra sua própria imagem: ele não é alguém que, comumente, incomoda outras pessoas e precisa assim evidenciar que se trata de um esquecimento. Em seguida, tenta apagar o "sujeito da necessidade", que é ele mesmo, ao utilizar um pronome mais genérico, o "a gente". No segundo caso, o falante emprega uma forma de abordagem mais cortês, chamando o interlocutor de "moço", sem levar em consideração sua idade (na descrição da situação, diz-se que quem passa é um senhor). Trata-se de uma forma cortês de abordagem, já que pessoas jovens são tratadas assim e a referência ao ser jovem é normalmente percebida como elogio. Em seguida, por questão de respeito, o falante usa a forma reverente "Senhor" e utiliza uma forma indireta de pedir, ao fazer uma pergunta ao interlocutor: "Moço, o senhor tem uma caneta, por favor?". É evidente que o falante não quer saber se o interlocutor tem ou não uma caneta; ele quer, na verdade, pedir uma caneta emprestada. Ao usar a forma indireta, o falante deixa o interlocutor mais à vontade.

Quando a forma de pedir é mais direta ("Senhor, com licença. Você tem uma caneta para me emprestar?"), é sempre acompanhada de atenuadores: a forma respeitosa ("Senhor"), o marcador que atenua a invasão do território pessoal ("com licença"), o pedido efetuado em forma interrogativa, que dá ao interlocutor a possibilidade de aceitar ou não o pedido ("Você tem uma caneta para me emprestar?"). Ressalte-se que há mistura de tratamentos, isto é, a abordagem é feita por meio da forma respeitosa ("Senhor"), enquanto, para o pedido, é usada a forma mais coloquial e que diminui a distância ("você").

> **SITUAÇÃO 6:** questão aberta/alta imposição
> Você e um(a) amigo(a) entram em um ônibus e, nesse momento, você percebe que esqueceu a carteira e não tem como pagar a passagem. O que você lhe diz?

Dentre as respostas dadas, selecionamos algumas, a saber: "Faz a minha hoje"; "Paga pra mim, depois te pago"; "Você tem dinheiro aí? Depois eu te pago"; "Putss, estou sem dinheiro, estava na carteira, acho que deixei em casa ou então perdi ela... Você tem como pagar a minha, por favor, depois te pago???".

Na primeira resposta, não há dúvida de que o enunciado deve ser atribuído a um informante jovem, por causa da expressão gíria "Faz a minha", que é típica da fala juvenil e, em outras palavras, quer dizer "Paga para mim". Trata-se de uma forma direta de efetuar o pedido, que renuncia à preocupação com a face positiva e negativa e também pode ser considerada característica dessa faixa etária.

O segundo exemplo é um pedido direto, embora acompanhado de uma forma de atenuação, que é o comprometimento do falante em devolver o dinheiro emprestado pelo interlocutor.

"Você tem dinheiro aí? Depois eu te pago" é um pedido indireto. Em nenhum momento, o locutor diz concretamente que está pedindo dinheiro emprestado; contudo, indiretamente, ao perguntar se o interlocutor tem ou não dinheiro, o falante sinaliza, por mais que isso aconteça de forma indireta, qual é o objetivo da sua fala. O segundo ato, em que o falante se compromete a devolver o dinheiro emprestado, revela e confirma sua verdadeira intenção.

Na quarta resposta, fica evidente que quem faz o pedido busca negociar com seu interlocutor e, para isso, utiliza algumas estratégias: em primeiro lugar, o marcador "Putss", que revela surpresa e confirma que o que está acontecendo é algo inesperado, e não premeditado; em segundo, a situação real, que é o fato de estar sem dinheiro; em terceiro, a constatação de que tem o dinheiro necessário, mas esqueceu em casa ou perdeu; em quarto, o pedido direto para pagar a passagem, acompanhado de um marcador de cortesia ("por favor") e do comprometimento de devolver o dinheiro emprestado.

Vamos à próxima situação:

SITUAÇÃO 7: questão aberta e de alta imposição
Você mudou recentemente para um novo apartamento. Durante as duas primeiras semanas, percebe que a senhora do andar de cima faz barulho excessivo, mesmo fora do horário permitido. Decide conversar com ela para resolver o problema. O que você lhe diz?

Também neste caso, selecionamos algumas das respostas que julgamos mais interessantes para a análise. Entre as respostas, há pedidos indiretos, como "O que a senhora faz depois das 10h da noite?" e "Eu tive dificuldade para dormir durante a noite, e inclusive me concentrar durante o dia...". Há um pedido direto, sem atenuação, como "Olha só, é contigo o barulho o tempo todo???" e pedidos diretos com atenuação, como "Olá, tudo bem? Meu nome é R... Eu moro no andar de baixo e já faz um tempinho que eu noto muito barulho em horário não permitido. Minha mãe tem problemas para dormir. Você poderia, por favor, evitar o barulho?".

No pedido indireto, percebe-se que o falante não quer dizer com clareza qual é o problema, por isso lança o pedido de forma bem indireta. É preciso dizer, no entanto, que o enunciado é uma evidente invasão do território pessoal do interlocutor, pois não se trata de uma pergunta que, costumeiramente, se faz a alguém com quem não se tenha muita intimidade. No segundo exemplo, o falante expõe sua face negativa, revelando ao interlocutor que teve dificuldades para dormir na última noite, sem, contudo, deixar claro que o motivo era o barulho feito por ele.

No pedido direto sem atenuação, fica evidente que o locutor elabora um enunciado em que evidencia que o interlocutor faz muito barulho durante a noite.

Há, também, um pedido direto com atenuação, em que o locutor busca, primeiramente, mostrar simpatia e educação, por meio de uma saudação — "Olá, tudo bem?" —, em seguida, apresenta-se como morador do andar de baixo e diz que tem sido incomodado pelo barulho, não permitido, feito pelo interlocutor. Justifica que o pedido para o silêncio se deve a uma necessidade: sua mãe (que, embora não tenha sido dito, deve ser idosa) tem dificuldade para dormir, por isso precisa de silêncio. A atenuação se dá não apenas pela construção do pedido, mas também pela forma condicional do verbo modal utilizado ("poderia"), acompanhada ainda do marcador de cortesia ("por favor").

Em síntese, é possível perceber que são raros os casos de pedidos diretos sem qualquer forma de atenuação. Geralmente, os informantes que optaram por pedidos diretos incluíram formas de atenuação, que estão presentes também quando os pedidos são indiretos, já na forma como são construídos. Isso parece revelar que, em geral, na língua portuguesa, tanto os pedidos diretos quanto os indiretos costumam ser acompanhados de atenuadores.

Conclusão

A análise dos primeiros dados obtidos com falantes nativos de português brasileiro concentrou-se, como vimos, na observação do grau em que os pedidos realizados podem ser definidos diretos ou indiretos. Outro aspecto que, por sua forte presença nas respostas dos informantes, acabou se sobressaindo nas análises é a atenuação. Com isso, acabamos examinando as estratégias de atenuação tanto nos DCT abertos quanto nas situações de múltipla escolha, verificando que há, em quase todas, independentemente do grau de imposição, a presença de alguma forma de atenuação.

Ampliar o número de informantes e diversificar mais, principalmente no que diz respeito à faixa etária, merecerá uma análise mais detida e a identificação de analogias e diferenças nos pedidos com diferentes graus de imposição e diferente distância social entre os interlocutores. Com mais informantes, será também possível acoplar à análise qualitativa, nos moldes do que apresentamos aqui, uma análise quantitativa que evidencie a presença de determinadas estratégias, além da recorrência de elementos linguísticos aos quais poderão ser atribuídas funções específicas.

A comparação com outras línguas e culturas, que a replicabilidade do instrumento escolhido permitirá realizar, poderá mostrar não apenas as peculiaridades de diferentes línguas e culturas, mas também analogias e diferenças no comportamento linguístico dos informantes em cada situação. Teremos assim a possibilidade de comparar de que forma, em cada língua e em cada cultura, os informantes reagem diante das mesmas situações e quais recorrências podem ser observadas na escolha das estratégias e dos instrumentos linguísticos utilizados para expressá-las.

Referências

ALBELDA, Marta. ¿Cómo se reconoce la atenuación? Una aproximación metodológica basada en el español peninsular hablado. In: ORLETTI, Franca;

MARIOTTINI, Laura. (Org.). *(Des)cortesía en español*. Espacios teóricos y metodológicos para su estudio. Roma: Università degli Studi Roma Tre-EDICE, 2010. p. 47-70.

ALBELDA, Marta et al. Ficha metodológica para el análisis pragmático de la atenuación en *corpus* discursivos del español (es.por.atenuación). *Oralia*, n. 17, p. 7-62, 2014.

BERNAL, María. *Categorización sociopragmática de la cortesía y de descortesía*. Un estudio de la conversación coloquial española. 2007. Dissertation (Doctorado) — Universidad de Estocolmo, Estocolmo, 2007.

BETTONI, Camilla. *Usare un'altra lingua*. Guida alla pragmatica interculturale. Bari: Laterza, 2006.

BLUM-KULKA, Shoshana; OLSHTAIN, Elite. Requests and apologies: a cross-cultural study of speech act realization patterns (CCSARP). *Applied Linguistics*, v. 5, n. 3, p. 196-213, 1984.

BLUM-KULKA, Shoshana; HOUSE, Juliane; KASPER, Gabrile. (Ed.). *Cross-cultural pragmatics*: requests and apologies. Norwood: Ablex Publishing Corporation, 1989.

BRAVO, Diana; BRIZ, Antonio (Ed.). *Pragmática sociocultural*: estudios sobre el discurso de cortesía en español. Barcelona: Ariel, 2004.

BRIZ, Antonio. La (no)atenuación y la (des)cortesía, lo lingüístico y lo social: son pareja? In: ESCAMILLA MORALES, Julio; HENRY VEGA, Grandfield. (Ed.). *Miradas multidisciplinares a los fenómenos de cortesía y descortesía en el mundo hispánico*. Barranquilla: Universidad del Atlántico-Programa EDICE, 2012. p. 33-75.

BROWN, Penelope; LEVINSON, Stephen. *Politeness*: some universals in language use. Cambridge: Cambridge University Press, 1987.

CONTRERAS FERNÁNDEZ, Josefa *El uso de la cortesía y las sobreposiciones en las conversaciones*. Un análisis contrastivo alemán-español. 2004. Tesis (Doctorado) — Departamento de Filología Inglesa y Alemana, Universitat de València, Valencia, 2004.

FAERCH, Claus; KASPER, Gabriele. Internal and external modification in interlanguage request realization. In: BLUM-KULKA, Shoshana; HOUSE, Juliane; KASPER, Gabriele. (Ed.). *Cross-cultural pragmatics*: requests and apologies. Norwood: Ablex Publishing Corporation, 1989. p. 221-247.

FÉLIX-BRASDEFER, Julio Cesar. Data collection methods in speech act performance: DCTs, role plays, and verbal reports. In: MARTÍNEZ-FLOR, Alicia; USÓ-JUAN, Esther. (Ed.). *Speech act performance*: theoretical, empirical and methodological issues. Amsterdam/ Philadelphia: John Benjamins, 2010. p. 41-56.

FERRER, María Cristina y SÁNCHEZ LANZA, Carmen. *Interacción verbal: los actos de habla*. Rosario: Editorial de la Universidad Nacional de Rosario, 2002.

HAVERKATE, Henk. *La cortesía verbal*. Estudio pragmalingüístico. Madrid: Gredos, 1994.

HERNÁNDEZ FLORES, Nieves. *La cortesía en la conversación española de familiares y amigos*. La búsqueda del equilibrio entre la imagen del hablante y la imagen del destinatario. 2002. Tesis (Doctorado) — Institut for Sprog og Internationale Kulturstudier, Aalborg Universitet, Aalborg, 2002.

_____. Los tests de hábitos sociales y su uso en el estudio de la cortesía: una introducción. In: BRAVO, Diana. (Ed.). *Actas del Primer Coloquio del Programa EDICE*. La perspectiva no etnocentrista de la cortesía: identidad sociocultural de las comunidades hispanohablantes. Estocolmo: Programa EDICE, 2003. p. 186-197.

KASPER, Gabriele. Data collection in pragmatics research. In: SPENCER-OATEY, Helen. (Ed.). *Culturally speaking*. Managing rapport through talk across cultures.London/ New York: Continuum, 2000. p. 316-341.

KERBRAT-ORECCHIONI, Cathérine. *Análise da conversação*: princípios e métodos. Tradução de Carlos Piovezani Filho. São Paulo: Parábola, 2006.

LAKOFF, Robin. The logic of politeness: minding your p's and q's. In: CORUM, Claudia; SMITH-STARK, T. Cedric; WEISER, Anne. (Orgs.). *Papers from the 9th Regional Meeting of the Chicago Linguistic Society*. Chicago Linguistic Society, 1973. p. 292-305.

MACKEY, Alison; GASS, Susan M. *Second Language Research*.Methodology and Design. Mahwah: Lawrence Erlbaum Associates, 2005.

OCHS, Elinor (1979)."Transcription as theory". In: OCHS, Elinor; SCHIEFFELIN, Bambi. (Orgs.). *Developmental Pragmatics*. New York: Academic Press, p. 43-72.

PALLOTTI, Gabriele. L'ecologia del linguaggio: contestualizzazione dei dati e costruzione di teorie. In: ALBANO LEONI, Federico et al. (Orgs.). *Dati empirici e teorie linguistiche*. Atti del XXXIII Congresso Internazionale di Studi della Società di Linguistica Italiana. Roma: Bulzoni, 2001. p. 37-57.

SANTORO, Elisabetta. A constituição de um *corpus* de italiano falado para o estudo de pedidos e pedidos de desculpas: considerações sobre a validade interna e externa dos dados. In: MELLO, Heliana; PETTORINO, Massimo; RASO, Tommaso. (Orgs.). *Proceedings of the VII GSCP International Conference*: Speech and Corpora. Firenze: Firenze University Press, 2012. p. 103-107.

TROSBORG, Anna. Apology strategies in natives/non-natives. *Journal of Pragmatics*, v. 11, n. 2, p. 147-167, 1987.

YUAN, Yi. An inquiry into empirical pragmatics data-gathering methods: written DCTs, oral DCTs, Field notes, and natural conversations. *Journal of Pragmatics*, v. 33, n. 2, p. 271-292, 2000.

13

Perspectivas no estudo da polidez

Kazue Saito M. de Barros
Universidade Federal de Pernambuco

1. Contextualizando

O trabalho é parte de um projeto maior[1] sobre (im)polidez[2] na interação em gêneros da esfera acadêmica. Na atual fase que estamos começando, há, na realidade, um interesse maior no estudo dos processos de (im)polidez e preservação das faces em interações sociais entre acadêmicos. Estamos priorizando gêneros que revelem como nós, acadêmicos, acionamos estratégias de autopreservação (por exemplo,

---

1. Este trabalho é parte do projeto *(Im)polidez e face na interação acadêmica*, apoiado pelo Conselho Nacional de Desenvolvimento Científico e Tecnológico (CNPq), a quem agradecemos. A pesquisa é desenvolvida no âmbito do Núcleo de Estudos da Língua Falada e Escrita — NELFE/UFPE.

2. Alguns pesquisadores preferem o par *cortesia/ descortesia*, mas, muitas vezes, as opções indicam uma tendência quanto ao uso das fontes teóricas (bibliografia em língua inglesa ou em espanhol). Assim, aqui preferimos manter o termo *impolidez*, até porque parece refletir melhor nossa visão em que se considera a existência de um contínuo entre as noções polidez — impolidez.

tentando demonstrar *expertise* em palestras ou artigos científicos) e de heteropreservação (por exemplo, emitindo opiniões sobre os trabalhos de colegas, como em resenhas). Um problema centra-se no refino de um aparato de análise que permita o tratamento do fenômeno da (im) polidez numa perspectiva interacionista.

Desde o final dos anos setenta, há consenso de que o ensino de língua deve fazer com que os aprendizes se tornem competentes não só linguisticamente mas também pragmaticamente. Uma medida da competência pragmática seria a habilidade de usar estratégias de polidez, como por exemplo, no caso do uso de certos gambitos (EDMONDSON; HOUSE, 1981) cuja função seria a de demonstrar cooperação com o interlocutor — o que, segundo, por exemplo, Fraser (1990), se constituiria numa estratégia de polidez.

Em paralelo ao foco central do projeto, há na nossa investigação uma preocupação com o tratamento do fenômeno da polidez em sala de aula. Já que o projeto centra-se em gêneros da esfera acadêmica, acreditamos que a universidade deve conscientizar futuros professores da língua portuguesa sobre as estratégias de polidez ativadas em gêneros desse domínio. Há também a preocupação com aprendizes de português como LE (língua estrangeira). Esta parte da pesquisa é desenvolvida no Núcleo de Línguas do Departamento de Letras da Universidade Federal de Pernambuco e busca incentivar o ensino de estratégias de polidez aos estudantes estrangeiros. Mas, se não há dúvidas de que as estratégias de polidez devem receber tratamento sistemático em sala de aula, por outro lado, há insegurança em relação à questão central do problema: "o que exatamente deve ser trabalhado?". Traduzindo teoricamente, a questão centra-se no conceito de *polidez*: do que exatamente falamos quando falamos em "polidez"? Ensinar normas brasileiras sobre cumprimentos, por exemplo, corresponde a trabalhar a polidez?

A questão se põe porque, como lembra Eelen (2001), à parte do quase consenso de que a polidez tem que ser abordada de uma perspectiva sociopragmática, as várias teorias raramente compartilham pontos comuns e cada uma tem sua própria definição de polidez (EELEN, 2001, p. 1). Fraser (1990, p. 219) também salienta que o termo *polidez* é um dos mais utilizados de forma implícita, lembrando que há muito pouco consenso nas formas como o conceito é entendido, o que torna seu estudo certamente problemático.

No contexto dessa discussão, outra questão torna-se relevante: o emprego de estratégias de (im)polidez equivale ao uso de estratégias de preservação das faces? Não temos uma postura rigorosamente fechada, mas a resposta parece simples: depende da perspectiva do estudo do fenômeno. As perspectivas propostas na literatura são mais complementares que antagônicas e, aparentemente, a opção por uma ou outra perspectiva vai depender do gênero textual em foco, da funcionalidade e do contexto de circulação discursivo. Sem dúvida, certas categorias dão conta melhor de certos gêneros textuais.

Assim, a proposta é discutir algumas das *principais perspectivas de estudo* da área, salientando o conceito, explícito ou implícito, de *polidez* a elas subjacente. Tendo em vista o objetivo e o escopo do presente trabalho, não se pretende uma revisão bibliográfica abrangente; aqui, vamos apenas dar exemplos de trabalhos que se inserem em cada perspectiva proposta. Os comentários se restringem a trabalhos que se inserem numa tradição anglo-saxônica do estudo da polidez.

2. Propostas em torno dos estudos da polidez

Há diferentes propostas de classificação dos estudos sobre a polidez. Fraser (1990), por exemplo, identifica quatro perspectivas: a perspectiva da norma social; a perspectiva das máximas conversacionais; a perspectiva da preservação das faces; a perspectiva do contrato conversacional. Bousfield (2008) entende que os trabalhos podem ser agrupados em três tendências: a visão da norma social ou corriqueira (*"lay person's"*); a visão das máximas/ regras conversacionais proposta por Lakoff (1990) e por Leech (1983, 2001); a visão da monitoração da face proposta por Brown e Levinson (1987), seguida ou criticada por vários outros analistas ao longo dos anos.

Com base nas discussões desenvolvidas sobretudo em Fraser (1990), Eelen (2001) e na coletânea de Watts, Ide e Ehlich (2005), vamos defender que as teorias podem ser divididas em três grandes grupos, segundo a função atualizada no discurso e a visão predominante do conceito-chave: *polidez como forma de evitar conflito; polidez como princípio conversacional; polidez como indexador social*. Um denominador comum às posturas aqui alinhadas é a explicação da polidez em termos do trabalho de preservação da face.

2.1 A polidez como forma de evitar conflito

Nesse primeiro grupo, o modelo mais conhecido e influente é o de Brown e Levinson (1987). As normas de polidez são governadas por questões que envolvem a face: alguns atos ilocucionários são atos de ameaça à face (FTAs) e, no momento de sua atualização, os falantes devem buscar estratégias de atenuação para que as regras de polidez não sejam violadas. Daí uma das críticas mais constantes ao modelo de Brown e Levinson, a de que se trata mais de uma teoria da *mitigação* do que de uma teoria da polidez.

Como se sabe, os autores colocam como centrais os conceitos de racionalidade e de face, vistos como universais. A face consiste na oposição de duas vontades: face negativa, o desejo de que suas ações não sejam impedidas pelos outros, e face positiva, o desejo de aceitação. A teoria toma o *princípio de cooperação* de Grice (1975) como fulcral, para sustentar que a polidez serve para reparar os atos de ameaça à face que ocorrem sempre que o princípio de cooperação é violado. Resumindo, neste conhecido modelo, a polidez, explicada em termos da negociação das faces, tem como função evitar conflito entre as partes. A categoria central é o ato de fala, e o modelo é, portanto, orientado para o falante.

Nesta perspectiva, inserem-se também os modelos que se traduzem em *máximas conversacionais*: as máximas de Geoffrey Leech e as de Robin Lakoff. A perspectiva de Leech (1983) aproxima-se, em vários pontos, à de Lakoff (1990), mas sua teoria obedece a um princípio central que difere das máximas da autora. O *princípio de polidez* de Leech é definido em duas frentes: *"minimize expressão de impolidez"* e *"maximize expressão de polidez"*. A polidez é, então, definida em termos de favorecimento: crenças polidas são aquelas favoráveis ao ouvinte enquanto as impolidas não o são.

Leech (1983) define seis máximas (que, na maior parte, se superpõem): *tato, generosidade, aprovação, modéstia, concordância* e *simpatia*. A máxima do tato recomenda minimizar custo e maximizar benefício ao ouvinte; a da generosidade recomenda que as pessoas minimizem seu próprio benefício, enquanto maximizam o do ouvinte; a da aprovação implica minimizar desaprovação e maximizar aprovação ao ouvinte; a da modéstia envolve minimizar autoaprovação e maximizar autodesaprovação; a da concordância recomenda que o falante minimize discordância e maximize concordância entre si e o ouvinte; a da simpatia recomenda que o falante busque minimizar antipatia e maximizar simpatia entre ele e o interlocutor.

Da mesma forma que para Leech e Brown e Levinson, o uso da polidez em Lakoff é visto como estratégia para facilitar o processo interativo, proporcionar o equilíbrio entre os interlocutores e minimizar possíveis conflitos na interação. Lakoff aponta três regras básicas, utilizadas pelos falantes com o objetivo de adequar comunicação e atingir suas metas interativas: *"não se imponha"*, *"dê opções"*, *"permita que A se sinta bem, seja amigável"*.

Como lembra Eelen (2001), as máximas de Leech recomendam que as pessoas sejam proativas na geração de atos que maximizam a polidez. Já Lakoff (1990, p. 35) propõe regras mais neutras.

Assim, temos três exemplos clássicos de utilização do conceito da polidez como forma de evitar conflito, através do uso de atos de fala, no caso de Brown e Levinson, ou da observação de máximas conversacionais, como em Leech e em Lakoff. Tanto em Brown e Levinson quanto em Leech a teoria da polidez equivale, em grande parte, a uma teoria da mitigação, e as regras e as máximas são vistas como universais. Nas três propostas, a polidez tem a ver com o trabalho de preservação de face. São modelos centrados no falante, no sentido de que é ele que antecipada e preventivamente ou produz atos mitigatórios (Brown e Levinson) ou aplica máximas conversacionais (Leech, Lakoff) como forma de prevenir possíveis reações do interlocutor. A polidez é característica inerente ao texto. Na medida em que consideram só a produção do falante, os modelos ou aparatos não permitem um tratamento interativo do texto.

2.2 A polidez como princípio conversacional

Spencer-Oatey (2002) mantém que a polidez linguística deve ser investigada no âmbito do contexto social e psicológico em que ocorre. Nesse sentido, é relevante considerar as motivações subjacentes à monitoração das relações envolvidas na interação. Para a autora, o conceito de (im)polidez equivale a "julgamentos subjetivos que as pessoas fazem sobre a adequação social de comportamentos verbais e não verbais" (SPENCER-OATEY, 2005, p. 97 tradução nossa).

Há, assim, um deslocamento do foco em relação aos trabalhos seminais: a polidez e suas estratégias não são mais vistas como propriedades inerentes ao texto do falante. Não é o comportamento em si que é polido ou rude; antes, a (im)polidez é um rótulo avaliativo que as pessoas agregam ao comportamento, como resultado de seus julgamentos subjetivos sobre a adequação social.

Tais julgamentos são sensíveis às percepções que os interlocutores têm do evento do qual tomam parte, ou, nos termos de Goffman (1974), do *enquadre* que situa a metamensagem contida em enunciados, indicando como sinalizamos/ interpretamos o dito. Nossas percepções sobre as normas específicas do contexto geram certas *expectativas de comportamento*, que vão, por sua vez, influenciar a percepção dos comportamentos como sendo adequados ou não.

No modelo de Spencer-Oatey (2005), as expectativas são governadas por princípios interacionais, sendo cada um deles constituído por alguns componentes. O conceito de *(im)polidez* é usado como um termo guarda-chuva que cobre todos os tipos de significados avaliativos, do mais afetuoso ao rude. Tais significados podem ter conotações positivas, negativas ou neutras, e os julgamentos têm influência impactante nas percepções dos indivíduos acerca das relações sociais e da harmonia/ desarmonia que existe entre eles.

Os princípios interacionais postulados por Spencer-Oatey (2005) não invalidam a clássica ideia de Brown e Levinson (1987) sobre o jogo de faces atualizadas na interação, assim como não neutralizam as máximas de Leech (1983) nem as de Lakoff (1990). Em outros termos, a polidez é também uma forma de preservação das faces. O mérito maior de um modelo desse tipo é permitir detalhar processos interacionais envolvidos na negociação das faces e dar conta das bases das percepções dos interactantes, já que a polidez não é inerente ao texto, mas uma atribuição dos envolvidos.

Outra vantagem em relação aos modelos anteriores é que os conceitos de *polidez* e *impolidez* não se opõem de forma dicotômica, mas se colocam como num contínuo. Dessa forma, o aparato parece ser mais eficiente que os anteriores para dar conta também de situações de conflito. Já que regras e máximas não se aplicam enquanto universais, as análises precisam ser *situadas*; assim, uma dificuldade inerente a tal postura é a necessidade de trabalharmos com categorias mais fluidas.

Alguns outros autores — com propostas que se diferenciam em vários aspectos, mas que também consideram a polidez como parte de uma interação — podem ser aqui incluídos. Por exemplo, Fraser e Nolen (1981) dizem que cada participante, ao entrar numa conversação, traz para aquele encontro um conjunto de direitos e obrigações que determina o que os participantes podem esperar um do outro. Este contrato interpessoal — chamado de *contrato conversacional* — não é estático, mas dinâmico e pode ser renegociado no curso da interação, quer por vontade dos interactantes, quer por imprevistos situacionais. Os direitos e obrigações de cada participante, i.e., os *termos do contrato*, são estabelecidos em várias dimensões: convencionais, institucionais, situacionais, históricas.

As convencionais são muito gerais em sua natureza. Usualmente se aplicam a todas as formas de interação, como regras de troca de turnos, regras sobre altura e delicadeza ao falar etc. Termos institucionais se referem a direitos e deveres impostos por instituições sociais, tais como ter o direito de falar na corte, o dever de falar baixo na igreja, de guardar silêncio em funerais etc. Termos situacionais envolvem fatores como o acordo mútuo sobre papeis, *status* e poder entre interlocutores: uma pessoa hierarquicamente inferior (por exemplo, um aluno) não pode autorizar um superior (seu professor) a fazer algo. A dimensão histórica refere-se ao fato de que o contrato social depende crucialmente de interações prévias entre falantes e ouvintes, i.e., os termos contratuais negociados durante interações prévias determinam o ponto de partida para cada nova interação.

Para os autores, a polidez, então, é uma questão de permanecer dentro dos termos e condições atuais do contrato conversacional. Por ser a norma, o permanecer dentro das condições contratuais é comportamento neutro, não perceptível. Só a impolidez é percebida, no caso, como transgressão à norma contratual. Ser polido não é uma estratégia voltada para a satisfação dos interlocutores, mas consiste, apenas, no comportamento esperado de acordo com o contrato conversacional.

Portanto, como Spencer-Oatey (2005), Fraser e Nolen (1981) também enfatizam que a polidez não é característica intrínseca de enunciados escolhidos. O foco recai sobre o comportamento dos envolvidos que monitoram a polidez em termos de suas interpretações sobre os direitos conversacionais envolvidos.

2.3 A polidez como indexador cultural

Como exemplos de modelos de polidez que consideram que o comportamento é definido pela cultura podem ser citados o de Shoshana Blum-Kulka (por exemplo, 2005) e o de Sachiko Ide (1989). Para Blum-Kulka, a polidez é também vista como relacionada ao trabalho com as faces, mas são centrais as noções de normas ou *scripts* culturais, i.e., as estratégias de preservação das faces são sempre culturalmente moldadas. Ser polido é saber se adaptar a diferentes situações, de acordo com as expectativas do contexto (BLUM-KULKA, 2005, p. 259).

A autora sugere que há escolhas linguísticas que são estratégicas e escolhas que são obrigatórias; as escolhas obrigatórias sempre se equivalem a *"convenções culturais"*, e até mesmo o termo *polidez* (i.e., o fenômeno a que se refere) difere de cultura para cultura. A polidez equivale a comportamento social apropriado, determinado por expectativas culturais. Em amplamente citada afirmação, a autora assim resume sua posição:

> [...] sistemas de polidez manifestam uma interpretação que é culturalmente filtrada da interação de quatro parâmetros essenciais: motivações sociais, modalidades de expressão, diferenças sociais e significados sociais. Noções culturais interferem na determinação das características distintivas de cada um dos quatro parâmetros e como resultado, na compreensão social da 'polidez' nas diferentes sociedades no mundo (BLUM-KULKA, 2005, p. 270).

As motivações sociais referem-se às razões pelas quais as pessoas são polidas, ou seja, preenchem as funções de polidez; as modalidades expressivas constituem as diferentes formas que são acionadas para manifestar polidez; as diferenças sociais são parâmetros situacionais que interferem na polidez; os significados sociais referem-se ao valor da polidez em expressões linguísticas relacionadas a dados contextos situacionais. Para Blum-Kulka, não só atos de fala (pedidos, ofertas etc.) mas também eventos de fala (tais como conversas familiares às refeições) são importantes para determinar a existência de polidez.

Nessa mesma linha, Ide (1989) postula que o uso absoluto do *honorífico*, o objeto de seu estudo, está relacionado a uma visão de polidez que é determinada por convenções sociais — expressas pelo termo *wakimae* (espécie de discernimento). Comportar-se de acordo com o *wakimae* é demonstrar verbalmente como o falante se coloca em relação ao outro numa dada situação. Ide define quatro regras convencionais: *"seja polido com uma pessoa de posição social mais alta"*; *"seja polido com uma pessoa que tenha poder"*; *"seja polido com uma pessoa mais velha"*; *"seja polido numa situação formal, considerando fatores como participantes, ocasiões ou tópicos"*.

Assim, tanto para Blum-Kulka quanto para Ide é a cultura que define como devem ser os comportamentos em diferentes eventos de fala. Ide enfatiza que, em línguas com sistema honorífico bem desenvolvido, as regras de polidez não são meras escolhas; mais que isso, são autênticas regras gramaticais.

Outro autor que pode ser inserido nesta perspectiva é Richard Watts. Para Watts (1989, 2003) e para Watts, Ide e Ehlich (2005), é central o conceito de *comportamento político*, definido como: "comportamento socioculturalmente determinado direcionado para um objetivo de estabelecer e/ou manter num estado de equilíbrio as relações pessoais entre os indivíduos de um grupo social" (WATTS, 1989, p. 135).

Comportamento político é uma forma não marcada de comportamento que equivale ao que é convencionalmente apropriado: a polidez (considerada um desvio positivo) e o comportamento não político (visto como desvio negativo) são desvios marcados do comportamento político.

Watts (1989) lança mão da noção de *evento de fala* para melhor explicar como interactantes capturam o que é comportamento político. Baseado na distinção de Bernstein (1971) entre código elaborado e restrito, Watts (1989) propõe uma distinção entre sistemas de comunicação fechados (ou *grupo fechado*) e abertos (*grupo aberto*). Grupo fechado é aquele em que os interesses do grupo — o "nós" — se sobrepõem aos individuais — o "eu"; no grupo aberto, os interesses individuais suplantam os coletivos.

Essa ideia aproxima-se daquela da cultura ocidental, aberta, que se opõe a uma oriental, fechada, que tanto é ressaltada pelos críticos de Brown e Levinson quando condenam a visão ocidental do modelo dos autores. Mas, para Watts (1989), a identificação das culturas como abertas ou fechadas não é absoluta, e uma mesma cultura pode apresentar grupos abertos e fechados.

Segundo o autor, a polidez tende a ocorrer em eventos de fala em que os interesses do indivíduo (do eu) são valorizados, pois "a interação verbal em eventos de fala de grupos sociais com um sistema de comunicação fechado [...] tende a enfatizar o estabelecimento e manutenção de relações interpessoais e identidade de grupo" (WATTS, 1989, p. 134), ou seja, tende a enfatizar *"comportamento político"*, nos termos de Watts (1989).

As principais críticas dos autores desse grupo aos modelos tradicionais (Brown e Levinson; Leech; Lakoff) são feitas em oposição à ideia de um conceito universal de polidez, já que, para eles, a sociointeração é determinada por convenções culturais situadas. O que é interpretado como polidez numa dada cultura pode ser considerado uma agressão em outra. Não se levar em consideração aspectos culturais pode levar a erros de interpretação quanto às reais intenções dos interactantes, gerando, assim, conflitos e falta de compreensão.

3. Comentários finais

O trabalho defende uma forma macro de classificação das principais perspectivas no estudo da (im)polidez. Parte de outras propostas, como a sugerida no instigante livro de Eelen, *A Critique of Politeness Theories*, mas tem como parâmetro de distinção os objetivos mais centrais de cada tendência. Tampouco busca o grau de detalhamento de Eelen, que, discutindo uma série de autores, identifica nove teorias da polidez.

Na primeira perspectiva, os exemplos se ancoram nos clássicos. A polidez é explicada em termos do trabalho de preservação da face e é vista como um desvio da norma conversacional ou como uma violação do princípio de cooperação. Ao longo dos anos, a proposta de Brown e Levinson recebeu uma série de críticas, muitas delas comentadas pelos próprios autores em prefácio na reedição do modelo (*Introduction to the reissue: a review of recent work*, 1987). Aspectos muito criticados foram o caráter abstrato do aparato e o conceito de face, baseado em tradição de comportamentos mais ocidentais — tais objeções são particularmente fortes entre os pesquisadores do terceiro grupo aqui identificado.

Embora haja o pressuposto de que interactantes usem estratégias de polidez como forma de evitar conflito, os modelos baseados em atos de fala e máximas não permitem um tratamento mais interacionista do fenômeno. A preocupação recai sobre a identificação de recursos linguísticos à disposição de um falante que busca prevenir possíveis problemas de compreensão e comportamentos indevidos.

A segunda perspectiva dá conta de parte das críticas mencionadas. De natureza interacionista, os estudos consideram que a polidez não é uma propriedade textual, mas corresponde a julgamentos avaliativos feitos pelos interactantes sobre a adequação social de certos comportamentos verbais e não verbais. Assim, a polidez é parte de alguma forma de trabalho relacional (*relational work*), o que significa dizer que precisa ser investigada de forma situada e no âmbito de um modelo de interação social. Em outras palavras, embora os autores admitam que o termo *polidez* contenha em si um sentido mais geral, o fenômeno a que se refere só ganha significação no contexto de uso, sendo essencial o foco nos processos intersubjetivos acionados ao longo da interação.

A terceira perspectiva engloba investigadores que argumentam ser a polidez um indexador social. Como já enfatizado, autores de diversas culturas questionam, sobretudo, a conceitualização dos atos de ameaça à face de Brown e Levinson, calcada em padrões comportamentais ocidentais. Desenvolvem análises mais situadas, levando em consideração especificidades culturais para fornecer evidências de que a noção de face ocidental não é condizente com seus estudos. Concentram-se, portanto, em estudos singulares, como investigações sobre expressões formulaicas e honoríficas em japonês (MATSUMOTO, 1988) ou *small talks* em conversas ao telefone entre chineses (SUN, 2005).

Os pesquisadores salientam que é necessária a elaboração de novos modelos de polidez que sejam capazes de explicar as variações inerentes a diferentes grupos sociais. Num estudo sobre apologias públicas (*apologetic speech*) em que comparam os estilos de Bill Clinton e Ehud Barak, Liebersohn, Neuman e Bekerman (2004) defendem que diferentes culturas disponibilizam a seus membros recursos retóricos culturais diversos e que, portanto, um pesquisador deve estar atento às formas como os contextos histórico, social e político interferem nos enunciados, no caso, apologéticos. Fica, então, implícito que o próprio conceito de polidez é variável, condicionado pela cultura do grupo.

Há ainda uma crítica aos estudos originais que parece digna de nota. Como dito, autores têm apontado que os primeiros estudos não se reportam à impolidez, já que este procedimento exigiria a consideração de processos envolvidos numa interação (cf. BOUSFIELD; LOCHER, 2008). Eelen (2001, p. 92) lembra que, embora Brown e Levinson não possam ser criticados por algo que não se propuseram estudar (a impolidez), deve-se observar que polidez e impolidez são duas faces da mesma moeda, e o modelo teórico idealizado para dar conta de uma deve também ser capaz de lidar com a outra.

Tracy (2008, p. 172) lembra que uma crítica aos modelos de polidez feita por Eelen (2001) é que os estudos em geral tendem a "descrições do lado positivo da vida social". Atos que traduzem rispidez e desrespeito fazem parte da vida cotidiana tanto quanto os que criam harmonia, mas os primeiros não são objeto de estudo das pesquisas sobre polidez, diz a autora. Parece assim consensual a postura de que, para ser compreensivo, um modelo de análise da polidez deve dar conta também dos aspectos envolvidos em situações impolidas (CULPEPER, 1996), mas a literatura não apresenta muitos exemplos de estudos sobre comportamentos considerados agressivos, abusivos ou rudes (LOCHER; WATTS, 2005).

Em síntese, é preciso enfatizar que, embora alguns modelos estejam baseados em pressupostos diferenciados, as perspectivas de observação identificadas nem sempre são incompatíveis e, na maioria das vezes, podem ser complementares. Considera-se produtivo privilegiar diferentes visadas, no estudo da (im)polidez ou de qualquer outro fenômeno. Análises com focos diversos, ora em características mais linguísticas, internas ao texto, ora em parâmetros mais externos, como o contexto de produção e normas sociais, ora na funcionalidade e negociação dos atores, favorecem a compreensão de qualquer fenômeno de modo mais abrangente. É imprescindível, contudo, que as categorias centrais sejam devidamente definidas — tal observação poderia ser considerada irrelevante, mas a afirmação por Fraser na década de noventa de que *polidez* é um dos termos mais utilizados de forma implícita ainda parece atual.

Mais estudos de eventos impolidos (ou com diferentes graus de (im)polidez) também devem ser contemplados. Por deslocar o foco de atenção dos enunciados para os comportamentos dos envolvidos e por estudar a (im)polidez como ancorada nos processos de negociação interpessoal, os modelos interacionistas talvez sejam os mais equipados para compreender o que se constitui (im)polidez numa situação particular.

Referências

BERNSTEIN, Basil. *Class, Codes and Control*: Theoretical Studies Towards a Sociology of Language. London: Routledge e Kegan Paul, 1971.

BLUM-KULKA, Soshana. [1992] The metapragmatics of politeness in Israeli society. In: WATTS, R.; IDE, Sachiko; EHLICH, Konrad. (Ed.). *Politeness in Language*: Studies in its History, Theory and Practice. Berlin: Mouton de Gruyter, 2005. p. 255-280.

BOUSFIELD, Derek. *Impoliteness in Interaction*. Pragmatics and Beyond New Series. Amsterdam: John Benjamins, 2008.

BOUSFIELD, Derek; LOCHER, M. (Ed.). *Impoliteness in Language*: Studies on its Interplay with Power in Theory and Practice. Berlin: Walter de Gruyter, 2008.

BROWN, Penelope; LEVINSON, Stephen C. *Politeness*. Some Universals in Language Usage. Cambridge: CUP, 1987.

CULPEPER, Jonathan. Towards an anatomy of impoliteness. *Journal of Pragmatics*, v. 25, n. 3, p. 349-367, 1996.

EDMONDSON, Willis; HOUSE, Juliane. *Let's Talk and Talk about it*. Baltimore: Urban e Schuarzenberg, 1981.

EELEN, Gino. *A Critique of Politeness Theories*. Manchester: St. Jerome Press, 2001.

FRASER, Bruce. Perspectives on politeness. *Journal of Pragmatics*, v. 14, n. 2, p. 219-236, 1990.

FRASER, Bruce; NOLEN, William. The association of deference with linguistic form. *International Journal of the Sociology of Language*, n. 27, p. 93-109, 1981.

GOFFMAN, Erving. *Frame Analysis*. An Essay on the Organisation of Experience. Cambridge: Harvard University Press, 1974.

GRICE, H. P. Logic and conversation. In: COLE, Peter; MORGAN, Jerry L. (Ed.). *Syntax and Semantics*, v. 3: Speech Acts. New York: Academic Press, 1975. p. 41-58.

IDE, Sachiko. Formal forms and discernment: two neglected aspects of universals of linguistic politeness. *Multilingua*, v. 8, n. 2-3, p. 223-248, 1989.

LAKOFF, Robin T. *Talking Power*: The Politics of Language. New York: Basic Books, 1990.

LEECH, Geoffrey N. Politeness: is there an East-West divide? *Journal of Politeness Research. Language, Behaviour, Culture*, v. 3, n. 2, p. 167-206, jul. 2001.

_____. *Principles of Pragmatics*. London: Longman, 1983.

LIEBERSOHN, Yosef Z.; NEUMAN, Yair; BEKERMAN, Zvi. Oh baby, it's hard for me to say I'm sorry: public apologetic speech and cultural rhetorical resources. *Journal of Pragmatics*, v. 36, n. 5, p. 921-944, 2004.

LOCHER, Miriam A.; WATTS, Richard J. Politeness theory and relational work. *Journal of Politeness Research*, v. 1, n. 1, p. 9-33, 2005.

MATSUMOTO, Yoshiko. Reexamination of the universality of face: politeness phenomena in Japanese. *Journal of Pragmatics*, v. 12, n. 4, p. 403-426, 1988.

SPENCER-OATEY, Helen. Managing rapport in talk: using rapport sensitive incidents to explore the motivational concerns underlying the management of relations. *Journal of Pragmatics*, v. 34, n. 5, p. 529-545, 2002.

_____. (Im)Politeness, face and perceptions of rapport: unpackaging their bases and interrelationships. *Journal of Politeness Research*, v. 1, n. 1, p. 95-119, 2005.

SUN, Hao. Collaborative strategies in Chinese telephone conversation closings: balancing procedural needs and interpersonal meaning making. *Pragmatics*, v. 15, n. 1, p. 109-128, 2005.

TRACY, Karen. "Reasonable hostility": situation-appropriate face-attack. *Journal of Politeness Research*, v. 4, n. 2, p. 169-191, 2008.

WATTS, Richard J. Relevance and relational work: linguistic politeness as politic behavior. *Multilingua*, v. 8, n. 2-3, p. 131-167, 1989.

_____. *Politeness*. Cambridge: Cambridge University Press, 2003.

WATTS, Richard J.; IDE, Sachiko; EHLICH, Konrad. (Ed.). *Politeness in Language*: Studies in its History, Theory and Practice. Berlin: Mouton de Gruyter, 2005.

Sobre os organizadores

ANA LÚCIA TINOCO CABRAL é doutora em Língua Portuguesa pela Pontifícia Universidade Católica de São Paulo (PUC-SP) (2005). Realizou pesquisa de pós-doutoramento na EHESS (Paris, França). Atualmente é professora titular da Universidade Cruzeiro do Sul, no Mestrado em Linguística. Tem experiência na área de Linguística com ênfase em leitura e escrita. O quadro teórico que dá suporte às suas pesquisas insere-se na área da Linguística Textual, na linha teórica da Semântica Argumentativa com os estudos da Linguística da Enunciação. Atua principalmente nos seguintes temas: linguagem argumentativa, interação verbal escrita, linguagem jurídica, polidez linguística e uso da linguagem em práticas educativas a distância.

ISABEL ROBOREDO SEARA é professora do Departamento de Humanidades da Universidade Aberta, Lisboa, em Portugal. É membro do Centro de Linguística da Universidade Nova de Lisboa (CLUNL) e do Laboratoire d'Études Romanes da Université Paris 8. É doutora em Linguística Portuguesa e desenvolve trabalho de investigação no âmbito dos estudos de pragmática, análise do discurso, retórica, epistolografia, privilegiando igualmente os estudos de comunicação mediada por computador, nomeadamente os efeitos sociais e linguísticos das tecnologias digitais. Tem proferido conferências em várias universidades, nomeadamente em França, Espanha, Roménia, Brasil, México e Argentina. No ano de 2015 ganhou a Cátedra Ibero-Americana na Universidade Estadual de Campinas (UNICAMP).

MANOEL FRANCISCO GUARANHA é doutor em Letras pela Universidade de São Paulo (USP) na área de Literatura Portuguesa e leciona em cursos superiores nas disciplinas de Literaturas Brasileira e Portuguesa, Teoria Literária, Língua Portuguesa e Comunicação desde 1991. É professor do Curso de Letras da Universidade Cruzeiro do Sul (UNICSUL) desde 2007 e integra o Programa de Mestrado em Linguística da mesma universidade como membro permanente. É professor concursado da Faculdade de Tecnologia do Estado de São Paulo (FATEC) desde 2009. Tem diversas publicações em revistas e livros acadêmicos e, em 2016, lançou o livro de contos *Escritos do sobrado morto* pela Editora Todas as Musas.

Sobre os demais autores

ANDRÉ VALENTE é doutor em Letras (Letras Vernáculas) pela Universidade Federal do Rio de Janeiro (1994). Possui graduação em Português-Latim pela Universidade do Estado da Guanabara (1971), graduação em Ciências Jurídicas pela Universidade Federal do Rio de Janeiro (1972). Atualmente é professor associado em Língua Portuguesa do Instituto de Letras da UERJ e membro do Centro de Linguística da Universidade do Porto. Tem experiência na área de Letras, com ênfase em Semântica, Léxico e Análise do Discurso, atuando principalmente nos seguintes temas: língua portuguesa, discurso, neologia e intertextualidade.

CARLOS F. CLAMOTE CARRETO é doutor em Literatura Comparada (na especialidade de Literatura Francesa Medieval) pela Universidade Aberta, onde lecionou durante vários anos. Atualmente é professor associado da Faculdade de Ciências Sociais e Humanas da Universidade Nova de Lisboa e vice-coordenador do IELT (Instituto de Estudos de Literatura e Tradição — FCSH/NOVA), onde codirige a linha de investigação de Estudos Interdisciplinares sobre o Imaginário e os *Cadernos do CEIL. Revista multidisciplinar de estudos sobre o imaginário*. É membro da direção da Cátedra FCT/UAb Infante D. Henrique para os Estudos Insulares Atlânticos e a Globalização e do Conselho Científico da Cátedra UNESCO — O Patrimônio Cultural dos Oceanos (UNL). É investigador associado do LITT&ARTS da Universidade de Grenoble-Alpes e membro permanente do conselho da revista *Sigila — Revue Transdisciplinaire luso-française sur le secret*.

CATHERINE KERBRAT-ORECCHIONI é professora honorária da Université Lumière Lyon 2. Lecionou como professora convidada na Universidade de Colúmbia de Nova York, na Universidade de Genebra e na Universidade da Califórnia, em Santa Bárbara. De 2000 a 2005 ocupou a cátedra de "Linguística das Interações" no Instituto Universitário de França. Suas áreas de especialidade são a pragmática, a análise do discurso e a análise da conversação. Publicou nessas áreas numerosos artigos e obras, entre as quais *L'énonciation*, *L'implicite*, *Les interactions verbales* (3 volumes), *Les actes de langage dans le discours* (já traduzido para o português), *La conversation*, *Le discours en interaction*. Também dirigiu várias publicações coletivas, sendo as mais recentes *S'adresser à autrui. Les formes nominales d'adresse en français* (2010) e *S'adresser à autrui: les formes nominales d'adresse dans une perspective comparative interculturelle* (2014).

CIBELE BRANDÃO é doutora (2005) e mestre (1997) em Linguística pela Universidade de Brasília, pós-doutora pela Universidade Estadual de Campinas (UNICAMP) (2012) e especialista em Língua Portuguesa e em Língua Inglesa pela Universidade Federal do Piauí. É professora da Universidade de Brasília (UnB), Letras/Português e Português do Brasil como Segunda Língua. Pesquisadora e docente do Programa de Pós-graduação em Linguística da UnB, vinculada à área de concentração Linguagem e Sociedade e às linhas de pesquisa de Linguagem, interações socioculturais e letramento e de Linguagem e Ensino. Principais áreas de atuação: sociolinguística, pragmática, estudos interacionais e ensino de português como língua adicional.

DALE APRIL KOIKE é catedrática em Linguística Espanhola e Portuguesa, formada pela Universidade do Novo México nos Estados Unidos. Atualmente trabalha na Universidade do Texas em Austin. Faz pesquisas principalmente nas áreas da Pragmática e da Análise de Discurso nas duas línguas, e da Aquisição de Segundas Línguas, com ênfase na Pragmática, no Discurso e na Interculturalidade. É editora ou coeditora de vários volumes sobre a *Pragmática e o Diálogo* (Editorial John Benjamins), e coautora de um livro de texto sobre a *Linguística Aplicada em Espanhol*. Atualmente é editora de uma série de livros sobre a linguística hispânica e portuguesa para a casa editorial Routledge. Tem publicado em revistas como *Journal of Pragmatics*, *Modern Language Journal*, *Foreign Language Annals* e *Journal of Spanish Language Teaching*.

DIANA LUZ PESSOA DE BARROS é doutora em Linguística pela Universidade de São Paulo, professora da Universidade Presbiteriana Mackenzie e professora titular aposentada da Universidade de São Paulo. Foi presidente da ABRALIN, representante da área de Linguística no CNPq, secretária-geral da ALFAL. Publicou nos domínios dos estudos dos discursos e da língua falada, da semiótica discursiva e da história das ideias linguísticas. Algumas publicações são: *Teoria do discurso. Fundamentos semióticos*; *Teoria semiótica do texto*; *Dialogismo, polifonia e intertextualidade* (com Fiorin); *Os discursos do descobrimento: 500 e mais anos de discursos*; *A fabricação dos sentidos* (com Fiorin); *History of Linguistics 2002* (com Guimarães); *Preconceito e intolerância: reflexões linguístico-discursivas*; *Margens, periferias, fronteiras: estudos linguístico-discursivos das diversidades e intolerâncias*.

ELISABETTA SANTORO é doutora em Linguística e mestre em Língua e Literatura Italiana pela Universidade de São Paulo (USP). Graduou-se em Letras em *Bari* (Itália) e em Tradução em Heidelberg (Alemanha). É docente da área de Língua e Literatura Italiana e do Programa de Pós-Graduação em Língua, Literatura e Cultura Italianas da USP. Publicou vários artigos sobre temas ligados à língua italiana, ao ensino/ aprendizagem do italiano como língua estrangeira, à semiótica narrativa e discursiva e à pragmática linguística. Em 2016, organizou, com Ineke Vedder (Universidade de Amsterdã), o livro *Pragmatica e interculturalità in italiano lingua seconda* (Franco Cesati Editore, Florença, Itália).

GUSTAVO XIMENES CUNHA é doutor em Linguística pela Universidade Federal de Minas Gerais (UFMG) e professor da Faculdade de Letras da UFMG e do Programa de Pós-Graduação em Estudos Linguísticos (POSLIN/UFMG). É coordenador do Grupo de Estudos sobre a Articulação do Discurso (GEAD/ UFMG) e pesquisador do Núcleo de Estudos da Língua em Uso (NELU/ UFMG), do Grupo de Estudos da Oralidade e da Escrita (GEOE/UFMG) e do Grupo de Estudos sobre Discurso Midiático (GEDIM) da Universidade Federal do Espírito Santo (UFES). Seus interesses de pesquisa são, em especial, a organização estratégica de discursos midiáticos e oficiais e o papel da articulação textual e de suas marcas como estratégias discursivas.

KAZUE SAITO M. DE BARROS é professora titular da Universidade Federal de Pernambuco (UPFE), onde atua no Departamento de Letras e no Curso de Pós-graduação em Letras e Linguística. Possui bacharelado e licenciatura em Português e Inglês pela Universidade Federal do Rio de Janeiro (UFRJ), aperfeiçoamento em Linguística pela mesma instituição, mestrado em Linguística pela UFPE e título de PhD em *Language and Linguistics* pela University of Essex, Reino Unido. Foi membro titular e coordenadora do Comitê de Assessoramento de Letras e Linguística do CNPq, é membro da Câmara de Pesquisa da Fundação de Amparo à Ciência e Tecnologia do Estado de Pernambuco, tendo cumprido diversos mandatos na agência. É pesquisadora nível 1 do CNPq desde os anos 1990 e assessora da Capes. Tem experiência na área de Linguística, com publicações nos seguintes temas: interação verbal, discurso científico e pedagógico, produção textual, aulas virtuais.

LUIZ ANTONIO DA SILVA é doutor em Letras pela Universidade de São Paulo, realizou estudos de pós-doutorado na Universidad de Alcalá de Henares e Universitat de Valencia, na Espanha, na área de Pragmática Sociocultural. É docente da área de Filologia e Língua Portuguesa da Faculdade de Filosofia, Letras e Ciências Humanas da Universidade de São Paulo, onde também fez doutorado. Como pesquisador, é membro do Projeto NURC/SP e do Grupo de Pesquisa Pragmática (inter)linguística, cross-cultural e intercultural.

MARIA ZULMA MARIONDO KULIKOWSKI é doutora em Linguística (1997) e mestre em Letras — Língua Espanhola e Literaturas Espanhola e Hispano-americana (1990) pela Universidade de São Paulo. É professora efetiva da área de Língua Espanhola do departamento de Letras Modernas da Universidade de São Paulo. Tem publicações na área de Língua Espanhola, com ênfase nos estudos da Pragmática, sobretudo no campo dos estudos da (des)cortesia. É líder do grupo de pesquisa "Pragmática (inter)linguística, cross-cultural e intercultural" — USP/CNPq.

MICHELINE MATTEDI TOMAZI é doutora em Linguística pela Universidade Federal Fluminense (UFF) e realizou seu pós-doutorado em Linguística pela Universidade Federal de Minas Gerais (UFMG). É professora do Departamento de Línguas e Letras e do Programa de Pós-Graduação em Linguística da Universidade Federal do Espírito Santo (DLL/PPGEL/UFES). Coordena o Grupo de Estudos em Discursos da Mídia (GEDIM/UFES), é pesquisadora do Grupo de Estudos sobre a Articulação do Discurso GEAD/UFMG), do Grupo de Pesquisa em Análise Textual do Discurso (ATD/UFRN), e membro do GT de Linguística Textual e Análise da Conversação da Associação Nacional de Pós-Graduação e Pesquisa em Letras e Linguística (Anpoll). Atua na área de Texto e Discurso com pesquisas voltadas, em especial, para estratégias linguísticas e estruturas discursivas com base na perspectiva sociocognitiva da Análise Crítica do Discurso. Suas produções recentes têm envolvido os seguintes temas: violência doméstica, ideologia e poder na mídia jornalística, polarização discursiva e construção de imagens e lugares, articuladores discursivos, discurso jurídico, violência de gênero, conflitos sociais e manifestações.

RODRIGO ALBUQUERQUE é doutor e mestre em Linguística pela Universidade de Brasília (UnB) e graduado em Letras Português do Brasil como Segunda Língua também pela UnB. É professor no Departamento de Linguística, Português e Línguas Clássicas (LIP) da Universidade de Brasília, credenciado ao Programa de Pós-graduação em Linguística (PPGL) da mesma instituição. Atua, especialmente, nas áreas de sociolinguística interacional, estudos etnográficos, cognição social, linguística de texto e ensino de português brasileiro como primeira língua e como língua adicional.

SILVIA AUGUSTA DE BARROS ALBERT é doutora em Língua Portuguesa pela Pontifícia Universidade Católica de São Paulo (PUC-SP) (2016). Atualmente coordena os cursos de Letras, na modalidade a distância, da Cruzeiro do Sul Educacional e atua como docente no Mestrado em Linguística da Universidade Cruzeiro do Sul. Sua pesquisa insere-se na área da Linguística Textual, de perspectiva sociocognitiva e interacional, e está voltada para os processos sociocognitivos subjacentes à produção escrita. Atua principalmente nos seguintes temas: ensino e aprendizagem de leitura e de escrita, pedagogia da escrita, avaliação, educação a distância *on line* e formação de professores.

SILVIA KAUL DE MARLANGEON é doutora em Linguística e professora titular do Departamento de Letras, Faculdade de Ciências Humanas, da *Universidad Nacional de Río Cuarto*. Pesquisadora nas áreas de Pragmática, Gramática y Semântica. Publicou mais de cinquenta trabalhos, entre eles: *La Fuerza de Cortesía-Descortesía y sus estrategias en el Discurso Tanguero de la Década del 20*, obra cujo caráter precursor tem sido reconhecido nos livros *Research on Politeness in the Spanish-Speaking World* (2007), e em *Pragmatics. Cognition, Context &*

Culture, Mc Graw Hill (2016). Como convidada especial, ministrou palestras na Argentina e no exterior. É membro do conselho editorial de SOPRAG.

SONIA SUELI BERTI-PINTO é doutora e mestre em Semiótica e Linguística Geral pela USP (2002, 2005). Pós-Doutorado em Linguística Aplicada e Estudos da Linguagem pela Pontifícia Universidade Católica de São Paulo (PUC-SP) (2008). É graduada em Letras pelo Centro Universitário FIEO (1999). É pesquisadora e professora do corpo permanente do Programa de Mestrado em Linguística da Universidade Cruzeiro do Sul (UNICSUL). Coordenadora-geral do NEAD da FACCAMP. Coordenadora de curso de Pós-graduação *Lato sensu* em Formação Docente para o Ensino Superior da FACCAMP — Faculdade Campo Limpo Paulista. Avaliadora *ad hoc* do INEP/ MEC, Institucional e de Curso presencial e em EAD.